本书为贵州财经大学精品课程《应用写作》建设成果之一，得到学校精品课程建设经费的资助

吹尽狂沙始得金

——写作中的"五个一"与写评改过程

游来林　著

东北大学出版社

·沈　阳·

图书在版编目（CIP）数据

吹尽狂沙始得金：写作中的"五个一"与写评改过程／游来林著. —沈阳：东北大学出版社，2015. 5（2025. 1 重印）
　ISBN 978-7-5517-0959-0

Ⅰ. ①吹…　Ⅱ. ①游…　Ⅲ. ①汉语—写作　Ⅳ. ①H15

中国版本图书馆 CIP 数据核字（2015）第 101327 号

出 版 者：东北大学出版社
　　　　　地址：沈阳市和平区文化路 3 号巷 11 号
　　　　　邮编：110819
　　　　　电话：024-83687331（市场部）　83680267（社务室）
　　　　　传真：024-83680180（市场部）　83680265（社务室）
　　　　　E-mail：neuph@ neupress. com
　　　　　http：//www. neupress. com
印 刷 者：三河市万龙印装有限公司
发 行 者：东北大学出版社
幅面尺寸：170mm×240mm
印　　张：18. 25
字　　数：358 千字
出版时间：2015 年 5 月第 1 版
印刷时间：2025 年 1 月第 2 次印刷
责任编辑：潘佳宁　霍　楠　　　　　责任校对：图　图
封面设计：刘江旸　　　　　　　　　责任出版：唐敏志

ISBN 978-7-5517-0959-0　　　　　　　　　定　价：45. 00 元

内容简介

一个起"灵魂"和"统帅"作用的主题、一个有写作价值的对象、一点能吸引人的亮点、一个最佳的写作角度、一些应掌握的技法。这"五个一原则"的深入分析、充分论证与有效的实践；一点独到的认识、一点能打动读者的情感、一点能给读者美感的有特色的画面，一篇像样的文章在这"三点"中至少应占一点——这"三点与一点"的理论与实践的探析；一篇文章形成中重要的写（作）、（点）评、（修）改，这三个环节如何相辅相成，如何环环相扣的过程较为详细地再现以及成效明显的记录。这些就是本书的主要内容以及看点、亮点。

作者简介

游来林，教授。先后任贵州财经大学人事处长、文化传播学院院长、校学术委员会委员、校重点学科学术带头人、硕士生导师；现任贵州财经大学督导团副团长、校关心下一代工作委员会副主任；贵州省写作学会副会长、贵州省作家协会会员。

教授过《基础写作》《应用写作》《大学语文》《中国文化概论》等课程；独立完成贵州省教育厅课题 2 项、贵州省哲学社会科学课题 1 项、贵州省省长基金课题 1 项、联合国教科文组织课题 1 项；公开发表论文 40 余篇，散文等数十篇；出版专著《实用写作问题研究》《有酒且长歌——贵州民族酒与酒歌论略》，获贵州省哲学社会科学优秀成果著作类三等奖；获贵州省教学成果二等奖 1 项；编著、主编参编教材、著作多部，发表成果逾二百万字。

获 奖 证 书

游来林 老师

荣获全国青少年主题教育"弘扬中华美德，

构建和谐学校"读书征文活动辅导 ── 等奖

教育部关心下一代工作委员会
全国青少年主题教育活动组委会
二〇〇六年七月

荣 誉 证 书
HONORARY CREDENTIAL

王文虎 同学：

你的作品──《走进四十八寨》荣获 2012'贵州省大学生校园文化
活动月之"高教社杯"、"我的价值观"、"科学发展、成就辉煌"大学生
征文比赛。

一 等 奖

贵州省教育厅（省委教育工委）、贵州省文明办、共青团贵州省委
2012 年 5 月 18 日
贵州省委员会

目　录

绪　　论

1. 编写本书的目的

教小学、中学语文的教师，在大学教写作的教师，无一不慨叹教写作难、提高学生的写作能力难。笔者是在大学教了三十年"写作"（主要是实用写作）课的教师，总的感到：虽经过了十多年的语文学习，但初入大学校门的学生们的写作状况相当不令人乐观。其普遍存在的主要问题是：文章没有主题，或虽有主题，但立意肤浅；内容空洞、单薄；缺乏构思、鲜有技巧；视野狭窄、多写身边的琐事；表达方式不恰当、语句不通顺；等等。

要在大学有限的写作课教学时间里根本解决学生在小学、中学阶段由于多方面原因造成的写作中的主要问题是难以做到的，但并非不可以做，也并非做了没有一点效果。多年来，笔者不断地探索、改进写作课的教法，逐步有了体会，效果也越来越好：凡教过的学生，写作水平和能力均有较明显的提高，基本掌握了常用文体（主要指实用文体）。尤其是在教师的具体指导下，所教学生经过反复修改，发表的文章（散文、新闻稿、调查报告、论文等）已达上百篇，获校级、省级、国家级写作大赛各类奖项数十项，写作能力强的学生本科毕业后考取硕士研究生、公务员、事业单位的较多，有的还成为职业"写手"。本人也多次获得教育部关心下一代工作委员会（以下简称教育部关工委）等部门颁发的作文大赛优秀辅导教师一等奖。

在教学中，笔者常把一些经过教师指导、反复修改后获奖或发表的文章的写作过程再现给正在学写作的学生，不少学生由此得到较大的收益，能像学长们那样坚持写作、反复修改，较快地提高了写作能力。由此，笔者结合所教的"应用写作"为学校精品课建设的要求，决定出一本书，将如何指导学生写作、如何指导学生修改文章的经验总结出来、过程展现出来，旨在让更多的学生或学写作的人从中获益。

这不是一本写作教材，它不涉及写作学的方方面面，而是作者通过较长时期的关于写作知识理论的学习、自身的写作、写作教学的实践，将笔者认为能较快提高学生写作能力和水平的写作知识和理论的要点、重点提炼出来，让学生通过知识理论学习、写作实践等环节，能较快地掌握写作的知识与理论，较明显地提高写作能力和写作水平。

这些要点、重点，笔者将其概括为写作中的"五个一"。"五个一"是什么？是原则吗？是写作的一些规律吗？姑且算是，但好像又不够确切。暂不管它吧。提出"五个一"，主要是为了便于学生好记好掌握。并且，将复杂的、浩如烟海的写作书籍中的主要内容简单化、可操作化，消除学生对写作的恐惧感、神秘感；同时，"五个一"也作为本书的一个框架、一条线索，试图与绝大多数的写作教材或写作著作章节式的框架、全面铺开等方式有所区别。这样，即使算不上创新，也算是一点与众不同吧。

本书书名中的"吹尽狂沙始得金"，借鉴唐代著名诗人刘禹锡的《浪淘沙九首》中的"千淘万漉虽辛苦，吹尽狂沙始到金。"笔者认为，在写作中，对"五个一"的真正认识、理解与实践，每次写作从感悟、构思、落笔、反复修改，到得以成功，的的确确是一个千淘万漉的辛苦过程，是一个为了得到金子而吹尽狂沙的过程。

2. 本书的主要内容

"一个主题"。 这部分内容是本书的重点。它主要想说清楚：为什么要写作（即写作的功能是什么）？在写作（写文章）的过程中，最重要的是什么？什么能决定文章的价值？文章怎样写才能与众不同、取得成功？等这些非常重要的问题。一个欲写文章的人，只有先弄明白了这些重要问题，他的写作活动才是自觉的、有效的，也才容易取得成功，达到写作的目的。

无数的写作教材或写作专著，通常把文章的材料放在文章主题的前面来阐述，但本书则把文章的主题放在材料的前面来论述。传统写作学认为：材料是形成主题的基础，是支撑、表现主题的支柱。因此，应该先有材料，后有主题。这是不错的。但事物往往是复杂的，现实中，不知是否注意到：不少具体的某些写作活动（比如各种征文比赛和某些命题作文），则是先定了主题，要求具体写作的人只能在规定的主题中去寻找材料、组织材料等，完成文章，体现出组织者规定的此次写作活动的主题（目的）。还有另外一种情况：新闻记者总是在头脑里经常有着媒体需要传播的主题，这些主题，是媒体的功能决定的，是社会的需要决定的。在主题规定的方向内，记者到处采访，发现能反映主题的事件（题材、材料），然后写出来。当然，这些大多数是实用写作的情况。

是不是所有的文学创作都是先有作者自己的亲身经历然后才产生欲表达某种感悟的冲动，形成主题——即先有材料（经历、阅历），再在材料的基础上产生主题呢？我们仔细思考一下：作家、作者们选什么来写，通过所选的对象表达出什么，不正是他们头脑里通过学习形成的、或者社会潜移默化地宣传影响造就的、或者自身的工作性质要求的等，以至树立起的有利于国家需要、人民需要、社会发展需要的人生观、价值观决定的吗？比如，真、善、美是社会需要的，是应该歌颂和褒扬的；假、恶、丑是不利于社会发展的，是应该抨击和鞭挞的。这些，在某种意义上说，难道不是写作永恒的主题吗？从这个角度看，我们难道不可以说：一个作者，只有在国家、人民、社会需要的、正确的人生观、价值观下，知道了该写什么样的对象、该表现什么样的主题，他才会正确地去写什么、表现什么吗？

正是基于这样的认识，本书才把主题放在题材（材料）前面阐述。笔者认为，只有比较全面地认识、理解、把握了主题在写作活动中、在写作的诸环节中的地位和作用，写作的人才会正确地去解决写什么（对象、题材）、怎么写（搜集材料、选择材料、组织材料、确定表达方式、语言运用等）等一系列问题。

"一个对象"。主要论述写什么对象、写这个对象的什么问题。写这个对象的什么（材料问题），众教科书和专著多有论述，而对写作对象（题材）却相对重视不够，深入阐述的相对较少。又因在写作教学中，很多学生一旦被要求写东西，通常就随随便便抓住某个对象来写。这个对象，既没有包含作者欲体现出来的主题的深刻内涵，更不具有作者选定的文体所需要的艺术价值的特质，这能写出一篇好文章吗？教师批评这类文章"连修改的价值都没有！"就像一个人要做根雕，却随随便便取一根非常平常、没有一点与众不同特点的树根来雕刻，这样的树根，就是国家级艺术大师，恐怕也难以做出艺术品来。基于这两个原因，这部分的重点在论述写作对象（题材）上。

"一个能吸引人的亮点"。主要是想告诉初学写作者，要想把文章写得比较好、能成功，从文章的主题方面、形式方面乃至写作技能方面，办法应当是很多很多的，应当想尽办法，使文章至少在某个方面能有一个亮点。写作中，虽然学生们多数还是极力想把文章写好的，但如何写好文章的知识、理论太多，要求太多且过高、过理论化、过神秘化，"多则惑"，致使学生们往往感到茫然，难得要领，因而写出的文章，常常非常平庸，没有一点亮点。因此，本部分从立意（独到的认识）、文章效果（打动读者、美的感受）的角度，提纲挈领地概括出比较好、比较成功的文章通常有的亮点，这些亮点可概括为三个方面，称为"三个亮点"，要求学生在写文章时，最起码应具有"三个亮点"当中的某一个亮点，称为"三点与一点"。

从实践来看，这"三点与一点"原则与要求，使学生感到标准明确、要求具体、较易把握、较易做到，效果是比较好的。

"一个最佳的角度"。其主要内容是：要使文章有一个起灵魂统帅作用的主题、选好一个有写作价值的对象，写出一篇至少具有一个亮点的文章，非常重要的一点是：要选择好一个最佳的写作角度。为什么？其重要性在哪里？应掌握哪些选最佳角度的基本原则？这些问题本部分均有简要论述。

很多学生在写文章时，常常不动脑筋、不费功夫，不去寻找一个最佳角度，提笔就按最先想到的、最容易写的角度写，致使在征文比赛写作中、在命题作文中，多数文章千篇一律、雷同问题普遍存在。因而，要提高学生的写作能力和水平，写作时的角度问题不可不重视。为此，在教学过程中，笔者甚至提出"最佳角度——写文章永恒的追求"，作为一个原则来要求学生，并且通过对往届学生发表、获奖文章的讲评，使学生在写作过程中逐步养成"主题意识、对象意识、亮点意识和角度意识"，并用以指导自己的写作实践。

"一些必须掌握的写作技法"。它简要论述写作时用材、结构、使用语言等。关于写作技法，中国写作学中的著作、论文非常多，内容非常丰富。本书仅针对大学生写作的实际情况，选择对学生来说最基本的、最重要的、必须掌握的几个技法。

3. 本书的重点放在文章的指导和修改过程上

从某种意义上说，文章是改出来的。修改文章的目的主要有三点：

一是为了使文章更能"意""物"相称，如实地反映客观事物，揭示事物的本质以及能准确地表现出人的情感和认识。因为客观事物是纷繁复杂的，一个人所掌握的词汇有限、认识水平有限等，常常难以用语言表达出事物的面貌及其本质，也难以一下子把自己的所思所想表达出来。因而必须像毛泽东在《反对党八股》中指出的那样"必须反复研究，才能反映恰当。"早在晋代，陆机就在《文赋》中提出了"恒患意不称物，文不逮意"的看法；唐代刘禹锡在《视刀环歌》中也感叹"常恨言语浅，如不人意深"[①]。反复修改文章，就是要做到"意物相称，文能逮意"。

二是为了更好地发挥文章的社会功用。

三是为了提高文章的质量和作者的写作能力和水平。

修改文章，最好有行家里手指导。如果无人指导，作者自己应大体了解一些如何修改文章的基本知识和理论以及掌握一些修改的方法。比如，应该很清楚一篇好文章的原则（标准），按照这些原则（如，一篇好文章，应该言之有物、言之有理、言之有序、言之得体等），正确地找出所写文章的问题，然后按照原则进行修改。找问题、作修改，应遵循先内容、后形式，先整体、后局部，再到字、词、句的推敲的程序。修改文章的具体方法较多，比如可"趁热打铁，及时修改"；可"搁放几日，冷却处理"；可"放下面子，求助他人"；可"边诵边改，精益求精"……可综合使用这些方法。

---

①王凯符，张会恩. 中国古代写作学 [M]. 北京：中国人民大学出版社，1995：85.

　　关于文章为什么要修改、怎样修改的知识与理论，从古至今，写作学众多的论著中多有论述，名句也很多。如有俗语"文章不厌百回改，佳作常从改中来。"再如宋代吕本中在《童蒙诗训》中说："文字频改，工夫自出"①。清代梁章钜在《退庵论文》中说："百工治器，必几经转换而器成。我辈作文，亦必几经删润而后文成。"②宋代何还在《春渚纪闻》中也说："自昔词人琢磨之苦，至有一字穷岁月、十年成一赋者。白乐天诗词，疑皆冲口而成，及见今人所藏遗稿，涂窜甚多。欧阳文公作文既毕，贴之墙壁，坐卧观之改正尽善，方出示人。"③

　　但这些论述常常只是表明修改的意义，或者概括出修改后的结果，而对于修改的过程，则鲜有再现和阐述。如宋代朱弁《曲洧旧闻》卷四中载："黄鲁直于相国寺得宋子京唐史稿一册，归而熟视之，自是文章日进。此无他也，见其窜易句字与初造意不同，而识其用意所起故也。"④这是说黄庭坚（字鲁直）得到宋祁（北宋文学家，字子京）编撰的唐史稿，反复阅看其中修改的内容，很有收获，文章进步明显。但朱弁没有写出哪些内容被修改了，作者是如何修改的。又如，朱熹的《朱子语类辑略》卷八载："南丰过荆、襄，后山携所作以谒之。南丰一见爱之，因留款语。适欲作一文字，事多，因托后山为之，且授以意。后山文思亦涩，穷日之力方成，仅数百言。明日以呈南丰。南丰云：'大略也好，只是冗字多，不知可为略删动否？'后山因请改窜。但见南丰就坐，取笔抹数处。每抹处，连一两行，便以授后山，凡削去一二百字。后山读之，则其意尤完，因叹服，遂以为法。所以后山文字简洁如此。"⑤曾巩想写一篇文章，因无时间，请陈师道写。陈师道费尽心思，写了几百字。曾巩看了说，还是可以的，只是不简洁。于是进行修改，删去一二百字。结果文章言简意赅，陈师道叹服不已，以后就努力向曾巩学习，大有收益。可以推定，当时陈师道是看了曾巩修改的整个过程的，自然知道原来写的什么，改的是什么。至于为什么要这样改，如果不明白，肯定当时就请教了曾巩。可惜由于诸种原因，朱熹都没有记载。再如，清代梁章钜《退庵论文》载："（欧阳修）作《醉翁亭记》，原稿起处有数十字。粘之卧内。到后来只得'环滁皆山也'五字。其平生为文，都是如此，甚至不存原稿一稿者。"⑥

　　原稿写的是哪数十字，欧阳修是怎么修改的？这个过程没有记载下来，后人只知道数十字修改后仅剩五个字这个结果。

　　鲁迅先生在《且介亭杂文二集·不应该那么写》中说："'应该这么写'，必须从大作家们的完成了的作品去领会。那么，不应该那么写这一面，恐怕最好是从那同一的未定稿本去学习了。在这里，简直好像艺术家在对我们用实物教授。恰如他指着每一行，直接对我们这样说——'你看——哪，这是应该删去的。这要缩短，这要改作，因为不自然了。在这里，还得加些渲染，使形象更加显豁

---

①郭绍虞. 中国历代文论选：第二册［M］. 上海：上海古籍出版社，1979：370.
②③④⑤⑥西南师院昆明师院贵阳师院，等. 写作参考资料［C］. 1978：122，119，119，120，123.

些.'这确是极有益处的学习方法,而我们中国却偏偏缺少这样的教材。"① 这段话指出了中国缺少展现文章修改过程,解决写作中存在的"不应该那么写"问题的书籍。

人们进餐馆品尝美味的菜肴,关注的是菜肴是否可口,一般不会去关心这些菜肴是怎样制作出来的。但是一个学习烹调的徒工,则应关注美味菜肴的制作过程。如果他不亲临过程,不实践过程,得不到师傅的当面传授,恐怕是难以学到制作的方法和技巧的。学习写作的道理也是如此。学习者也必须像学烹调的徒工那样,亲临和参加烹制菜肴的过程,得到师傅手把手的传授操作和指点迷津,这样就有可能得到较快较大的进步。朱光潜在《精进的程序》一文中说:"写作训练欠缺者通常有两种毛病:第一是对于命意、用字、造句、布局没有经验,规模法度不清楚,自己的毛病自己不能看出,明明是不通不妥,自己却以为通妥;其次是容易受虚荣心和兴奋热烈时的幻觉支配,对自己不能作客观的冷静批评,仿佛以为在写的时候既很兴高采烈,那作品就一定是杰作,足以自豪。只有良师益友,才可以医治这两种毛病。所以初学作文的人最好能虚心接受旁人的批评,多请比自己高明的人修改。如果修改的人肯仔细指出毛病,说出应该修改的理由,那就可以产生更大的益处。"②

著名作家苏叔阳曾到贵州财经大学作过一次关于写作的讲座,在师生互动时,一位汉语言文学专业的学生向他请教了一个问题:学习写作是不是很讲求天赋?

苏叔阳说:我不是很赞成天赋之说,但学习写作比较有成效的是,应该有行家的亲自指导和作者坚持不懈的努力。苏先生的这句话,说了两个很重要的观点:一是要有教师的亲自指导,二是学习写作是一个长久的过程,作者必须坚持。这两点,对于广大的写作学习者来说,是非常重要的,但恰恰又是很缺乏的:没有行家手把手的指导,又不能坚持不懈地写作——这恐怕就是许许多多的人写作能力和水平难以提高的重要原因。

基于指导及指导过程的重要,本书的主要意图之一就是:把教师指导学生写作、修改文章的过程再现出来,让写作的学习者能从这个过程中看到教师是怎样指导学生修改、学生怎样修改、修改前后怎么样的。学生文章的问题在哪里?产生问题的原因是什么?应该怎么修改?在修改过程中,学生解决了哪些问题?文章得到了哪些提高?最终的结果怎么样?等等,均是本书要尽可能阐述清楚的。

尽管笔者不敢以行家自居,但比起学生来,教师的文章还是要写得好一些,教师掌握的写作知识与理论,以及自身的写作实践,应当对学生以及写作的学习者有所裨益。

---

① 内蒙古大学中文系. 鲁迅论写作 [M]. 呼和浩特:内蒙古自治区人民出版社,1972:81.
② 孙昕光. 大学语文 [M]. 北京:高等教育出版社,2013:147.

4. "有物"——文章写作、修改的基础和前提

写作，高度概括来说，很重要的是要解决好两个问题：一是写什么？二是怎么写？本书重点说的是"怎么写"，"五个一"就是主要解决"怎么写"的问题（当然也包括有"写什么"的内容）。就"写作"这个词来说，"写"有"泄"之意；"作"，这里指操作，即按照一定的程序和技术要求进行活动。从这个角度看，写作就是为了一定的目的，按照一定的规范，把通过视觉、听觉、触觉等途径装进大脑里的东西通过一定的方式方法"泄"出来。由此来看，如果大脑里没有东西，拿什么来"泄"？因此，"泄"的基础和前提是"有物——有东西"。

要想大脑"有物"（有东西），前人指出了两条主要途径：一是读万卷书，二是行万里路，即阅读和经历。《文心雕龙·神思》中说："积学以储宝，酌情以富才，研阅以穷照，驭致以绎辞。"① 其意是说，应积累知识，储存材料珍宝；注意事理分析，提高思考的才能；研阅社会经历，洞察事物的本质；掌握事物情态，培养语言运用能力。关于阅历，刘勰在《文心雕龙·知音》中说："凡操千曲而后晓声，观千剑而后识器；故圆照之象，务先博览。"② 这里，刘勰强调要能圆满透彻地观察事物，务必先广博地观览。这虽然也可视为阅读，但从读大自然、社会这本大书的角度看，也说明了阅读之重要。清代万斯同在《与钱汉臣书》中也说，心读尽天下之书，尽通古今之事，然后可以放笔为文。当然，在这方面，杜甫在《奉赠韦左丞丈二十二韵》中说的"读书破万卷，下笔如有神"最具代表性。为什么要多读书？因为书是前人和今人对客观世界规律的认识。这些认识，可以帮助我们认识世界，掌握规律。人是依据规律来指导实践活动的，书籍可以帮助我们少走弯路。读书还可以帮助写作的人在写作道路上如同得到高人的指点，会进步更快。茅盾在《关于技巧的问题》中说："一个作家常常阅读古今中外的名著而能深刻领会其构思、剪裁、塑造形象的妙处，并且每再读一遍会有新的心得，这就意味着他的欣赏力在一步一步提高；而欣赏力的步步提高又反过来提高表现力。"③

我们很多学生，为什么写文章写不出什么新东西，其主要原因就是他们读的书太少，脑子里装的东西不多，几乎都处在一个水平上，因而写来写去都是大家知道的。笔者的学生，写作能力较强的，无一不是书读得多的（当然，书读得多的，写作能力不一定就是强的）。因此，笔者经常对学生说，写千字左右的同题文章，大多数同学写一件事就是一件事，没有分量，有二两重吧；而读书多的同学，写一件事会联想到几件事，文章就有了信息量，分量就重了，有八两重。

书要多读，但要注意方法，才能多得。不少学生从小学到大学，即使只是读

---

① ② 刘勰. 文心雕龙全译 [M]. 龙必锟，译注. 贵阳：贵州人民出版社，1996：327，591.
③ 转引自张杰. 大学写作概论 [M]. 武汉：武汉大学出版社，1997：91.

教材，也算是不少了，但所得并不多，很多东西读了就忘掉了。这里有个方法对不对的问题。读书要与思考结合起来，好的书、好的文章，读的时候，要思考这么几个问题：它写了什么（内容）？这些内容是如何安排的（结构）？通过这些内容作者想告诉我们什么（主题）？这个主题能给我们什么启发？它有什么写作特点？等等。边读边思考，弄不懂多看几遍。这样读，虽然慢，但读一本（篇）就得一本（篇）。德国著名哲学家叔本华在《读书与书籍》中说："温习乃研究之母。任何重要的书都要立即再读一遍，一则因再读时更能了解其所述各种事情之间的联系，知道其末尾，才能彻底理解其开端；再则因为读第二次时，在各处都会有与读第一次不同的情调和心境，因此，所得的印象也就不同，此犹如在不同的照明中看一件东西一般。"①

关于经历，宋代陆游有很好的见解。他 84 岁那年，大约是应儿子陆遹的请求，写了一首告知儿子如何写诗的《示子遹》："我初学诗日，但欲工藻绘；中年始少悟，渐若窥宏大。怪奇亦间出，如石漱湍濑。数仞李杜墙，常恨欠领会。元白才倚门，温李真自郐。正令笔扛鼎，亦未造三昧。诗为六艺一，岂用资狡狯？汝果欲学诗，工夫在诗外。"② 诗中提出的"汝果欲学诗，工夫在诗外"，可说是陆游一生写作的总结。陆游早年作诗仿效过黄庭坚、吕本中等江西诗人的风格，学的是一些"悟入""律令"等有关诗的艺术形式和表现手法方面的知识。到中年以后，他有十年到川、陕一带参加了抗击金兵的战争，生活经历极为丰富，致使他的好诗如泉涌，"落笔千言不加点"。他自己总结说："挥毫当得江山助，不到蒲湘岂有诗"，"万里客经三峡路，千首诗费十年功"。③"工夫在诗外"强调了经历的重要性在于：它既能解决"有东西"可写的问题，也能使作者在自身的经历中，锻炼提高对客观事物的认知能力，发现真知的能力。正如《红楼梦》中所说："世事洞明皆学问，人情练达即文章。"

阅读与经历是相辅相成的。阅历可帮助我们的经验更富有目的性，增加有效性；经历可帮助我们提高阅读的深刻性。但在某种意义上说，经历更为重要。因为阅读再怎么丰富，毕竟都是阅看别人的东西。而写作的生命在于创新创造，要有所创新创造，自己必须有与众不同的思考与认识，而这些思考与认识，主要源于自己与众不同的经历或在相同经历中有独特的体验。这要求学习写作者即使与别人有相同的经历，也须要有独特的思考。比如旅游，一般人在乎"来过、开心"；学习写作的人除了也需要"开心"外，则更在乎对去过的地方，能回答其"真、善、美"在哪里，自己有什么感悟，等等。这就需要通过留心观察、不断思考，去发现事物的特点。在观察事物时，要经常问自己：如果要写，写什么？怎

①转引自孙昕光. 大学语文［M］. 北京：高等教育出版社，2013：177.
②郭绍虞. 中国历代文论选：第二册［M］. 上海：上海古籍出版社，1979：385.
③蒋凡，白振奎. 陆游集［M］. 南京：凤凰出版社，2006.

么写？

此外，写作能力和水平的提高，必须经过一个从量变到质变的长久过程。文章要写得好，必须多写多练。怎么才算"多写多练"？有专家认为，一个人要想把文章写得"像样（写什么像什么）"，起码应有三五百篇的练写。这方面，古人多有深刻认识。比如宋代有人曾请教欧阳修写文章的秘诀，欧阳修说："无他术，唯勤读书而多为之，自工。"① 宋代姜夔在《白石道人诗说》中说："多看自知，多作自好矣。"② 清代姚鼐在《与陈硕士书》中也说："学文之法无他，多读多作。"③ 但遗憾的是，我们很多学生（或学习写作者），未写过几篇文章，就认定自己没有写作天赋，不是那块料，就搁笔不写，放弃了自己。

下面以笔者的两个学生写的文章，作为写作得到教师的指导，加上不断地读、写和修改，因而取得明显成效的例子。

写作给了我什么

谭丽娟

我没有想到自己会如此迅猛地热爱上了写作。本来我只是想附庸风雅，然后在朋友们谈论兴趣的时候，我也可以凑上去议论一下。然而写作一下子就让我感受到了生活的力量，像炽热的阳光和凉爽的月光，或者像暴风雨似地来到了我的内心。我再一次发现人的内心其实总是敞开着的，如同敞开的土地，愿意接受阳光和月光的照耀，愿意接受风雪的降临，接受一切所能抵达的事物。

写作是一件很有意思的事情，它敲响着我的记忆之门，或者说是让我重生了一次。而在这让人精神重生的过程中，我的思想和知识在潜移默化中得到提升和充实，这是写作潜移默化中给予我的美丽回赠。

犹记得，有一次参加学校组织的以"儒魂商才"为主题的征文比赛，我写了父亲诚信经商的经历。指导老师说："就事论事，例子太单薄，对'儒'的概念认识浅薄，需要深刻理解儒家文化。"于是，我去读《论语》《孟子》《中庸》等，我了解了"我不顾人之加诸我也，吾亦欲无加诸人"，发现了"诚者，天之道也；思诚者，人之道也。至诚而不动者，未之有也；不诚，未有能动者也"，理解了"仁、义、礼、智、信"。有了一些"儒家文化"之后，我又去读了一些"经商之道"。虽然，这篇文章没有获奖，但是它带给我的知识早已超过了其本身的意义。

①汤云子. 东坡志林：卷一　论学习语文［M］北京：人民教育出版社，1961：105.
②郭绍虞. 中国历代文论选：第二册［M］. 上海：上海古籍出版社，1979：403.
③郭绍虞. 中国历代文论选：第三册［M］. 上海：上海古籍出版社，1979：528.

　　事实上，在写作的这段时间里，我所学到的又何止这一个呢？春晖爱心社的"感恩书信"让我了解了"二十四孝"；贵州省的知识产权征文，拓宽了我关于产权的知识面；"纪念改革开放30周年"和"建国60周年"的征文，又一次将历史印在了我的脑海中；"拒绝毒品，从我做起"的征文，加深了我对毒品的认识；优秀影视剧评，让我进一步理解了影视艺术……"一个过去的东西其实并没有过去，它和今天重叠起来了，它的存在并不是为了让我们在回忆时增加一些甜蜜，或者勾起一些心酸，而是继续影响着我们，就像它在过去岁月里所做的那样。"是的，那些文章一直影响着我，它们带给我的知识和思想是无法抹去的。

　　前不久，与高中语文老师交谈时，他说："看你这丫头现在的文章，构思、语言表达等都有了很大进步！而且思考问题、分析事情的能力都有了很大提高。"我笑了笑，原来，写作带给我的影响是如此之深。

　　记得有一次交给老师一篇关于"纪念财院成立50周年"的演讲稿，自我感觉很好。谁知，老师浏览了一下，说："文章角度太一般，立意缺乏新意，内容空洞、杂乱无章，在你的意识里，写作究竟是一个什么样的概念？""写作？不就是将自己的看法、意见等表达出来吗？"我说道。老师不置可否，只说了句："看来，你还得多写啊！等你将这篇文章写合格了，到那时，你再告诉我，写作究竟是怎样的一个概念？"

　　在修改的过程中，我不断地思考从哪个角度写才不会落入俗套，我查阅了很多资料，发现大多数文章都会选择"一帆风顺""一切安好"等祝福的字眼。随即我就想到，人生本来就不是一帆风顺的，财院的成就也不是"一帆风顺"所取得的啊，所以"财院，我不祝你一帆风顺"。但是，我发现文章的内容还是空洞，没有真实的材料。于是，我又查阅了财院50年来的成就，选择了典型的事例来支撑文章的观点。最后，在老师的指导下，对于语言的表达我进行了反复地修改，五遍不行，六遍还是不满意，那就七遍、八遍。在完成的那一刻，我真正体会到了贾岛"二句三年得，一吟双泪流"的心情了。后来，我得了学校演讲比赛唯一的一等奖，专家点评时给予了高度的赞肯。

　　获奖的那一刻，老师问我："现在，你觉得写作是一个什么样的概念呢？"我想了想，轻轻说道："写作不仅仅是思想、看法等单纯表达，实际上写作也包括思考问题的能力、认识问题的能力、语言的表达能力等多方面。"老师笑着说："对啊，一篇文章的写作可以反映出作者多方面的能力，它需要深深的思考，丰富的想像，流畅的表达以及一颗睿智而浪漫的心。"

　　正是在这样不断地写作过程中，写作把我引向了一个思考的世界、一个充满文字的精神世界。当我为又一次完成文章而开心时，我的能力又一次得到了提高，也收获了一生受用的财富。所以，请相信：多一次写作，多一点思考，多一份财富。

当然，在写作的过程中，有时候我也想过放弃，尤其是怎样写都不满意的时候。犹记得有一次参加"纪念改革开放30周年"的征文，文章改了八、九遍，还是通不过，想哭，想就此逃避。所以，一两个星期一直没交。后来，老师把我叫到办公室，说："看过梁启超的《论毅力》吗？"我点点头。"那就念出来给我听听吧！"我念道："天下古今成败之林，若是其莽然不一途也。要其何以成，何以败？曰：有毅力者成，反是者败。""没错，有毅力者成，反是者败。写作也是一样啊。如若坚持不了，就像孟子所说，'掘井九仞，而不及泉，犹为弃井也'，终究功亏一篑，你想就此放弃，做一口废井吗？"我咬咬牙，摇摇头说："不想！"老师笑了笑，说："那就继续努力吧！"

于是，我继续着我那未完成的文章，在修改了十一遍之后，终于通过了，并且获得了教育部关工委等部门盖有大红印章的一等奖的好成绩。那时候，我觉得我收获了人生最宝贵的精神财富，那就是毅力。狄更斯有言："顽强的毅力，可以征服世界上任何一座高峰。"

"恨万物之稀疏，享墨尖之徘徊，坐观天地余韵，笑谈日月情怀，心若快哉？"我只想在以后的岁月中，用我的心和我的笔与文字对话，因为写作带给我的是知识的拓展，是能力的提高，是毅力的锻炼。

我写作是为了活着，我写作是为了存在，我写作是因为我写作。

这篇文章2011年4月发表在校报《贵州财经学院》四版上。谭丽娟是贵州财经学院（2012年4月改为贵州财经大学）2007级汉语言文学专业学生。她刚进校时并未显现出过人的写作能力，但她勤奋努力，在写作课教师的指导下，不断地写、不断地改，写作能力和水平有很明显的提高。在校期间发表了十多篇文章，多次获得过校级、省级、国家级征文比赛一、二、三等奖。2011年毕业时，考取东南大学影视评论方向的硕士研究生。在这篇文章中，她写出了写作带给她各方面能力的提高，而教师的指导、自己坚持不懈地写和修改，是她文章获得成功，写作能力得到提高的主要原因。

文章从哪里来？

李彩凤

在很长一段时间里我认为，文章从天赋的聪慧里来。读《滕王阁序》文采飞驰一气呵成，读《沉默的大多数》机智幽默妙趣横生，以至于觉得写文章是聪明人的特权，像我们这样愚钝的俗人是无论如何从事不了写作的。直到大学，在游来林院长一手调教下才慢慢摸到点写文章的要旨：一在切入，二在打磨，实在非一"勤"字不可得。

几乎是八年前的事了，2005年入学的第一个秋天，校方组织"我身边的共产党员·我身边的好老师"征文比赛。那时我们几乎都是第一次走出家门求学的孩子，完全意识不到各类比赛平台对一个人成长锻炼的重要性，征文通知下了，个个无意参与。时任文化传播学院首任院长的游来林老师既抓政务，又亲临一线抓教学，教的写作课和口才学尤其最受学生欢迎。一天课后，游老师在走廊上叫住我，关切中有些失望，问："这次比赛，怎么不参加？"

"不知道写什么。"我怯生生站住回答说。

其实，自己身边的共产党员哪里是没有！父亲是、高中的班主任是、大学的老师们大多数也都是。全在一个懒字，不想动脑筋罢了。人常说：爱之深，责之切。游老师的关爱却几乎从来没有化为责备，从来都是循循善诱引导成长。

他说："怎么会没有？分院去年退休的蔡丽玲教授就很值得写，有很多素材，我跟她联系，你去采访，要抓紧，赶在截稿前把稿子交上去"。

最终，在游老师的辅导下，那篇题为《守望一世的深情》三易其稿，从蔡丽玲老师上课迟到切入，引入她上课途中遭遇的车祸和数十年来对教育、对学生难以割舍的深情，拿下了比赛的一等奖并发表在公开刊物《贵州教工》上。后来2006年，在学校迎接教育部专家组赴贵州财院进行本科教学水平评估时还被改编成话剧演出，打动了教育部评估组的专家和礼堂内的上千观众，也算为贵州财院成为贵州第一所教育部评估的"优秀"等级高校添了一块砖。

毫不夸张地说，游老师一手扶持了我的成长。从第一次征文比赛获奖，到后来的国家、省、市、校级各类比赛，每一次游老师都不厌其烦地看我一塌糊涂的原稿，总能一针见血地指出文章的问题，但从不加以修改，而是让我独自反思，在一次次辅导中，带我树立写作的自信，触摸写作的肌理。

源于什么，人们要进行写作？答案不尽相同。有些人因为孤独，譬如卡夫卡，把在现实中不能倾诉的藏在笔端，将头脑中的风暴化为白纸黑字以排遣情绪、享受创作的乐趣；有的人是因为现实，譬如余华，一开始因为写作改变命运，从牙医变成文化馆的工作人员，而后以作家的身份关注和书写现实种种，表达对活着的思考。最突出的恐怕要数诗人们，科举制主考文章造就盛唐气象，20世纪80年代思潮渐进与朦胧诗人的作品也相互存竞，所以才有顾城《一代人》寻找光明的眼睛，和北岛的《回答》争相传诵。写作的初衷不论源于何，归根总是一个"情"字。人们"文生于情"，通过文章表达个体的心情、关注身边的世情、倾注或赞或贬或抑或扬的感情。今天，是"小时代"更迭升级的时代。从《小时代1.0》到每月励志书目畅销榜，人们更倾向于书写个人那一点小的心事、小的感怀、小的愤怒以及小的愿景和成功之道，家国大事和人类的普遍情感渐成没落的贵族，少有人问津。我们学习的那些传诵的名篇，从《前赤壁赋》的人生练达到《百年孤独》的深邃，从《春江花月夜》江畔的沉思到《白轮船》的人性之善，大浪淘沙留下的，哪一篇不是寄托了人们亘古不变的普遍情愫呢？

2012年，看到野夫的《乡关何处》，一夜读罢感怀不能自已。他写道：许多年来，我问过无数人的故乡何在，大多都不知所云。故乡对于很多人来说，是必须要扔掉的裹脚布，仿佛不遗忘，他们便难以飞得更高、走得更远。而我，若干年来却像一个遗老，总是沉浸在往事的泥淖中，在诗酒猖狂之余，常常失魂落魄地站成了一段乡愁。这段文字从此刻在脑海。我想，在传媒日渐丰富的当下，在写作逐渐边缘化的今天，创作者又何尝不是一个漂泊无依的游子，只能在往事回味中，重温创作的某种欣喜。而"写作"的故乡，大概就是在大时代的背景里，写出触碰所有人内心柔软的人世真情吧。

写作是欣喜的，常常又是艰难的。《文心雕龙》教人"意得则抒怀以命笔，理伏则投笔以卷怀"，而现实创作中，常常是"理伏"居多，"意得"颇寡。胸中似有千千结，提笔方显词章穷，不知道怎样切入，更不知怎么样布局谋篇，一放下，那一点思考和情怀久而久之也像墨迹一样风干了。写作，首先是一件必需耐力与勤奋的事，其次还是件考验思维和知识的美差。古人常言：操千曲而后晓声，观千剑而后识器。操曲、观剑本身就是愉悦的享受。王小波《思维的乐趣》中写到插队青年读书，一本奥维德的《变形记》被争相传阅，翻了又翻，成了一卷海带的样子。王小波说"以后我又在几个不同的地方见到了它，它的样子越来越糟。我相信这本书最后是被人看没了的"。同样的故事还发生在马尔克斯身上。当1967年8月《百年孤独》完成的时候，马尔克斯和妻子只剩下53个比索，而寄一整本书稿到阿根廷一家出版社的邮费是82比索，最后马尔克斯夫妇把书稿一分为二，只寄出了半本《百年孤独》，不久之后马尔克斯收到编辑Paco Porrua寄来的邮费和一句急切的附言：你他妈赶紧把上半部寄过来！好的作品，不论是文学的、艺术的、历史的或者是社会经济的，都激发起人们同样的喜爱，人们阅读它、思考它、模范它，从而获得精神上的巨大满足，并且获得自身成长的养分。这种愉悦，没能有幸体会过的，大概是活着的人中最悲惨的了。

思维的锻炼和知识的贮备，阅读是一种，交谈是一种，沉思是一种，而旅行却是用眼睛读、用头脑谈、用脚步丈量的最好途径。大学的时候常常一个人走，背起包，去川渝滇浙和贵州的山间远行，对未知事物的兴趣、对陌生人的善意好感和对旅途见闻的感受能力，成为除辩论训练之外大学四年最宝贵的收获。时至今日，梵净山夜晚的虫鸣仍然会在枕边响起，乌镇的流水画船和苏南风光依然在记忆里闪光。旅行赋予人对生活的热爱、勇敢、韧劲和自我塑造与完成的可能性，回首过往，也感到沉甸甸的饱满。

旅行的形式各异，收获也不尽相同。在《看不见的城市》中马可·波罗回答忽必烈说："别的地方是一个反面的镜子，旅人看到他拥有的是那么少，而他从未拥有过而且永远不会拥有的是那么多"。我们不能真正拥有旅行地的任何东西：风、语言、美食和街道上的一草一木，但可以拥有旅行本身，拥有最大限度接近本土生活之后个人的体验与收获。"情往似赠，兴来如答"，那些到过的城市不再仅仅留下一个名字，而是一种味道、某种感触和一些难舍，在记忆中成为生命体验的一部分。两广留下的是空气中某种兰科植物的芬芳；想起海口，是成排的棕榈树在路边飞舞，路边是沙滩，沙滩边是无尽的海。想起在天涯海角一户农家僻静的楼顶迎风而坐，那一刻天地寂静；想起平遥古城搬空了，在雨中，像一个落寞的老人；想起太原城灰扑扑的天，全不是想象中红拂与虬髯公的当年模样；想起一个人在西安碑林外的老胡同里闲逛，学着《长安县》里唱的那样"来个大碗的岐山面"；想起港岛的雨夜，薄扶林道第三街的叮叮声——清脆持久……这些旅途见闻，和阅读的思考、现实的观察和及时出现的感怀一起，化成粗糙的文字，被反复斟酌修改，历经打磨抛光，呈现在我的师友亲朋面前，成为时光留给我的最宝贵财富。

"写吧，不浪费！"他们告诉我。

李彩凤是贵州财院文化传播学院 2005 级汉语言文学专业学生。在校期间，2 次获国家奖学金；6 次获校一等奖学金；获校三好学生称号；被评为贵州省高校学生优秀共产党员标兵等。公开发表文章 20 余篇，超过 3 万字，成为贵州省写作学会会员；在校、省、教育部征文比赛中获奖 6 次，其中一等奖 3 次（校级 2 次、教育部 1 次）。该生通过多读、多走、多写、多改，写作能力、水平以及综合素质不断得到提高，曾获首届贵州省大学生辩论赛冠军，单场"最佳辩手"称号 4 次；校级演讲比赛一等奖 1 次、二等奖 2 次，等等。2009 年毕业时，她报考六个单位（中国银行、农业银行、建设银行、工商银行在贵州的分行，贵州邮政、贵州最大的房开公司办公室秘书），均被录取，她选择了中国银行贵州分行。2011 年报考贵阳市物价局，以笔试、面试以及总分三个第一的成绩被录取。2013 年报考贵州大学经济管理双证硕士研究生，也以总分第一名的成绩被录取。在这篇文章中，对于自己写作的成效，该生也重点提到了教师的指导，自己不断地写和修改；提到了自己喜欢到处旅游——她从山东来到贵州财院读大学，暑假基本不回家，而是用回家、返校的经费，到贵州、四川、云南、浙江等省的著名景点游览。她喜欢读书，读了很多书。因而作为她的写作课教师，笔者常常表扬她的同题文章比班上所有同学的分量都要重，质量都要高。

一、一个起灵魂与统帅作用的主题

写作是一个较为复杂、综合的活动过程。它涉及作者（写作主体）对写作的本质、功能等的认识、态度及兴趣；涉及作者对写作需要的各种材料的积累、使用和对写作规律（技巧等）的掌握；涉及对文章（文本）要素的了解和把握；还涉及对写作的服务对象——读者——的认识与了解，等等。本书作者经过多年的自身写作和教学实践，从写作活动与过程中提炼出自认为重要的"五个一原则"，并择要地再现在"五个一原则"指导下的文章写作、评改过程，旨在对学习写作的学生和其他愿意写作的人员提高写作能力有一定帮助。

按照马克思主义哲学的观点，人与动物的根本区别之一是人有意识。动物是按其本能活动，而人的活动则受其意识指导。

> 动物和它的生命活动是直接同一的。动物不把自己同自己的生命活动区别开来。它就是这种生命活动。人则使自己的生命活动本身变成自己的意志和意识的对象。他的生命活动是有意识的。这不是人与之直接融为一体的那种规定性。有意识的生命活动把人同动物的生命活动直接区别开来。……动物只是按照它所属的那个种的尺度和需要来建造，而人却懂得按照任何一个种的尺度来进行生产，并且懂得怎样处处都把内在的尺度运用到对象上去；因此，人也按照美的规律来建造。①

马克思这段话，很好地说明了动物的活动与人的活动的根本区别。当某个人或某个组织在从事某项活动时，总是有"为什么要做这项活动（动机）？要达到什么目的（利益）？怎样才能做好（遵循事物规律与社会规范等）？"等有意识的思考，甚至会策划制定出详细的行动方案，以保证活动的有效。

写作是人的一种活动，当然写作是有目的的。写作目的是指作者通过写作活动而欲达到的结果，是通过写作活动而实现的文章的社会价值，是引起写作活动的直接动因，既是文章写作的出发点，也是制约着写作过程中的诸环节，决定文章总体面貌的决定性因素。换个说法，写作作为一种人类有意识的活动，和人类

---

①马克思. 1844 年经济学哲学手稿［M］//马克思恩格斯全集：第四十二卷. 北京：人民出版社，1979：96-97.

其他有意识的活动一样，可概括为目的、手段和结果三大要素。目的决定手段的运用，决定获得的结果。因而，从文章来看，主题也好，材料也好，结构、语言、表达也好，都不过是手段，是由写作目的决定的，是为写作目的服务的。即使是处于文章核心的主题，也只是"执行机构"而非"决策机构"，写作目的才是决策的"司令部"。但是，写作目的是通过文章的主题来体现的，没有主题，写作目的无从体现。因此，如何提炼、确定一个起灵魂和统帅作用的主题，决定写作目的能否实现，决定文章的成败。在文章诸要素中，主题处于核心地位，被称为文章的"灵魂"和"统帅"。

涉及文章主题的内容较多，本书主要讨论主题的要求。关于文章主题的要求，众多写作学专著或论文有不少论述，内容各不尽相同。本书对主题要求只谈三点：明确单一、正确高远、新颖深刻。下面结合学生的文章写作与评改过程，分别阐述。

（一）明确单一

1. 主题明确

写文章要有明确单一的主题，是写作的规律之一，是写文章的基本原则、基本要求。从小学到大学，所有教写作的老师都应该给学生讲这个原则，并要求学生掌握好这个原则。但可能是由于多种原因，学生对这个原则的掌握状况并不理想。也许是因为有的老师未能从理论上阐述清楚为什么"写文章要有明确单一的主题"；或者阐述清楚了，也多年训练过，但每个学生却未必都能理解并掌握这个规律。因而不少学生即使学了多年的语文课，进行了多年的文章写作训练，却仍存在着写文章没有明确单一主题的问题。笔者在大学教写作几十年，每当新生进校，汉语言文学专业的学生第一学期就有"写作"课，非中文专业的学生在第一个学期开设的"大学语文"课中也有部分写作内容。为了做到教学"有的放矢"，教师要求所教的汉语言文学专业学生，在第一次写作课的课堂上，写一篇自拟题目、自定内容、自定文体的摸底作文。结果发现，学生写的文章，问题很多。主要问题之一，就是没有明确单一的主题。

笔者兼任学校面向全国公开发行的校报四版（文艺副刊版）责任编辑，收到学生投来的不少稿件（特别是非中文专业学生投来的稿件），发现文章缺乏明确单一主题的情况也相当普遍。

因而，在教学生写作和指导学生修改文章上，笔者都把文章没有明确单一的主题作为一个主要问题来解决。解决方法有两个：一是阐述清楚"为什么文章要有明确单一的主题"；二是要求学生写文章时要做到"意在笔先"。

解决文章写作中存在的问题，本书的基本思路是：

弄清问题──找到原因──讲清"为什么"的理论（即原则、要求）和"该怎么做"的原则──按原则去修改。

按照此思路，解决文章没有明确单一的主题的路径如下：找到原因──经过多年的了解，笔者概括出学生写文章没有明确单一的主题的原因主要有两个：一是对主题的概念了解不够，对文章的功用和主题在文章中的地位和作用认识不清楚；二是写文章时，没有做到"意在笔先"──针对原因，讲清"为什么文章要有明确单一的主题"的理论（原则、要求）和"要做到意在笔先"这个原则──按原则修改。

下面先重点阐述"为什么"的理论。

（1）写文章为什么要有明确主题

① 文章主题要明确，是一个早有的定论，是写作的规律之一

"主题"是个多义词。这里的"主题"，指作者通过文章的全部材料（内容）和表现形式所表达出的、体现写作目的的主要意图。其"意图"之义，用于文艺作品称为"主题"，用于实用写作作品称为"主旨"，用于记叙文称为"中心思想"，用于议论文则称为"观点"。古人还有"意""旨""意旨""主脑"等之称。

前已说过，人类活动的特点之一，是正常人的任何活动都是有目的的。写作是人的一种活动，因此，写作都是有目的的。作者写文章，或表达一种认识，或传达一种情感，或描述出某客观事物的特色等，其目的或是为了对读者有所指导，或能陶冶情操，或能提供健康娱乐，或能增加一点新的知识，等等。这种目的，是通过文章的主题体现出来的。在这个意义上，我们常把写作目的称之为"主题"。对此，古人多有论述。

清代刘熙载在《艺概·经义概》中说："凡作一篇作文，其用意俱要可以一言以蔽之。扩之则为万言，约之则为一言，所谓主脑是也。"[①] 清代李渔在《闲情偶寄》中说得更清楚："古人作文一篇，定有一篇之主脑。主脑非他，即作者立言之本意也。"[②]

② 文章要有明确的主题是由文章的社会功用决定的

人为什么要写文章？前面在"写作的意义"中谈到了写文章对作者自身的作用：提高自己的综合能力，以适应工作和生活的需要。这只是一方面，还有另一方面，是社会的需要。因为大至国家的管理，小到个人的生活，写作无处不在，文章无处不写。

《周易·系辞下》记载："上古结绳而治，后世圣人易之书契，百官以治，万

---

① 刘熙载. 艺概：卷六 ［M］. 上海：上海古籍出版社，1978：172.

② 郭绍虞. 中国历代文论选：第三册 ［M］. 上海：上海古籍出版社，1979：271.

民可察。"① 这说明，上古时靠"结绳"来进行管理，到有了文字的时候，就靠用文字写作各种文书来进行社会管理。汉代王充提出了文章为世而用的著名主张，他在《论衡·自纪》中说："为世而用者，百篇无害；不为世用者，一章无补。如皆为用，则多者为上少者为下。"② 梁代刘勰在《文心雕龙·原道》中，在认同这个主张的同时，进一步指出文章要"写天地之辉光，晓生民之耳目"③。唐代白居易在《与元九书》中，论及人为什么要写文章，写什么样的文章，也提出了著名的观点："文章合为时而著，歌诗合为事而作。"④ 宋代王安石在《上人书》中称："且所谓文者，务为有补于是世而已矣。"⑤ 清代顾炎武明确地提出"文须有益于天下。"⑥

俄国伟大作家列夫·托尔斯泰在《1852 年 11 月 28 日日记》中写道："写作而没有目的，又不求有益于人，这在我是绝对做不到的。"⑦ 无产阶级革命导师列宁在《党的组织和党的出版物》中，对写作的功用性作过透彻的阐述，提出了著名的"齿轮与螺丝钉"观点："对于社会主义无产阶级，写作事业不能是个人或集团的赚钱的工具，而且根本不能是与无产阶级总的事业无关的个人事业……写作事业应当成为无产阶级总的事业的一部分，成为由全体工人阶级的整个觉悟的先锋队所开动的一部巨大的社会民主主义机器的'齿轮和螺丝钉'。"⑧ 鲁迅针对当时一位署名为"废名"的作者，写的鼓吹文章对社会毫无影响的一篇文章，撰文进行批判指出："'废名'就是名。要于社会毫无影响，必须连任何文字也不立，要真的废名，必须连'废名'这笔名也不署。"⑨ 毛泽东在《反对党八股》中，对写作的要求和文章的作用说得通俗易懂而又极为深刻，他指出："我们写文章，做演说，只要像洗脸这样负责，就差不多了。拿不出来的东西就不要拿出来。须知这是要去影响别人的思想和行动的啊！"⑩

文章的社会功能，古人概括为"文以载道"、或"文以明道"、或"文道一体"。曹操的儿子曹丕，更是把文章的作用提高到"盖文章，经过之大业，不朽之盛事"⑪ 的地步。从国家管理这个层面，曹丕讲得一点不为过。就一般人来说，写的文章，至少要做到著名作家赵树理先生说过的"写文章是劝人的，劝人做好事、勿做坏事"，做到歌颂生活中的真、善、美，鞭笞假、恶、丑。但如果文章没有一

①转引自任刚建．公务文书写作［M］．贵阳：贵州人民出版社，2003：1.

②⑪郭绍虞．中国历代文论选：第一册［M］．上海：上海古籍出版社，1979：127，159.

③刘勰．文心雕龙全译［M］．龙必锟，译注．贵阳：贵州人民出版社，1996：5.

④⑤郭绍虞．中国历代文论选：第二册［M］．上海：上海古籍出版社，1979：99，293.

⑥日知录集释：卷十九．［M］//欧阳周．大学实用写作．北京：高等教育出版社，1996：6.

⑦列夫·托尔斯泰．1852 年 11 月 28 日日记［M］．古典理论译丛．北京：人民文学出版社，1961：194.

⑧列宁．党的组织和党的出版物［J］．红旗，1982（22）：3.

⑨鲁迅．集外集拾遗［M］．北京：人民文学出版社，1973：439.

⑩毛泽东．毛泽东选集：第三卷［M］．北京：人民出版社，1991：840.

个明确的主题，写的东西读者看后不知作者到底要表达什么，那还有什么功能可言？

③ 文章要有明确的主题，是由主题在文章中的地位决定的

传统的写作理论认为，文章（文本）主要包含主题、材料、结构、表达方式、语言五大要素，称为"五大块"。从写作及其研究的发展到现在来看，这样划分是有一定缺陷的，但这"五大块"划分，便于认识、理解和写作文章，至今仍是写作教学和写作实践重要的依据和指导。"五大块"中每一块在文章中的地位、作用各有不同而又合为一体，共同为作者的写作目的服务。而"主题"直接体现写作目的，主题确立得如何，表现得怎样，关系到写作目的能否实现或实现的程度。因此，在"五大块"中，主题处于核心地位，材料、结构、表达方式和语言这"四大块"处于从属地位，都是为主题服务的。

前面说过，主题在古代，有"意""主脑"之称。主题在文章中处于核心地位，古人早有认识，并将之概括为"文以意为主"。

最先提出"文以意为主"的是南朝宋代的范晔，他在《狱中与诸甥侄书》中说："……常谓情志所托，故当以意为主，以文传意。"① 梁朝萧统在《文选注》中，也提出了类似的观点：作文"以立意为主，不以能文为本。"② 到唐代，杜牧在《答庄充书》中，用生动的比喻，从正反两个方面，形象地分析了"意"在文章中的"灵魂"和"统帅"作用："凡为文以意为主，以气为辅，以辞彩章句为兵卫。未有主强盛而辅不飘逸者，兵卫不华赫而庄整者。四者高下园折步骤随主所指，如鸟随凤、鱼随龙，师众随汤武，腾天潜泉，横裂天下，无不如意。苟意不先立，止以文彩辞句绕前捧后，是言愈多而理愈乱，如入阛阓，纷纷然莫知其谁，暮散而已。是以意全胜者，辞愈朴而文愈高；意不盛者，辞愈华而文愈鄙。"③ 这段话主要说了三层意思：首先，把"意"比喻为"主"，辞句为"兵卫"，"兵卫"跟随"主"，如百鸟朝凤，万鱼随龙；"主"强盛，"兵卫"就"华赫而庄整"。其次，指出写文章如果不先确立意，只是堆砌辞藻，结果只能是越说越乱。第三，认为文章以意取胜，只要"意"全胜，辞句朴实文章更美；"意"不行，辞句越华丽，文章就越低下。

宋代苏轼对文章中的"意"，也有精彩地阐述。他以用钱购物为喻，由用钱一以摄之，散布于各种店铺的用物才能为己所有，"作文亦然。天下之事散在经子史中，不可徒使，必得一物以摄之，然后为己用。所谓一物者，意是也。不得钱不可以取物，不得意不可以明事。此作文之要也。"④ 这方面，清代王夫之说得最为全面而透彻，他在《姜斋诗话》中说："无论诗歌与长行文字，俱以意为主。意犹帅也，无帅之兵，谓之乌合。李、杜所以称大家者，无意之诗，十不得一二也。

---

①③④王凯符，张会恩. 中国古代写作学［M］. 北京：中国人民大学出版社，1992：152，152，152.
②萧统. 中国历代文论选：上册［M］. 北京：中华书局，1962：290.

烟云泉石，花鸟苔林，金铺锦帐，寓意则灵。"①

古人的这些论述，可概括出"主题在文章中具有'灵魂'和'统帅'作用"这个观点。这个观点可从两方面来理解。

第一，从文章内容上看，主题是文章的"灵魂"。

"灵魂"是个多义词，此处的"灵魂"是个比喻，指"起关键和主导作用的核心因素"。即是说，在文章的"五大"要素中，"主题"是起关键和主导作用的核心因素。一篇文章质量高低、价值大小、作用强弱、影响好坏，主要取决于主题的正确与否和新颖深刻程度。大凡长诵不衰、名垂青史的文章都是有明确、正确、新颖、深刻的主题的文章。正所谓"是以意全胜者，辞愈朴而文愈高"，"烟云泉石，花鸟苔林，金铺锦帐，寓意则灵。"

第二，从文章的形式上看，主题是文章的统帅。

有写作经验的作者都知道，写进文章中的材料，只是作者手中材料的一小部分。这"一小部分"，是怎么选出来的？当然是根据主题的需要来选的。如果选出的材料有两个以上，又凭什么来安排它们的先后呢？当然还是根据主题表达的需要来安排（即看怎么安排主题能更好地表现出来）。因此，我们可以这样说：一篇文章，材料的取舍、详略，结构的安排，表达方式的选择，语言的运用，乃至标题的拟定，都要根据主题的确立、表达的需要来确定，受主题的支配。这一点，苏轼说得极好："天下之事散在经史中，不可徒使，必得一物以摄之，然后为己用。所谓一物者，意是也。"一篇文章，如果没有"意"，材料、结构、表达方式、语言等就失去了所指，失去依据，就变得毫无意义，成为像王夫之说的"无帅之兵，谓之乌合"。只有有了"意"，才能根据"意"的需要来选材用材、安排结构、选择合适的表达方式，使用恰当的语言，与"意"共同构成一个有意义有生命力的整体——文章。

（2）写文章要做到"意在笔先"

朱光潜先生在《作文与运思》一文中，对写作之前没有思考清楚、没有弄明白自己写这篇文章到底要表达什么主题的作者进行了分析和批评："一般人作文往往不将全部想好，扯一张稿纸提笔就写，一直写下去。他们在写一句之前，自然也得想一番，只是想一句写一句，想一段写一段；上句未写成时，不知下句是什么，上段未写成时，不知下段是什么；写得无可再写时，就自然终止。这种习惯养成时，不假思索，任笔写下去，写得不知所云，也是难免的事。文章'不通'，大半是这样来的。"②

朱先生批评的这种人、这种事，古已有之。北齐颜之推《颜氏家训·勉学》中载：晋朝有个博士（古时指掌管书籍文典、通晓史事的官职），别人托他写张买

---

①王凯符，张会恩. 中国古代写作学［M］. 北京：中国人民大学出版社，1995：154.

②刘锡庆，朱金顺，等. 写作论谭［M］. 北京：中央广播电视大学出版社，1983：86.

卖驴的契约，他口称"区区小事"，提笔便写，洋洋洒洒写了三大张，却还未出现"驴"字，留下"博士卖驴，书券三张，未有驴字"的典故。据说清代大学者纪晓岚，受托给一位青年写的一篇文章写批语。纪看过文章，思考一阵，在文末写了唐代大诗人杜甫《绝句·两个黄鹂鸣翠柳》中的"两个黄鹂鸣翠柳，一行白鹭上青天"的诗句。作者很高兴，还以为纪夸他的文章写得好。旁人不以为然，又不便直说，叫他再去请教纪晓岚。纪问：两个黄鹂鸣翠柳，你知道它们在说什么吗？青年说：我又不懂鸟语，怎么会知道它们说些什么？纪笑了笑，又问：一行白鹭上青天，你知道它们要飞到哪里去吗？青年摇头，说：这个更不知。纪最后说：我也不懂鸟语，也不知道黄鹂们在说什么，我也不知道白鹭要飞向哪里。而你的文章，我也不知所云，也不知所往矣①。

既然主题是文章的"灵魂"和"统帅"，那么，作者写文章，就应该在下笔之前做到"意在笔先"，使"意"成为文章的灵魂和统帅。"意"在古代汉语中有多种用法，常见的有：

指"意思"，如《易经·系辞上》说："书不尽言，言不尽意"；

指"愿望"，如《楚辞》："用君之心，行君之意"；

指"料想、预测"，如《孙子·计篇》："攻其无备，出其不意"；

指"意境"，如宋代姜夔《白石道人诗说》："意中有景，景中有意"；

指"意旨，中心思想"，如"文以意为主"，这种说法最为常见。本书中使用的"意"，主要指这种用法。

什么是"意在笔先"，《辞源》中说："唐张彦远《法书要录》——晋王右军（羲之）《题卫夫人笔阵图后》：'夫欲书者，先乾研墨，凝神静思，预想字形大小、堰仰、平直、振动、令筋脉相连；意在笔前，然后作字。'"②唐代大书法家欧阳询《书法·救应》中说："凡作字，一笔才落，便当思二、三笔，如何救应，如何结裹，书法所谓意在笔先，文向后思是也。"③由此来看，"意在笔先"的意思是指在写字之前，就应当把要写的字的形状、结构、神气以及怎么落笔、怎么结束等先考虑好。它可能最初是书法艺术中先总结出来的一条行之有效的经验，并上升为一个原则，后被其他艺术门类借用。

最早借用的恐怕是绘画。如唐代著名诗人、画家王维在《山水论》中就说："凡画山水，意在笔先。"④到清代，将其用于画论中的就更多了。如王原祁《西窗漫笔》："意在笔先，为画中要诀。"蒋和《学画杂论》："未落笔时，先须立意。一幅之中，有气有笔有景，种种具于胸中，到笔着纸时，直追出心中之画。理法相生，气机流畅，自不与凡俗等。"沈德潜则进了一步，在《说诗晬语》中，以

①《写作趣谈》编写组. 写作趣谈. [M]. 北京：地震出版社，1982：14.

②③辞源修订本：第二册 [M]. 北京：商务印书馆，1980：1143，1144.

④转引自王凯符，张会恩. 中国古代写作学 [M]. 北京：中国人民大学出版社，1995：163.

画为喻，论说作诗之道："写竹者必有成竹在胸，谓意在笔先，然后着墨也。惨淡经营，诗道所贵。倘意旨间架，茫然无措，临文敷衍，支支节节而成之，岂所语于得心应手之技乎？"刘熙载更直接地将其用来论文，在《艺概·文概》中，他将"意在笔前"与"意在笔后"的结果进行对比，说明了"意前"的重要性："古人意在笔先，故得举止闲暇；后人意在笔后，故至于手忙脚乱。"陈延焯在《白雨斋词话》中说："意在笔先，神余言外。"潘德舆在《养一斋诗话》中也说："意在笔先者，定则也。"①

上面所引古人关于"意在笔先"的论述，除了指出"意在笔先"的重要之外，还告诉我们，"意在笔先"中的"意"，主要是指"意旨"，但并不单指"意旨"，还指写作中的一个重要概念——"构思"。《词源》上说："意在笔先，谓构思在落笔之前。"②《辞海》也说："意在笔先，谓写字、绘画、作诗文先构思成熟后下笔。……王羲之《题卫夫人笔阵图后》：'夫欲书者，先干研墨，凝神静思，预想字形大小，偃仰平直振动，令筋脉相连，意在笔前，然后作字。'陈焯《白雨斋词话》卷一：'所谓沈郁者，意在笔先，神余言外。'"③

关于什么是"构思"，写作教科书或不少专著中都有论述，是一个不太容易阐释清楚的概念。笔者认为，构思是指作者对要写的文章落笔之前的一种总体思考，是提炼主题，围绕主题选择材料、安排选出来的材料的顺序，根据主题表达需要选择表达方式的思维过程（即常说的"打腹稿"）。这个过程，类似于工程师对要建的某栋建筑物制作建筑图的过程。正如事先制作好了建筑图，施工队伍才能按图建筑房屋一样，写文章也须写之前有了较为成熟的构思（构思结果通常通过写作提纲体现出来），才能下笔按提纲写作（虽然在写作中提纲会发生变化，但提纲大体指明了写作的轨迹，能避免写作迷失方向）。由此，对写作中的"意在笔先"，应当作全面而正确的理解。要懂得它不仅是指在写文章之前应明确主题（虽然这是第一位的，最重要的），也指包括围绕主题选材、用材、结构以及表达方式的选择等。

具体来说，写作上"意在笔先"的内容，即在落笔写文章之前"构思"的内容，主要包括：要考虑好、明确"写什么"（写作对象），进而明确通过这个写作对象"主张什么"（对写作对象的看法、观点；或者表达什么情感等），即文章的主题是什么。在主题明确的基础上，要考虑好这个主题要表达出来，需要哪些主要材料（选材）来支撑。选出来的材料如何使用（用材），如何安排好它们的顺序（结构）才能更好地表现主题，表现这个主题用哪种文体最合适（表达方式的选择——因为文体主要是按表达方式来分类的），等等。只有对这几个重要的环节

①转引自王凯符，张会恩. 中国古代写作学 [M]. 北京：中国人民大学出版社，1995：163-164.

②辞源修订本：第二册 [M]. 北京：商务印书馆，1980：1145.

③辞海：缩印本 [M]. 上海：上海辞书出版社，1980：2040.

进行了"惨淡经营",文章的主题、材料、结构、表达方式等思考比较成熟,"成竹在胸",才能较为有效地写作,才有可能写出成功的作品。否则,就会像沈德潜说的那样:"倘意旨间架,茫然无措,临文敷衍,支支节节而成之,岂所语于得心应手之技乎?"

总之,要避免和解决"文章没有明确的主题思想"问题,须懂得文章的社会功用,懂得主题是文章的灵魂和统帅,做到"意在笔先"。

笔者接触和收到的没有明确主题的文章比较多,这里介绍较有代表性的三篇,展现它们的原文和教师的点评及作者修改、直到发表的过程。首先要说明的是,本书选作例子的文章,问题都较多,文章"五大块"要素上的问题都有。每个例子中,存在的问题一般都指出,但每篇的重点放在主要问题的指出及修改上。

🖊 第一稿

三月的春风①

胡小碧

是谁,和着那温和的细雨轻拂着这片土地。

是谁,唤醒了沉睡在土地里那些可爱的孩子。

三月的春风总是来得那么匆忙,似害怕一不小心慢了一步会失去什么。大概是它对这片土地爱得太深了吧。[前面三句没有实质性内容,可删去。]

我是三月的孩子,你说,那时春风来了,真的。我的名字便落实了。我喜欢山顶的那块地,喜欢那肆意吹拂的柔风。那时的我,像投入一个怀抱,一个足以让人轻轻做梦,让人有自由地哼上一两句小调的冲动的情怀。泥土和草散发出清新的气息,嫩绿的小脑袋在瑞风的吹拂下接二连三的冒出来,他们也想瞅瞅这充满生机的景况。我抬头看向远处,突然看见一只灰色的山猫飞快地穿过小路,朝着那茂密的树林里跑去。消失之前,它似乎还别有深意地看了我一眼,当时我的心砰砰直跳。现今想起来,那只山猫多可爱啊!倘若能与它亲近亲近,指不定会发生多少有趣的事呢!可惜的是,我终究没能再看一眼生长在树林里的山猫。[这一段有些句子令人费解(下面画线部分)。泥土和嫩绿的小草写得较生动、形象;写小山猫也有点情趣。但由于文章中心思想不够明确,它们在文章中的意义也就不清楚了。]

父亲那时在山顶上种的主要是玉米和北瓜,我还记得最左排的第三粒种子是我种的。那时的我是个调皮的孩子,但是当我将种子种下去之后,我安

---

①为了让读者较为翔实、真切地了解例文写作修改过程的全貌,以下例文中除最终稿外,许多错漏之处并未逐一标注和修改,而尽量保持其原貌。

静得有点反常。当我看到我的玉米种子冒出一个尖尖的小脑袋后，我激动得跑去拽着父亲的袖子，拉着他跑回那个小脑袋的所在地。我轻声地对父亲说，原来生命那么奇妙。父亲笑着看那个小脑袋，不语。没过多久，那玉米苗便有手指般长了。早晨去看它的时候，总看到它的中心有满满的一柱露水，父亲说那是它生命的支柱，我似领悟的对着父亲说，那你是我生命的支柱。父亲愣了一下，若有所思，但却没有回答我的话。[**这段写自己种玉米，玉米刚长出来时自己非常喜悦，写得形象、较生动。**]

母亲告诉我，父亲在那块土地上的收获并不能抵上他所付出的劳动。别人的山上都荒着没去种植，从事了别的所谓的赚钱的行业去了，可父亲却执着地种着那块土地。我曾问父亲为什么，他只是说，那块地从爷爷年轻的时候就开始种了的，那块地是最先经历风雨的地方，在那里种植，能让人从内心里感受到生命的希望；感受到生命的倔强；感受到对看到一大片经历风雨仍能冒起骄傲的脑袋的喜悦。活着，便要好好地活着，就当风雨的来临是为了庆贺你成长的吧。我并不期望你能将这片土地种植下去，我只想你能在心里种一粒种子，长在这块土地上的种子。[**这段的意思是让人费解的。从父亲不出去做事，一直种爷爷就种起的那块土地，引出许多议论性的感受，比较牵强，缺乏必然性和逻辑性。**]

又一三月，我躺在山顶上，双眼看着它的方向，突然之间觉得有些东西好远。我好像做了个梦，梦见你拿着长长的线，我是你放飞的风筝，我随着风自由地飘飞着，突然一阵狂风吹来，线断了，我看到了你眼里的恐慌，我想靠近你，可是我离你真的好远，远到什么都无能为力。当我碰到对面山顶岩缝的那一刻，我变成了一粒种子，我想起你，便决心长成一棵能让你、让自己骄傲的树。过了不少时日，我终于长成了一棵树，一棵不大，不高，不直，不美的树，但我稳稳地站在那里，以我本真的姿态站在那里。我把你朝着我的微笑当成是你对我的肯定，因为我是一棵经历风雨仍能保持着本真的心活着的树……[**这段写梦，想表达什么不够清楚。**]

你温柔的触碰将我唤醒，我怔怔地看着你，问，我为什么叫春风呢？

你只是说，三月的春风，挺好。

你走的那年，[**父亲的去世应有一定的说明。**]山顶那块地的北瓜长得特别的好，它们似乎是想告诉你，它们有好好地活着。

闭上眼听着风声，我能够相信，你是随着那一股春风走的，因为那儿有你想要追逐的脚步，而我终有一天也会寻着你的脚步去的。从山顶上下来的时候，那段路程似乎变得很远，远到我心里的种子已发了芽，我感觉你看到了，你似乎也发出像我那样稚嫩的声音说，希望。

三月又吹起了春风，我还在遥远的地方想念，我所拥有的在山顶上的那些往日。

这是贵州财经学院信息管理学院2011级计算机科学与技术专业学生写的一篇文章，教师看后，在文中做了一些点评，最后指出以下问题和修改建议，通过QQ邮箱反馈给学生（现在能比较详细地再现写作、点评、修改过程，多亏了科技、多亏了电脑），请其修改。

[这篇文章有些内容写得较朴实生动，但问题也不少。比如一些句子、甚至段落令人费解（加粗、下画线部分）；"的、地"不分；有的要素缺乏必要交代等）。最主要的问题是：文章没有明确的主题，因而文章内容（材料）比较杂乱，取舍不当。

根据所写的一些内容来看，建议确定这样一个主题：虽然父亲不幸去世，但他期盼女儿要好好活着，努力成长为一个有用的人。2011年11月2日]

作者采纳了老师的建议，把"父亲期盼女儿好好活着，成为一个有用的人"作为文章的主题。主题一经确定，内容的取舍就有了依据：保留原文中与主题有关的内容，与主题无关的内容全部删掉。但原文中与主题有关的内容比较薄弱，因而需要增加能表达、突出主题的内容。对需要交代的要素（比如写清父亲因病去世）也加以说明。最后，连标题也改了，改为明确指向主题的直接标题。

经过作者的修改和教师最后的润色，文章达到了一定水平，发表在主要面向全国高校公开发行的贵州财经学院校报《贵州财经学院》（国内统一刊号：CN—52—0813/（G））四版（文艺副刊版）上（2012年4月，贵州财经学院更名为贵州财经大学，校报也随之更名为《贵州财经大学》）。

修改并发表文

期　盼

胡小碧

父亲在山顶那块从爷爷年轻的时候就种的地上，种上了玉米和北瓜。我记得最左排的第三粒玉米种子是我种的。那时的我是个调皮又好奇的孩子，当我将种子种下去之后，大约因心里有着期盼吧，我竟变得非常听话和安静，连自己都觉得有些反常。

当看到我种的那颗种子冒出一个尖尖的嫩黄的小脑袋后，我激动得拽着父亲的袖子，拉他跑到那个小脑袋前，兴奋地对父亲说："爸，我种的！"父亲摸着我的脑袋，爱怜地说："这就是生命啊。你刚生下来，不就这么小吗？"父亲伸出巴掌比划着，"喏，比巴掌大不了多少。看你才几年，就长这么高了，你呀，将来还要长成一棵有用的大树呢，就像这棵苞谷，将来会长得比你高，结出两三个又大又饱满的苞谷。"

没过多久，那玉米苗便有手指般长了。早晨去看它的时候，总看到它的中心有满满的一柱露水，父亲曾说那是它生命的支柱。我似乎说了一句，那父亲就是我生命的支柱……

又是一年的三月间，我躺在山顶上那块地旁，遥看着高远的天空。春风暖暖地吹着，我迷迷糊糊，好像做了个梦。梦见父亲拉着长长的线，我是线上的风筝。我随风自由自在地在空中，飘呀飘呀，高山河流在我脚下，鸟儿在我面前飞翔，我感到从未有过的兴奋和幸福。突然，一阵狂风吹来，风筝线被刮断了，我从空中急速地坠落，"爸爸！救我！"我大声地疾呼，父亲拼命地喊着"女儿，不要慌，爸爸来了！"他飞快地追赶，想接住我，却坠下了山崖……

父亲是因病去世的。我永远忘不了他走之前的眼神——对我那忧伤而期盼的眼神。

我现在进了大学。父亲，我可以算是您期盼的已长成的一棵树了吗？

您走的那年，山顶那块地的北瓜和玉米依旧长得很好。我想，它们是想告诉您，它们是会好好地活着、开花、结实的吧。

🍴 第一稿

情系韭菜坪

吴雪梅

活动简介：此次户外露营活动是由我们贵州财经大学联合户外组织主办，其中邀集了贵州省各高校如贵大、民大、师大的大学生一起来参与。在国庆之前就大力在各个学校宣传，最后组成了一个五十多个人的大团体。此次登山露营活动不仅锻炼了我们大学生的团结协作的能力，吃苦耐劳的能力，野外求生的能力，还同时让我们懂得了环保的重要性。意义丰富，经历难忘。**[介绍活动背景和概括活动的意义，这一般是总结的写法。散文或记叙文不应这样写。]**

韭菜坪是世界最大的连片喀斯特地貌地区，位于贵州六盘水市钟山区与毕节市赫章县交界处。因为其山高被称为"贵州之巅"。那里还聚居了少部分彝族村民，由于地域偏远，星罗棋布地散居山麓，很少受现代文明的濡染，彝族文化里有许多面临消失的民族传统，在这里却活化石般地保留下来，形成了独特的"阿西里西"文化。**[这段介绍韭菜坪，过于概括。下面用好几段文字介绍活动的进程，把这段内容甩在一旁，相互间失去了联**

系。]

长路漫漫，窗外飘起了小雨，大巴车还是无休止<u>的</u>向前行驶。大伙儿都纳闷为啥还没有到达目的地。激动的心情迫切得有些浮躁，于是<u>共鸣的声音</u>瞬时在车上回荡。加上车上没有食物的补充，大家饥寒交迫，埋怨声此起彼伏。此时领队为了活跃气氛，召集大伙儿玩游戏打发时间，被罚的同学上前给大家表演节目。伴随着音乐和大伙儿的兴趣，游戏让同学的热情高涨，气氛也没有那么单调和紧张了。但是路途漫长，游戏也只是短暂的调试剂，最后大家还是疲惫的<u>睡着了</u>。

唯我精神还算好，睡不着，于是欣赏着沿路的风景。我们过了高速，驶入了一条不宽敞的道路上，听领队说这是黔西，少数民族居多，给人的感觉不是很发达，但是他们的水乡风情和精巧雅致的居民建筑飘逸着一股浓郁的历史和文化气息，显得特别美。一种特色的建筑就是一种特色的文化，褪去城市的繁华艺术，那种乡村艺术也有很多值得探究的光点。[**以上两段主要写坐车的情况。一点意义都没有。**]

因为国庆出行的人特别多，所以堵车严重，我们到达目的地已经很晚了，不能按预计去登山扎营，于是领队在山下找了一块村民的空田地，准备在此处扎营和弄饭吃。领队在和村民协调过后，他们同意我们扎营，于是我们开始行动起来。成员们都考虑得很周到，早早已在车上商量好了分组行动，扎营的扎营，弄饭菜的去分菜。工作有条不紊展开来。大伙儿忙<u>的</u>不亦乐乎。但是因为条件的限制，我们的行动受到了很多阻碍和限制，当地较为贫困，没有路灯，也就稀稀疏疏的几户村民，灯光也很暗。我们打着手电筒找<u>帐篷，工具，营地</u>。天宫也不作美，飘着绵绵细雨，田地里的稀泥混合着牛粪和马粪，但是我们不得不在这里扎营。心里冷冷的[**"的"、"地"不分**]想"我们什么时候落魄到这步田地啊，我们要回家！"但是又想到离家这么远，露营也是想锻炼自己，在这个恶劣的环境下，同学们更是显得特别团结，扎营很快就完成了。煮饭的组员们还在忙个不停，他们去村民家里<u>借的水煮饭</u>[**"借水"？难道还要还?**]，洗菜。不一会儿地上炊烟袅袅，吸引了当地的村民来围观。她们穿着民族的特色服装但是显得很脏也很破旧，包着头巾，热情的过来叫我们去家里做客，淳朴的言语让我们感觉很温暖。那天刚好是中秋节，领队把给我们准备的月饼分发给了当地的那些小孩子，他们都非常高兴能得到月饼吃。

再和孩子们聊了几句才知道他们因为没有钱上学而辍学在家。他们和我们一样都是学生，但是脸上却布满了哀愁和悲伤，我看不到他们脸上明媚的笑容，他们习惯用牵强的笑容来掩饰内心的脆弱，他们只是一群孩子，相对同龄的孩子来说却要负担得很多很多。原来贫困离我们并不远，真希望他们能一切都好起来。我想我们能坐在宽敞明亮的教室上课是多么的幸运，能有什么理由不好好学习呢。

聊罢，我们也差不多要开饭了，大家都围着菜转没有关注饭的情况，打开盖子，发现饭糊了大块，而且是混泥土的，半生半熟。顿时我们都笑了……依然饿狼似地抢饭吃，什么山珍海味也敌不过的混泥土饭菜大家吃得好香！条件的限制让我们少了抱怨，有饭吃才是王道！

为了保持体力继续第二天的行程，大家吃完饭后都回到各自的帐篷取暖休息，因为天气不好，本来打算的篝火晚会也取消了，但是歌声却依然在，同学们自发地在帐篷里面唱歌对歌娱乐，安静的村庄在夜色中顿时多了几分生气。不知道我们的到来是否打扰到当地的村民，出于礼貌大家没有闹多久都安静的睡觉了。夜里被狗吠声吓醒过几次，迷迷糊糊又睡着了，连做梦都梦到了狗吠。[以上四个段落写夜宿情况，内容更多更杂：第一段写驻地情况；第二段写和当地孩子聊天的情况；第三段写吃饭情况；第四段写睡觉情况。段与段之间没有主线相连。]

旦日，早晨的村子很宁静，空气很清新，云雾缭绕在半山腰上，阳光若隐若现。大伙儿开始洗漱，收拾行李和煮早餐。一切准备完毕，捡完垃圾。奔赴我们的下一站，小韭菜坪。

小韭菜坪有"贵州屋脊"之称，主峰海拔2900.6米，山顶石林密布。以前没有见过石林，果然大饱眼福，它们造型各异，风姿迥然，以未曾粉饰过的纯洁的满身灵气，或立或卧或行，或玲珑别透，或魁伟道劲。被人们称为洛布石林。登上山顶，望眼四周，乌蒙磅礴的气势尽收眼底。真是"不到韭菜坪，枉看贵州山"呀！山上还有一种美味，那就是烧洋芋！是当地彝族村民为了找一点闲钱而做的小生意，价格不贵，但是味道很好。[以上主要写小韭菜坪的风景，石林写得不错，是全文中写得最好的一点。]

再欣赏了小韭菜洛布石林后，我们即将赶往大韭菜，也就是我们的终点站。

一路上我们可以看见奔跑的羊群，嬉戏的藏猪，被驾驭的马匹……真心感觉自己到了西藏。一片片野草坪此起彼伏，像金色的波浪涌向天边；一道道溪流清澈静谧，好似明镜镶嵌在大地；这些美景，与蓝天白云互相衬托、互相辉映，就象 [像] 一幅华丽的水彩画呈现在眼前。原来贵州也有这么原生态的风景。

小韭菜和大韭菜相隔不是很远，大韭菜有"贵州之巅"之说，要登上大韭菜山脚，我们还要经过十一道拐，弯弯曲曲。笨重的旅行车在小道上很危险，但是司机师傅技术很高超，很安全的把我们送到了大韭菜。在大韭菜脚下俯看，都有一种居高临下的感觉。站在云端，收众山于眼底。

　　背上装备，拾级而上韭菜坪，因为行李很多，而且男生较少，所以为了能让女生少分担一点，男生们都身背重负。又因为是阴天，视线不过数米，行动艰难如沉雾海。陡峭的梯子如天梯一般直插云霄。这就是一条神奇的天路，我们即将走进人间天堂。真是高处不胜寒，山上寒风咆哮刺骨难忍，狂风夹杂着雨水让我们艰难前行。天气的原因让我们遗憾没有登上最高峰，领队以前来过，所以对路线比较熟悉，我们没有登上最高峰，在半山腰上就找了营地落脚，天气异常恶劣，韭菜叶子已经烂在地上，很滑，很容易就摔跤，但是我们的帐篷依然要搭，饭菜照样要做。各组成员动作非常麻利，分工明确，很快大家就吃到了香喷喷的大杂烩。贵州人都怕不辣，这可苦了外省的同学，另外一个小组有个同学因为吃不了辣椒，然后选择不吃，这么寒冷的天气，不吃东西怎么能够扛得住，同学们就将自己的零食贡献出来拿给她吃。饭罢，大家依然回归自己的帐篷取暖。山上的风大而急，如果帐篷不固定很容易就被风卷走，大家的帐篷紧紧地挨着就变得更加稳固，于是大家就这样一起抵挡风雨。[**以上写赶往大韭菜坪途中的情况**。]

　　三日早上，大伙儿都还安然的睡在自己的帐篷里面，一切平安。雨后初晴，云海茫茫，千山若隐若现，感觉自己身在云中显得如此梦幻，心境颇广。我们都度过了最艰难的时刻，心情如阳光一样明媚。

　　最后我们带走了垃圾，留下了情谊……

　　这篇文章，是贵州财经学院 2011 级旅游管理专业的学生吴雪梅根据一次社会实践活动来写的。写有与少数民族的接触和贵州大自然风光的不少内容，尤其是以自己亲身经历的事来写，这些都是可取的。但基本上还不算文章，还是素材的堆积。教师阅看之后，在文章中做了一些点评，最后写了如下意见，连同文章一并发还给作者，请她自己修改。

　　[**严格地说，这还只是素材，不是文章。全篇由于没有经过很好地思考和提炼，没有确定一个明确的主题就任笔而写，因而对庞杂的内容没有严格地取舍，导致全文内容杂乱。**

　　修改建议：先提炼出一个明确的主题，然后选择能表现主题的材料，安排好所选材料的结构。此外，文字控制在 1500 字左右。]

修改稿

情系韭菜坪

吴雪梅

白露之晨，我们从财大门口出发，前往我们登山露营的目的地，韭菜坪。

长路漫漫，车窗外飘起了小雨，路途中我们经过了黔西，少数民族居多，给人的感觉不是很发达，但是他们的水乡风情和精巧雅致的居民建筑飘逸着一股浓郁的历史和文化气息，显得特别美。驶得匆匆，看得蒙蒙，当我们赶到韭菜坪的时候，便已近黄昏。雨也没有歇住，雾漫得更开。

恶劣的天气和晚到的时间已不便我们登上韭菜坪。领队见此情形，就在当地的一个小村落找了一块田地让我们扎营落脚。在组员们的分工合作下，扎营和煮饭都进行得非常顺利。我们的动静让这个安静的小山村一下子热闹了起来，吸引了当地的彝族村民们前来围观，他们身着民族服饰，女子喜穿镶边或绣花大襟右衽上衣和多褶长裙，有的系围裙和腰带，缠包头。男子喜穿黑色窄袖左斜襟上衣和多褶宽大长裤。时不时嘴里还念叨几句彝族语言，我们知道他们是欢迎我们的到来，但是不能完全的语言沟通，也只能微笑面对罢了……**[上面两段写到彝族的一些文化，但比较概括和单薄，给人印象不深。]**

为了保持体力继续第二天的行程，大家饭罢后都各自回到帐篷取暖休息。入夜，山村中万籁俱寂，深夜听狗吠，还别有一番滋味。

旦日，早晨的村子显得很宁静，空气清新，云雾缭绕在半山腰上，阳光若隐若现。一切准备完毕，即将奔赴我们的下一站，小韭菜坪。

小韭菜坪有"贵州屋脊"之称，主峰海拔2900.6米，山顶石林密布。以前没有见过石林，果然大饱眼福，它们造型各异，风姿迥然，以未曾粉饰过的纯洁的满身灵气，或立或卧或行，或玲珑剔透，或魁伟遒劲，被人们称为洛布石林。登上山顶，放眼四周，乌蒙磅礴的气势尽收眼底。真是"不到韭菜坪，枉看贵州山"呀！山上还有一种美味，那就是烧洋芋！是当地彝族村民为了找一点闲钱而做的小生意，价格不贵，但是味道很好。

在欣赏了小韭菜洛布石林后，我们即将赶往大韭菜，也就是我们的终点站。

一路上我们可以看见奔跑的羊群，嬉戏的藏猪，被驾驭的马匹……真心感觉自己到了西藏。一片片野草坪此起彼伏，象金色的波浪涌向天边；一道道溪流清澈静谧，好似明镜镶嵌在大地；这些美景，与蓝天白云互相衬托、互相辉映，就象一幅华丽的水彩画呈现在眼前。原来贵州也有这么原生态的风景！

小韭菜和大韭菜相隔不是很远，大韭菜有"贵州之巅"之说，要登上大韭菜山脚，我们还要经过十一道拐，弯弯曲曲。笨重的旅行车在小道上很危险，但是司机师傅技术很高超，很安全的把我们送到了大韭菜。在大韭菜脚下俯看，都有一种居高临下的感觉。站在云端，收众山于眼底。

背上装备，只见巨峰挺立在前，雄峻而难以攀登，陡峭的石梯如通往天堂的路一般直插云霄，这就是一条神奇的天路。拾级而上韭菜坪，阴天的缘故，视线不过数米，如沉雾海。真是高处不胜寒，山上寒风咆哮刺骨难忍，狂风夹杂着雨水让我们艰难前行。无奈在半山腰上就扎了营，遗憾没有登到最顶端，我们都知道，那肯定是一个神奇的天堂……[主体部分写出了大自然景观的特色美，改得比较成功。]

这一夜，只觉风吟不绝于耳，不知是梦？是醒？

第二天，大伙儿都安然的睡在自己的帐篷里面，一切平安。雨后初晴，云海茫茫，千山若隐若现，感觉自己身在云中显得如此梦幻，心境颇广。我们都度过了最艰难的时刻，心情如阳光一样明媚。

缓行的汽车终于无情的拉远了我们和大韭菜坪的距离，望着那渐渐远去的，在云山中依然挺拔威武的大韭菜坪。我们心底想：

"总有一天，我们还会回来，登上贵州最高峰！"[结尾部分内容较空。]

[修改后的文章从 2300 多字减到 1300 余字，砍掉了 1000 余字，让读者感到清爽多了，文章也好多了。虽然主题还不是很明确，但感到作者是想表现一些民族文化的美，重点想表现大自然景观的美，这也算是有了一定的意图。因而才把大量的、与这个"意图"无关或关系不大的内容砍掉了。这是很大的进步。

但由于主题还不是非常明确，文章内容又略显单薄。尤其是文章结尾部分，写得较为空泛。散文最常见的一种写法是在结尾点题，建议进一步明确主题，增加一些内容（要具体和较为典型），在结尾处点题。

此外，从文章主要内容来看，并没有很好地体现出标题中的"情"，建议对标题进行修改。]

收到教师的修改建议，学生完全赞同并予以采纳，对文章再次进行了修改。首先，拓宽和明确了主题，并在文章的结尾处点明；其次，增加了彝族人民对学生的关心等内容；再次，对文章进行了完善润色（比如开头加了些韭菜坪的内容、文中对自然景观提炼得更为准确、让其特色更加明显等）。文章已基本达到发表水平，发表在《贵州财经大学校报》四版上。

发表稿

韭菜坪之行

吴雪梅

白露之晨，我们从学校门口出发，前往登山露营的目的地——位于六盘水市钟山区与毕节地区赫章县交界处，因山腰生长成片野韭菜于山脊侧坡一处处缓平地带，被称为世界上最大的连片喀斯特地区——韭菜坪。

长路漫漫，车窗外飘起了小雨。恶劣的天气和晚到的时间已不便我们登上韭菜坪，领队就在黔西县境的一个小村寨边找了一块晒谷坝子让我们扎营落脚。组员们按事先的分工，扎营和煮饭都进行得非常顺利。不速之客的我们让这个安静的小山村一下子热闹了起来，吸引了当地的彝族村民们前来围观。他们身着民族服饰，女子穿镶边或绣花大襟右衽上衣和多褶长裙，有的系围裙和腰带，缠包头；男子穿黑色窄袖左斜襟上衣和多褶宽大长裤。他们时不时嘴里念叨几句彝族语言，好像是欢迎我们的到来，但是不能完全地语言沟通，也只能微笑面对。一个像头领的中年人，找到我们领队，提出让我们到寨中的小学校去住，领队婉言谢绝，并告诉他，要让我们这些平时很少吃苦的大学生多锻炼锻炼……

为了保持体力继续第二天的行程，大家饭后都各自回到帐篷休息。入夜，山村中万籁俱寂，不时有几声狗吠，别有一番滋味。

第二天，早晨的村子显得很宁静，空气清新，云雾缭绕在半山腰上，阳光若隐若现。一切准备完毕，我们奔赴下一站，小韭菜坪。

小韭菜坪素有"贵州屋脊"之称，山顶石林密布。以前没有见过石林，这次大饱了眼福。它们造型各异，千奇百怪，风姿迥然，以未曾粉饰过的纯洁与满身灵气，或立或卧或行，或玲珑剔透，或魁伟道劲，被人们称为洛布石林。登上山顶，展眼四望，但见：山峦起伏，苍山如海，真是"不到韭菜坪，枉看贵州山"呀！山上还有一种美味，烤洋芋，是当地彝族同胞做的小生意。一个个肥硕饱满的熟透了的洋芋被柴火烤得焦黄，老远就能闻到一股股的香气。价格不贵，味道好极了。

欣赏了小韭菜洛布石林后，我们赶往终点站大韭菜坪。

一路上看见奔跑的羊群，嬉戏的藏猪，被驾驭的马匹……颇有些到了西藏的感觉。大片大片野韭菜此起彼伏，像金色的波浪涌向天边；一簇簇开着淡红、淡黄、浅紫等色的野韭菜花，似一幅巨大的彩色地毯，铺盖着满山遍野；一道道溪流清澈静谧，好似明镜镶嵌在大地。这些美景，与蓝天白云互相辉映，就像一幅华丽的水彩画呈现在我们眼前。

小韭菜和大韭菜相隔不是很远，大韭菜有"贵州之巅"之说。要登上大韭菜山脚，我们还要经过弯弯曲曲的十一道拐。显得过大的旅行车在弯弯曲曲，仅能错车的公路上行驶，险象环生，但是师傅技术很高超，有惊无险地把我们送到了公路的尽头——大韭菜脚下。下了车，大家四处俯看，大有"一览众山小"的感觉。

背上装备，我们开始攀登。仰头望去，只见巨峰挺立在前，雄峻而难以攀登，陡峭的石梯如通往天堂的路一般直插云霄。拾级而上，不一会却阴雨连绵，视线不过数米，如沉雾海，真是高处不胜寒呐。山上寒风咆哮刺骨难忍，狂风夹杂着雨水让我们艰难前行。怕出意外，领队决定在半山腰上扎营过夜。

这一夜，只觉风吟不绝于耳，帐篷被吹得哗啦啦响，大家一夜不知何时是梦？何时是醒？

第二天，雨后初晴，云海茫茫，千山若隐若现。但往顶峰的崎岖小路，仍是云遮雾绕，难以攀登，大家只得抱着遗憾下山。

上了车，缓行的汽车无情地渐渐拉远了我们和大韭菜坪的距离，望着那渐渐远去，在云山中巍峨的大韭菜坪，我们沉思良久，一车人竟无话可说。

这次虽未登顶，似无所得，但大家对什么是民族风情，什么是大自然的奇观，什么是夜宿风雨中，什么是艰苦，什么是关心和互助等，都增加了许多感性认识。并且，大家还得了个期盼："总有一天，我们会登上大韭菜坪那2900多米的峰顶！"

第二稿

二月春风

杨 兰

翻着老年历，掐指一算，距离春节只有几天的时间，心中难以抑制那份喜悦，一分一秒地倒数……

似乎每年的这个时候都会是一片凋零的景象，寒风依旧不留情的划过脸颊，天上的鸟儿也藏了起来，世界瞬间就这样寂静了下来。[**前面两段，离题过远。**]

这两天，经过村口的石墩，总会看见陈奶奶坐在上面，双眼有神的看着远方，就这样，一天一天的坐在那儿，直到天黑。其实，路过的人都知道，在这篇土地的那头又一个人，她一直在等一个人，一个盼了多年的人——她的儿子。

这天，我好奇的走上去，蹲在石墩的旁边，顺着她的目光看过去，依旧是什么都没有。"陈奶奶，你在这儿坐了那么多天，在看什么呢？"她转过神来，笑了笑，"在等他——我的儿子，他打电话来说，今年一定回家过年，所以我就在这等啊！""为什么你不在家等呢？""这两天在家没事，就出来逛逛，顺便看看他们回来没。"[上面一段已经写明了陈奶奶在等她的儿子，这段又问她在等什么？]

我没有继续追问下去，踩着阴暗的光回家，距离除夕夜仅仅只有两天，确切的说还有两天。[这段没什么意义。可删去。]

不知不觉，除夕夜的爆竹声刺破了多天来的寂静，家家户户的门窗上都贴着大红的窗花，"迎春接福"类似的字眼出人意料的 [大学生写文章时"的""地""得"不分的情况比较普遍。]将鼠年装扮了一下，喜迎牛年的到来。无尽的喜悦充斥着所有人，但是，陈奶奶怎样了呢？或许也和我们一样全家坐在一起乐呵呵的吃着年夜饭。

日历又翻过了一页，但是陈奶奶还是一样的端坐在那块大石墩上，同样还是在等他——她的儿子。每次，经过时，她的嘴里都会絮叨絮叨的念到"怎么还不回来呢？今年做了好多的腊肉、霉豆腐，还有你们最爱吃的豆豉……"大年已过，新的日子已经开始了，但是该来的人始终没有回来。等待还会这样继续下去，一直一直等下去。

冬去春来，大地精神的披着绿装，二月的春风暖暖的吹过，所有的一切又要开始出发。新的学期又要开始了，我该出发了。路上，遇到初中同学坐在河边钓鱼，下意识的就问了一句"你还没出去啊，好久走？""过两天，看你这样子，上课了吧！"我笑了笑，"嗯，过两天开学了。"他低下头，握着鱼竿，没再说话。对话就这样草草结束，我向前走了几步，回过头来，阳光支离破碎的铺在他身上。想象其实我们原来都一样，只是现在我们不一样了。[为什么要写这段？]

又路过那块石墩，上面再也没有老人的身影，它仍旧盘坐在那儿，只是表层有些许凹陷，老人要等的人，最后还是没有回来。

油菜花依旧没心没肺的灿烂，闻着腐烂的泥土的气味，悲伤沉重的背包，我依旧还要走我的路，伴着二月的春风走向远方。[？]

这是一篇贵州财经学院文化传播学院2007级汉语言文学专业学生于2010年9月写给校报四版，且经过了第一次修改的稿件。第一稿写得很杂乱，主要内容是写一位老奶奶盼望在外的儿子回家过春节，这在当时具有一定的普遍性和现实意义。老奶奶等儿子的画面，也写得比较具体生动。但文章的主题不单一明确，教师建议学生先把主题明确起来，然后根据主题的需要进行材料的取舍。学生根据教师的建议进行了修改，教师对第二稿做了较详细的点评，在点评的基础上，提出了修改意见。

尽管教师已提出了较为详细的修改建议，但学生可能对教师的建议未能全部理解透彻，因而文章虽然有些地方修改后比原稿好了不少，但关键的地方仍未改好。如，作者想表达的主题仍未让人明白，以致写老人等儿子，该写诸多的事却不写，而写初中的同学钓鱼，让读者不知道这与老人等儿子有什么联系。教师提出下面修改意见：

[老奶奶等儿子这个画面，给人的印象还是挺深的。关键是通过这个画面要反映什么意图，一定要想好。修改后比原稿好多了。但主要问题还是主题不够明确，因而影响了材料（内容）的取舍与详略（该写的没有写或没有写清）。此外，语句中问题较多，希继续修改。]

第三稿

二月春风

杨　兰

翻着老年历，<u>掐指一算</u>，距离春节只有几天的时间，心中难以抑制那份喜悦，一分一秒<u>的</u>倒数……

似乎每年的这个时候都会是一片凋零的景象，寒风依旧不留情的划过脸颊，天上的鸟儿也藏了起来，世界瞬间就这样寂静了下来。[下划线的词、句，都有问题，要好好检查、修改。下同。]

这两天，经过村口的石墩，总会看见陈奶奶坐在上面，双眼有神<u>的</u>看着远方，就这样，一天一天的<u>坐</u>在那儿，直到天黑。其实，路过的人都知道，在这片土地的那头有一个人，她一直在等一个人，一个盼了多年的人——她的儿子。

这天，我好奇<u>的</u>走上去，蹲在石墩的旁边，顺着她的目光看过去，依旧是什么都没有。"陈奶奶，你在这儿坐了那么多天，在看什么呢？"她转过神来，笑了笑，"在等他——我的儿子，他打电话来说，今年一定回家过年，所以我就在这等啊！""为什么你不在家等呢？""这两天在家没事，就出来逛逛，顺便看看他们回来没。"

我没有继续追问下去，踩着阴暗的光回家，<u>距离除夕夜仅仅只有两天，确切的说还有两天</u>。

不知不觉，除夕夜的爆竹声刺破了多天来的寂静，家家户户的门窗上都贴着大红的窗花，"迎春接福"<u>类似的字眼出人意料的将鼠年装扮了一下</u>，喜迎牛年的到来。无尽的喜悦<u>充斥</u>这所有人，但是，陈奶奶怎样了呢？或许也和我们一样全家坐在一起乐呵呵<u>的</u>吃着年夜饭。

日历又翻过了一页，但是陈奶奶还是一样<u>的</u>端坐在那块大石墩上，同样还是在等他——她的儿子。每次，经过时，她的嘴里都会絮叨絮叨<u>的</u>念到"怎么还不回来呢？今年做了好多的腊肉、霉豆腐，还有你们最爱吃的豆豉……"回想起来，这样的情形在三年的同一个地点，<u>同样的时期上演了很多次</u>。与之相随的，是陈奶奶家里的瓦房变成了现在的小洋房。房子越来越大，人越来越少；房子越来越亮，里面却越来越冷清，老人家的背脊也越来越弯，头发开始逐渐发白。每年的春节都仅剩老人家一个，挂在悬梁上的灯笼异常漂亮，门窗上的"合家欢乐"红得刺眼，只是每一次路过时都会觉得非常的灰暗，少了很多很多……[这里有不少让人疑惑的地方。比如，按原文说法，陈奶奶好多年不见儿子回来了，但她的住房在不断地变大变好，难道是她一个人修造的？另：她家春节前的打扮，是谁做的，也应该交代清楚。]

大年已过，新的日子已经开始了，该来的人始终没有回来，等待仍然会这样继续下去，一直一直等下去。我直到现在都不懂得他们离乡背井的初衷是什么，只是每一次撇到老人失望的眼神，心里不免有些感伤，更多的是<u>些许恨意</u>。或许是我太过年少，不懂得他们的无奈；<u>或许是社会的现实还未强势的将我们吞噬</u>！[？]

冬去春来，又路过那块石墩，上面再也没有老人的身影，它仍旧盘坐在那儿，只是表层有<u>些许凹陷</u>，老人要等的人，最终没有回来。二月的春风暖暖的吹过，大地精神的披着绿装，油菜花依旧<u>没心没肺的灿烂着</u>，其中<u>混杂着腐烂的泥土</u>的气味，伴随着这股暖风，<u>所有的一切在世人的预料之中开始了它新的征程</u>。[这些句子是很难让人读懂的。]

教师建议学生，主题可定为：通过写儿子多年春节只知寄钱回家而不愿回家陪陪母亲，反映出一些人对亲情的忽视和冷漠。

为了更好地提供帮助，教师还专门约了学生当面谈。之后，学生又进行了修改，较好地解决了存在的问题，最后教师做了润色。文章最后发表在 2009 年的校报《贵州财经学院》四版上。

📖 定稿、发表稿

望着远方

杨 兰

春节就要到了。这两天，经过村口的石墩，总会看见陈奶奶坐在上面，期盼地望着远方。就这样，一天一天地，似乎早饭都未吃，坐到中午，回去吃午饭，又回来坐望，直到天黑。

最初，我曾好奇地走上去，蹲在石墩的旁边，顺着她的目光看过去，除了阴沉的薄雾，连绵的山脉，什么都没有。"陈奶奶，您在这儿坐了那么多天，望什么呢？"她转过神来，笑了笑，"在等我的儿子，他打来电话说，今年一定回家过年，我就在这等啊！"

除夕夜，爆竹声此起彼伏，空气中弥漫着火药的幽香和炖鸡的香味，家家户户的门窗上都贴上了大红的春联，人人都沉浸在春节的喜悦中。陈奶奶怎样了呢？肯定等到了要等的人，正坐在一起乐呵呵地吃着年夜饭吧。

然而，大年初一，我路过石墩那儿时，看到陈奶奶还是一如既往地坐在那里，嘴里絮絮叨叨地念着："怎么又不回来？今年做了好多腊肉、霉豆腐，还有你们最爱吃的豆豉……"

时间一年又一年地消逝，老人家的背脊越来越弯，头发逐渐全白。每年的春节，村里人都会来帮她打扫屋子，贴春联，悬挂漂亮的灯笼，甚至邀请她去吃年饭，但她总是说："谢谢大家，我有儿子，儿子媳妇孙子会回来过年的。"

大年已过，新的日子又开始了，该回来的人仍未回来。

也许因我的年龄和经历所限，我真的无法理解一些人为什么对亲人、对故土那样冷漠？真的忙得一点工夫都没有吗？"天下熙熙，皆为利来；天下攘攘，皆为利往"，"利"真的就是一个人永远追求的目标吗？不错，陈奶奶的儿子会寄很多钱回来，陈奶奶住的房子变漂亮了，陈奶奶想吃什么就可以买什么。邻居说，陈奶奶命好，有个会赚钱的儿子。但我看到陈奶奶已经到了像祥林嫂那样不断地重复念叨"今年又不回来"的地步，这是命好吗？

冬去春来。二月的春风暖暖地吹过，大地又穿上了久违的绿装，油菜花灿烂地开着，黄得逼眼。春天过了是夏，再是秋，而后是冬季，周而复始。我不知道陈奶奶的儿子明年春节是否会回来，但我知道，背越来越驼，眼睛越来越花的陈奶奶依旧会坐在那石墩上，望着远方。

2. 主题单一

文章的主题不仅要明确，而且要单一。所谓单一，是指一篇文章只有一个主题。对此，古人早有"意多乱文"之说。尤其在实用写作中，一文一事、一事一旨作为一种制度，在唐宋时代已普遍采用。宋代《庆元条法事类·职制敕》规定：

群臣奏状"皆直述事状，若条件不同，应分送所属，而非一宗者，不得同为一状。"① 宋代庆历年间河东粮草困乏，朝廷派欧阳修出使河东路，计度麟州兴废利害。欧阳修经过实地调查，就治理河东从政治、军事、经济以及任免官员等方面作了总体设想，但他写给仁宗的奏议，都是一文一事，一事一旨，多达几十篇。

文学写作写单篇的文章，古人也很强调主题要单一。清代刘熙载说过："立意要纯，一而贯摄"。② 李渔在《闲情偶记》中说："荆（《荆钗记》）、刘（《刘知远》）、拜（《拜月记》）、杀（《杀狗记》）之得传于世，止为一线到底，并无旁见侧出之情。三尺童子，观演此剧，皆能了了于心，便便于口，以其始终无二事，贯串只一人也。"③ 这里，李渔虽然在说戏剧，但其道理，对写文章同样适用。近代国学大师黄侃在《〈文心雕龙〉札记》中说："意之患二：曰杂，曰竭。竭者不能自宣，杂者无复统序。"② 法国18世纪杰出的启蒙思想家狄德罗在《绘画论》中指出："作品必须简单明了。因此，不需要加以任何闲散的形象，无谓的点缀。主题只应是一个。"④ 我国当代著名作家魏巍在《我怎样写〈谁是最可爱的人〉》中深有体会地说："一篇东西的目的性，要简单明确。一篇短东西，能把一个思想说透，的确是很不容易的事。可是，动起笔来，又总爱面面俱到，想告诉人家这个，又想告诉人家那个。结果呢，问题提得不尖锐、不明确，更别说深入地解决问题。因为哪个意思也没有说透，怎么能给人以深刻的印象呢。"⑤

文章的主题为什么要单一？这可从作者、读者两方面简要分析。从作者方面说，主题单一，便于选材用材，便于对文章的把握和主题的表达，便于对写作对象的深入挖掘，使文章更能准确地反映出所写客观事物的现象和本质，最终更好地达到写作目的，发挥文章的社会功能。从读者方面说，文章主题单一，容易被理解和接受，容易留下更深的印象。正如李渔说的那四大名剧，"一线到底，并无旁见侧出之情"，以致三尺童子，"皆能了了于心，便便于口"。

但是不少学生不懂得"主题要单一"这个道理，动笔之前又未做到"意在笔先"，提起笔来，"信笔由之"。这也说，那也说，使文章出现"多中心"而导致"无中心"，成为文章没有明确主题的另一种表现。

下面以两篇学生的文章为例。

---

①转引自李道魁，朱江天. 财经应用文写作［M］. 成都：西南财经大学出版社，2002：5.
②转引自王凯符，张会恩. 中国古代写作学［M］. 北京：中国人民大学出版社，1995：157，157.
③郭绍虞. 中国历代文论选：第三册［M］. 上海：上海古籍出版社，1979：273.
④袁昌文. 写作技法大观［M］. 贵阳：贵州教育出版社，1992：153.
⑤转引自刘锡庆，朱金顺. 写作通论［M］. 北京：北京出版社，1984：88.

第一稿

那片田野

王文虎

"你看前面那个乡巴佬，每次升旗仪式站得像块木头似的，唱国歌时唱得调都跑了，还唱得那样大声。"后面的李勇对我说。那个同学是我们班的一个怪胎，叫卢爱国，和我们相处了两年了，一句话也没有说过，大家也不知道他是哪里的。["大家"是否包括作者自己，因为下面说这个卢爱国"肯定是扁担山的，手脚不干净"。这不是自相矛盾吗？]

"谁把我的笔记本拿了？"我对着全班大声问道。同学们面面相觑，不大一会儿，大家似乎心有灵犀一点通地把目光投向了最后一排的左上角，那是一个平时没人注意的地方，光线很阴暗。他在专心致志地看着书，手里摆弄着笔，厚厚的头发遮住了他的头脸。突然间他感觉到同学们在看他，他慢慢地抬起头：什么事情？我不怀好意地看着他。并且在毫无知情的情况下说："苗子，肯定是扁担山的，手脚不干净。"当时他马上站起来："我没有，你可以说我手脚不干净，但是请你不要侮辱扁担山那里的人。"

从这件事情以后，卢爱国慢慢地憔悴了。4月8日，我在自己的桌箱里发现了一个很漂亮的笔记本，打开看着：文虎，我没有拿你的笔记本，我承认我是扁担山那个朝子["朝子"是方言，意思是"那个地方"，带有贬义。方言味太重，不宜写进文章中。]的人，我明白你说的，那是以前的事情了，但现在我们那里已经和以前不一样了……我希望和你做一辈子的兄弟。"我回头看那个角落时，发现那里空空无人，瞬间发现自己少了一些东西。[以上写卢爱国这个人及其一件事。]

卢爱国来自偏远的扁担山朝子，哪里上下四十八寨全部是布依族，每个村子都是沿着红运河而建，古朴的石板房，错落有致地竖立在两旁，从远处看去，就是一道靓丽的风景线。

扁担山这个名字在贵州是很有名气的，只要你去到任何一个地方，说是扁担山那个朝子的，别人对你就会有种防范的意识。扁担山曾经因为它是一个土匪窝而出名，以抢、盗为生，只要上了点年纪的人，都是知道这个朝子是干什么的。记得有次去龙里，去一个很小的一个村寨同学家，他爷爷问我是那里的？我告诉他我是扁担山朝子的，[这里写作者自己也是扁担山的。很乱。]他那双眼睛马上就打量起来。我问他怎么了，他说：你们那个朝子很爱偷东西？记得七九年那会你们来我们这里偷过。我给他说："爷爷，现在的扁担山不再是当年的它了，现在的那里有着一片片绿悠悠的田野，那里的农业、工业等经济发展很好。"[这段写扁担山名声不好。]

扁担山是有名的镇宁自治县扁担山乡，我省最早建立的民族乡之一。我知道扁担山的名字已经几十年了，顾其名思其义，一直以为这里是像扁担一样细长的山脉，谁知却是一块狭长的山冲平坝。那里曾经是一片世外桃源，那里的布依族人民勤勤恳恳地生活着，即便他们是靠最原始的生活方式，用原始的采集一些草药换取日常生活作物，但是他们也不会想到去偷、去抢。伴随着一声枪响，军阀混战的风云卷到了这个封闭的民族之乡，云南军阀头子龙云经过这里攻打贵州军阀周西成，失败后，又从此地逃跑，经过这里时，被这里的人拿起木棒、石头等抢了残兵败将的枪支弹药，从此这里就有了一支闻名贵州的土匪，方圆百里的地方对他们都很惧怕，每到春节前他们就会去偷年用的物品：白菜、大蒜等。尽管这样，他们的生活还是很落后，生产技术跟不上周边的乡镇，那时他们吃了上顿，下顿又不知从何而来。[这段介绍扁担山是如何成为土匪窝的。]

1954年，省军区派了1个师打掉了这个土匪窝，并留下了一支懂文化、懂科技的分队帮助他们。1955年春天他们看见红运河畔上的田野间长满了绿悠悠的麦苗、菜子，上下四十八寨的人都聚集在田野里，对着鲜艳的五星红旗说："永远忠于党和国家。"从那天起，扁担山里的人，兢兢业业种植着农业，修水渠、挖水槽、开土地，一年下来，从一个什么也不会生产的乡镇，变成了产量最高的乡镇。[这段写扁担山的变化。]

"爱国这个名字是我爷爷给我起的，希望我是一个能够为国家尽点力量的人。我出生在1986年3月，那年3月，我们四十八寨在党和国家的扶持下修建了第一条乡村公路，从此我们这里不再是大山深处，我们可以看到外面的世间。"扁担山是我们周围最先修起公路的地方，周边的乡镇都羡慕不已。那条乡镇马路，从此把这一片充满生机的田野带到了祖国的每个角落……[这段突然冒出卢爱国来介绍自己和家乡的情况。]

春秋代谢、时光冉冉。如今进得四十八个布依山寨来，又是另一番景象：整个村寨依山建筑，呈阶梯状，与整个石山浑然一体。从寨门、寨墙到各家各户的房屋及室内用具，大都是石头所做：房屋，是石头的瓦片石头的墙，屋里，是石头的桌子石头的凳、石头的碓子石头的缸。来到这里，人们就真正品味到石头寨的确切含义了。石头寨位于贵州西南镇宁县的扁担山，有四十八个布依山寨，石头寨是其中之一。石头寨大宅，在寨里看见了这个大屋，从外观上看，很能代表石头寨的建筑风格，石木结构。木工的雕刻也是很精细的。全寨石屋层层叠叠、依山修建，布局井然有序。房屋建筑均为石木结构，不用一砖一瓦，石屋经久牢固，冬暖夏凉，由寨民自行设计，自行修建，极富地方特色和民族特色。石头寨还是闻名的蜡染之乡。石头寨妇女善蜡染的织锦。全寨百分之八十的成年妇女都会这种传统的民间工艺。石头寨是著名的蜡染之乡，寨里寨外，桥上河边，随时可见点蜡、漂蜡的女性。全寨约百分之八十的成年妇女都会这种传统的民间工艺，很多人家都有染缸，可以说，她们的一生都有蜡染制品伴随着。

一幢银灰色的新式楼房。它耸立在布依寨子上，有如一个穿西装的青年伫立在身着民族服装的群众之中，多少有些不协调。离乡政府不远处，一幢更高大的楼房已经建成，那是香港邵逸夫先生捐赠的民族中学教学楼。两幢洋房遥相呼应，成了这个乡最打眼的建筑。[**上面两段介绍四十八个布衣寨建筑和蜡染情况。**]

三月，我从贵阳回去，行走了四十八寨。站在红运河大桥上，起眼看去，金黄的菜花、青青的麦苗、潺潺的溪流，堪称山明水秀。从外面走来，见此景色，便油然地想到了"阡陌交通，鸡犬相闻"的桃花源。[**结尾写作者看到的四十八寨情况。**]

这篇文章是为参加贵州省教育厅代表教育部关工委等部门面向全国高校大学生组织的主题为"科学发展·成就辉煌"的征文比赛而写的，作者是贵州财经大学文化传播学院 2010 级汉语言文学专业学生。作者不了解或者没有思考征文的主题相互存在着因果关系——成就辉煌是果，科学发展是因。征文主题的目的是要求通过辉煌成就来歌颂科学发展（观）的正确。因此，需要通过具体的辉煌成就来表达科学发展的伟大意义。

从参加征文比赛的角度看，既没有写到成就的辉煌，更没有提到科学发展观及其意义。这个且不论。单从文章写作角度来看，典型的没有明确的主题。文章没有明确的主题有两种情况：一种是前面已经论述和举例分析的"信笔写之"，不知要表达什么意图；另一种是写了很多看法，造成多中心反而无中心。这篇文章就是如此。可能想表达的几个看法是：卢爱国不是大家所误解的那种人；扁担山并不是从来都是出偷窃人的地方；四十八寨现在变化很大；扁担山的建筑和蜡染有特色；等等。够多够乱的。最后导致读者不知道作者到底想说清楚什么、目的是什么。这样的文章好像一团乱麻，读者读起来不得要领。

根据这些分析，向学生提出如下建议：

[**文章最大的问题是：想表达的意图太多，多中心导致无中心，导致文章杂乱。**

修改：从参加征文的角度，要围绕征文主题写。要写出科学发展（观）提出后，扁担山寨有哪些突出的变化（辉煌），从中体现出科学发展（观）的意义；从写文章的角度，要先确立一个单一的主题（就是征文要求的主题），然后紧紧围绕这个主题来选材、安排结构等。2012 年 4 月 13 日]

第二稿

那片田野 [题目不好。不如用"四十八寨"]

王文虎

三月，行走在四十八寨。站在红运河大桥上，起眼看去，一片金黄的菜花、青青的麦苗、清澈见底的溪流，具有古朴的民族特色的农家房，错落有致地竖立在公路两旁。见此景色，便油然地想到了陶渊明笔下"阡陌交通，鸡犬相闻"的世外桃源。

"果子，国发2号文件下了，你知道吗？我太高兴了，等毕业了，我马上就回来。"远在北方读书的卢爱国给我打电话。卢爱国生活在偏远的四十八寨，那里全是布依族。四十八寨是就是镇宁自治县扁担山乡，我省最早建立的民族乡之一。我从小就知道扁担山的名字，顾其名思其义，一直以为这里是像扁担一样细长的山脉，谁知却是一块狭长的山冲田野，是一片充满希望的田野。

5年前，我曾到过四十八寨，那时我开玩笑地对卢爱国说："你们这里的风景很美丽，但是你们是怎么生活的？你看，很多房屋就快塌了，还住着人？外面下大雨，家里怕是在下小雨吧。"看着那些凌乱的古老的石板房和茅草房，在风中似乎摇摇欲坠。

2003年7月28日，胡锦涛总书记提出"坚持以人为本，树立全面、协调、可持续的发展观，促进经济社会和人的全面发展"。2007年，国家进一步重视农村危房问题，并下文：想尽一切办法解决农村危房改造。接到通知那天，扁担乡的乡党委韦书记掉泪了，立马走遍各个村，告诉各个村委书记，把那些旧石板房和草房的人家户统计好，并报上来。村里的老人热泪盈眶地说：感谢共产党，2006年给我们免了农业税，今年又为我们盖房子。

2007年到2010年，共为986户村民解决了住房问题。造福人民，不断提高了广大人民群众物质文化生活水平，村里的人民生活有了多方面的改善。比如"吃、穿、住、行"四个方面，过去吃的是"粗茶淡饭"，穿的是"青蓝一色的布衣"。如今，人们开始了一些丰富的美食，穿起了社会时尚的衣服。以前寨这里只能够听见的许多物质食品，根本买不到。现在市场上的物资和商品应有尽有，极大丰富，随处可以买到的"名、优、特"产品大量增多。现在选择性很多，饮食可选择"高档的、营养的"，出行可选择快速便捷舒适的，住房可选择面积大、楼层好、环境优美的。

现在村民认为，最迫切的就是旅游业的兴起和民族工艺的发展。在过去几年中，努力进行一系列经济探索，农业生产技术的改进让这里的乡村经济得到了大力发展。

通过引进科学的生产技术和组织以合作为原则的新工业，来发展当地经济。"把工业从农村引向别的地方，像很多工业家所做的那样，也是非常容易做到的，村民实际上就会挨饿。另一方面，工人们在城市里是如何生活的。农村姑娘被吸引到城市工厂去工作，挣微薄的工资，几乎不能养活自己，她们离开了自己的家。这种过程既损害了城市工人又破坏了农村的家庭。如果中国工业只能以牺牲穷苦农民为代价而发展的话，这个代价未免太大了。"镇长说道。近年来，在国家的支持下，引进外资，开始了生态工业的发展，如：生姜的发展，村民们去年共种植了6万多亩，产了7000多吨，给他们带来了30多万元的收入。近年来，民族工艺经济也开始发展——蜡染，四十八寨里有着著名的蜡染之乡——石头寨。杨大妈曾经很骄傲地向别人说道：家里的镜框有着她与李嘉诚握手的瞬间，大妈也自诩自己的蜡染不是商品而是艺术品。看着大妈手里的作品，由于开价太低，被大妈婉言拒绝了，只能拍照留念了。[这句话没有说清楚。]现在蜡染随着旅游业的发展，逐渐的["的""地"还是不分。]走进市场。

地处黄果树瀑布风景区上游，在发展这一要务的大局面前，乡党委审时度势，认真审视乡情，依托贵州西线旅游中心——黄果树风景名胜区，引资开发了上硐溶洞景区。依靠独有的旅游资源，乡党委提出了"依托风景名胜区打造旅游兴乡富民"的新观念和发展思路，全面挖掘和整活现有的旅游资源。明确了实施旅游开发的总体规划，以开发独特自然景观和以布依蜡染、织锦为代表的民间工艺、民间文化艺术为主的民族风情为重点，把旅游开发作为一项可持续发展的支柱产业和新的经济增长点战略来狠抓落实，打造具有优异自然风光和醇厚民族风情为一体的特色旅游产业。今年3月乡党委会议上总结去年经济发展中提到：农业占总收入41.2%、旅游业占28.8%、工业占19%、其他占10%。人均年收入3100元，比2010年增长了9.2%。全乡人们生活水平进入一个崭新的台阶。[这种大段地概括写，不是散文或记叙文的写法，是总结的写法。]

那里山水相间，依山傍水造就了独特的自然资源和人文资源。特别是在普里山麓、扁担山河段，形成了风貌各异，千奇百态，山中有洞、洞中有河，河水跌宕，溪岛相生的壮丽景观。为扁担山乡实施旅游开发孕育了得天独厚的自然资源和丰富多彩的民族风情。

由过去的"落后的苗子乡"变成今天的蓬勃发展的经济乡镇。在科学发展观的指导下，扁担乡已成为名副其实的"乡村旅游业基地"。按照规划：积极对外引资，坚持千年民族特色与现代气息相结合，护其貌、显其神、保其韵、铸其魂，打造成了"民族特色旅游乡村"的山水、生态、文化特色城市。近几年来，又加快了发展生态旅游业的工作，坚持"既要金山银山，更要绿水青山"发展的理念上，大力加强生态文明建设，资源节约可持续型发展，实现了美丽的扁担山青山常在、绿水长流。**[还是大而空。]**

春秋代谢、时光冉冉。如今进得四十八个布依山寨来，又是另一番景象：整个村寨依山建筑，呈阶梯状，与整个石山浑然一体。依山修建，布局井然有序，极富地方特色和民族特色。

他曾经告诉我，爱国这个名字是他爷爷起的，希望他爱祖国、爱家乡。扁担山的经济发展，周边的乡镇都美慕不已。那条乡镇马路，把这一片充满生机的田野带到了祖国的每个角落……**[最后冒出卢爱国这个名字的由来，令人莫名其妙。]**

学生接受了老师的建议，把征文比赛要求的主题当作文章的主题来写。从全文看，主题大体清楚了，内容大体也围绕主题来写了。但是文章的问题仍然是很多的。主要问题是：首先，文体感不强。可能写的是散文或记叙文吧？不管是记叙文还是散文，都应以写"实"为主。如是记叙文，则中心思想一般不直接说出来；如果是散文，也只能有一点精辟的点题。但本文有太多的概括的叙述，大段的议论（或架空的抒情）。其次，文章的内容虽然都能表现主题，但缺乏典型的事例（及情节），文章比较空洞。第三，结构上缺乏明显的线索（途径），使段与段之间缺乏贯通，显得比较乱。

教师在以上分析的基础上，提出"要解决存在的 3 个主要问题"的建议，附在文章后面，发还学生修改。

第三稿

四十八寨

王文虎

三月，行走在四十八寨。站在红运河大桥上，放眼看去，金黄的菜花、青青的麦苗、清澈见底的溪流，具有古朴的民族特色的农家房屋，错落有致地竖立在公路两旁。见此景色，便油然地想到了陶渊明笔下"阡陌交通，鸡犬相闻"的世外桃源。

"果子，国发 2 号文件下了，你知道吗？我太高兴了，等毕业了，我马上就回来。"远在北方读书的卢爱国给我打电话。卢爱国生活在偏远的四十八寨，那里全是布依族。四十八寨就是镇宁自治县扁担山乡，我省最早建立的民族乡之一。我从小就知道扁担山的名字，顾其名思其义，一直以为这里是像扁担一样细长的山脉，谁知却是一块狭长的山冲田野，是一片充满希望的田野。[**这段内容与主题关系不大，或删掉、或略写。**]

五年前，我曾到过四十八寨，那时我开玩笑地对卢爱国说："你们这里的风景很美丽，但是你们是怎么生活的？你看，很多房屋就快塌了，还住着人？外面下大雨，家里怕是在下小雨吧。"看着那些凌乱的古老的石板房和茅草房，在风中似乎摇摇欲坠。

如今，走在四十八寨乡村公路上，放眼看去，却是一排排具有布依族特色的建筑，整齐、爽朗。看着爱国家住的房子，红砖磁瓦，如同春天里的桃花一样美丽。我知道，他家的房屋经历了三次变迁，以前他家三代共八口人，居住在三间茅草房里，勉强可以挡风遮雨，对于居住来说是非常地拥挤。有次去他家玩，他父亲就打了地铺，回想起来心里挺过意不去。随着改革开放的春风，他父亲出门务工，两年后回来，修建了四间平房，让当地的人们羡慕不已。如今，他家修了三层高的楼房，而当地的人却不以为然了，现在当地的人们很多人家已经修了这样的房子，有的人家比他家修得还好。

现在，四十八寨的村民居住的房子不再是破旧的石板房，不再有几代人居住在两三间房屋里，取而代之的是崭新的民族楼房，宽敞、明亮。这一切似乎回到了 2007 年，那是个让人激动流泪的春天。一个很早的清晨，扁担乡的乡党委韦书记，还没有来得及吃早餐，就匆匆地在四十八寨乡里跑来跑去，带着一脸的幸福笑容，告诉各个村委书记，把那些旧石板房和草房的人家户统计好，并报上来。四十八寨里的很多人听到这个消息，都很激动，<u>喜泣而告</u>。村里的很多老人热泪盈眶地对他说："这一生我活得无怨无悔。谢谢党，她对我们这些人太好了。2006 年给我们免了农业税，今年又为我们盖新房子。"[**以上三段内容都是写住房的变化，与主题是很有关系的，但文字过多，要抓住最典型的来写。**]

看着一个刚从田地里劳动回来的汉子，手里拿着"清明粑"津津有味<u>的嚼着</u>。不要小看这个"清明粑"，它在市场上难买到，是他们特有的小吃。爱国曾经带来给我们吃过，那时我们都很嫌弃，因为颜色不太好看，当我们吃过后才发现，嘴里留下一股淡淡的清香，<u>让你"三月不知肉味"</u>，[？] 至今很是回味。

四十八寨过去吃的是"粗茶淡饭"，穿的是"青蓝布衣"。如今，人们的饭桌上多了很多美食，穿起了各种艳丽的衣服。对于这个封闭的村落，许多以前只能听见的食品，买不到的东西，现在市场上这些商品真真实实地出现在他们视野里，极大丰富，随处可以买到"名、优、特"产品。现在选择很多，可以选择"高档的、营养的"。一位 80 多岁的老人家对我说："现在我居住的地方、吃的食品比以前地主家还好，出门就可以坐车……"看着四十八寨的街道上摆放着很多产品，让人不由感受到这里的变化。[**以上两段主要从吃的方面写变化，单薄了些。可写细致一些、生动一些。**]

红运河静静地从四十八寨中间流淌，田野里的菜花绽放着花蕾，白雾萦绕着青山，鸟儿鸣唱着欢快的歌声。山水相间，依山傍水的地形造就了四十八寨独特的自然资源和人文资源。特别是在普里山麓、扁担山河段，形成了风貌各异，千姿百态，山中有洞，洞中有河，河水跌宕，溪岛相生的壮丽景观。

如今这里，依托风景名胜区打造旅游兴乡富民，全面挖掘和整活现有的旅游资源。以开发独特自然景观和以布依蜡染、织锦为代表的民间工艺、民间文化艺术为主的民族风情，<u>打造具有优异自然风光醇厚民族风情为一体的特色旅游产业。</u>看着那些原始自然的风景，心灵得到很大的震撼，在这个落后的地方，经济不断地腾飞，却依旧保持这里的美丽。阳春三月，来来往往的游人，从不同的地方，蜂拥而至地来四十八寨，难道只是为了品味这里的民族风光和田野间的美丽？

近几年来，这里加快了发展生态旅游业，坚持"既要金山银山，更要绿水青山"的发展理念，大力加强生态文明建设，资源节约可持续性发展，实现了扁担山人民要富有、经济领先，青山常在、绿水长流。那片青山、那片绿油油的田野就是最好的证明。[**以上三段主要写乡村旅游，内容是必要的，但写得较空泛。**]

<u>五年前，如果你来四十八寨，映入你眼前定然是家家户户关着门，老老少少都在田野间劳作的一幅"男耕女织"的图景，他们用千百年来落后的生产方式耕种，忙碌而又辛苦。如今你很少看见有人在田野里走动，很少有人"面朝黄土，背朝天"，而是听见机器的声音在田野里唱出新的歌声。</u>[**内容空泛。或删或减。**]

我静静地品味着这一切，不由得想到了四十八寨的乡镇长说过的一句话："我们要大力发展乡村经济，就应该向外吸引外资，走一条生态、环保的农村工业，让村民可以从事农业，也可以兼顾当地经济发展，不要让我们这里缺少劳动力，更不要让这里变成'空乡'"。的确，四十八寨不像周边的乡镇那样"空"。这里的人不是闭塞，而是他们愿意留下来在本地发展。我突然想到了费孝通在《江村经济》中说过，"把工业从农村引向别的地方，像很多工业家所做的那样，也是非常容易做到的，村民实际上就会挨饿。另一方面，工人们在城市里是如何生活的。农村人被吸引到城市工厂去工作，挣微薄的工资，几乎不能养活自己，她们离开了自己的家。这种过程既损害了城市工人又破坏了农村的家庭。如果中国工业只能以牺牲穷苦农民为代价而发展的话，这个代价未免太大了。"

　　看着田野间的农耕机器，突然间想到了 5 月份，想到那时再回到四十八寨会是什么样的景象，是一片绿色的生姜生产区？还是一片绿色的水稻田？……很好奇地问了正在工作的一位老伯，他给了我的答案。我问为什么要大片种生姜，他一脸幸福地告诉我：去年村民们共种植了 6000 多亩，产了 7000 多吨，给他们带来了 30 万元的收入。<u>而且生姜有很多好处，可以吃，可以做药等</u>。[**这句话可不写，与文章主题没多大关系。**]今年和山东的几家公司还签订了合同。

　　四十八寨里最为让当地人自豪的是蜡染之乡石头寨。河边的杨柳招摇着她细弱的小手，似乎在欢迎来自不同地方的人。石头寨是贵州历史上有名的十八个古镇之一。这里出名，不仅仅是因为它有自己独特的建筑、民族的特色，更因为它是蜡染之乡。

　　石头寨寨前是连片田野，寨后则是青翠碧绿的竹林、果园。还有一个小瀑布群穿插其中，由十几层瀑布组成，流水滴答滴答地打在石头上，清脆但不嘈杂。而寨边则是干净平缓的河流。河上横亘着一座 30 多米长、5 米宽的五孔石桥，连接河、寨。在清澈的河水中，每一个石孔下都投射着对岸的绿水青山。此时，挑一块在桥边或河边长柳下的石凳，坐下来，细细观赏周围的山清水秀，波光倒影，倾听来自远处的潺潺流水声，仿如置身于古代中，洗尽平日都市中的喧嚣，换上一身轻松与舒爽。

　　我看着路边卖的蜡染，我用布依话问它的发展的历程、价格等。那人告诉我：自古以来，他们的衣服是自己织的，那时不叫蜡染。妇女做衣服只是为了美观、舒适，这种做法一直留传到今天。她们自诩自己的蜡染不是商品而是艺术品。<u>随着旅游业的发展，</u>现在蜡染随着旅游业的发展，<u>逐渐</u>的走进市场。[**以上三段写四十八寨中的石头寨，内容与本文前面的内容多有重复（如建筑、旅游及旅游产品），应删掉；如有必要保留，可归在上面的内容中。**]

　　<u>春秋代谢、时光冉冉。</u>如今走进四十八寨来，又是一番新的景象：整个村寨依山建筑，呈阶梯状，与整个石山浑然一体。依山修建，布局井然有序，极富地方特色和民族特色。由过去的"落后苗子乡"变成今天的蓬勃发展的经济乡。如今，扁担乡已成为名副其实的"乡村旅游业基地"。看着这里的变化，他们把坚持千年民族特色与现代气息相结合，护其貌、显其神、保其韵、铸其魂，建设属于自己的"民族特色旅游乡村"的四十八寨。

　　今天扁担山经济的快速发展，让周边的乡镇都羡慕不已。那条美丽的红运河不仅给黄果树带去了新鲜的活水，也把这一片充满生机的田野带到了祖国的每个角落……[**后面两段可写得更精粹些。**]

　　根据教师的建议，这次修改比较好地解决了第二稿中存在的三个主要问题。首先，明确了按散文来写，去掉了第二稿中大段的概括和议论；其次，从住、吃、发展特色旅游和种植特色经济作物等方面选取比较实在的材料来反映"成果辉煌"，文章就比较实在，比较有说服力了；比原来好多了，内容比较实在了；第三，用"走进"为线索，较好地把各段内容贯串在了一起。

　　教师仍指出一些问题和提出进一步修改的建议：

　　[1. 文章还是没有把"科学发展（观）"点出来，这与征文主题有一定差距。应在文章某处，把以上的成就都是科学发展（观）引领的结果这个意思表达出来。

　　2. 文字不够简洁，生动性也不够。要把可有可无的字、词、句，甚至段去掉；锤炼语言，使之具有散文语言要求的朴实而优美的特色。

　　3. 文章包含的思想意义不突出，需要进一步挖掘。2012年4月17日]

　　学生又按照教师的建议进行了再修改（前后共改了八次），教师最后做了一些修改润色。后来，这篇文章先在贵州财经大学"科学发展·成果辉煌"征文比赛中，通过专家的盲评脱颖而出，得到最高分，获得了一等奖的第一名，推荐到省里参评，获得贵州省高校大学生征文比赛的一等奖中的第一名。文章最后发表在贵州财经大学校报《贵州财经大学》四版上。

📖 获奖、发表稿

走进四十八寨

王文虎

　　阳春三月，走进扁担乡四十八寨。站在红运河大桥上，起眼看去，可以见到黄澄澄的菜花、青青的麦苗、清澈见底的溪流，具有古朴的民族特色的农家房，错落有致地立于公路两旁。此时此景，不能不令人油然而吟出陶渊明《桃花源记》中"芳草鲜美，落英缤纷……土地平旷，屋舍俨然，有良田美池桑竹之属。阡陌交通，鸡犬相闻"的佳句。

　　五年前，我曾到过高中同学卢爱国的家乡四十八寨。记得当时我对卢爱国说："你们这里的风景倒是很美，但生活嘛，不敢恭维。你看，不少房屋东歪西倒的，还住着人？多危险啊！"看着那些古老凌乱的石板房和茅草房在风中摇摇欲坠的样子，卢爱国苦笑无语。

　　如今，卢爱国家的房子，红砖瓷瓦，如桃花一样美丽。以前他家三代人共八口人，居住在三间茅草房里，勉强可以挡风遮雨。那次去他家玩，他父亲就打了地铺，回想起来心里挺过意不去。随着改革开放的春风，他父亲出门打工两年后回来，修建了四间平房，让当地人羡慕不已。如今，他家修了三层高的楼房，可说是翻天覆地了。但这三层高的楼并非"鹤立鸡群"，因为当地很多人家已经修了这样的房子，有的人家比他家修得还好。

这一切源于2007年。那是一个清晨，扁担乡党委的韦书记，还没有来得及吃早餐，就带着一脸的幸福笑容，匆忙地在四十八寨乡里跑来跑去，告诉各个村支部书记：中央要解决农村危房问题，要求各村把那些旧石板房和草房的人家户统计好，报上去。乡亲们听到这个特大喜讯，都很高兴。很多老人老泪纵横，逢人就讲："活了几十年，碰上了好世道啦。党中央和政府2006年给我们免了农业税，今年又为我们盖新房子。说这叫什么来着？"听到这话的中年人、孩童就都高声地对他说："大爷，这叫科学发展，以人为本！"

一个走向田里的汉子，拿着"清明粑"津津有味地吃着。这"清明粑"，是用一种叫"清明菜"的野菜，与糯米和在一起蒸熟后打成的糍粑。据说在城里很好卖，城市人说这是"绿色食品"，两块钱一小个，几口就没了，但买的人还是很多。卢爱国曾经给我们带来吃过，看那颜色不太好看，不情愿地尝了一口，才发现这实在是好东西——又软又耐嚼又好吃，满嘴都是淡淡的清香，让人难以忘怀。

四十八寨过去吃的是"粗茶淡饭"，清明菜年年开着小黄花，乡人们摘了去喂猪，很少有人用来打"清明粑"，因为没有糯米。好多人穿的还是自己织的粗布做成的"青蓝布衣"。如今，人们的饭桌上多了美食，"清明粑"成了小吃；穿起了各种艳丽的衣服，样式一点不比城市的少。这个封闭的村落，以前有许多食品只听说过，买不起。现在各式各样的商品充满着村里的小百货店。一位80岁的老人家对我说："现在我住的房子、吃的东西比以前地主家还好。出门就可以坐车，走亲戚，赶场，进城，方便得很！"

红运河静静地在四十八寨中蜿蜒，田野里的菜花在绽放，白雾萦绕着青山，鸟儿鸣唱着欢快的歌声。山水相间，依山傍水的地形造就了四十八寨独特的自然资源和人文资源。特别是在普里山麓、扁担山河段，形成了风貌各异、千姿百态、山中有洞、洞中有河、河水跌宕、溪岛相生的绮丽景观。

如今这里在政府的领导下，开发独特的自然景观和以布依蜡染、织锦为代表的民间工艺、民间文化艺术，打造具有优异自然风光与醇厚民族风情的特色旅游产业。阳春三月，来来往往的游人，从不同的地方，蜂拥而至四十八寨。秀美的自然景观与具有民族特色的小吃以及独特的布依族"小打音乐"声、布依族敬酒歌声等，均让游人流连忘返。

我静静地品味着这一切，不由得想到了四十八寨的乡党委书记说的一句话："我们的一切变化，都源于这几年国家强调的科学发展。大力发展乡村经济，发展生态、环保的农村工业，让村民既从事农业，又因地制宜地发展一些特色经济。"这话又让我想到了费孝通先生在他的名著《江村经济》中说的："把工业从农村引向别的地方，像很多工业家所做的那样，也是非常容易做到的，村民实际上就会挨饿。……农村人被吸引到城市工厂去工作，挣微薄的工资，几乎不能养活自己，她们离开了自己的家。这种过程既损害了城市工人又破坏了农村的家庭。如果中国工业只能以牺牲穷苦农民为代价而发展的话，这个代价未免太大了。"

看着田野间正在耕作的机器，我问正在劳作的一位老伯，为什么要大片大片地种生姜？他笑眯眯地告诉我，去年村民们种植了 6000 多亩，产了 7000 多吨，带来了 30 多万元的收入。今年又和山东几家公司增订了收购合同……

走进四十八寨，感慨颇多：这里从一个封闭、落后的少数民族之地，鲜为人知之地，发展成为今天的交通发达之地、人民生活水平达小康之地和乡村旅游大发展之地……这不能不叹服"科学发展"的威力。

四十八寨那条美丽的红运河，不仅源源不断地给黄果树大瀑布带去新鲜的活水，也让顺河而来旅游的游人，把这一片充满生机的田野风光带到祖国的远方……

文章获奖后，作者写了篇总结得失的文章。

《走进四十八寨》的写作感悟

王文虎

一篇好的文章不仅仅需要立意好，而且需要作者有耐心并反复修改，更需要在老师的指导下摸索到属于自己的写作方法。还记得刚刚上大学时，我的写作水平停留在高中的中下阶段，写了几篇文章给游老师看。有一篇《红薯》，写的是儿时和伙伴们去偷红薯来吃。上写作课的游老师用这篇文章在课堂上作反面教材。他告诉我们，大学和高中写作是有很大区别的。如果说，中小学写作文，主要写自己熟悉的人和事，表达自我认识和情感；那么，到了大学，要放眼国家和社会，立意要上升一个层次，写能体现出国家、社会进步的大主题的文章。这就要求多走、多看、多写、多改、多积累，要不怕苦练，平时多用心积累。

为了以后写文章有一个正确的思路，我把自己在游老师的指导下，如何写作和修改《走进四十八寨》这篇文章作一个简要总结，希望和大家分享。

第一，关于写作对象的选择。如何评价一篇文章，游老师在上写作课时说过：一篇较好的文章，起码要做到"三点"中的一点：一点独到的认识、一点能打动人的情感、一点诗情画意。文章最高的境界是要情、景与哲理融为一体。所以在写文章之前，要认真地思考，力求有一点亮点后再动笔，尽可能地写出其独特、新颖之处来。

那时学校正在进行征文大赛，我想构思一篇反映少数民族近年来发展情况的文章参加比赛。老师说少数民族发展，题材不错，鼓励我写。我没有很好地琢磨学校征文比赛的文件，按自己的想法，就写了一篇《那片田野》发给游老师，他给我回复：

文章离征文主题过远。此次征文主题为："科学发展·成就辉煌"。这二者有因果关系。成就辉煌是果，科学发展是因。征文主题的目的是要求通过辉煌来歌颂科学发展（观）。因此，需要通过具体的辉煌成就来表达科学发展的意义。具体到本文，要写出科学发展（观）提出后，扁担山寨有哪些突出的变化（辉煌），从中体现出学发展（观）的意义。

于是，在老师的建议下，我把征文比赛的文件认真看了看，特别是征文的主题，我作了较多的思考。最后，我确定自己参赛征文的写作对象是——在党的领导下，用科学发展观指导，得到了快速发展的四十八寨。

第二，关于主题的确定。《走进四十八寨》来自于生活，来自于四十八个布依族村庄，它们由美丽的红运河串联在一起，外人称其为"四十八寨"。四十八寨是一个发展得很快的村落，环境保护得很好，旅游业也开展得井井有条。写这篇文章之前，我只是想到了那里的"油团粑"和我以前的一个同学家的情况，思路就渐渐展开，取的题目叫《那片田野》。写出来后，通过QQ邮箱发给老师。老师看后，打电话跟我说：一定要按征文比赛的主题要求写。内容要充实。老师批评我的文章，未按征文要求写，没有明确的主题，导致文章杂乱，有用的内容又非常单薄。建议我实地考察一下。于是，我就去了那里，把这次见到的和以前的做了一个比较，把有关的景象写了出来。问题还是主题不明确，内容杂乱。老师又建议我：主题要单一，不要多中心导致无主题。要反复思考"四十八寨为什么会发展起来？发展体现在哪些方面？通过它的发展能说明什么？等等。"经过思考，我大体明白了这些问题，决定按征文比赛的主题要求，把"通过四十八寨近些年的发展变化，体现党中央提出的'建立和谐社会，坚持科学发展观'战略的正确性"作为文章的主题。

第三，关于文章的体裁和材料的选取。写作课上，老师常说："写一篇文章，需要积累比要写的文章多几倍甚至十几倍的材料，要尽可能做到广博、齐全，多多益善。但选用材料时，一定要'真、精、新'。"那时我不以为然，认为文章就是随意而出，随性而来，但通过这次征文，我认同了老师的观点。当我把第二次修改的文章发给游老师后，他给我回复：

修改后比较切题了。现在的主要问题是：文体感不强。可能写的散文或记叙文吧？不管是记叙文还是散文，都应以写"实"为主。如是记叙文，则中心思想就不能直接说出来；如是散文，也只能有一点精辟的点题。但本文有太多的概括的叙述，大段的议论（或架空的抒情），而需要的典型的事例（及情节）却不多。文章比较空洞。

这让我明白，材料要和文章结合起来，否则会出现文体感不强，文章空洞的问题。我根据游老师的指点去修改，逐渐明白了写文章的两个道理：

一是要学会辨体、定体。文体是在长期的写作实践中形成的，一旦形成，各有自身的特点。写文章，首先要考虑好自己要写的是什么文体，这就是"定体"。体裁定下来后，应当按照该体裁的特点来写作。而我们常常忽视这些基本道理，写文章前，没有很好地思考自己到底要写的是什么文体，就如同我写《那片土地》，想怎么写就怎么写，结果出现文体感不强的问题。经老师指出后，问题才得到基本解决。

二是如何使用材料。要做到"点面结合"，应有反映写作对象总体面貌、总体情况的材料，让人认清、把握事物的全貌。同时，文章还应有反映这个事物本质的、有代表性的、具体的个别、局部材料，让人在对这"有代表性的、具体的"材料留下深刻印象的同时，进一步认识事物的本质，从而加深对这个事物的了解。同时要详略得当。具体材料宜详，概括材料宜略。新材料宜详，旧材料宜略；人所难言者宜详，人所易知者宜略；也要做到材料与观点的统一，观点要能涵盖材料：不能观点小，材料大；也不能观点大，材料小。在老师给我提出要有材料和使用好材料的建议后，我再一次去了四十八寨。刚进入石头寨时，我就被这里的变化震惊了：一排排具有布依族特色的建筑，整齐、爽朗；田间马路上游客众多。整个村寨依山建筑，呈阶梯状，与整个石山浑然一体，极富地方特色和民族特色。由过去的"落后苗子乡"变成今天的蓬勃发展的经济乡。我还向当地的人了解了很多情况，较好地解决了文章需要各种材料的问题，比如整体的（整个四十八寨的大体情况）、个别具体典型的（四十八寨百姓的住、吃以及耕作方式的改变等）、新鲜的材料。

第四，关于语言的准确与锤炼。我头几次稿子都有语言欠准确，冗句多等问题。"一篇优秀的文章不仅仅是立意好，而且文字也要生动，要富有生机。"游老师对我们说过，"文章不厌百回改"，只有不断用心地改，准确地选用最恰当的词语，准确地反映客观事物和表达思想感情，文章才能"辞达"；同时，要用尽可能少的文字表达尽可能多的内容，如古人说的"文约而事丰""辞约而事详"，做到文章的简练；要做到语言有文采，也就是古人说的"言之有文"，就需要克服陈词滥调，灵活运用各种句式，适当运用修辞方式。这方面，我的这篇文章前后在老师的指导下进行了八次反复地修改，不断地锤炼语言，才达到了一个比较好的状态。这给我的印象是极其深刻的。

第一稿

无 题

杨 蕾

万物蓬勃于春，长成于秋。流金的九月璀璨，似三秋的桂子，禅意地开满时光的枝头。

我知你是漫漫长路前行的旅人，在变幻的万象中寻找路途的方向；我知你是黑暗中跋涉的冒险者，在风霜荆棘中寻找白昼的日光；我知你是海面航行的船只，在暴风雨中寻找指引光明的灯塔。

此刻，你已结束三年高中生涯，即将开始生命的另一段旅程。未知的未来，正向你展开它宽广的怀抱。离家远行，孑然一身，你正要开启大学的瑰丽篇章。过往已逝，荣耀、委屈、欢笑、泪水……请把它们留在回不去的昨日。踏入大学校门，每个人都重新洗牌，站到了同一条起跑线上。所以，我想对你说，加油，做一个崭新的自己。[前面三段内容过散。]

在你们的想象里，大学生活到底是怎样的呢？零压力、轻松快活，没有繁重的学习任务，也没有永远做不完的习题册，更没有每次考试后都要面临的家长会和成绩单；睡到自然醒，没有人催起床催上课催交作业，精神不必一直紧绷，打算优哉游哉过完大学四年，期间还可以谈个小情说个小爱……你们的理想大学生活，是这样的吗？

也许很多同学，起初都是打着这样的"如意算盘"来报到的。但我要告诉你们，现实并非如此，甚至不仅仅是截然不同，还有相当大的差距。

亲爱的，我想对你说。若不想辜负四载岁月、青春宝贵，就请你把那些绮想统统扔到脑后。你会发现，虽然没有师长的督促，但大学的学习生活远比高中更为紧凑。课程的增多，课上的认真笔记，课后的温故知新，考前的系统复习……漂亮的成绩单，需要平常的点滴积累；知识的丰富与真正把握，也需要毫不松懈的扩展与领悟。不会像高中时代，老师们力求让每个人都吃透书本内容，还会有相当多的时间为学生答疑解惑。在大学的课堂上，课程进度之快，不容许你有片刻分神。你必须拿出比高中时期努力百倍、认真百倍的干劲，充分投入到学习中。制订出系统科学的学习计划，做周密完善的安排，确定本学期要达到的目标，然后一丝不苟地去实现它。大学，更多考验的，是个人的"学力"。只有这样，才能不荒废光阴，不虚掷大好青春，在有限的四年里，提高自身的知识水平和学习能力。[以上谈大学学习与中学学习的不同。]

有人会问：大学所学的知识，将来在工作中用得着吗？如果基本无用，那为什么要花费那么大力气去学呢？

　　你们要明白，前途未知，将来你从事哪行哪业也是未知数。那么，你在大学里学到的，又怎能妄自断言将来一定毫无用处？何况知识从来就不是无用的东西。丰富自身的认知，增加自身的涵养，提升自身的修为，这又有什么不好？学史以立志，学政以明世，习文以静心，学算以理财……万物皆有存在之义，全靠自己如何看待。而且，大学学习的真正目的，是要培养你自学的能力。将来参加工作了，你会发现还有很多很多知识需要掌握，此时就需要你自己看书钻研，而能否真正理解并活学活用，依仗的就是每个人的"学力"。[这段主要回答大学学的将来是否有用问题。]

　　大学里，崇尚的是自由，亦是自律。四年，有人可以奋发图强、好学上进，有人却甘于堕落、自我放纵。今天的大学生，生活在"没有围墙"的校园里，全方位地与社会接触，脱离了师长的管束，很容易受到享乐主义、拜金主义、奢侈浪费等不良社会风气侵袭。但，无人监管，并不意味着放浪形骸、随心所欲；充分自由，并不意味着声色犬马、荒废学业。大学所给予的自由空间，是方便学生们根据自身特点灵活安排制定规划，更好地利用课余时光来进行学习，是提供更机动的时间表，好让学有余力的学生们拥有更多的时间去汲取更多的知识。可很多同学，却误解并挥霍了这种"自由"。[这段谈大学的自由、自律。]

　　我们曾经以为，春辰无限，离别无期，希望留住此间姹紫嫣红的美好。好像这样，年华就会忘记更换，记忆中的岁月，记忆中的人，就永不会老。但时光静默，总是无情。一眨眼，也许毕业的离歌就要唱起。待到那时，回首四年匆匆，自问可对得起父母的殷殷期望？可对得起你当初斗志满满的誓言？曾说要勤奋要认真的你，又是用怎样的成绩单来向青春告别？所以，莫辜负了这大好时光，请君多珍重。[这段说要多珍重大学的大好时光。]

　　有一个现象，在大学生中普遍存在，那就是丧失了目标。高中拼搏三年，为的是跨过高考独木桥，进入梦寐以求的象牙塔。当这个目标达到，很多人就满足了，不去考虑将来，不去考虑人生的道路才刚刚开始。进入大学，没有及时调整好心态，以全新面貌投入到学习中，反而志得意满，止步不前。无目标的生活，借由空虚无聊填满，使得不良社会风气有了可乘之机。光阴迅疾，碌碌无为的四年，消耗了，不留痕迹。求职面试，方知差距之大，后悔莫及然已不可挽回。

　　大学的目标是什么？短期的，就应该是每个学期好好用功，取得好成绩，做一个品学兼优的学生；长期的，则该是放长远眼光，立足于今后的工作。这要求的不仅是专业领域的学习，还要求对其他专业也要有一定程度的了解和认知。当今社会，人才市场一职难求，如何在众多的求职简历表中脱颖而出获得青睐，就要靠长期的知识积累和时间沉淀下的气质修养。学历早已不是用人单位招聘的唯一标准，需要的，是全面发展的高品质人才。[以上谈读大学要有目标。]

常常听到很多怨天尤人的声音，可是，与其抱怨命运的不公，一味依赖上苍的垂青，你又怎知幸运之神或者早已光顾而你尚未准备好？我们要做的，不是单纯地等待机遇，而是要靠自己的实力，去争取一个机会，争取一个光明万丈的未来。[这段说不要抱怨命运，而要争取未来。]

鲜衣怒马和风烟俱净，荣耀加身和碌碌营营，只隔了一剪光阴。山河依旧，江湖已改，且看江山多娇，又是谁，能笑到最后。

2011级的新生要进校了，教师在暑假期间就约了杨蕾（2009级汉语言文学专业学生，发表过3篇比较优秀的散文）写一篇跟新生谈如何尽快适应大学生活，如何有效地学习的文章。杨蕾写出了以上这篇文章。可能动笔之前未能很好地做到"意在笔先"，教师批语如下：

[全文主要谈了六个内容，每个内容显现出的观点不一样。这样就出现了多观点，这些观点未能体现出一个中心。这就犯了"多中心即无中心"的毛病，造成文章主题（观点）不单一，因而没有明确的主题。

作为一个学长，面对新生，会有许多想说的内容。教师在教学中曾反复强调，主题要明确、单一。在有很多都想写、可以写的情况下，要选最有代表性的、典型性的来写，写清、写深一个主题，不要面面俱到。2011年8月26日]

修改稿

我想对你说

杨　蕾

万物蓬勃于春，长成于秋。流金的九月璀璨，似三秋的桂子，禅意地开满时光的枝头。

此刻，你已结束三年高中生涯，即将开始生命的另一段旅程。过往已逝，荣耀、委屈、欢笑、泪水……请把它们留在回不去的昨日。踏入大学校门，每个人都重新洗牌，站在了同一条起跑线上。所以，我想对你说，加油，做一个崭新的自己。

在你们的想象里，大学生活到底是怎样的呢？零压力，轻松快活，没有繁重的学习任务，——是这样吗？也许很多同学，起初都是打着这样的"如意算盘"来报到的。但你要明白，实际的大学生活，并非如此。

亲爱的，我想对你说。四载岁月、青春宝贵，虽无师长督促，但大学的学习生活远比高中紧凑。漂亮的成绩单，需要平常的点滴积累；知识的丰富与真正把握，也需要毫不松懈的扩展与领悟。大学，更多考验的，是个人的"学力"。

所以，当你发现现实和理想的差距时，请不要沮丧失意，要做的，是尽快调整好心态，投入到学习中去。既来之则安之，何必一味耿耿于怀？以平和的心境去面对你曾无限期待的一切，不要太过计较个人的得失，相信你的四年，一定可以活出不一样的精彩。[**以上内容仍略显松散和空洞。**]

大学里，崇尚的是自由，亦是自律。什么是自由？自由，是给予学生更多的选择空间，让学生根据喜好自行选择任课老师以激发学习热情和学习兴趣；是给予学生更多的支配权，便于学生们根据自身特点灵活安排学习计划，让有限的课余时间产生最大的利用价值；是提供更机动的时间表，好让学有余力的学生们拥有更多的时间去汲取更多的知识。所谓的"自由"，目的在于培养大学生形成独立的人格，独立的思考能力，独立的学习能力，从"事事依赖他人"的境况中解脱出来，真正地成为一个独立的个体。

拥有自由，更需要自律。刚刚过去的高中阶段，由于学习紧张、压力过大，大多数学子的最大梦想就是立刻考上大学，彻底放松，把有关玩的梦想痛快地实现，把积压已久的束缚变成自由。在这种梦想的指引下，大学生活就不自觉地由放松变成了放纵，由自由变成了自流。

要懂得自律，才能更好地提高自我控制能力和自觉性。对自身要有全面客观的认识，明晰优缺点，然后实施有意识的自我管理；要进行自我激励，增强信心，相信自己。自律还要求能自觉抵制那些外界诱惑。让自律成为一种习惯，不仅有利于学生的人格塑造，也有利于校园的和谐建设。[**以上三段对自由和自律的关系阐述得还不够清晰，内容较空洞。**]

有一个现象在大学生中普遍存在，那就是丧失目标。高中拼搏三年，为的是跨过高考独木桥，进入梦寐以求的象牙塔。当这个目标达到后，很多人就满足了，不去考虑将来，不去考虑人生的道路才刚刚开始。进入大学，没有及时调整好心态，以全新面貌投入到学习中，反而志得意满，止步不前。无目标的生活，借由空虚无聊填满，使得不良社会风气有了可乘之机。光阴迅疾，碌碌无为的四年，消耗了，不留痕迹。求职面试，方知差距之大，后悔莫及然已不可挽回。

大学的目标是什么？短期的，学习仍然是重要的主题之一，因此，应积极主动地树立学习目标，制订学习规划，而且要严格执行，脚踏实地，循序渐进，逐步实现理想和目标；长期的，则应是放长远眼光，立足于今后的工作，要求不仅是专业领域知识的娴熟掌握，还要对其他专业有一定程度的了解和认知。当今社会，一职难求，学历早已不是用人单位招聘的唯一标准，需要的，是全方面发展的高品质人才。**[以上两段谈目标的重要和怎样去实现目标，思路清楚，但较空洞，说服力不强。]**

常常听到很多怨天尤人的声音，可是，与其抱怨命运的不公，一味依赖上苍的垂青，你又怎知幸运之神或早已光顾而你尚未准备好？我们要做的，不是单纯地等待机遇，是要靠自己的实力，去争取一个机会，争取一个光明万丈的未来。

鲜衣怒马和风烟俱净，荣耀加身和碌碌营营，只隔了一剪光阴。山河依旧，江湖已改，且看江山多娇，又是谁，能笑到最后。

修改稿采纳了教师的建议，明确了文章的主题为：面对新的环境、新的生活，新生一定要调整好心态，认真处理好大学里自由和自律的关系，明确好目标并为之努力。

根据这个主题，修改稿砍掉了许多与主题关系不大的内容，选择了对新生来说三个比较典型的、有代表性的内容来写。在这些内容中明确的主题就有了针对性和指导性，有了价值。

但是文章还存在内容较空、说服力不强、文字也不够简洁的问题。需进一步修改凝练。

教师将上述意见和建议发给了学生，请她再修改。

📖 定稿、发表稿

学弟学妹——我想对你说

杨 蕾

万物蓬勃于春，长成于秋。流金的九月璀璨，似三秋的桂子，禅意地开满时光的枝头。

此刻，亲爱的学弟学妹，你们已结束三年高中生涯，即将开始生命的另一段旅程。过往已逝，荣耀、委屈、欢笑、泪水……请把它们留在回不去的昨日。踏入大学校门，每个人都重新站在了同一条起跑线上。所以，我想对你们说，加油！做一个崭新的自己！

亲爱的，我想对你说：四载岁月、青春宝贵，虽无更多的师长督促，但大学的学习生活远比高中更为艰难，更需付出辛勤的努力。漂亮的成绩单，需要平常的点滴积累；知识的丰富与真正把握，能力的真正提高，需要毫不松懈地扩展与领悟。大学，更多考验的，是个人的"学力"。

学弟学妹们，和你们一样，我们都处在一个充满理想、憧憬未来的阶段，我们理想中的大学，校园像公园，小桥流水，绿树成荫；课堂上，同学们被教授渊博的知识和个人魅力所征服；宿舍里，室友们海阔天空，谈天说地；曲径通幽的小道上，相恋的人手拉着手，边啃面包边大声地背诵徐志摩的爱情诗……而现实呢？

现实毕竟是现实，人是活在现实中。所以，当你发现现实中的大学与理想中的大学相去甚远时，请不要沮丧、失望和消极。尽管你看到了你的大学在学习条件、生活环境、师资水平等诸方面不尽如人意，但你既然选择了她，则只能既来之则安之，尽快消除心中对现实过多的不满，"牢骚太盛防肠断"，应努力去适应眼前的环境，发现你的大学的优势——因为任何一所学校，都有她的优势与不足，取其长而避其短，迅速调整好心态，走好大学的第一步。

学弟学妹们，大学崇尚自由，更要求自律。相对中学，大学的确有更多的自由。大学的自由是给予学生更多的选择空间，让学生根据专业和自己的发展兴趣、特长等自行选择一些任课老师和某些课程，以激发学习热情和学习兴趣；大学的自由是给予学生更多的时间，让学生走进图书馆、去参加课余文化活动、去预习将要上的课程，等等。大学自由的目的在于培养大学生独立的人格、独立的思考能力、独立的学习能力，让学生从"衣来伸手、饭来张口"的境况中解脱出来，真正地成为一个能独立于社会，能生存、发展的人。

自由需要自律来保证，否则就会自流，就会依着性子，想做什么做什么。没有自律的"自由"，就会大睡懒觉，无节制地上网吧，逃课，过多地出外玩耍……

学弟学妹们，你们来到大学，还应高度重视一个现象：进入大学后，不少学生丧失了目标。高中拼搏三年，为的是跨过高考独木桥，进入梦寐以求的大学。当这个目标达到后，很多人就满足了，不去考虑如何确定新的目标，不去制订达到新目标的阶段任务以及措施、要求并付诸实践，以全新面貌投入到新的学习中，而志得意满，止步不前。无目标的生活，最终只会导致碌碌无为四年，毕业后四处求职碰壁，方知差距之大而后悔莫及，空嗟叹！

读大学的目标是什么？联合国教科文组织给大学生提出的四大任务中，最后一个任务是要求大学生要学会生存的本领（Learning to be），这应当是我们在大学中的目标。这个目标，各个分院已具体地将其从知识、理论、技能、综合素养等方面规定和量化在每个专业的培养方案中。因此，每个学生一定要熟悉自己所学专业的培养方案，按上面的要求，一步一个脚印地去做。

鲜衣怒马和风烟俱净，荣耀加身和碌碌营营，只隔了一剪光阴。山河依旧，江湖已改，且看江山多娇，又是谁，能笑到最后！

发表稿的文字相对简洁而流畅，不少语言较为优美，具有议论散文的特点。特别是内容较为实在，道理说得比较充分，有较强的说服力。发表后得到好评，一些学院的辅导员，要求2011级新生都要读这篇文章。新生读后表示很受启发。

（二）正确高远

1. 正 确

"意"既然是文章的"灵魂"和"统帅"，那么，一篇文章如何立意，立什么样的"意"，就至关重要，因而立意应该有一定的标准（原则）。

战国时期的墨翟对立言、著文就提出过标准（原则）。他在《非命》中主张"言有三表"："上本之于古者圣王之事"，是说言必有据，以古代圣王言行为准则；"下原察百姓耳目之实"，是说立言要从实际出发，以百姓的实际体验为依据；"废（发）以为刑政，观其中国家百姓人民之利"，是说立言著文要从政治上去考虑，是否对国家和百姓有利①。唐代白居易提出"文章合为时而著，歌诗合为事而作"，也应当是一个标准。他在《寄唐生》中又说自己："非求宫律高，不务文字奇。惟歌生民病，愿得天子知。"②就是说，作诗的目的是要揭露社会的黑暗，同情百姓的疾苦。清代姚鼐在《答翁学士书》中也提出："诗文美者，命意必善"，认为文章立意"必善"，才有可能是美文。刘熙载在《艺概·文概》中，强调文意要纯粹、平允公正、高尚，而务戒驳杂、偏颇、卑下："文固要句句受命于主脑，而主脑有纯驳、平陂、高下之不同，若非慎辨而去取之，则差若毫厘，谬以千里矣。"③

文章的主题要正确。正确是指文章的主题要反映出所写对象的本质，要符合时代正面价值取向的要求，使文章能起到认知启发、陶冶情操、教育鼓舞等积极的社会效果。主题要正确是由文章的社会功用决定的，这一点在前面已有分析。这里对有的作者写文章为什么会立意不正确作进一步探讨。

如何立意，立什么样的意，首先涉及作者的价值观，涉及"为什么写文章，为谁写文章"的问题。毛泽东在《在延安文艺座谈会上的讲话》中对此有深刻地阐述："为什么人的问题，是一个根本的问题，原则的问题。""要使我们的文艺很好地成为整个革命机器的一个组成部分，作为团结人民、教育人民、打击敌人、

---

① ②郭绍虞. 中国历代文论选：第一册［M］. 上海：上海古籍出版社，1979：26，108.

③王凯符，张会恩. 中国古代写作学［M］. 北京：中国人民大学出版社，1995：157.

消灭敌人的有力武器，帮助人民同心同德和敌人作斗争。"① 鲁迅先生也对为什么写作的问题有过精辟的议论，他在《上海文艺之一瞥》中说："我以为根本问题是在作者可是一个'革命人'，倘是的，则无论写的是什么事件，用的是什么材料，即都是'革命文学'。从喷泉里出来的都是水，从血管里出来的都是血。"②其次，写文章立意要正确，这涉及作者的文德。文德是指写作时要讲究道德。道德是人们共同生活及其行为的准则与规范，它往往代表着社会的正面价值取向，起判断行为正当与否的作用。写作讲究道德，就是在写作中，要有正确的价值观，明确写作就是要肯定和歌颂社会中真、善、美的正面价值取向和积极影响，否定和批判社会中的假、恶、丑的负面现象和消极影响。正如鲁迅先生说的，是革命的人，才能写出革命的文学。清代章学诚在《文史通义·史德》中说："夫文非气不立，而气贵夫平。……文非情不得，而情贵于正。……其中墨运潜移，似公而实逞于私，似天而实弊于人。发为文辞，至于害义而违道，其人犹不自知也。故曰：心术不可不慎也。"③ 章学诚认为：文章记人记事，作者不可能没有是非得失的看法，也不可能没有褒贬的感情。有是非得失，有褒贬感情，文章才有意义，也才能感人。因此，他提出"文非气不立，而气贵夫平"，"文非情不深，而情贵于正"的看法。气平，就是说写文章时要心平气和地考虑问题，分清是非得失；情正，就是写文章时要使感情得到正确的表达，防止偏向。如果有了私心，就气不平，情不正，写出来的文章，就会"害义而违道"。

章学诚的看法是有根据的。战国末期及秦代时的李斯，写过《谏逐客书》，文中揭示了一个深刻的道理："泰山不让土壤，故能成其大；河海不择细流，故能就其深；王者不却众庶，故能明其德。是以地无四方，民无异国，四时充美，鬼神降幅，此五帝、三王之所以无敌也。"此时的李斯，胸怀大志，有帮助秦王统一天下的理想，所以能客观、冷静地审时度势，写出这千古传诵的名篇。后秦二世时，奸臣赵高专权，欲篡夺王位，一方面在宫廷内用严刑峻法打击削弱秦王朝的宗族势力，另一方面对百姓苛政剥削，以致爆发了陈胜、吴广的起义。二世皇帝责令作为丞相的李斯立即定出应对措施。措施也属于广义上的文章，而文章是客观事物的反映。李斯清楚地知道，这篇措施如果客观公正地写，应针对天下动乱的主要原因是由于赵高的野心和专权造成的朝廷内外尖锐的矛盾，因此，采取的正确措施应当是：反对和制止继续用严刑峻法杀害宗族大臣，加强王朝内部的团结，同时放松对百姓的剥削，减轻劳役，收拾秦地人心。这样，秦朝还可能延缓其统治的覆灭。但是李斯知道这样写，赵高是不会放过他的（所有奏章都要经过赵高才到二世手里）。为了保住性命，李斯违心地违反写作文德，在《上督责书》中，

①毛泽东著作选读：下册［M］. 北京：人民出版社，1986：525.
②内蒙古大学中文系. 鲁迅论写作［M］. 呼和浩特：内蒙古自治区人民出版社，1972：16.
③郭绍虞. 中国历代文论选：第三册［M］. 上海：上海古籍出版社，1979：538.

迎合赵高，劝二世继续用酷刑对付朝中大臣，对百姓继续苛政，对造反实行镇压。昏君二世应允，结果火上浇油，加速了秦朝的灭亡。①

历史上，为了私利而不讲文德的人写出无文德的文章的情况还是比较多的。如三国时，曹操要杀恃才傲物、屡唱反调的孔融，叫与孔融向来不和的郗虑搜集孔融该杀的罪状。很快就搜集到了"谋反罪""不孝罪"等，哪一条都该杀。最后叫路粹写判决书。路粹写道："少府孔融，昔在北海，见王室不和而招徒众，欲规不轨。……跌荡放言云：'父与子，当有何亲，论其本意，实为情欲发耳。子之于母，亦复奚为，譬如寄物瓶中，出则离矣。'……大逆不道，宜极重诛。"②由于私心，路粹如此造文，不讲文德，真是"欲加之罪，何患无辞"。

现在有的人写文章是为了捞取名利，为了文章能发表而故意夸大，或无中生有、胡编乱造，或阿谀奉承等，都是不讲文德而导致文章主题不正确的例子。

再次，写出的文章主题不正确，与作者的综合素质欠缺有关。学生写的文章，或主题不正确，或存在这样那样的问题，大多是因为综合素质欠缺的缘故。比如，知识修养不够。写作要求作者有与写作关系密切的相关学科知识，如写作学、语言学、文艺理论、美学、逻辑学、心理学、传播学、社会学以及自然科学中的不少学科的知识。鲁迅先生在《而已集·读书杂谈》中强调："即使和本专业毫不相干的，也要泛览。譬如学理科的，偏看看文学书，学文学的，偏看看科学书，看看别个在那里研究的，究竟是怎么一回事。这样子，对于别人，别事，可以有更深的了解。"③他还在《致颜黎民信》中说："先前的文学青年，往往厌恶数学，理化，史地，生物学，以为这些都无足轻重，后来变得连常识也没有，研究文学固然不明白，自己做起文章来也糊涂，所以我希望你们不要放开科学，一味钻在文学里。"④由于知识不够，常会产生认识片面，看不到事物的本质等问题而导致主题有错。

再如从能力、水平来看，写作要求作者应具有多种能力并且达到一定的水平，不仅是文字的表达能力及水平，而应当具有观察能力、分析概括能力、提炼主题的能力、选材布局能力、修改能力等，并且应有一定水平。这样，才能对所写的对象有较好的把握，写出正确的主题。

下面举一篇文章的写作、点评和修改的例子。

---

①②参见周振甫. 文章例话 [M]. 北京：中国青年出版社，1983：73.
③④内蒙古大学中文系. 鲁迅论写作 [M]. 呼和浩特：内蒙古自治区人民出版社，1972：80，82.

✿ 原稿

家门口的桃树

杨之淼

在我懂事以前，家门口就有那棵桃树了，但在我懂事以后，家门口的桃树却渐渐地没有了。

在我的印象中小时候门口的桃树是最好看的，每到初春时节，桃树枝条那干枯的表皮就像涂了一层油似的<u>重新泛发光彩。</u>定睛一看，竟已有一粒粒小叶苞疙瘩从那渐渐光滑的表皮里钻出来。沐浴在春日和煦温暖的阳光下，要不了几天一片片嫩绿的小叶尖就会从叶苞里钻出来，叶尖上缀着的圆溜溜的露珠里闪动着周围生机盎然的世界。[**这里应分段。**] 这还不是最美的，到了初夏时节，桃树已成了绿色团绒状，但是单有绿色未免显得单调，大自然不愧有一双巧手，在这时节她就会在那绿绒间绣上一朵朵粉红色五瓣花朵，红绿相称，桃树就像待字闺中的脸颊上泛着红晕的小姑娘，几分羞涩，几分活泼。[**这里应分段。**] 说来奇怪，现在的家乡也有这样的桃树，但为什么就没有了以前的那种钟情的感觉了呢？这还与旧时的房屋有关。小时候我的家是最古朴、最老式的房子，灰色的墙，黑色的瓦。虽老气横秋但又结实稳重。那娇俏的桃树和它依偎在一起不正是天真烂漫的翠翠正嚷着要爷爷吹竹管吗？桃树的美与家乡特有的古朴乡村风情交相辉映，显得那般和谐，别有一番韵致。

[**这层写桃树比较具体、形象，有生活气息。但应该分成 3 段。因为有 3 个不同的意思。段落划分的原则其中一个是单一性，即一个段落表达一个相对单一的意思。**]

不知从什么时候开始，一座座四四方方的整齐划一的砖瓦房在村里拔地而起，<u>老屋自然也逃不了被拆毁的厄运。</u>老屋的残骸零零落落地胡乱堆弃在门口桃树的树干旁，这也是桃树和老屋这爷孙俩最后一次相依了新房子建成后，[**?**] 连老屋的残骸也被清理掉了，村里往昔弥漫着的古朴气息也一起被清理掉了。面对着对面陌生而冷峻的新式楼房，桃树已经没有以前的活力了，<u>正如翠翠失去爷爷那般凄凉。</u>[**文章用这些（底下划线的词句）比较消极的语言来写农村的建设，是很不恰当的。**]

时代确实发展了，各种家用电器进入了广大农村的千家万户，旧式的输电线已经不能满足供电的需要了，<u>一场点改</u> [**?**] 在我们村风风火火的[**地**] 干起来。家门口桃树的噩梦也正式开始了。修电感的大叔说树枝会导电，不能有树枝和电线接触，要把桃树砍掉，在我的再三央求下他终于让步了，他只砍掉了几根最长的树枝。也是在那以后，桃树好像真的进入了晚年，比老屋被拆毁时更憔悴了，一点生气都没有了。点改后的村子真的进步了，炊烟成了稀罕物，晚上到门外聚在一起聊天也成为了过去。[**那么多别字，为什么文章写好后不好好检查和修改？**]

真正的噩梦终于来临了，全国各地都兴起了修路热潮，"要致富，先修路"的口号喊进了我们村。村里人踊跃凑钱要在各家门口修一条通往镇上的沥青路，不巧的是家门口的桃树正挡在要修路的正当中，没办法，大家一致决定砍掉它，铁锹一锹一锹地铲下去，桃树被连根拔起了。终于，桃树没有了，门口那冬日冻得泛白的，春日里两旁长满蒲公英的泥巴路没了。

家乡的确进步了，但家乡那农村特有的美也正在消逝。

这是贵州财大资环学院 2012 级资源环境与城乡规划管理专业学生写的文章，教师反复看了几遍后，给出下面批语和建议：

[这篇文章写得较清新，有一定的生活气息，有修改的基础。

文章最大的问题在于末尾写道："家乡的确进步了，但家乡那农村特有的美也正在消逝"，这大概是文章的主题吧？如果这是主题，那么，主题是不够正确的。一是认识不够准确，得出的观点有偏差：把家乡的进步与农村特有的美看成是一种相对立的关系，这涉及农村是否要进入现代化、涉及农村传统文化的传承、保护与开发、发展关系等问题。在这些问题上，应该作出能反映出事物本质的较为准确的判断。二是从国家目前发展来看，建设社会主义新农村是党中央提出科学发展观后，国家努力缩小城乡差距的一个重大战略，也是广大农民的迫切愿望。在这样的背景下，如果宣传这样不正确的主题，是与农村的发展、社会的发展以及社会正确的舆论导向相悖的。

因此建议，换一个角度写，主题要正确，要适合社会发展的需要。2012 年 12 月 8 日]

第二稿

家门口的桃树

杨之淼

在我懂事以前，家门口就有那棵桃树了，但在我懂事以后，家门口的桃树却渐渐地没有了。

在我的印象中，小时候家门口的桃树是最好看的。每到初春时节，桃树枝条那干枯的表皮就像涂了一层油似的重新焕发光彩。定睛一看，竟已有一粒粒小叶苞疙瘩从那渐光滑的表皮里钻出来。沐浴在春日和煦温暖的阳光下，要不了几天一片片嫩绿的小叶尖就会从叶苞里钻出来，叶尖上缀着的圆溜溜的露珠里闪动着周围生机盎然的世界。

这还不是最美的。到了初夏时节，桃树已成了绿色团绒状，但是单有绿色未免显得单调，大自然不愧有一双巧手，在这时节她就会在那绿绒间绣上一朵朵粉红色五瓣的花朵儿，红绿相称，桃树就像待字闺中的脸颊上泛着红晕的小姑娘，几分羞涩，几分活泼。

说来奇怪，现在的家乡也有这样的桃树，但为什么就没有了以前的那种钟情的感觉了呢？这还与旧时的房屋有关。小时候我家是最古朴、最老式的房子，灰色的墙，黑色的瓦。虽老气横秋但又结实稳重。那娇俏的桃树和它依偎在一起不正是天真烂漫的翠翠正嚷着要爷爷吹竹管吗？桃树的美与家乡特有的古朴乡村风情交相辉映，显得那般和谐，别有一番韵致。[**分段后层次清楚了。**]

不知从什么时候开始，一座座四四方方的整齐划一的砖瓦房在村里拔地而起，老屋自然也逃不了<u>被拆毁的厄运</u>。老屋的残骸零零落落地胡乱堆弃在门口桃树的树干旁，老屋的梁柱灰白灰白的，直楞楞的，横七竖八地瘫倒在桃树旁，这也是桃树和老屋这爷孙俩最后一次相依了。村里所有新房子建成后，连老屋的残骸也被清理掉了，<u>村里往昔弥漫着的古朴气息也一下子荡然无存了</u>。面对着对面陌生而冷峻的新式楼房，桃树已经没有以前的活力了，正如翠翠失去爷爷那般凄凉。[**还是对教师的分析与建议不够理解，或者是偏爱的原因，修改得不是很好，也可能是与主题未提炼好有关。**]

时代确实发展了，各种家用电器进入了广大农村的千家万户，旧式的输电线已经不能满足供电的需要了，一场电改在我们村风风火火地干起来。家门口桃树的噩梦也正式开始了。修电杆的大叔说树枝会导电，不能有树枝和电线接触，要把桃树砍掉，在我的再三央求下他终于让步了，他只砍掉了几根最长的树枝。也是在那以后，桃树好像真的进入了晚年，<u>比老屋被拆毁时更憔悴了，一点生气都没有了。电改后的村子真的进步了，炊烟成了稀罕物，晚上到门外聚在一起聊天也成为了过去</u>。[**怀旧中有感伤，情绪不对头。可不写。**]

<u>桃树真正的噩梦终于来临了</u>，全国各地都兴起了修路热潮，"要致富，先修路"的口号喊进了我们村。村里人踊跃凑钱要在各家门口修一条通往镇上的沥青路，不巧的是家门口的桃树正挡在要修路的正当中，没办法，大家一致决定砍掉它。铁锹一锹一锹地铲下去，桃树被连根拔起了。终于，桃树没有了，门口那冬日冻得泛白的，春日里两旁长满蒲公英的泥巴路没了。

后来听爸爸妈妈说这正是国家在进行新农村建设，目的是让广大农民过上小康生活。新农村建设的确取得了傲人的成绩，全国各地的农村都有了很

大的发展，家乡也的确进步了，但是很多人有了和我一样的疑惑，为什么不能在发展的同时兼顾到各个农村的独有特色呢？<u>其实建设和保留在一定条件下是不相冲突的。</u>家乡规划建房子时应该依照老式房子为原型，并且加以创新，设计出既现代化又不失家乡特色的新式房屋；建设道路时可以在道路两旁预留出一米左右的窄道，窄道不要铺水泥，让怀念泥土味儿的人随时可以感受到走泥土路的那种感觉；窄道上还应该允许农民们种上自己喜欢的树种，我想这样建设，人们的疑惑就可以消除了。相信到到那时家门口又会有日光下投下一大片绿荫的桃树了。[**最好不要发这种大段的较空的议论。**]

作者还是想按照教师的建议，确立一个正确的、适合社会发展需要的主题。他提出的看法（主题）是："建设和保留在一定条件下是不相冲突的"。接着还作了解释。

但是，对于一个进校不到半年的大一新生来说，确立一个符合教师提出要求的主题是比较困难的。一是知识、理论还达不到应有的水平；二是作者毕竟不是学汉语言文学专业的，到大学后没有学过专业的写作课，不知道如何去提炼主题。所以，最后一段的修改虽然比原来好（去掉了不正确的认识，提出一个难以说是对是错的探讨性问题，并谈了自己有一定道理的看法），但最后一段写法上已经不大像散文，更像议论文了。而且，所谈到那些道理，与文章前部分主体内容缺乏内在联系。

因此，教师提出以下修改意见：

[1. 去掉那些对新农村建设描述不好的词语。

2. 根据文章所写的主体内容（桃树的变迁）来提炼主题。可考虑如何保留桃树，使其和新的建设相得益彰。

3. 结尾一定要改好，不能再像现在这样的议论文写法。

4. 文章的叙述尽量加一点具体内容，最好有些人物言行，让文章更加生动些，形象些。]

📖 定稿、发表稿

家门口的那棵桃树

杨之淼

我小的时候，最喜欢家门口的那棵桃树。

每到初春时节，桃树枝条那干枯的表皮就像涂了一层油似的重新焕发光彩。走近细瞧，发现已有一粒粒小叶苞疙瘩从那渐光滑的表皮里钻出来。沐浴在春日和煦温暖的阳光下，要不了几天，一片片嫩绿的小叶尖就会从叶苞里钻出来，叶尖上缀着的圆溜溜的露珠里闪动着周围生机盎然的世界。

这还不是最美的。到了仲春时节，桃树已成了绿色团绒状。在那一簇簇绿绒团中，一朵朵粉红色五瓣花朵悄然开放，红绿相配，桃树就像待字闺中的脸颊上泛着红晕的姑娘，几分羞涩，几分活泼。

说来奇怪，现在家乡的桃树，号称科技桃林，大片大片的，但就是没有了以前那种钟情的感觉。这大概与旧时的房屋有关吧。小时候我的家是最古朴、最老式的房子，灰色的墙、黑色的瓦，虽老气横秋但结实稳重。那娇俏的桃树和它依偎在一起，不正像我那天真烂漫的小幺妹翠翠，正在爷爷面前撒娇，嚷着要爷爷吹竹笛吗？桃树的美与家乡特有的古朴乡村风情交相辉映，显得那般和谐，别有一番韵致。

改革的春风吹了起来。这些年来，一座座四四方方的整齐划一的砖瓦房在村里拔地而起，老屋的残骸零零落落胡乱地堆弃在门口桃树的树干旁，这也是桃树和老屋这爷孙俩最后一次相依了。新房建起，电线要进屋，栽电杆的大叔说树枝会导电，不能有树枝与电线接触，要把桃树砍掉，在我家的再三央求下他让了步，只砍掉了几根最长、最高的树枝。

后来，"要致富，先修路"的口号喊进了我们村，村里人踊跃凑钱要修一条通往镇上的沥青路，不巧的是我家门口的那棵桃树正挡在要修路的当中。大家一致决定把它砍掉挖掉。父亲有些心痛，说："二三十年了，废了可惜。"提出能不能移栽到村后面的科技桃林中去。大家一听就笑了，说："你那烂毛桃树，结的毛桃比大拇指大一点，酸不拉几的没人吃，移到接的桃子有拳头大的科技桃林中去？开什么玩笑！"父亲也笑了，但还是说："嗨，就是有感情，舍不得。"但后来就在大家要砍要挖时，村主任制止了，说："我看就把它移到桃林那里去吧。现在不少人不爱惜科技桃子，把这棵老桃树移栽到那边，有个对比，大家就晓得拇指大的老毛桃是什么样，拳头大的科技桃又是什么样了。"

村里请来了技术员当指导，把桃树移栽了过去。新春一到，老桃树又开花了，也许是沾了科技园地的光，它开得比哪一年都灿烂。那些科技桃树都矮墩墩的，全被修剪得差不多一个样。老桃树呢，是任其生长的，枝枝丫丫，长短不一，远看倒是团状，不无美感。立在科技桃园入口前，很有些鹤立鸡群的感觉。踏春而来的城里人，几乎都以科技桃林为背景，在这棵树前或树下照相。游人比往年多了起来，农家乐的生意也好了很多。大家笑眯眯的，都夸是老毛桃树的功劳。

我喜欢科技桃树，它结的果又大又甜，吃上两个就能撑肚子。我家那棵老毛桃树呢，虽然硕果累累，密密麻麻，但确实不大好吃。但我还是更喜欢它，恐怕正如父亲说的有感情吧。

经过学生的再修改和教师的润色，一篇主题有问题的文章修改成了一篇比较优秀的并得以公开发表的文章。其亮点有四：首先，文章通过老毛桃树与科技桃树的相得益彰，促进了旅游业的发展等，表现了"传统的与现代科技的只要结合得好，是会互为补充的"这样一个主题。这个主题不仅正确，而且有一定新意。其次，桃树的描写细致、形象，有生活气息。第三，是否砍、挖老桃树的场面，写得较为生动、传神。第四，把老桃树移栽到科技桃林的内容，很有些创意，又很符合逻辑。写春天老桃树灿灿地开花的情景，与科技桃林形成对比，画面形象，具有观赏性。此外，结尾也是比较深沉而有余味的。

2. 高 远

主题要明确、单一、正确，这是写作中对主题的基本要求。在多数情况下，写出的文章仅仅达到基本要求还是难以胜出的，还必须向较高的要求努力，达到或基本达到较高要求的水平。这样，获奖、发表的机会就比较多。立意的较高要求，其中一个就是高远，即：意贵高远。

这里的高远，指高尚远大、高超深远的意思。"意贵高远"的意思是：写文章时，确立的主题应高尚远大、高超深远。元代王构在《修辞鉴衡》中说："诗以意义为主，文词次之。""意深义高，虽文辞平平，自是奇作。"[①] 清代刘熙载《艺概·文概》也说："文固要句句受命于主脑，而主脑有纯驳、平陂、高下之不同，若非慎辨而去取之，则差若毫厘，谬以千里矣。"[②] 元代陆辅之在《词旨》中说："命意贵远，用字贵便，造语贵新，炼字贵响。"[③]

由于学历、阅历、经历等原因，学生的文章立意要做到高远是比较困难的，但是鼓励各方面能力相对较强的学生敢于写重大题材，尽量做到立意高远也不是不可能的。如引导得好，学生就能成功——凡立意高远的文章，如果写作方法得当，写作的各个环节处理得好，得奖的等次都比较高，发表出来也显得大气，让多数学生佩服。

"言为心声"，立意高远，首先要求作者须有宽广的胸怀，远大的志向。因为文章是为世而用的，写文章就是要发现、表现和歌颂自然界、社会生活中的真、善、美，揭露和鞭挞假、恶、丑。而对真假、善恶、美丑的辨别与认定，则取决于一个人的立场、道德修养、志向与胸怀等综合素质。

如果学生缺乏宽广胸怀，胸无大志，对自然界、社会，对生活就会缺乏信心和激情，就难以发现、分辨出真假、善恶、美丑。如对当前社会的看法，志向高远者总能看到社会的主流，看到社会的阳光，听得到、跟得上社会前进的步伐。而胸无大志者则更多地看到的是灰暗和失望，难以发现生活中的真、善、美。

---

①②袁昌文. 写作技法大观［M］. 贵阳：贵州教育出版社，1992：116.

③王凯符，张会恩. 中国古代写作学［M］. 北京：中国人民大学出版社，1995：157.

　　胸怀与作文的关系，古人多有论述。刘勰在《文心雕龙·神思》中说："登山则情满于山，观海则意溢于海。"又指出"是以意授于思"，即认为文章的内容是要受作者的思想感情支配的。缺乏宽广胸怀、高雅情趣之人难以"登山则情满于山，观海则意溢于海"，也难以写出优秀作品①。宋代苏辙在《上枢密韩太尉书》中说："孟子曰：'我善养吾浩然之气'。今观其文章，宽厚宏博，充乎天地之间，称其气之大小。太史公行天下，周览四海名山大川，与燕赵间豪俊交流，故其文疏荡，颇有奇气。"② 清代叶燮《原诗·内篇上》说："诗之基，其人之胸襟是也。有胸襟，然后能载其性情智慧、聪明才辨以出，随遇发生，随生即盛。"③ 宋大樽在《石遗室诗话》中说，山是一山，景是一景。一腔俗虑者眼中，毫无诗意；而胸襟高雅者遇之，情与景会，真与美合，诗境自生，佳句自成。陈衍在《与何心与书》中也说，诗人具有"深抱远趣"、高洁情怀，便会有真性情，便能发现"至美可观之物"，私心俗虑会淹没真性情，而对美的事物视而不见④。

　　其次，立意高远，要鼓励学生敢于写重大题材，确立重大主题。本来，决定文章优劣的根本并不是题材的大小，但要求和鼓励学生选取重大题材来写文章，确立和表现重大主题，其意义在于：有利于培养学生宽广胸怀，树立大局意识。

　　宽广胸怀对学生写作能力和水平的提高以及学业的完成、将来发展均具有重要意义，而在写作实践中，要求学生选取重大题材来写，表现重大主题，是培养学生宽广胸怀的主要措施之一。重大题材、重大主题与国家、社会的发展息息相关，要写它们，作者不能不去认识、思考它们，不能不关注国家、社会的发展，久而久之，学生就会逐渐地站得高、看得远，胸怀就会逐渐变得宽广。

　　一般来说，写重大题材、表现重大主题的难度较大，能写成功（文章能发表或获奖），需要作艰苦的努力。因此，选重大题材来写，确立和表现重大主题，会增加学生写作的勇气和克服困难的信心，一旦获得成功，就会受到很大鼓舞——这对于培养学生宽广胸怀是很有帮助的。此外，写重大题材，表现重大主题，有利于培养学生的宏观、整体、大局意识，有利于培养学生关注国计民生的意识，增强社会责任感，这些对于学生毕业时报考公务员以致其他择业、就业，也都是很有帮助的。

　　近些年来，笔者的不少发表过文章、获得过写作奖的学生，考取公务员、考取事业单位。他们谈体会时都无一例外地说到，写大题材、立意高远的文章，像写作课教师比喻的那样，在比赛中，虽然难度系数高，但只要做得比较好，得分就高，成功的概率就大。写那些关乎国家、社会发展的重大事件，表现党和国家的方针政策以及国家、社会的飞跃发展等重大主题，如参加 2006 年的"贵州省大

---

①刘勰. 文心雕龙全译［M］. 龙必锟，译注. 贵阳：贵州人民出版社，1996：330.
②④王凯符，张会恩. 中国古代写作学［M］. 北京：中国人民大学出版社，1995：54、52.
③郭绍虞. 中国历代文论选：第三册［M］. 上海：上海古籍出版社，1979：340.

学生八荣八耻征文大赛"、2007 年全省的"迎接党的十七大征文大赛"、2008 年全省的"汶川大地震征文大赛"以及教育部关工委等组织的"迎奥运征文比赛"、2009 年的全省大学生"建国 60 周年、改革开放 30 周年征文大赛"、"2010 年贵州省高校知识产权征文大赛"、"2011 年贵州省知识产权征文大赛"、"2012 年贵州省高校'科学发展·成就辉煌''我的价值观'征文比赛"等等，获得了不少奖，获奖文章几乎也都能公开发表，这些带给他们的收获和快乐是很大的。

一般来说，参加上述提到的比赛，参赛者一般都写重大题材。但写重大题材，表现重大主题，最容易出现的问题是从一般的角度正面直接写，结果泛泛而谈，空洞乏味。很多学生从网上下载相关内容，拼凑成文。在这种情况下，教师要认真指导，帮助学生选好角度、学会使用"大题小作"的方法。

如何"选好角度"，本书将放在"一个最佳的角度"论述，这里简要谈谈"大题小作"。

写作上，"大题小作"指的是把具有重大意义的题材和主题，通过写一些小事来表现，即把重大意义的主题寄托于小事之中，达到让读者窥一斑而见全豹，从一点而感知整体的目的。当然，这里的"小事"，绝不是指生活中那些无意义的琐事，而是指具有典型意义，能反映整体事物本质的具体的人或事，通过它，能从个别看到一般、从局部看到整体，能"滴水见太阳"。"大题小作"的最大优点，在于因为"小"，学生写作时能比较具体地叙述，比较容易驾驭和深入，从而避免大而空的泛泛之谈。

下面举三篇获奖文章的写作、点评与修改过程的例子。

🖊 第一稿

取 名

谭丽娟

俗话说："雁过留声，人过留名"，更有一种说法曰："赐子千金，不如教子一艺，教子一艺，不如赐子佳名"，可见名字对人的重要性，自古以来人们就非常重视起名。[根据下面所写的内容，开头不要议论为好。]

这不，我小军哥哥刚生了个儿子，家里便召开了"取名会议"，开始各抒己见。"我看叫斌吧，文武双全啊！""不行，不行，太普通了，叫海吧，有气魄。""还是叫宇吧，无极限啊！"……这样的情景，让我不禁想起了爷爷跟我说过的取名的事情，心底油然漫涌起一股苦苦的甜甜的感觉，似乎有一茬剪不断的情感在这一刻抽穗起来，让人的思绪一下子飘得很远很远。

"爷爷，我爸爸的名字是怎么取的啊？"我手扶着下巴，看着户口簿上爸爸的名字，好奇地问道。

"这，说来就话长了，爷爷我啊，当时可是大字不识一个啊！这取名字对我而言简直比登天还难啊！"爷爷呷了一口茶，摘下老花眼镜，放下手中的书，慢悠悠的说道。

"当年啊，爷爷家里穷，哪里上得起学哟。整天跟在你太爷后面，下田、浇水、锄草，到了大忙的时候，就得从早做到晚，累了，就直接睡在草堆里；渴了，要是没水就直接喝河里的；饿了，就喝早上带来的粥或者吃煮好的山芋。就这样，别说取名了，那时候我连自己的名字都还不会写呢！所以啊，那时候为了给你爸爸取个好名字，我可是把脚底都走出泡了，求东家拜西家，你爸的名字可以说就是'乞讨'来的。"说到这里，爷爷揉了揉盈满泪水的双眼，沉默了。

"可是爷爷，你走了那么多家，应该也会有个大气一点的名字吧，为什么我爸爸的就是这么个简单的'山'字呢?"我望着爷爷，迫不及待地问道。

"呵呵，丫头，你以为你让别人取个名字就那么容易啊，你去了，别人还不一定会帮你的忙。所以啊，那时我就提着家里长的梨子或者腌制的咸鱼，给别人送去。而且那时候村里本来就没什么学校，识字的人又不是很多，就那么几个人，村里很多人都去找他们帮忙，人家哪里顾得上你哟，就你爸这个'山'字还是我来来回回走了几趟，才讨来的呢！"爷爷揉了揉双眼，又沉默了。

那一刻，看着沉默的爷爷，我仿佛看见当年的他，提着重重的袋子，在村里坑坑洼洼的泥土道路上，来来回回，东跑跑，西走走，累的满头大汗的情形，我的心"咯噔"了一下，深深的疼。

"可是爷爷，我听爸爸说，我哥哥的名字是你取的啊，这个'涵'字很有意蕴啊，你怎么会想到的呢?"我望着户口簿上哥哥的名字，擦了擦双眼，接着问道。[以上写取名的过程过长，内容也多了些。写"取名"是为了写"爷爷"学文化，因此，取名内容要简略些。]

"傻丫头哦，你爷爷不能总落在后面啊!"爷爷摸着我的头，笑呵呵地说着，"我还记得那几年啊，村里完全改了样，道路修了，旧桥拆了，明窗亮瓦的屋子建了一栋又一栋，更好的是学校也修起来了。家里生活也好了，电视添了，电话装了，穿得好了，吃得香了，睡得也安稳了，啥都不缺了。尤其是你爸爸工作以后，他就让我少做农活了，我闲着啊，天天在家呆着闷得慌啊，正好村里也给老年人开设了一个学习班，我就去了，原来还以为没几个人，谁知道去了以后，教室都快被挤破了，后来没法还分了两三个教室呢！"

"是啊，是啊，你都不知道你爷爷当时会写自己名字时那个得意劲儿哦，乐得饭都忘记吃了。"坐在一旁戴着眼镜看书的奶奶，笑着说道，"那时你爷爷的心里啊，简直比吃了几个大西瓜还要甜，第二天就把我也一起拉去了！"

"还说呢，你奶奶啊不学不要紧，学了以后啊比我还痴迷，整天唐诗宋词的念来念去，有时候做梦啊还会突然的蹦出几句诗词来呢！最近啊，你奶奶还被选上当了老年学习班辅导员呢！"[为了不使文章内容过杂，建议不要写到奶奶，意义不大。]爷爷开心的说道，"丫头，你知道不，当年去学习的时候是故意瞒着你爸的，所以当你哥出生的时候，家里召开'取名会议'，我说取'涵'吧，你爸爸当场呆住了，哈哈，他后来还一个劲埋怨我们不告诉他呢！"看着爷爷那开心的笑容，望着家里不断增添的书籍，想到爷爷这些年知识的丰富，我知道他是真的开心，不仅仅是因为这一个名字，而是他终于找到了生命中最快乐的事情。

望着焕然一新的家乡，我开始明白，开心的又何止爷爷一个人呢！昔日落后的陈迹，早已经被新时代的风雨冲洗干净，新时代的春风吹到每一个角落，吹开每一个人心里落后的陈迹，吹进每一个人的心里。是啊，故乡，你早已不再忍受饥饿，不再忍受没有知识的痛楚，幸福的笑容荡漾在每一个人的脸上，快乐的感觉深入每一个人的心里。

当看到取名的情景时，我总会想起爷爷说的过往，想起那些心疼，想起那些不易的幸福，就会情不自禁的流下眼泪。那些名字，不仅仅是爷爷的记忆，更是幸福生活的足迹。[以上两段内容较空洞。]

"妹，想什么呢，这么出神？"哥哥轻轻推了推我，笑着说，"你也给取个名字吧！"我笑笑，轻轻说："要不叫'浩'吧，浩浩荡荡，拥有更加宽广的天空，更加浩瀚的海洋，更加幸福的明天！"这时，我看见哥哥怀里的小孩，开心的笑着，甜甜的笑着，那么美，那么美……

2009年，贵州省教育厅受教育部关工委等部门委托，举办"全省纪念建国60周年、改革开放30周年大学生征文比赛"。比赛要求各高校自己先组织校级比赛，然后再推荐获三等奖以上的文章参加省里比赛。笔者所在的贵州财经学院文化传播学院号召学生参赛，收到了两百多篇文章。学院委托我从中选一些文章经修改后参加学校比赛。两百多篇文章，绝大多数都是从正面写建国60周年、或改革开放30周年国家的成就，这些成就大多数是从网络上下载的，这是通病。

被选中修改的文章中，这篇文章的作者是笔者的学生，知道她的写作底子比较好，悟性也比较高，已发表过几篇文章。这篇文章第一稿虽然写得比较平淡，但最大的亮点是角度的选择较为新颖，主题也大体符合征文要求。

文章采用的是典型的"大题小作"角度：通过农村一家给孩子"取名"这个

小事的角度，来反映新中国成立后的变化。主要内容是写"爷爷"给孩子取名，反映的是农村变化大，连老大爷都有文化了，可以取高雅的名字了。但文章还存在较明显的问题。教师给的评语是：

［文章角度比较新颖，主题也较明确。

但文章的主要问题是：视野狭窄了些，主题挖掘得不深，显得过小，也缺乏能动人心扉的细节和典型材料，文"味"较淡。建议：进一步挖掘主题，添加典型的事例。在文眼"取名"上好好动动脑筋。另：交稿时间为本月 10 日，最多也只能推迟两三天。请抓紧。2009 年 5 月 6 日］

第二稿

取 名

谭丽娟

我小军哥哥刚生了个儿子，家里便召开"取名会议"，开始各抒己见。"我看叫斌吧，文武双全啊！""不行，不行，太普通了，叫海吧，有气魄。""还是叫宇吧，无极限啊！"……这样的情景，让我不禁想起了爷爷说过的取名经历，眼前顿时浮现那一幕幕的画面，心底油然漫涌起一股苦苦的甜甜的感觉。

"爸，你帮我取个名字吧，我不要叫狗娃，我不要叫狗娃啊……"这不是我爸爸的声音吗？我顺着声音追寻，熟悉的门口，［这里可能要加"我似乎"等之类的词语，否则会让人误解，作者怎么会看见爸爸的哭和听到他的哭声？］我看见了爸爸的身影，瘦瘦的脸庞，旧旧的衣服大得像一条被褥，包裹着爸爸那瘦小的身体。小小的他抱着爷爷的双腿，哭着求爷爷帮他取名字，红肿的双眼里掩饰不住强烈渴求的目光。爷爷摸着爸爸的头，深深地叹了口气，缓缓地说道："娃啊，不要哭了，爹这就帮你找名字去！"［按年纪，作者爸爸也应该是解放后出生的，这里可能要交代几句，说明虽解放了，但村里还很穷等情况，免得让人搞不清楚写的是解放前还是解放后。］

原来那时爸爸哭着要上学，爷爷拗不过他，只得把他送到镇里去读书。谁知道去了没到一星期［写为"第二天"更好些］，爸爸就哭着跑回来了，爷爷还以为爸爸是不想上学了或者是被谁欺负了，谁知道爸爸只是一个劲地哭着要取名［这里可补写一句，"狗娃"这个名字被大家嘲笑之类的话］。那一刻望着爸那哭红的双眼，爷爷流下了眼泪，暗暗发誓要给爸爸取个好名字。可从小就只知道在田里和泥土打交道的爷爷，连个字都不认识，怎么取名字啊？

既然自己取不了就只能去求别人帮忙了，于是那时候村里便多了一个瘦瘦的身影，经常在村里坑坑洼洼的泥路上奔波着。为了给我爸取个好名字，爷爷提着家里结的梨子或者腌的咸鱼给别人送去，求东家拜西家。可那时候让别人帮忙取个名字哪有那么容易啊，更何况那时候村里识字的又不是很多，有时候你去求别人，不帮忙也就算了，还会挖苦你几句。很多次爷爷都想放弃了，可是一想起我爸那渴求的目光，想起我爸心里的委屈，想起该有的尊严，爷爷就狠狠地咬咬牙，继续奔波着，脚底走出泡了也不退缩。就这样来来回回了十几趟，终于换来了一个'山'字。然而就这么一个简单的名字，我爸当时都激动得说不出话来了，只是一个劲的 ["的、地"不分] 傻笑着。那时候望着我爸那个开心的样子，爷爷也流下了幸福的泪水。

想到这里，我的眼前便不断重复着当年爸爸哭着要名字的情形，爷爷提着重重的袋子，来来回回，累的满头大汗的情形，爸爸有了名字后开心的情形，爷爷望着开心的爸爸流出眼泪的情形。我的心便猛得"咯噔"了一下，深深的疼。

"爷爷，你取的名字真好，我们老师今天一个劲地夸我的名字，说我的这个'涵'字很有意蕴呢！爷爷，你怎么想到的啊？"熟悉的声音再次把我拉回了从前，我看见哥哥正用那胖乎乎的小手缠着爷爷跟他讲那个名字的由来，光鲜亮丽的衣服衬着那微笑着的胖胖的小脸，甚是好看。"傻孩子，爷爷有了那次给你爸取名的经历，还会总落在后面吗？"爷爷笑呵呵地说道。[写取的名叫"涵"，与农村人不够相符，也难以透出农村的前后变化。这要好好想想，取什么名能更好地反映主题。]

原来就在那几年，村里完全改样了，道路修了，旧桥拆了，明窗亮瓦的屋子建了一栋又一栋，更好的是学校也修起来了。家里生活也好了，电视添了，电话装了，穿得好了，吃得香了，睡得也安稳了，什么都不缺了 [有点过了]。尤其是爸爸工作以后，他就让爷爷少做农活了，爷爷天天在家呆着闷得慌，正好村里给老年人开设了一个学习班，爷爷就乐呵呵地去了，原来还以为没几个人，谁知道去了以后，教室都快被挤破了，后来没法只得分成三间教室。

爷爷第一次会写自己名字时，开心得饭都忘记吃了，心里简直比吃了几个大西瓜还要甜，第二天就把我奶奶也拉去一起学习了。爷爷是不学不要紧，学了以后就特别痴迷，整天唐诗宋词的念来念去，有时候做梦还会突然蹦出几句诗词来。爷爷还订阅了一些报纸、杂志，一旦看到国家又出了什么新的政策，哪里又得到了国家的帮助，爷爷就拍着自己的大腿，一个劲地叫好。当我哥出生，家里召开"取名会议"，爷爷说取"涵"的时候，爸爸当场就呆住了，他还一直被蒙在鼓里呢！[?]

想起爷爷那开心的笑容，望着家里不断增添的书籍，看到爷爷这些年知识的丰富，我知道他是真的开心，不仅仅是因为这一个名字，而是他终于找到了生命中最快乐的事情。望着焕然一新的家乡，我开始明白，其实开心的又何止爷爷一个人呢！昔日落后的陈迹，早已经被新时代的风雨冲洗干净，新时代的春风吹在每一个角落，吹开每一个人心里落后的陈迹，吹进每一个人的心里。人们早已不再忍受饥饿，不再忍受没有知识的痛楚，幸福的笑容荡漾在每一个人的脸上，快乐的感觉深入每一个人的心里。[有些一般化，可写得更精粹些。]

　　"妹，想什么呢，这么出神？"哥哥轻轻推了推我，笑着说，"你也给取个名字吧！"我笑笑，轻轻说："要不叫'浩'吧，浩浩荡荡，拥有更加宽广的天空，更加浩瀚的海洋，更加幸福的明天！"[这里为什么不取一个与征文比赛主题有关的字？就这个字，能把征文的主题突出出来，岂不更好？] 这时，我看见哥哥怀里的小孩，开心的笑着，甜甜的笑着[多大的小孩？会开心、甜甜地笑吗？]，那么美，那么美……[建国60周年最好有个大体阶段，比较容易突出改革开放后国家发展的巨大变化。请斟酌一下。]

　　第二稿学生的修改考虑了教师提出的问题和针对问题提出的建议，增加了一些具体的内容，删掉了一些概括性的空话和议论。但总的来看，文章还是比较粗糙，考虑到马上要交稿参加评比，教师就做了较为详细的点评，指出问题并提出修改建议，让学生自己改。这样效果要比教师直接改好些（特殊情况下教师也直接修改某些地方）。

　　教师给的批语是：

　　[比原稿要好。但问题还是较多，为了保证质量，教师做了较为详细的点评（要提高还得靠自己，教师只是指导），要尽快按教师指出的问题和建议继续修改。2009年5月8日]

第三稿

富贵　朝阳　腾飞

谭丽娟

　　"爷爷，我爸爸怎么叫'富贵'这么俗气的名字啊？"在一旁整理户口簿的我好奇地问道。爷爷捋了捋胡子，笑着说："俗气？傻丫头，当时为了这名，爷爷不知道走了多少趟呢？而且当时跟你爸一辈的不知有多少个类似的名呢？""为什么呀？""呵呵，希望富贵呗。"

　　原来那时国家刚解放没多少年，经济不景气，内忧外患一大堆，我们村里也仍然很穷，坑坑洼洼的泥巴路，小河上的那座桥因年久失修摇摇欲坠，学校的修建依旧如石沉大海一样毫无着落。因此，在那个温饱尚未解决的年代，村里有的长辈唯恐儿孙不能健康长大，就故意示其卑贱，给他们取一些"毛毛""猪仔""大牛"之类难登大雅之堂的名字，取其"贱物易养"之意，似乎这样就容易成活长大。而我爸也在家里人扯了半天之后，有了一个"狗娃"的"贱名"。

本来是没什么的，可后来爸爸哭着闹着要上学，爷爷也想到了他们这一辈没文化的痛苦，便卖了家里值钱的东西供他去镇里读书。谁知道第二天，爸爸就跑了回来，对爷爷一个劲地哭喊："我不要叫狗娃！我不要他们叫我狗崽崽！我要一个好名！"可从小就只知道在田里和泥土打交道的爷爷不识一字，能取什么好名啊？没办法只好去求别人。可那时村里识字的人少，求人取名字也不容易。有时候被求人不帮忙，还会冷笑你几句让你受不了，说什么"穷人家的孩子要什么好名，配吗？""现在这世道，[这个要删去，因为毕竟那时也是解放后。]读什么书啊，种田得了！"之类的话。后来求了个"富贵"的大名。

后来村里又有很多小孩去读书了，可取的大名总离不开"富"啊、"贵"啊、"旺"啊之类的。其实在那个吃不饱穿不暖的年代，对于生活条件改善的追求，对于物质享受的追求更成了人们梦寐以求的事情了，在名字中透露出对致富的向往，是再合理不过的了，在当时应该不存在什么雅俗的问题了吧！[叙事散文中间插入大段的议论，会破坏文体的特点，打乱文章的节奏。而且这段议论又很一般，应全部删去。必要的议论可以放在后面。]

一晃到了80年代，在改革开放的春风中，村里逐渐变了样：道路修了，旧桥拆了，明窗亮瓦的屋子建了一栋又一栋，学校也修起来了，国家的教育政策也落实到村里了。村里家家生活是越来越好，电视添了，电话装了，穿得好了，吃得香了，睡得也安稳了。给孩子取名也开始更多的倾注于个人的感情和关怀，更多的与社会、政治联系在一起，人们开始寻找动听、悦耳的字作为名字，于是勇、伟、娜、丽等被广泛使用。甚至有的人家直接给孩子取名叫"改革"、"祖民"、"天明"等等，来表达爱国热情、表达对改革开放的感激之情。

就说我哥哥吧，1985年出生时，爷爷奶奶、爸爸妈妈，二叔三姑，一屋子人都争先恐后地给他取名。什么斌啊、雄啊、福俊啊、家发啊、光亮啊，一大堆，争了半天也没个结果。最后，这些年来一直在村里夜校学文化的爷爷，大声说："别争啦！想当年我厚着脸皮，才给大儿子求了个富贵的大名，这次呀，我要亲自给长孙取名。你们都看见了，这些年我们的家越来越富，我们的国越来越强，这都全靠党的改革开放好政策啊，我觉得我们国家就像'朝阳'一样光彩夺目，充满希望。我看，这小子就叫'朝阳'吧。怎么样？"话音刚落，屋子里就响起了"啪啪啪"的热烈掌声，个个拍手赞成。

到了 21 世纪，名字更是丰富多彩，很多人都希望给孩子取个能够彰显个性的名字。有的"合姓为名"，比如"刘唐""周李""吴苏"；有的改单姓为复姓，比如"刘周曼子""袁苏英子"等；还有的人家孩子随母姓，以此体现女性在家庭中的地位和社会的进步。

近两年来，在"国学热"的影响下，"四书五经"和传统的古代经典作品成了取名的另一"范本"。就说我的小侄子吧，今年春节，我哥添了个大胖小子，爷爷特地点名要我这个大学生来取名，我很高兴。我想，我一定要给小侄子取一个很有意义的名字。[以上四个段落谈由取名的变化反映出时代的变化，是很好的，但文字过多，可简括些。]

我想到了我们的国家建国 60 周年来所走过的艰苦历程和取得的巨大成就，它们就像电影一样地在我脑海里一幕一幕地闪过：从五十年代的抗美援朝到六七十年代的"两弹一星"，从八九十年代的改革开放到 21 世纪初的神舟升天，从恢复联合国合法席位到百年奥运梦想的实现……60 年的披荆斩棘，60 年的历程辉煌，我们祖国如巨人屹立于东方，让国人骄傲！令世界瞩目！想到这里，我脑子里一下子就涌现出庄子说的"鲲鹏展翅，扶摇而上者九万里"的冲天腾飞的壮美形象，脱口而出："就叫'腾飞'吧，它有两层意思：一是祝愿我们祖国继续展翅腾飞，鹏程万里；二是希望我的小侄子将来能跟着祖国一起腾飞，大有出息！"

经过这么多年的发展，中国人的名字有了更多值得羡慕的文化成分，更成为了社会宏大背景的标签。望着焕然一新的祖国，我开始明白，其实发展的哪里只是名字呢？一滴水能透出太阳的光辉。从"阿猫阿狗"到"朝阳腾飞"，这不正间接地反映出我们国家思想的解放，价值观的发展，人们精神水平的提高吗？看，下至村民委员会，上至人民代表大会，与会者都踊跃发言，提出自己独特的看法和建议，为国家的发展献计献策，那些落实到各处、惠民利民的政策不都是全体人民的结晶吗？从学习毛泽东思想、邓小平理论到"三个代表"，人们的思想也跟着时代的脚步在不断地解放。看，现在全国上下不是又掀起了一股学习科学发展观的热潮吗？而在国家的发展历程中，进步的又何止思想方面呢？[这段应全部删去，因为议论一般化、较空泛。]

老子说过："无名天地之始，有名万物之母"，人的名字是一个非常特殊的社会、个性符号，它传达了一个特定历史、个性化的意义。在文化多元化的今天，名字更是展现了多元化的内容，蕴含了更多的人文信息、民俗资源、历史积淀、文明指向、思想意趣等，难怪唐代诗人李益有言"问姓初惊见，称名忆旧容"呢！是啊，姓名作为文字符号虽不能决定人的命运，但它不仅凝聚着父母对孩子的深情和殷切期盼，更能透出时代前进的脚步，带有时代的特征，铭刻着民族的文化理念。就我一家来说，从"狗娃"到"富贵"，从"朝阳"到"腾飞"，不正像一条我们祖国快速发展和变化的鲜明的轨迹么？

第三稿修改得比较好的有这么两点：一是把新中国成立以来到现在大体分为三个阶段：解放后到改革开放前为一个阶段；改革时期为一个阶段；进入 21 世纪为一个阶段。这样也算有一定道理，整个历史脉络就比较清楚了；二是把"取名"这个"文眼"更加突出地成为文章的线索，成为文章内容的聚焦点，删掉了一些与取名关系不大的内容（比如过多的"爷爷"为"父亲"取名的过程、到夜校学文化等内容）。

此外，结尾引用老子关于名字的观点，是比较恰当的，有助于加深文章的主题。但引言后面的一段话，没有紧扣文章的内容来写，空泛。所以教师将其全部删掉，改写了结尾。

存在的问题还有：一是文章中有两段内容空洞、文字过多的议论，大大影响了文章的质量；二是行文还不够简洁。要做最后的修改。

教师把上述分析附在文章后面，发给了学生。学生做了最后修改，教师也做了润色。

定稿、获奖稿、发表稿

狗娃 朝阳 腾飞

谭丽娟

狗娃是我爸的小名。

那是我国正遭受百年难遇的大自然灾害的 20 个世纪 60 时代。经济不景气，国家内忧外患，我们村仍比较穷，坑坑注注的泥巴路，黄泥围的草房，小河上的那座桥因年久失修摇摇欲坠，学校的修建也如石沉大海一样毫无着落。村里长辈们唯恐儿孙不能健康长大，就故意示其卑贱，给他们取一些"毛毛""猪仔""小牛"之类难登大雅之堂的名字，取其"贱物易养"之意，似乎这样就容易长大成活。而我爸也在家里人扯了半天之后，有了一个"狗娃"的"贱名"。

本来没什么，可后来爸爸哭闹着要上学，爷爷卖了家里值钱的东西供他去镇里读书。谁知第二天，爸爸就跑了回来，对爷爷一个劲地哭喊："我不要叫狗娃！我不要他们叫我狗崽崽！我要一个好名！"可爷爷不识一字，能取什么好名啊？没办法，只好去求别人。可那时村里识字人少，求人取名字也不容易。后来终于求了个"富贵"的大名。

一晃到了80年代，在改革开放的春风中，村里逐渐变了样：道路修了，新桥架了，明窗亮瓦的屋子建了一栋又一栋，学校也修起来了，国家的教育政策也落实到村里了。村里家家生活越来越好，电视添了，电话装了，穿得好了，吃得香了，睡得也安稳了，给孩子取名除了寄托父母的期盼外，更多的与时代联系在了一起，于是"改革"呀、"逢春"呀、"天明"呀成了取名的香饽饽。

就说我哥哥吧，1985年出生时，爷爷奶奶，爸爸妈妈，三姑二叔，一屋子人都争先恐后地给他取名。什么斌啊、雄啊、福俊啊、家发啊、光亮啊，一大串，争了半天也没个结果。最后，这些年来一直在村里夜校学文化的爷爷大声说："别争啦！想当年我厚着脸皮，才给大儿子求了个富贵的大名，这次呀，我要亲自给长孙取名。你们都看见了，这些年我们的家越来越富，我们的国越来越强，这都全靠党的改革开放好政策啊，我觉得我们国家就像'朝阳'一样光彩夺目，充满希望。我看，这小子就叫'朝阳'吧。怎么样？""好，好，好！"啪啪啪啪啪！屋子里顿时响起热烈掌声，个个拍手赞成。

时光流到了21世纪，我们国家进入了世界强国的行列。

今年春节，我哥添了个大胖小子，爷爷特地点名要我这个大学生来取名，我很高兴。我想，我一定要给小侄子取一个很有意义的名字。

我想到了我们的新中国成立60周年来所走过的艰苦历程和取得的巨大成就，它们就像电影一样地在我脑海里一幕一幕地闪过：从五十年代的抗美援朝到六七十年代的"两弹一星"，从八九十年代的改革开放到21世纪的神舟升天，从恢复联合国合法席位到百年奥运梦想的实现……60年的披荆斩棘，60年的历程辉煌，我们祖国如巨人屹立于世界的东方，让国人骄傲！令世界瞩目！想到这里，我脑子里一下子就涌现出庄子说的鲲鹏展翅，"扶摇而上者九万里"的冲天腾飞的壮美形象，脱口而出说："就叫'腾飞'吧，一是祝愿我们祖国继续展翅腾飞，鹏程万里；二是希望我的小侄子将来能跟着祖国一起腾飞，大有出息！"

老子说过："无名天地之始，有名万物之母"。是啊，姓名作为文字符号虽不能决定人的命运，但它不仅凝聚着父母对孩子的深情和殷切期盼，更能透出时代前进的脚步，带有时代的明显特征，铭刻着民族的文化理念。就我们一家来说，从"狗娃"到"富贵"，从"朝阳"到"腾飞"，不正是一条我们祖国快速发展和变化的鲜明的轨迹么？

文章通过学校专家组盲评，获贵州财经学院 2009 年"纪念新中国成立 60 周年、改革开放 30 周年征文大赛"一等奖，推荐到省参评，获得省级一等奖。该文发表在 2009 年的贵州财院校报《贵州财经学院》四版上。发表时，教师在该文后作了简短点评：

[**本次我校的"纪念新中国成立 60 周年、改革开放 30 周年征文大赛"吸引了众多学子踊跃参加，体现了年轻一代对祖国的殷殷之情。在参赛作品中，作者们从国家经济、政治、文化等方面的发展，从百姓衣、食、住、行等方面的变化展现了新中国成立 60 年来特别是改革开放 30 年来的巨大进步。本文从司空见惯的取名入手，较鲜明地展现了我国几个阶段的特征，透出了国家突飞猛进的前进步伐。角度新颖、立意高远深刻、结构清晰、文笔也较流畅。**]

🖊 第一稿

回　家

黄世伟

2009 年 2 月 21 日，K1213，上海南——贵阳，06：58 开车。

我站在雾霭的上海南站月台上，周遭是静默详和的高楼层宇，眼前是打破城市第一份宁静的忙碌。如此早，连雾都没来得及收扰一下身形，以至于灯光的映射下看到的只是细密的朦胧。

"大家把票拿出来，可以上车了。"随着列车员的一声喊，拥挤的人们更加顾不上秩序，都在生硬的往车厢里钻，恐怕是进不了车厢，回不了家似的。

站台上站满了候车的返乡民工，车门一开这些返乡的民工便一拥而上，通红的脸颊上闪烁着复杂的表情，又略带点麻木不仁，手中大大小小的蛇皮袋，袋子上的尿素二字格外醒目，他们操着我熟悉的贵州口音呼唤自己的同伴，叫嚷着，有些肆无忌惮。

费了九牛二虎之力，总算上了车找到了自己靠在车窗的座位。

由于人越来越多，冷冷清清的车厢里开始嘈杂起来，喧闹起来。突然一位满脸沧桑头发凌乱的民工提着他的蛇皮袋来到我对面空着的座位前看了下车票，嘴里念叨一句"就是这"，便一脚踩上座椅把蛇皮带送上行李架，由于用力过猛袋子上附着的尘土便开始在空气中飞扬，我心中有些恼火，看了他一眼，但他并没有在意到我和我的不愉快，而是转身接过跟在他身后的同乡手中的蛇皮袋，用同样的方式送上了行李架。空气中弥漫着尘土的味道，看着他旁若无人的表情，除了恼火我更多的只能是无奈。

列车开始动身，车厢里渐渐的安静下来，有了些冷清，或许是这些民工累了，他们一个个的眯起了双眼。对面的那位年轻的父亲 [？] 也抱着自己的孩子熟睡了，显然他们是等了一夜的火车，他们太累了。列车沿浙赣、湘黔线一路西行，我也跟着一路颤抖。我站起身看了一眼周围几个已经睡下的民工，他们有着我对面那个男人一样的面容，他们的脸庞上写着伤感，眉目间画满了忧愁。他们是为了生活才背井离乡，从宁静的乡村去往喧嚣的都市。

对面的男子一天之内断断续续睡了好几回，这时他显然已没有了睡意，他幼小的孩子也在玩弄着自己的帽子，他和我一天也没有说话，好像大家都在等着谁开口，打破这个僵局。[**从开头写到这里，已 800 来字，与主题关系不是很大，浪费了很多笔墨，一定要精简。**]

"真的很对不起，因为我背着娃儿，所以放行李的时候很慌！"终于，他开口了，我们之间的空气似乎已经流通了，没有了那种窒息的感觉。

"哦，没事！我只是觉得很奇怪，你怎么一个人背着孩子回家，他的妈妈呢？"

"呃……恩……"他吞吞吐吐的说出了缘由，"他妈生他时在上海难产死了！我拉扯他这么大，可是偏偏碰到什么金融危机，我所在的电子厂倒闭了，找其他工作也找不到，我只有回家，要不，孩子我没法养活！"

或许我不该问这个问题，因为他让我感到瞬间无地自容！因为刚开始由于他的粗鲁，我对他只是反感，而现在却是异常难受！

"那你回家怎么办？你出来就是为了打工挣钱，可如今这边儿没保障，难道回家就好了吗？"我强制的压住了自己内心的愧疚，镇静的问他。

"回家好啊！"顿时，他好像兴奋了似的，笑着对我说！

我可是丈二的和尚摸不着头脑了，他们之所以来到大城市是想把生活过得更好。晨饮露珠、晚食星光；日赶太阳、晚驮弯月，呼啸的七彩季风时常把他们的骨头吹得生疼，在汗水和风镐旋舞的欢畅里，他们那饱蘸岁月的秉性和血质凸显得一览无余。[**表面华丽，而没有多大实际内容的"学生腔"，要注意修改。**]这一切，为的都是老家年年都缺的柴米油盐。

"呵呵，家里就是好 [**这里说"家里就是好"，下面说"回去咋办？"不大对劲吧。**]，听他们说不光是上海，连深圳、厦门、广州好多厂都完了！我们家乡每年出来好多人打工，这回都只有回去了。"他便嗑着瓜子儿边说。

"你想啊！回去咋办？咋办。"

"是的，回去咋办？难道一大群人得活活饿死不成？" [**不妥**] 我随口接道。

"就是！不能饿死！前几天家里打电话叫我回家，原因就是我家那儿为我们这些失业的农民工提供了更多的机会，还给我们做免费就业登记、职业介绍推荐，如果有条件还可以给我们小额担保贷款、创业扶持金等多项扶持政策。乡里面还成立了针对我们返乡民工的'党员送温暖组'，到农村看望我们在家的父母，还给他们送钱送油送米。"说着他喝了一口水，"因为我懂技术，他们让我回家就是去乡办的电子厂上班。我还听说，还能很方便的办理养老保险。他们还给我们发放生活补助。我早就想回家了，只是没有想到政府会这么快就掌握了我们的难处，像我娃娃，马上就要上学，听他们说去乡里上学也不要借读费嘛！"他得意的搂着自己可爱的孩子，是那么的亲密、那么的幸福。[**这段写回乡这个民工已经知道了家乡有这么多安排，上面却写他在问："回去咋办？咋办。"不解为什么要这样写？**]

"是的，这可好啊！政府为你们解难，你们也要好好干啊！听你这么说，看来你们还挺满足的呢！倒是没有一点受到金融危机的影响！记得十来年前的外出打工人，谁愿意回家啊！再说了，就算是回了家，家乡的政府也做不到像现在这么完善嘛！再说了，今年建国都六十年了，国家是越来越好啊！"我也随声高兴的说着。

"就是，说句实话，它金融危机算个啷嘛！有强有力的政府给我们做后盾，怕啥呀！嗨嗨，我现在就是马上想飞到家，马上干活啊！嘿嘿……"他眼角的皱纹一缕一缕，笑的样子甜蜜了周围的同乡！

　　…………

　　列车车轮与轨道的撞击依旧在铿铛铛的响着，已经熟睡的孩子偎依在父亲的怀里，显得温馨而又浪漫。慢慢的，窗外一片漆黑，但我知道如果是白天可以看见秀美的山峰和蜿蜒的河流，村庄点缀其中，然而此刻这一切都如此美丽，温暖，美梦一般。

　　2009 年 2 月 22 日，K1213，上海南——贵阳，11:25 到站。

　　放下了沉沉的行囊，立在人流穿往的火车站，此刻飞燕衔泥的早春来临之际，只见对面红红的横幅上写道："欢迎贵州农民工兄弟返乡"。

　　这篇文章也是从参加"纪念新中国成立 60 周年、改革开放 30 周年征文大赛"的文章之中选出来的。选出来修改的主要理由是题材较特别。此次参赛的文章绝大部分写 60 年来国家发展的成果，或者改革开放以来的巨大成就，极少有人写到 2007—2009 年全球金融危机（又称金融海啸、信用危机及华尔街海啸等）。在这次大危机中，日本、欧洲一些国家都出现了经济衰退，世界经济增速放缓，悲观的情绪在市场上蔓延，国际经济环境的剧烈变化使中国经济经受了严峻的挑战和重大考验。但我国政府审时度势，依靠自己的实力，全国上下一条心，从中央到省、市、县，再到乡镇的各级政府，把危机转为机遇，妥善迅速地解决了数量巨大的回乡民工安置的重大问题，不仅有效地避免了危机带来的巨大冲击，而且利用民工返乡之机，较快地发展了当地经济，创造了将危机转化为机遇的世界奇迹。

这个重大题材是非常值得写的。本文已经意识到这一点，试图通过火车上的一个返乡民工，写出乡级政府的努力。

虽然文章对主题的认识还不是那么的明确，导致文章的内容较杂，材料取舍明显的有不恰当之处。但仍有两个亮点：一是题材重大，如写得好，可以表现出高远的主题；二是选择坐火车的角度来写，属"大题小作"，比较容易写好、修改好。

在上述分析的基础上，教师提出了如下修改建议：

[把主题再明确些，可定为：通过努力，各级政府在短时间内，迅速、妥善地解决了返乡民工的问题，表明了我国发展到现在，已具有了比较强大的国力。根据此主题，建议：

1. 前半部内容与主题关系不大，没必要花那么多笔墨来写。

2. 中间主体内容过于薄弱，视野较窄。比如，可以通过车上广播播出温家宝总理再次主持召开会议，进一步布置返乡农民工工作；通过看报纸上登载有关返乡民工安置信息；通过民工车上的议论反映出各地安置或民工再就业、创业（典型）信息等（注意这些信息一定要精选、要典型）。这样就可以反映出当前国家、各级政府对民工安置的状况，体现出主题。

3. 要在结尾处有一点精到的议论，点出征文的主题。2009 年 5 月 8 日]

第二稿

回　家
黄世伟

2009 年 2 月 21 日，K1213，上海南——贵阳，06:58 开车。

站在雾霭的上海南站月台上，周遭是静默详和的高楼层宇，眼前是打破城市第一份宁静的忙碌。如此早，连雾都没来得及收拢一下身形，以至于灯光的映射下看到的只是细密的朦胧。[这段写景似乎对主题没有什么用处，要么删掉，要么写与主题有关的内容。比如，可写车站上有"竭诚为民工返乡服务"等标语，写维持秩序的工作人员比往常多等，透出全社会都在关心返乡民工。]

月台上站满了候车的返乡民工，随着列车员的一声喊，车门一开，这些返乡的民工便一拥而上，通红的脸颊上闪烁着复杂的表情，又略带点麻木不仁，手中大大小小的蛇皮袋，叫嚷着，有些肆无忌惮。[事实可能是这样，但文章不是对事物的简单描述，要根据所表达的主题来集中、凝练。可写民工返乡迫切，却在工作人员帮助下秩序井然，不时对工作人员说谢谢之类的话，也可写一下对打工地的怀念等。]

费了九牛二虎之力，总算上车找到了自己靠在车窗的座位。随着人越来越多，冷冷清清的车厢里开始嘈杂喧闹起来。

此时，列车电视里响起了温家宝总理召开的国务院常务会议，商讨《关于解决农民工问题的若干意见》。大家嘈杂的声音终于平息了下来，都在默默的看着温总理那双鬓斑白的面孔！

温总理用坚强的声音一再强调，切实保障农民工合法权益，改善农民工就业环境，引导农村富余劳动力合理有序转移。民工是我国改革开放和工业化、城镇化进程中涌现的一支新型劳动大军。他们为城市繁荣、农村发展和国家现代化建设做出了重大贡献。解决农民工问题要坚持公平对待，一视同仁，一定要立足当前，着眼长远。[**总理的话要简略些，才显得出分量。**]

座位上放着《东方早报》，一个很大的标题吸引了我——《城镇保险打破"户籍壁垒"扩容三类人群》：外省市城镇户籍人员，无论是在上海创业还是就业，上海都将打开大门欢迎他们加入"城保"，还有一些非农就业的农民如果到了参加"城保"的单位工作，符合条件且愿意参加"城保"的，上海也不再设门槛。这可好了！我不禁惊叹。

"我是搞个体的，我们南昌对像我这样的，只要到辖区工商所备案后就可以试营业啦，并且三个月内不办理工商注册登记，三个月后要是继续经营，办理工商注册登记免收登记费，我们返乡农民工从事季节性、临时性的经营，工商局那边就实行备案制，不办理注册登记了。"一个身着迷彩军装的中年人听到了温总理的鼓励激动的说道，"我是打电话问家里的，要不我咋敢回家啊。听说，已经有一百多个想从事个体经营的人在工商部门的指导下成为了个体户，还有将近两百人找到了新的工作呢！"

紧接着，与后面座位的一个年轻人趴在座位上手舞足蹈的 [**"的"、"地"不分。"手舞足蹈"？夸张了吧。**] 说："我是湖南邵阳的，从浙江义乌来，我想回家搞规模化养猪，准备养30多头母猪、900头生猪。家里已经修了养猪场。这回回家可不能闲喽！得向政府部门咨询相关的政策啊、买专业书籍充电什么的。"他连忙喝一口水，接着说，"我们那还有人担心回家后会没有事情做，呵呵……可好多人眼里都看到了投资发展的机会，忙着投资搞养殖业、种植业的到处都是。这不是嘛！我一个朋友刚打电话来说他承包了土地种茶，也修建了养殖场，现在可是热火朝天啊。嘻嘻……"

大家都在七嘴八舌的说着他们家乡的好，唯有我对面的一对父子自上车都在沉默。"你是哪儿人呐？怎么一上车都不说话啊？你怎么一个人背着孩子啊？"我禁不住好奇地问道。

"呃……嗯……"他吞吞吐吐的说出了缘由，"娃他妈生他时在上海难产死了！我拉扯他这么大，可是偏偏碰到什么金融危机，我所在的电子厂倒闭了，找其他工作也找不到，我只有回家，要不，孩子我没法养活！"[**这里写民工妻子难产而死的内容，与主题关系不大，建议去掉。**]

"那你回家怎么办？你出来就是为了打工挣钱，可如今这边儿没保障，难道回家就好了吗？"我强制的压住了自己内心的愧疚，镇静的问他。

"回家还好！前几天家里打电话叫我回家，乡里面还成立了针对我们返乡民工的'党员送温暖组'，到农村看望我们在家的年迈的父母，还给他们送钱送油送米。"说着他抹去眼角的泪水[**什么时候有泪水啦?**]，"因为我懂技术，他们让我回家就是去乡办的电子厂上班。我还听说，还能很方便的办理养老保险。他们还给我们发放生活补助。我早就想回家了，只是没有想到政府会这么快就掌握了我们的难处，像我娃娃，马上就要上学，听他们说去乡里上学不要交借读费噻！"终于，看到了他脸上的笑容，他得意的搂着自己可爱的孩子，是那么的亲密、那么的幸福。

"是的，这可好啊！政府为你们解难，你们也要好好干啊！[**这话听起来像个领导干部说的，不妥。**]听你这么说，看来你们还挺满足的呢！倒是没有一点受到金融危机的影响！记得十来年前的外出打工人，谁愿意回家啊！再说了，就算是回了家，家乡的政府也做不到像现在这么完善嘛！今年新中国成立已经六十年了，国家真是越来越好啊！"我也随声高兴的说着。

"就是，说句实话，它金融危机算个啷嘛！有强有力的政府给我们做后盾，怕啥呀！嗨嗨，我现在就是马上想飞到家，马上干活啊！嘿嘿……"他眼角的皱纹一缕一缕，笑的样子甜蜜了周围所有的人。["**甜蜜**"当动词用?]

"就是，怕啥啊！咱们的生活一定会越来越好的！"

众人看新的笑了起来，笑声将车外的呼呼的风声湮没，传向远方，传向那遥远的家乡！[**主体内容还是嫌单薄了些，还可加一点能反映主题但不同于上面内容的其他材料。**]

⋯⋯⋯⋯

列车车轮与轨道的撞击依旧在铛铛的响着，已经熟睡的孩子偎依在父亲的怀里，显得温馨而又浪漫。慢慢的，窗外一片漆黑，但我知道如果是白天可以看见秀美的山峰和蜿蜒的河流，村庄点缀其中，然而此刻这一切都如此美丽，温暖，美梦一般。

晨饮露珠、晚食星光；日赶太阳、晚驼弯月，呼啸的七彩季风时常把你们的骨头吹得生疼，在汗水和风镐旋舞的欢畅里，他们那饱蘸岁月的秉性和血质凸显得一览无余。[**还未修改。**]这一切，为的都是老家年年都缺的柴米油盐。

温总理的话始终在我耳边环绕:"感谢农民工兄弟姐妹们,你们为祖国的建设,贡献了很大的力量。我总说这句话,冬天总会过去,春天总会来的,太阳也总要出来的。我相信,渡过这个难关,我们一定会生活得更好。"

2009年2月22日,K1213,上海南——贵阳,11:25到站。

放下了沉沉的行囊,立在人流穿梭的火车站,在此飞燕衔泥的早春来临之际,只见对面红红的大幅横幅上写道:"欢迎贵州农民工兄弟返乡!"

根据教师的建议,第二稿在两个方面进行了明显的修改:一是对前面部分与主题关系不大的大段内容进行了大量删减。减后虽然还不理想,但开头部分显得简洁多了;二是在中间主体部分较多地增加了表现主题的内容,虽然这些内容还显得有些杂乱,分量也还略显单薄,文字上欠准确和简洁,但重点比较明显了。总体上看,文章还比较粗糙,还需要好好修改。

鉴于交稿的时间紧迫,教师对第二稿做了较细致地点评,于2009年5月10日将分析及意见附在文后通过电子邮件发还给学生。

第三稿

回　家

黄世伟

2009年2月21日,K1213,上海南——贵阳,06:58开车。

雾霭的上海南站月台上,站满了候车的返乡民工。"竭诚为民工返乡服务"的标语下面,维持秩序的乘务员也比往常多。随着乘务员的一声喊,大家就秩序井然的登上了列车,在细心的乘务员的帮助下,我也找到了自己靠在车窗的座位。随着人越来越多,冷冷清清的车厢里开始嘈杂喧闹起来。

此时,列车电视里出现了温家宝总理召开国务院常务会议的相关报道,商讨《关于解决农民工问题的若干意见》。大家噪杂的声音终于平息了下来,都在默默的看着温总理那双鬓斑白的面孔!温总理用坚强的声音一再强调,切实保障农民工合法权益,改善农民工就业环境,引导农村富余劳动力合理有序转移。解决农民工问题要坚持公平对待、一视同仁的原则,一定要立足当前,着眼长远。

座位上放着《东方早报》,一个很大的标题吸引了我——《城镇保险打破"户籍壁垒"扩容三类人群》:外省市城镇户籍人员,无论是在上海创业还是就业,上海都将打开大门欢迎他们加入"城保"(城市保险),还有一些非农就业的农民如果到了参加"城保"的单位工作，符合条件且愿意参加"城保"的，上海也不再设门槛。

"我是搞个体的，我们南昌对像我这样的，只要到辖区工商所备案后就可以试营业啦，并且三个月内不办理工商注册登记，三个月后要是继续经营，办理工商注册登记免收登记费，我们返乡农民工从事季节性、临时性的经营，工商局那边就实行备案制，不需办理注册登记了。"一个身着迪卡劳动服的中年人听到了温总理的鼓励激动的说道，"我是打电话问家里的，要不我咋敢回家啊。听说，已经有一百多想从事个体经营的人在工商部门的指导下成为了个体户，还有将近两百人找到了新的工作呢！"

紧接着，我后面座位上的一个年轻人说："我是贵州遵义的，从浙江义乌来，我想回家搞规模化养猪，准备养30多头母猪、900头生猪。家里已经修了养猪场。这回回家可不能闲喽！得向政府部门咨询相关的政策啊，买专业书籍充电什么的。"他喝一口水，接着说，"我还有朋友担心回家后会没有事情做，呵呵……可好多人眼里都看到了投资发展的机会，忙着投资搞养殖业、种植业的到处都是。这不是嘛！我一个朋友刚打电话来说他承包了土地种茶，也修建了养殖场，现在可是热火朝天啊。嘻嘻……"

大家都在七嘴八舌地说着他们家乡的政策好，唯有我侧面的一位老者自上车都在沉默。他带着老花镜，眼神久久的停在手中的那份《人民日报》上，我不禁偷偷地看了报纸一眼，一个很大的标题吸引了我——《返乡农民工培训 尊重返乡农民工的选择》，"把返乡农民工培训作为政府促进就业创业和经济社会发展的一个工作重点。返乡农民工多数是青壮年，有外出务工经商的经历，他们不是经济社会发展的包袱，而是宝贵的资源，是发展的有生力量。由资源变为财富，就要在本地实现就业、创业……"［增加《人民日报》这个内容很好，具有政策性，也一下子反映出了国家对返乡民工的关注。］

我也被报上的内容深深地吸引了，久久的没有把视线挪开。此时，老者终于注意到了旁边的我，他侧过脸对我一笑，说："小伙子，你觉得咱们政府对农民工的安置怎么样啊？"我一愣，回过神，支支吾吾地回答说："嗯……呃……毕竟这次金融危机来得过于突然，农民工的大量返乡给政府带来了相当大的难题。但是，我觉得政府的反应好快，从中央到地方都能迅速地采取措施，及时地将问题控制住。嗯，老伯，冒昧的问一下，您是做什么工作的？"

"呵呵……我是市政协委员［政协委员好像不是个职业。也没有必要写是什么委员，要写就写与安置民工有关的。］，小伙子你是大学生吧！你说得太对了，咱们政府可真厉害啊！这么短的时间，这么大的范围，关系到国计民生的大问题，咱们政府却用了短短的时间及时而又着力的掌握了问题，并积极采取了有效的措施。不仅抵住了这次金融危机的冲击，而且准确的抓住这个挑战，以此为契机，使积累已久的农民工问题得到全面地解决。如今，各地的返乡民工这在如火如荼的进行新农村建设，这可是双赢啊！正如说刚才那个贵州兄弟说的，有人担心回家后会没有事情做，可好多人眼里都看到了投资发展的机会，忙着投资搞养殖业、种植业"说着他喝了一口茶，脸色一变，"要是以前这么严重的问题发生，那……那可是会产生严重问题的！如今，国家综合实力日渐雄厚，政府在应对危机时，能够坚持到以人为本、统筹发展，合理而又全面地解决问题。你说，这样的政府怎能不叫人称赞？"[这段有点像在作报告。要注意口语化一点，要简练一些。]

我被他激动的话语感染了。斜阳映入了车窗，他笑起的皱纹如同褶皱的山脉，显得如此的安详！[这种描写没有必要。]慢慢的，窗外一片漆黑，但我知道如果是白天可以看见秀美的山峰和蜿蜒的河流，村庄点缀其中，然而此刻这一切都如此美丽、温暖，美梦一般。[这和主题关系不大，可不写。]

　　…………

　　列车车轮与轨道的撞击依旧在铠铠的响着，与窗外的风声交织在一起，我仿佛听到了黄河在奔腾、在咆哮，向世人诉说她的坎坷与磨难；仿佛看到了万里长城上的风起云涌，但她依旧坚不可摧，顽强地屹立着。[可在这段中概括一下新中国成立以来尤其是改革开放 30 年以来国家的变化，使文章主题中的一些内容（国家实力）更明显些，以点出国家能迅速解决金融危机带来的危害的基础。]

　　改革开放这三十年，我国的农民工为国家发展做了特殊贡献，正是由于这些农民工的奉献和创造，我们的经济才在不断的发展；正是因为农民工的奉献和创造，我们城市的面貌才日新月异。全国外出民工有 14041 万人，2009 年春节前返乡农民工约占外出农民工总量的 50%，大体有 7000 万左右。到 3 月底，返乡农民工当中的 90% 已经陆续外出打工，其中大部分已经找到了工作，未外出的大约 700 万人，占返乡农民工的 10%，大部分人也在当地政府和有关部门的积极支持下，实现了就地就业。总的来看，农民工的就业情况好于预期，农民工的就业形势基本稳定。[这段与主题有关系，但不是很直接，应简练些。]

　　至今，温总理的话始终在我耳边环绕："感谢农民工兄弟姐妹们，你们为祖国的建设，贡献了很大的力量。我总说这句话，冬天总会过去，春天总会来的，太阳也总要出来的。我相信，渡过这个难关，我们一定会生活得更好。"

2009 年 2 月 22 日，K1213，上海南——贵阳，11：25 分到站。

放下了沉沉的行囊，立在人流穿梭的火车站，在此飞燕衔泥的早春来临之际，只见对面红红的大幅横幅上写道："欢迎农民工兄弟返乡！"[**结尾凝练不够。**]

修改过后文章比较像样了，但小问题还是较多，教师仍做了较详细的点评，将点评后的文章又发还给学生修改。学生根据教师的建议，做了详细修改，教师最后润色。定稿后参加评比。通过盲评，文章获得校级征文比赛一等奖，推荐到省里参评，获二等奖。文章发表在校报《贵州财经学院》上。

获奖、发表稿

回 家

黄世伟

2009 年 2 月 21 日，K1213，上海南——贵阳，06：58 开车。

雾霭中的上海南站，返乡民工在乘务员的指挥下秩序井然地登车。"竭诚为民工返乡服务"的大幅标语格外引人注目。结束假期返校回贵州财经学院的我，找到了自己座位。上车的人越来越多，车厢里热闹起来。

此时，列车电视里出现了温家宝总理召开的国务院商讨《关于解决农民工问题的若干意见》专题会议的画面。嘈杂的声音平息了下来，车上的人都在默默地看着温总理那斑白的双鬓，听着温总理那沉稳而有力的说话声："各级政府和有关部门，一定要切实保障农民工合法权益，改善农民工就业环境，引导农村富余劳动力合理有序转移。要把返乡民工的妥善安置作为头等大事来抓，要采取各种有效的措施解决返乡民工的问题。"

温总理的话引起了乘客们的兴趣，一个身着迪卡劳动服的中年人说，"是啊，各地政府都在帮我们嘿。我是搞个体的，我们南昌像我这样的，只要到辖区工商所备案后就可以试营业啦，并且三个月内不办理工商注册登记，三个月后要是继续经营，办理工商注册登记免收登记费，我们返乡农民工从事季节性、临时性的经营，工商局那边实行备案制，就不办理注册登记了。"他接着又说："家里打电话催我回家，说家乡已有一百多个想从事个体经营的人在工商部门的指导下成为了个体户，还有将近两百人找到了新的工作呢！"

紧接着，我后面座位的一个年轻人也说起来："我是贵州遵义的，从浙江义乌回家。我想回家搞规模化养猪，准备养 30 多头母猪、900 头生猪。家里已经修了养猪场。这回回家可闲不了喽！得向政府部门咨询相关的政策啊、买专业书籍充电什么的。"他喝一口水，接着说，"我还有朋友担心回家后会没有事情做，呵呵……可好多人眼里都看到了投资发展的机会，忙着投资搞养殖业、种植业的到处都是。这不是嘛！我一个朋友刚打电话来说他承包了土地种茶，也修建了养殖场，现在可是热火朝天啊。嘻嘻……"

我一边听着大家七嘴八舌地议论，一边浏览座位上放着的《东方早报》，一个很大的标题吸引了我——《城镇保险打破"户籍壁垒"扩容三类人群》，标题下面写着：外省市城镇户籍人员，无论是在上海创业还是就业，上海都将打开大门欢迎他们加入"城保"（城市保险），还有一些非农就业的农民如果到参加"城保"的单位工作，符合条件且愿意参加"城保"的，上海也不再设门槛。

今天的报纸报道民工的信息还很多。我无意发现旁边的一位老者也正在入神地看《人民日报》，我瞟了报纸一眼，发现原来吸引老人家的是一篇题为《返乡农民工培训　尊重返乡农民工的选择》的文章，标题下有如下黑体字："把返乡农民工培训作为政府促进就业创业和经济社会发展的一个工作重点。返乡农民工多数是青壮年，有外出务工经商的经历，他们不是经济社会发展的包袱，而是宝贵的资源，是发展的有生力量。由资源变为财富，就要在本地实现就业、创业。"

老者注意到了旁边的我，侧过脸对我一笑，说："小伙子，你觉得咱们政府对农民工的安置怎么样啊？"我一愣，回过神，想了想回答说："嗯……呃……毕竟这次金融危机来得过于突然，农民工的大量返乡给政府带来了相当大的压力。但是，我觉得政府的反应好快，从中央到地方都能迅速地采取措施，及时地稳定住了局面。"

"呵呵，说得不错，是个大学生吧！"老者很慈祥地问我。我点了点头。他接着说："我是个被临时抽调出来做返乡民工安置工作的干部。你说得太对了，咱们政府可真关心老百姓，也真厉害！这么短的时间，这么大的范围，采取了那么多有效措施。不仅抵住了这次席卷全球的金融危机的冲击，而且准确地抓住这个挑战，以此为契机，使积累已久的农民工问题得到了全面而稳妥的解决。如今，各地的返乡民工正在如火如荼地进行新农村建设，这可是双赢啊！比如刚才那个贵州兄弟说的，有人担心回家后会没有事情做，可更多人看到了投资发展的机会，忙着投资搞养殖业、种植业。"说着他喝了一口茶，若有所思地继续说，"要是在解放前，中国遭受到这么大这么严重的问题，那……真不知要死多少人呐！如今，国家综合实力日渐雄厚，政府的执政能力也有很大提高。在应对危机时，能够坚持做到以人为本、统筹发展，合理而又全面解决问题。你说，这样的国家和政府哪个老百姓不拥护？"

我被他激动的话语感染了。

慢慢地，窗外一片漆黑，虽然看不到了白天才能看到的秀美山峰、蜿蜒的河流，但在夜里，更令人遐想联翩。

列车车轮与轨道的撞击在有规律地响着，与窗外的风声交织在一起，我仿佛听到了黄河在奔腾、在咆哮，向世人诉说她的坎坷磨难；仿佛看到了万里长城上的风起云涌，但她依旧坚不可摧，顽强地屹立着。新中国成立以来的大事件，一幕一幕地浮现在我的眼前：五十年代所有制改造的成功，六十年代"两弹一星"的成功，八十年代以来改革开放的成就，21 世纪初的神舟上天，百年梦想实现的奥运盛会……每一幕都那么令人兴奋。我想，正是在这样的大背景下，前所未有的大规模的农民工返乡问题，才会得到了如此迅速的解决。

我国的农民工为改革发展做出了特殊贡献，他们的问题应该得到妥善解决。他们不仅帮助推动了城镇的政治、经济、文化的发展，也有力地推动了农村的发展。我突然记起了刚公布不久的一组数据：全国外出民工 14041 万人，2009 年春节前返乡农民工约占外出农民工总量的 50%，大体有 7000 万左右。到 3 月底，返乡农民工当中的 90% 已经陆续外出打工，其中大部分已经找到了工作，未外出的大约 700 万人，占返乡农民工的 10%，大部分也在当地政府和有关部门的积极支持下，实现了就地就业。总的来看，农民工的就业情况好于预期，农民工的就业形势基本稳定。

夜深了，我却无睡意，温总理的话始终在我耳边环绕："感谢农民工兄弟姐妹们，你们为祖国的建设，贡献了很大的力量。我总说这句话，冬天总会过去，春天总会来的，太阳也总要出来的。我相信，渡过这个难关，我们一定会生活得更好。"

2009 年 2 月 22 日，K1213，上海南——贵阳，11:25 到站。

来接站的人非常多，到处是问候声、亲热的打闹声。我走出车厢，立刻发现了一幅字体硕大的横幅非常醒目，上面写着："热烈欢迎农民工兄弟回家！"

该文发表时教师在文后简要点评：

这是一篇获得 2009 年学校"纪念新中国成立 60 周年、改革开放 30 周年征文大赛"一等奖、省级二等奖的文章。

把国家和各级政府积极应对这次席卷全球的金融危机而引起的我国大规模农民工返乡的重大事件，通过一节火车厢上狭小的空间就较全面地反映了出来，构思上是费了功夫的，也是成功的。文章内容上，既有具体典型的事例，也有"面"上的概括，"点面结合"较好。特别是简要地概括了新中国成立以来我国所取得的巨大成就，从而揭示了我国能在很短时间内，妥善处理民工返乡浪潮所带来的危机的基础，使文章有了深度。小文章也能把重大事件写得较成功，是这篇文章给我们的主要启示：关键在于要选好角度，精心构思。本文前后经过了多次修改，也再次证明了"文章不厌百回改，精雕细刻佳作来"的道理。

第一稿

梧桐花香

冯 平

　　清明节放假回家，在离家还有一段距离的地方，就嗅到了沁人心脾的花香。仔细一闻，原来是阵阵的梧桐花香袭来。见路旁那棵梧桐树，怒放的一簇簇、摇铃似的梧桐花朵儿，阵风荡过，清香袭袭，顿觉神清气爽。梧桐新枝上串串的花瓣上，淡淡的紫色由浅至深延至花心，极是雅致。一种亲切感从心底油然而生，思绪不觉回到童年的老宅前。

　　老宅是一座只有几间屋子的红砖青瓦的普通民房，后来我也出生在那座老房子里。爸爸听说"栽下梧桐树，自有凤凰来"，于是便在房前种下了一棵梧桐树，盼望着有一天，能把金凤凰招来，希望我能成为凤凰。梧桐树的生命力很强，七八年过去了，梧桐树长成了一棵粗壮的大树。梧桐树一天天地茁壮成长，我也渐渐地长大。每到燕舞莺飞时，就盼着梧桐花开。也许那个年代的人们生活太清苦了，小孩子总喜欢摘下新鲜的花朵，吮吸花蕊里的花蜜，香香的甜甜的，然后把花儿串成花环，戴在脖子上，在梧桐树下玩游戏。梧桐花的香味至今还萦绕在儿时的记忆里。[以上两段写梧桐树，文字过多了些。尤其是写树的象征意在哪里，要好好思考。]

　　那时，放学回到家，我就把屋里那根爷爷做的只有20厘米左右高的小板凳拿出来，坐在小板凳上，<u>爬在梧桐树下</u>那块很平整的大石头上写作业。傍晚吃过晚饭后，父亲总会端一杯热茶坐在梧桐树下乘凉。我坐在父亲的身边，趴在他的膝盖上听他讲过去的事情。在父亲的声音里，我仿佛来到了父亲的童年。那个时候，是物资短缺的年代，父亲由于营养不良，是一个身体单薄的男孩。每天父亲都是天还未明时就起床上山砍柴，回来后便匆匆地赶两口饭，就上学去，有时家里没粮了，他只喝一大瓢水就飞快地跑着去距家十里远、要翻两座大山的学校上学。有一次，父亲由于早上没有吃东西，加上跑到学校的剧烈运动，刚上课，就晕倒在了地上，还是同村的两个同学交换着把他背回来的。父亲没有一件好衣服，没有一双好鞋，在家他总是光着脚丫。放学后就下地帮爷爷干繁重的农活，比如耕地、插秧。父亲是家里的长子，尽管他是如此的艰辛、努力，最后为了能让四叔、小姑上学，他还是辍学回家帮爷爷干活了。那时他才十四岁，过早的承担了家里的重担，以至于父亲很年轻的时候就被重担压弯了腰。[这段不是重点，它的作用只是说明读书难，更别想读大学，与下面你能读大学作对比。因此宜简略些。可考虑这段只写你父亲，一直想读大学，无奈门槛太高、没有钱未读成。这就与作者能上大学联系起来了。]

我十四岁时，国家早已普及了九年义务教育。上学早已不再像父亲小时候那样困难了，家里虽然困难，但在父母的辛勤劳动中，我们姐弟三人都快乐地坐在宽敞明亮的教室里上课。如今弟弟十四岁了，国家普及九年义务教育，对中小学生实行"两免一补"政策，弟弟上初中不仅不要钱还能拿钱回家。

父亲说，以前在农村，要考上大学是一件很难的事情。大学都是留给城里那些生活和学习条件都较好的孩子们的。我们这些农村穷人家的孩子只要念完中学就心满意足了。可是父亲没想到的是国家会在1999年开始实行高等教育扩招政策。那时候的我，小学还没毕业呢，父亲就开始对我的学习严格要求了，因为他相信农村孩子也有机会上大学了。

记得收到贵州财经学院录取通知书的那天，父亲非常高兴，因为我成了村里的第一个大学生。父亲是那么的淳朴、善良，他看着屋前的梧桐树慈祥地笑了。高兴过后，全家又开始为我的学费发愁。[录取通知书上已写清能贷款，这与下面写到了学校才知道可以贷款不符。因此，要处理好。] 对于我们家这样一个有三个孩子上学的农村家庭来说，那可是一笔不小的数目啊！父亲听别人说贷款很麻烦，而且还要很高的利息，于是就开始向亲戚朋友借钱，可还是没有凑齐我的学费。

开学那天，我和父亲带着那些"学费"一起来到了学校。天空飘着细雨，我和父亲怀着忐忑不安的心走进了学校，不知道学校会不会让我报名，因为我的学费不够。来到学校，我让父亲在图书馆那儿坐着休息一下，我去找报名的地方。我拿着通知书，茫然地走在人群里，东张西望。忽然有一个脖子上带着工作证的学姐走到我面前，她笑着说："同学，有没有需要帮助的地方？"一阵暖流涌上心来。我问她："学姐，在哪里报名啊？"她笑着回答说："你是交现金呢？还是贷款啊？"我小心翼翼地问道："我的学费没带够，可以报名吗？"她笑着说："那你可以直接贷款啊，我们学校有国家助学贷款绿色通道。你只要有贫困证明，贷款是很容易的，而且在校期间的利息由国家补贴，你只需要根据个人毕业后的就业和收入情况，在毕业后的一至两年内选择开始偿还本金的时间，六年内还清贷款本息。"她向我指明了"贷款绿色通道"的地方后，就笑着离开又去帮助其他的新生了。

我好高兴，像抓住了救命稻草一样。飞一般地跑到父亲身边，告诉他拿着我的通知书和来时准备的那张贫困证明就可以贷款了。父亲不太相信，说贷款怎么可能这么容易。我把刚才那位学姐告诉我的话又给他说了一遍，他才半信半疑地点点头。父亲还是很担心，怕我毕业后要还很多贷款。看着父亲两鬓的白发，想着父亲曾为了多挣点钱而把腿摔伤成粉碎性骨折，我更加坚定了贷款的决心。国家为我们贫困学生开设的贷款绿色通道，就是为了解决我们的学费难题的。我拿着通知书来到了贷款办理处，排队等候办理，半个小时后，我就填好了贷款申请表，就等着开学后签合同就可以了。我顺利地入学了！[以上两段写报到，应该不是表现主题的重点段，没必要这么详细，要简略些。]

入学近两年了，我连续三个学期获得了奖学金，上学期又获得了国家助学金。如今，像我一样进入大学学习，享受国家助学贷款和助学金的贫困学生数不胜数。我们也和条件好的同学一样在美丽的大学校园里享受着高等教育。扩招使我国的高等教育精英化走向了大众化，短短十年，我国的高校毛入学率就从 1995 年的 4.7% 上升到 2008 年的 23%，我国的高校在校生数已达到了 1500 多万，成为世界上大学在校生数量最多的国家。成千上万的农家子女和城镇一般人家子女，喜气洋洋地走进了昔日被称为高不可攀的"象牙塔"的高等学府，圆了祖祖辈辈的大学梦。[这后面要加一点全国大学生贷款的总况，才能与上面内容照应。]

抬头望去，那淡紫色的花一簇簇挂满枝头，远远望去，似云又像雾，更像笼着一层紫色的梦，微风过处，送来缕缕幽香，沁人心脾。树上有一束阳光，那是西下的夕阳。夕阳使出浑身的力气，把天空的浅蓝染成了暗暗的淡红。风吹过来，连风也变得香了起来。我望着梧桐花，如痴如醉。

这也是从参加学校"纪念新中国成立 60 周年、纪念改革开放 30 周年征文大赛"稿件中选出来修改的一篇文章。选出进行修改的理由有：

1. 写重大题材：1999 年开始的中国高校扩招，其速度及成效，令世界瞩目，被称为当代高教历史的奇迹。写这个题材，很有价值。

2. 大题小作：作者没有像多数学生那样写大题材都是直接正面地罗列数据，然后是大而空的议论，而是通过"自己"一个典型事例来写。

3. 写梧桐，有象征意义。

教师仔细阅读了文章，做了文中的一些点评，并写出下面分析及修改意见，附于文章末，发还给学生。

[写大题材、大主题，又能大题小作，是这篇文章的主要优点，使用象征的修辞手法也是很好的。但存在两个较明显的问题，需要好好修改：

第一，主题还不够明确，导致文章内容详略不当。根据文章的内容来看，这篇文章的主题应该是国家的高校扩招，使很多学生有了入大学的机会，国家对贫困学生采取了种种措施，保证了他们的入学。这个主题，作者感觉到了，但未明确到这一步。因此，文章就出现了内容的详略不当。如对主题关系不大的梧桐树的描写、父亲读书情况，都写得过多。而能反映主题的内容，仅仅写了自己一个事例和一组并不完全能反映出主题的数据，文章就显得单薄了。

第二，写梧桐的目的不是很清楚。本文写梧桐应该是一种象征修辞手法的运用。象征是用具体的事物来暗示抽象的道理（具体的事物与抽象的道理要有相似性）。用得好，可以丰富联想，耐人寻味，让人得到形象的美感和较深的启发。

但作者写梧桐，没有明确象征什么。梧桐尽管写得比较具体，有一定美感，但没有和要表达的意图联系起来，因而两者并没有相得益彰，反而成为文章的一个问题。根据以上分析，修改建议：

1. 进一步明确主题，围绕主题进行内容的增删。
2. 用好象征的修辞手法。2009 年 5 月 10 日。]

第二稿

榕树下 [不是梧桐吗？怎么变成了榕树？]

冯 平

苍山如海，残阳如血。[这样的词句，是在特定的环境中写出的，最好不要引用，因为环境不同。] 落日的余晖洒在大地上，远远地看见了村口榕树的树冠。它屹立在村落中间一个土石堆上。树冠便浮在各种各样的老式农宅或新式楼房上面，悬在村庄上空。年年写满茂盛的故事，树着一面绿色的旗帜，立着一座希望的丰碑。[这样的句子，华丽而无实际内容。]

孩提时代的我总是那么的调皮，每到傍晚，总缠着父亲到巨大的榕树下乘凉，爱听他讲小时候的故事。有一次奶奶给他钱让他买衣服，可他回来的时候手里却抱了一摞书。而且满脸都是汗水，钱全买了书，他可是走了十多里路回来的。对于知识的渴求，父亲没有因家里的贫困就放弃学习。可是，命运总是那样的折磨着世人，由于当时国家没有义务教育，没有助学贷款，更没有高校扩招。父亲最后还是辍学了，梦想就这样残忍地破碎了，那年，他才十六岁。

东风也罢西风也罢是风总会摇落枯叶；春雨也罢秋雨也罢是雨总会催生新绿。[这些句子对特定的环境来说，是好句子，但用在这里属于堆砌辞藻。] 在父亲佝偻的身影中，我也来到了属于我的希望里。

雨季中，榕树为我撑起一方晴空；而它的阴凉，滋润了我多少烦躁；它的低语，慰藉了我多少抑郁。[建议不要断断续续地写榕树，可集中在一两处（开头和结尾）写即可。不要写一点，议论一点，打乱了文章的叙述节奏]九年义务教育的普及，我们不用再交学费，而且还能够快乐地坐在宽敞明亮的教室里学习。从此我下定决心，一定要考上大学。1999 年高校的扩招，基本上解决了过去高校招生比例低、录取人数少、考大学太难的问题，更是满足了众多父母渴望子女都能受到高等教育的愿望。对理想的执着，需要用勤奋兑付。在扩招的浪潮下我考上了大学，更是弥补了父亲终身的遗憾。

村口的榕树像一块炸开的翡翠，一朵滞住的绿云，一团凝固的碧波；它把自己的全部生命力拼命地展示给我们，绿叶多得让你目不暇接了，每一片叶子都有鲜活欲滴的生命在颤抖。[应全部删除。]

那天录取通知书来了，淳朴、善良的父亲非常高兴。欢喜过后家里却陷入一片沉寂——学费怎么办？对于一个有三个孩子上学的农村家庭来说，这可是一笔不小的数目！虽然录取通知书上已写了能贷款，但父亲听别人说贷款很麻烦，不容易办理，而且还要很高的利息，于是他就开始向亲戚朋友借钱，可还是没有凑齐我的学费。

新学期伊始，天空飘着细雨，我和父亲带着那些学费一起来到了我梦寐已久的大学。但却不知学校会不会让我报名，毕竟我的学费不够。拿着通知书，茫然地走在人群里，忽然一个带着工作证的学姐走到我面前，她很热情地说："同学，有没有需要帮助的地方？"

"呃……嗯……在哪里报名啊？"我紧张问她。

她笑着回答说："如果交现金，直接去计财处就行了，如果贷款，我们学校有国家助学贷款绿色通道。你只要有贫困证明，就可以贷款了，而且不用抵押或担保。并且在校期间的利息由国家补贴！"说着，她用手指了指前面不远处的 A 区图书馆，那就是贷款绿色通道。办完贷款以及相关手续后，我顺利地入学了！

晚上室友们开始自我介绍。我慢慢地介绍完自己后，[这里缺一个交代]"我来自六枝，因为是苗族，高考的时候有 20 分的政策加分才达到投档线。[这里提到给民族考生高考时加 20 分，很重要，体现出国家善于处理民族关系的一个政策。]家里很穷，爸爸在我很小的时候就出去打工了，这一走就再也没有回来。"说着，我听到了她低声的抽噎，"妈妈含辛茹苦地拉扯我们姊妹五人长大，还要照顾年迈的爷爷奶奶，哪还有钱供我们上学！没办法，由于实在交不起学费，我在念高二时就独自到广东打工，这一走就是五年。"

"高校扩招了，学费也可以贷款了，少数民族还有 20 分的政策加分，我自己已经耽误了几年时间，现在这么好的条件，我为什么不回去考一考？

于是我收拾好自己的行囊，来到家乡的补习高中。皇天不负有心人，我终于如愿地考上了贵州财经学院，并且办理了助学贷款，可以安心的上学了。"说完的时候，小燕早已泣不成声。[**增加"小燕"这个事例，既真实（"小燕"与本文作者都是 2007 级汉语言文学专业的学生），又典型，很好。但叙述介绍不是很紧凑。**]

如今，像小燕一样的农村贫困学生和偏远地区的少数民族学生也和条件好的同学一样，在美丽的大学校园里享受着高等教育。扩招使我国的高等教育由精英化走向了大众化，短短十年，我国高校的毛入学率就从 1995 年的 4.7% 上升到 2008 年的 23%，我国的高校在校生数已达到了 1500 多万，成为世界上高校在校生数量最多的国家。从 1999 年至 2008 年，10 年来，全国高校累计有 436.1 万名大学生享受了国家助学贷款，累计金额达 337.1 亿元。成千上万的农家子女和城镇一般家庭子女，通过扩招，通过绿色通道，喜气洋洋地走进了昔日被称为高不可攀的"象牙塔"的高等学府，圆了祖祖辈辈的大学梦。[**对数据内容进行了补充，把国家的高校"扩招"、对贫困生的"救助"概括了出来，用以反映出事物的全貌，很好、很重要。**]

我们贵州财经学院有百分之六十的学生来自农村，其中大部分人 [**应该去了解一下，到底比例是多少，该准确时应准确。**] 是享受国家助学贷款的。像我一样入学不到两年，连续获得三次奖学金和一次助学金的同学有很多 [**这个判断没有必要，也不准确。即使是贷款的，也不是很多；"连续获得三次奖学金和一次助学金的"学生，更不会多。写东西一定要慎言。**] 还有很多同学在我校设置的上百个勤工助学岗位上工作。他们同样生活、学习得很开心。

远远望去，大榕树依旧沙沙细语，百余年的风霜雨雪它依然年轻俊秀，没有一点老态龙钟的暮色苍颜。它"独木成林"，不断生息，繁衍，子孙络绎不绝，本族的，异族的；植物的，动物的；这个家族不断壮大。它永远是个称职的长者。它有着大公无私的崇高品质，宁愿自己遭受袭击，[**这段没有多少实际内容。象征物一定要与被象征的事理有相似性。榕树的这些特性，与高等教育扩招的特点有什么相似性呢？没写出来。**]也要庇护弱小。我国的高等教育，不正像这高大的榕树么？它扩招的盛况，不正为千千万万的民众子孙庇荫么？它的绿色通道，不正给高校殿堂中的贫困学生如同给干旱的土地予雨水么？

修改稿根据教师的建议，明确了文章主题。根据主题，较大幅度地删掉了很多与主题没有关系或关系不大的内容；增加了一个典型事例。特别是增加了国家对贫困生助学的政策以及享受政策优惠的情况。这样，文章的主题明确了，表现也较充分了。

但文章还显得粗糙，尤其是象征的修辞手法用得不理想。考虑到作者是大二的学生，交稿的时间又紧，教师对文章做了比较多的点评，并提出了比较具体的修改意见。请作者再修改。本篇文章共改了4次。下面是第五稿，也是最后的定稿、获奖稿、发表稿。

📖 获奖、发表稿

花香梧桐

冯 平

落日的余晖洒在大地上，庭院的那棵梧桐树怒放着一簇簇、摇铃似的梧桐花朵儿。阵风吹过，清香袅袅，沁人心脾。"栽下梧桐树，飞出金凤凰"。父亲期盼着有着三个女儿的我们这个家，有一天能飞出金凤凰，于是在我们幼时，他就种下了这棵梧桐树。

父亲从小读书很努力，一心想考大学。可是家庭困难，农村学校条件差，大学生又招得少，哪会轮到农村孩子呢？父亲读到初中就辍学了，过早地承担起生活的重担。

后来，我在村里免费读完了小学，在镇里免费读完了初中，我知道那是沾了国家义务教育免费好政策的光。在父亲的期盼中，我考上了县城高中，开始了向大学冲刺的征程。在这征程上，我要拼搏，我要考取大学！这既是父亲的期望，也是我的梦想。我知道高考竞争仍然非常激烈，但我更知道：中国高等教育的列车从1999年就实现了大幅度的提速——即开始了前所未有的扩招，考取大学的比例大大高于从前，我并不是没有希望。

时间一天天地过去，那棵梧桐树也一天比一天繁茂，硕大。

我终于等到了贵州财经学院的录取通知书。欢喜过后，家里却陷入一片沉寂——学费怎么办？第一笔需要交的各种费用要五六千元呀。虽然录取通知书上写了能贷款，但父亲听别人说贷款很麻烦，不易得到，而且还要很高的利息。于是他到处向亲戚朋友借钱，但始终未凑齐。

报到那天，天空飘着细雨，我和父亲来到了我梦寐已久的大学。但却不知学校会不会让我报名，毕竟我的学费不够啊。拿着通知书，茫然地走在人群里，一个带着服务证的学姐走到我面前，热情地问："同学，有没有需要帮助的地方？"

"呃……嗯……我想报到，但钱不够。"我紧张地回答了她。

她笑着说："贷款啊。我们学校开设了国家助学贷款绿色通道。你只要有贫困证明，就可以贷款了，不用抵押或担保，在校期间的利息由国家补贴。"说着，她带我们到绿色通道处办了贷款以及相关手续后，我顺利地入学了！

晚上，来自祖国四面八方的室友们开始作自我介绍。我介绍完自己后，一位看起来比我们都成熟的室友说："我叫小燕，来自黔东南侗族苗族自治州的天下第一苗族县台江。我们还是国家级贫困县啊。我家比较穷，父母含辛茹苦地拉扯我们姊妹五人长大，由于实在交不起读高中的学费，我念完高二时就独自到广东打工，一走就是五年。"

"高校扩招了，学费也可以贷款了，少数民族还有 20 分的政策加分。我想我自己已经耽误了几年时间，现在这么好的条件，我为什么不回去考一考？于是我回到家乡补习高中。我终于如愿地考上了贵州财经学院，并办理了助学贷款，可以安心地上学了。"说着说着，小燕竟哭了起来，我们连忙劝她，她说她这是高兴。

是啊，现在无数个像我、像小燕一样的农村贫困学生和偏远地区的少数民族学生也能和条件好的同学一样，在美丽的大学校园里接受高等教育了。扩招使我国的高等教育从 2002 年以前的"精英"教育迈入了"大众化"教育阶段，短短十年，我国高校的毛入学率已从 1995 年的 4.7% 增到 2008 年的 23%。我国的高校在校生数已达到了 1500 多万人，成为世界上高校在校生数量最多的国家。从 1999 年至 2008 年底，10 年来，全国高校累计有436.1 万名大学生享受了国家助学贷款，金额达 337.1 亿元。成千上万的农家子女和城镇一般家庭子女，通过扩招，通过绿色通道，喜气洋洋地走进了昔日被称为高不可攀的"象牙塔"的高等学府，圆了祖祖辈辈的大学梦。

就拿我们贵州十多所高校来说，目前在校大学生中贫困生约占 25% ~ 30%。也就是说，每年都有数万名大学生享受国家的助学贷款。此外，国家设立了奖学金，各省政府也设立了奖学金和助学金；我们贵州省政府在经济那么困难的情况下，每年都保证按每个大学生几千元的标准给学校拨培养费，学校设立了奖学金、助学金以及提供数量相当多的勤工助学岗位，多渠道地解决贫困生的困难；社会上的省内外知名人士、一些企业家等，也向学校捐款或设立奖学金，使数万名贫困生没有一名因贫困而辍学！哎，我们真的是赶上好时代啦！

又到了夏天。当我再次来到浓荫的梧桐树下，我已经是一个即将进入二年级的大学生了。昂首望去，梧桐树依旧遮天蔽日，飘香如故。我贪婪地呼吸着梧桐树下那带着甜甜味道的空气。远处，稻子那即将成熟的特有香气阵阵吹来，让人心醉，一阵阵的幸福感袭着我的心。突然，一个认识猛地涌上心头：我国的高等教育，不正如这高大的梧桐树那样枝繁叶茂，欣欣向荣么？高校中的绿色通道以及各种解决贫困生困难的措施，不正像这梧桐树形如一只巨大的绿伞，散发着花香，庇护着高校殿堂中的贫困学生么？

该文发表时附有教师的点评：

本文获学校 2009 年"纪念新中国成立 60 周年、改革开放 30 周年征文大赛"二等奖、省级二等奖。其特点有：

1. 角度好、立意深。本文选取了学校教育发展及其变化的角度，较深刻地表现了新中国成立 60 年来特别是改革开放 30 年来的巨大变化。

2. 典型事例抓得好。文章选取了两个典型事例：一是义务教育；二是高等教育扩招以及采取的助学贷款等措施。这两件大事带来积极结果是：成千上万的百姓子女，圆了祖祖辈辈的大学梦，也使国民素质有了较大提高。

3. 象征手法的较好运用。文中的梧桐树，既是实写（给人以美感），也是虚写（象征祖国的学校教育），虚实结合，增强了文章的可读性和含蓄美。

此外，文章结构清晰，语言朴实流畅。

（三）新颖深刻

新颖即别致，不平常；深刻，不但指能揭示事物的本质，更指"见人之未见，发人之未发"。新颖和深刻是密不可分的，能"见人之未见，发人之未发"，自然别致、不平常，也即新颖。人有求新心理，文章立意贵在创新创造，只有写得新颖、深刻，读者才爱看，才会得到新的感受和启发。若是立意平庸、浅陋，或如八股文那样，所论的都来自"四书五经"，观点都是圣贤之说，没有创新，那么，所写的东西就无多大价值。

清代书法家郑板桥写有一副楹联，说写文章应该"删繁就简三秋树，领异标新二月花"；沈谦在《填词杂说》中说："立意贵新"。李渔在《闲情偶记》中说："人惟求旧，物惟求新；新也者，天下事物之美称也。而文章一道，较之他物，尤加倍焉。"又说："意新、语新而又字句皆新，是谓诸美皆备。"方东树在《答叶溥求论古文书》中说得更清楚：作文如果无新意，尽取古人所言而言之，"则古人为一文已足万世之用"[1]，还要我们作什么文呢？俄国伟大作家列夫·托尔斯泰在《致作家尼·安德列耶夫》中也指出，一篇文章或一部作品的意义在于"向人们揭示某种新的、人们所不知晓的、多半是与广大读者所认为无可置疑的道理相反的东西。而这里正是没有的东西恰好成为必须的条件了。"[2]

学生写的文章，能达到"新、深"的是很少的。其主要原因，除了不知道文

---

①王凯符，张会恩. 中国古代写作学 ［M］. 北京：中国人民大学出版社，1995：157-158.

②武汉大学中文系. 外国作家谈创作经验：中册 ［M］. 1979：792.

章为什么要"新、深"的道理外，更主要的是，或因阅历不够、学识尚浅、思想水平不高，难以提出高出一般人的观点；或因观察能力不强，不能见人所未见；或因分析概括能力较差，即使感觉到一些新东西也难以准确地概括出来；或因表达能力差，"心有余而力不足"，有新的东西也难以在文章中比较准确地表现出来，等等。

因此，要使文章的主题新颖、深刻，作者应加强思想锻炼，丰富阅历和经历，提高学识水平和思想水平。这样，经常的思想锻炼，有助于培养正确的价值观，这对于立意是非常重要的。阅历、经历丰富，学识水平和思想水平高，可以比较准确地透过现象发现事物的本质，可以通过不同事物的共同点或相同事物的不同点等，使立意"新颖、深刻"。对此，古人有"文以识为主"的说法。刘熙载在《艺概》中说："认题立意，非识之高卓精审，无以中要。"叶燮在《原诗》中说得更清楚："惟有识，则是非明；是非明，则取舍定；不但不随世人脚跟，并亦不随古人脚跟。"① 另一方面，作者应不断提高写文章需具备的多种能力，如观察能力、立意能力、选材布局能力和语言表达能力等。

下面以学生写的两篇文章及修改过程为例。

📖 原稿

人多的地方没有积雪

张益丹

冬天到了，漫天飞雪，放眼望去，周围的一切都成了银装素裹的一片。

和许多人一样，我也喜欢雪，尤其喜欢在雪地上走路，"咯吱咯吱"的踩踏声像极了一曲令人陶醉的音乐。

那天，正在雪地里慢慢地走着，忽然惊奇的发现："人多的地方没有积雪"。其实，这也是个常识。经多人踩过的雪路已经变得平实，很少有浮雪会把鞋子沾湿，而很多人留下的脚印会陷成一处一处的小凹，走上去便有了把脚的稳妥，并且鞋子过的多了，热量一多，雪便加快了融化的速度，于是，这条雪路便更加稳妥。有了一些人"开路奉献"，自然越来越多"得利"的人走这条平坦的大道。

而在堆满积雪的地方，雪"安静"地卧躺着，平静中似乎又有些不知名的危机，谁知道这雪下面会藏着什么呢？也许，会是扎肉的钉子；也许，会是小石子；又也许，是木制的磕绊……于是就不会走那条路，人也就越来越少了，这样，积雪越来越厚，就堆成了隐匿的危机。于是，人多的地方就

---

①刘锡庆，朱金顺. 写作通论［M］. 北京：北京出版社，1983：79.

没有积雪，就多了顺畅，多了安心，多了恬静。而正是由于一些"敢于尝试，敢于摔跤，敢于伤痛，敢于冒险，感受奇美"的人开辟了这条雪路，才会让越来越多的人接踵而至。

人多的地方没有积雪，那些先走上雪路的人的双靴都已经被雪润透了，可是他们却微笑着，因为满足了自己的追求，更让越来越多的人受益走上这条路，最后，直到雪路消失。

鲁迅先生说过："世上本没有路，人走的多了，也便成了路。"我想，人生就如这雪路，正是由于许多"勇敢与无私"的人做出的贡献，才让后辈们得到安稳与平实的正道，并不断向着这个正确的方向追逐。[**结尾的议论比较平淡，道理稍浅。**]

贵州财经大学的学生不少来自北方，常有一些学生写北方的雪，大都写雪景的瑰丽。而这篇2009级汉语言文学专业学生写的短文，角度与众不同。不只写雪景如何如何，而是选择了从雪景中的某个点来写。这个点（"人多的地方没有积雪"）是司空见惯的，但又是没有多少人会去关注和挖掘的。作者恰能"见人之未见，发人之未发"，从这一点生发去，写出了一些哲理，给人以一定的启发。

不足是内容空泛了些，主题也浅显了些。

教师在上述的分析上，给学生提出下面修改建议：

[把主题再凝练集中。如果能结合大学学习，把主题拓深一点，内容增加一些，有针对性些，就更能适合校报发表的需要，对大学生也会有更多的启发。比如可不可以这样想：那些教科书、那些图书馆藏着的千万本书，正是前人或别人在荒芜的雪地上趟出的路，读一本书，我们能随着作者，领略趟路时的艰辛与苦难，领略万千的风情？

注意要说明博览的重要（长知识、避免走弯路）。此外，要注意语言的凝练，道理也可以说得更深些。2010年3月15日]

定稿、发表稿

人多的地方没有积雪

张益丹

冬天到了，漫天飞雪，放眼望去，雪海茫茫。

和许多人一样，我也喜欢雪，尤其喜欢在雪地上行走，因为那踩踏在雪地上发出的"咯吱咯吱"的声音，实在像一曲令人陶醉的音乐。

那天，为查找资料，我要到离家很远的一个图书馆去借书。在雪地里，我随着走动的人流，在一条曲折的雪路上行走着，忽然惊奇地发现：人多的地方没有积雪！

想了想，明白了：经过多人踩过的雪路已经变得平实，很少有浮雪会把鞋子沾湿，而很多人留下的脚印会陷成一处一处的小凹，走上去便有了稳妥，并且鞋子过得多了，热量一多，雪便加快了融化的速度。于是，这条雪中的路就逐渐形成了。哦，正是有了一些人开路，趋利避害的人们才"得利"地跟着走。

而在堆满积雪的地方，雪静静地覆盖着大地，引诱着人们的视线。但人们都知道，静静的雪下面，可能危机四伏：断壑、峡谷、河流、峭壁、荆棘、尖石……如此，谁会轻易地在雪地里到处乱走？

于是，人多的地方就没有积雪，而有了安全，有了安心，有了顺畅。

而那些在雪海中先走出路的人，是闭着眼也能找到路的当地人？是在大雪天就一直来来往往奔波在路上，使雪难以覆盖路的人？抑或是为了某种需要，敢于冒着生命危险，凭经验与勇气，硬是开辟出一条雪路的人？

我不知道。

看着来往行走于雪路上的人，我突然想到：那些教科书、那些藏在图书馆里的成千上万本书，不正是前人或别人在荒芜的雪地上趟出的一条条路么？而读那一本本的书，我们是否就能随着作者，领略趟路时的艰辛与苦难，领略征程上的万千风情？读那一本本的书，我们能否在享受别人"开路"所带来的收益的同时，避免我们瞎摸乱闯所带来的危机与弯路？读那一本本的书，我们是否会学到如何寻找道路的途径与方法以及开辟所需要的勇气与决心？

答案是肯定的。

人多的地方没有积雪。在雪路上，我加快了脚步。

作者采纳了教师的建议，做了较仔细的修改，最后教师做了润色。文章有一定新意，质量不错，发表在校报《贵州财经学院》第四版上。

🖊 第一稿

记望的天使 [题目不好]

张芳慧

"老师，您别走，别走……"孩子们哭着说到。

"我一定会回来的，你们一定要听话，好好学习。"忍痛转身上了汽车，只听见一片哭泣声，我的泪水也不自觉的 ["的""地"不分] 流了下来。

高考结束后的那段时间，舅舅生病了，不能给孩子们上课了，在妈妈的强烈要求下，我带着极不情愿的心情来到了新峒村，这是我们县最穷的一个村子。

为了不耽误同学们的学习，舅舅第二天就让我开始上课了。"慧子，赶快起床了，看这天气等会要下雨了，快点，要不然待会山路难走了。"舅妈一直在催我，我洗漱好，带着课本和伞就出门了。天空中阴沉沉地，让人透不过气来，绕过几个田埂，走过一条小河，爬上半山腰，累得我满头大汗。我只能一个劲死死地在舅妈后面跟着，天越来越暗了。

"看，慧子，记望小学……"顺着舅妈指去的方向，两间很小很破的教室，慢慢走近，依稀地能听见孩子们的读书声。我们来到教室，透过破损的窗户，里面的光线很暗很暗，教室里没有讲台，粗糙的黑板，没有桌子，孩子们就坐在窄窄的一个板凳上读书，有的孩子还蹲在地上读书，教室墙壁是漏雨发霉的，十几岁的孩子看上去只有七八岁大，破旧的衣服，读书声中不时参杂一阵阵此起彼伏的咳嗽声，看到这样的画面，我的不满的情绪早就没了，舅妈推开门，读书声停了下来，一个个小脑袋瓜都抬了起来。

"孩子们，这是接下来给你们代课的老师，你们……"舅妈的话停住了，紧皱着眉头，向四处搜寻着什么。

"小冬瓜呢？他怎么没来上课呢？"舅妈焦急地问道。同学们左顾右看，发出一阵喧哗声。

"阿姨，不知道。"此时，天阴沉沉的，像打翻了的墨汁瓶。<u>突然，轰隆隆的雷声响起来，紧接着，一道闪电像划破了天空</u>。不一会儿，黄豆大的雨点从天而降，打在地上劈里啪啦直响，舅妈什么也没想，拿着伞就冲了出去。

"老师，小冬瓜来了，他来了……"一个小孩子激动地说道。

透过破损的窗户，只见一个孩子弯着腰手里<u>紧紧的</u>握着什么拼命<u>的</u>往前跑着，只见舅妈跨步奔向他。"对不起，老师，我迟到了！"一个个头很矮的孩子身穿一件土黄色小褂，一条黑色的裤子，看上去明显不合身，小腿露出了小半截，但现在已被雨水浸湿了，紧紧地贴着身体。

"小冬瓜，你是怎么了，那么大的雨，都不知道避雨的吗？"舅妈生气极了，<u>心疼的</u>拿毛巾给他擦。

"阿姨，对不起，我就想早点到学校学习，阿姨，你看，幸好书没打湿……"小冬瓜直起身来，松开紧握着的双手，看到一个用装化肥的口袋包着的课本，顿时，我哽咽了，<u>震撼了</u>，泪水夺眶而出，在城里生活的我，从来都不会想到，一个小孩子会为了一本书，而这样连自己的身体都不顾。这除了在电视机里面看过这种场景以外，现实生活中，是不可能存在的，总是以为，那都是由导演精心设计来<u>博取</u>大众的眼泪。可是面前这个朴实的孩子，让我落泪了。

舅妈给他找了衣服换好了，[没交代清楚，哪来的衣服呢？] 我调整好情绪，便开始上课了。这些孩子比我想象中的聪明，一堂课下来，我准备的问题，他们都能够准确的回答出来，上课的时候特别的积极回答我的问题。放学了，孩子们都没有回家，原先以为他们雨停了就回去，只见他们都坐在教室的走廊里，小冬瓜从口袋里掏出一个黑黑的东西，我走近一看，是一个烤糊了的地瓜。

"小冬瓜，你们怎么都不回家呢？"我不解的问到。

"老师，你不知道，我们大多数人的家都离学校很远，一般要走三四里路，我们一般早上就会带吃的，这样我们就可以利用中午的时间多学一点。"小冬瓜笑着晃了晃手中的地瓜说到。看着孩子们那不知补了多少次的衣服，看着孩子们脚下那一双双破的不堪入目的鞋子，我的心里很疼很疼。眼睛里不是充满了泪水，与城里的孩子比起来真的一个是天一个是地！

"小冬瓜，那你爸妈呢？"我忍不住又问到。

"嗯……他们出去打工去了，家里就只有爷爷和我。"小冬瓜低着头，眼眶红红的。

"那你想你爸妈吗？想去看他们吗？"

"想，老师，我要好好地学习，以后要挣很多钱，让爸妈过上好日子。"看着小冬瓜红红的眼睛，看着这个懂事的孩子，心疼地紧紧拥入怀中。[以上虽是重点，但也要写得集中些，精粹些。]

一群极其渴望学习的孩子，让我改变了最初的梦想，我决定毕业后还来这里，像舅舅一样，做一名支教老师。目前，我国留守儿童人数已经达到5800多万，其中4000万年龄在14周岁一下，由于贫困，他们过早地体会到生活的艰辛和物质匮乏的压力。由于家庭教育的缺失，打工父母对孩子只管出钱，带孩子的长辈只管吃穿。父母与孩子缺少沟通，他们中普遍存在学业失教、生活失助、心理失衡、亲情失落等问题，据调查显示，57%的留守儿童存在轻微或轻微以上的心理健康问题，其中轻度心理健康问题的检出率为47.7%，中度为9.0%，重度为0.3%。看着这些数据，心里不停的颤抖，真的，还有很多的人需要我们的帮助，需要我们去引导。[这个"面"上的材料应该是必要的，但由于本文的主题不是非常明确，因而对这个材料的取舍就不恰当。材料本身有反映留守儿童与父母沟通缺少问题；有心理健康问题；有留守儿童数量很大等问题。如果主题非常明确，对这个材料的内容就会有所取、有所舍。] 一个个原本活泼、开朗、聪明的孩子，很可能就因为没有正规引导而出现一系列问题，有很多孩子就会被埋葬于永恒的黑夜之中，痛苦地走下去……

孩子们天真的笑容与求学的渴望点醒了我，让我找到真正需要我的地方，我不能丢下这些孩子，我知道了，我看到了，我就不能不管这些孩子，这里——聪明的孩子们需要我！

一个静谧的小山村，两间破旧的教室，一群超可爱懂事的孩子，这些都将一辈子留在我的脑海里面永不褪色！[后面的议论比较散，这也看出了主题的不够明确。]

教师收到学生关于支教的文章还是比较多的。多数写的是单位组织支教，就报名去了，接着写到在支教的学校做的一些事和感受，都比较一般化。

这篇是 2008 级汉语言文学专业一位学生写的支教文章，从代课的角度写支教，有一定新意。并且写得比较具体，内容较为实在。文章的结构作者动了脑筋，采用倒叙的手法。开头写学生送别老师的场景，虽着墨不多，但画面较为生动、感人，因而比较容易吸引读者。主题似乎也有：好像是想写农村留守孩子需要教育，作者自己受到了感动，思想有所转变。但文章的主要问题就在于主题不是很明确，深度和新颖性也需再下功夫。

[建议：应进一步思考通过代课一事，到底想反映出留守儿童教育大事的哪一方面？支教的重要意义到底在哪里？可否考虑这样构思：当面临这些儿童的特定环境和需要时（这是重点），才理解了那些到贵州来支教的典型人物和事例（如徐本禹）的重要意义，才理解了人生的价值在哪里。2010 年 4 月 25 日]

第二稿

山中那双渴望的眼睛 [建议题目改为"在山的那边"]

张芳慧

"老师，您别走，别走……"孩子们哭着说道。

"我一定会回来的，你们一定要听话，好好学习。"忍痛转身上了汽车，只听见一片哭泣声，我的泪水也不自觉地流了下来。

高考结束后的那段时间，舅舅生病了，不能给孩子们上课，在妈妈的强烈要求下，我带着极不情愿的心情来到了 [在山那边的] 新 [去掉"新"字] 侗村，这是我们县最穷的一个村子。

为了不耽误同学们学习，舅舅第二天就让我开始上课了。天空阴沉沉的，让人透不过气来，跟着舅妈，绕过几个田埂，趟过一条小河，爬上半山腰，累得我满头大汗。

"看，记望小学……"顺着舅妈指去的方向，我看见两间很小很破的教室，依稀地能听见孩子们的读书声。走近教室，透过破损的窗户，光线很暗很暗，里面没有讲台，没有桌子，孩子们就坐在窄窄的板凳上读书，有的孩子还蹲在地上读书，这样的画面，我第一次见到，不满的情绪渐渐地消失了，舅妈推开门，读书声顿时停了下来，一个个小脑袋瓜都抬了起来。

"孩子们，这是接下来给你们代课的老师，你们……"舅妈的话停住了，紧皱着眉头，正向四处搜寻着什么。

"小冬瓜呢？他怎么没来上课呢？"舅妈着急地问道。

"阿姨，不知道。"同学们左顾右看，发出一阵喧哗声。

此时，天黑沉沉的，像打翻了的墨汁瓶。突然，雷声响起来，紧接着，一道闪电像划破了天空。不一会儿，黄豆大的雨点从天而降，打在地上劈里啪啦直响，只见舅妈拿着伞就冲了出去。

"老师，小冬瓜来了，他来了……"一个孩子激动地说道。

透过破损的窗户，只见一个个头很矮的孩子身穿一件土黄色小褂，一条黑色的裤子，看上去明显不合身，小腿露出了小半截，弯着腰拼命的往前跑着，只见舅妈跨步奔向他。

"对……不……起，老师，我迟到了！"呼吸急促的说道。

"小冬瓜，你是怎么了，那么大的雨，都不知道避雨吗？"舅妈生气极了，摇了他肩膀一下，脸红地说道，立刻心疼的拿毛巾给他擦。

"阿姨，对不起，我……"他低下头去。

"阿姨，你看，幸好书没打湿。"小冬瓜直起身来，松开紧握着的课本，脸上带着微笑。顿时，我哽咽了，泪水夺眶而出，在城里生活的我，从来都不会想到，一个小孩子会为了一本书，而这样连自己的身体都不顾，除了在电视机里面看过这种场景以外，现实生活中，是不可能存在的，总是以为，那都是由导演精心设计来博取大众的眼泪。可是面前这个朴实的孩子，让我落泪了。

调整好情绪，一堂课下来，这些孩子比我想象中的聪明，我准备的问题，他们都能够准确的回答出来，上课的时候都特别积极的回答问题。放学了，孩子们都没有回家，原先以为他们雨停了就回去，只见他们都坐在教室的走廊里，小冬瓜从口袋里掏出一个黑黑的东西，我走近一看，是一个烤糊了的地瓜。

"小冬瓜，你们怎么都不回家呢？"我不解的问到。

"老师，我们大多数人的家都离学校很远，一般要走三四里路，我们一般早上就会带吃的，这样就可以利用中午的时间多学一点。"小冬瓜笑着晃了晃手中的地瓜说到。看着他那不知补了多少次的衣服，看着他脚下那一双破的不堪入目的鞋子，我的心里很疼很疼。眼睛里不是充满了泪水，与城里的孩子比起来真的一个是天一个是地！

"小冬瓜，那你爸妈呢？"我忍不住又问到。

"嗯……他们出去打工去了，家里就只有爷爷和我"小冬瓜低着头，眼眶红红的。

"那你想你爸妈吗？想去看他们吗？"

"想，老师……所以我要好好地学习，以后要挣很多钱，让我爸妈过上好日子。让他们永远留在我身边，不让他们再被别人瞧不起！不让他们再受苦！"泪水止不住的往下流，看着小冬瓜红红的眼睛，看着这个懂事的孩子，我心疼地把他紧紧拥入怀中。

目前，我国留守儿童人数已经达到 5800 多万，其中 4000 万年龄在 14 周岁以下，由于家庭教育的缺失，打工父母对孩子只管出钱，带孩子的长辈只管吃穿，父母与孩子缺少沟通，他们中普遍存在学业失教、生活失助、心理失衡、亲情失落等问题，据调查显示，57% 的留守儿童存在轻微或轻微以上的心理健康问题，其中轻度心理健康问题的检出率为 47.7%，中度为 9.0%，重度为 0.3%。看着这些数据，我心里不停地颤抖，孩子们很需要我们的帮助，很需要我们去引导。

此刻，我才能真正的理解徐本禹在母校的一场报告中说的让我震惊的一句话："我很孤独，很寂寞，内心十分痛苦，有几次在深夜醒来，泪水打湿了枕头，我快坚持不住了……"一个热血男儿说出这样的话，可想他当时有多无助，多寂寞，他所承受的压力是一般人所不能理解的，但正是这些天真无邪的孩子对知识的渴望给了他无限的动力，让他毅然从繁华的城市，走进大山深处，用一个刚刚毕业的大学生稚嫩的肩膀，扛住了倾颓的教室，扛住了贫穷和孤独，扛起了本来不属于他的责任。现在，越来越多的人开始关注这些大山的孩子，社会的爱心人士不断的积极开展一系列支教活动，如"萤火虫计划""红粉笔乡村教育计划""好友营支教组织"等，号召有爱心、有社会责任感和丰富的人生阅历的在职人士、社会精英，到乡村支教，传授素质教育知识、交流人生经验，共同改善边远地区落后的人文及社会发展环境。[增写徐本禹的一些事迹，社会关注贫困山区的孩子的内容，增加了文章的一些深度，但内容较空了些。]

爱心在即，行动在即。支教人员的行动点醒了我，大山中的这些可爱的孩子们点醒了我，让我理解了真正的人生价值在哪里。我知道，在山的那边，有许多渴望知识的孩子一直在呼唤着我的到来。

修改过后，主题较为明确，增加了一些能使文章主题有所加深的内容。文字上也比原稿要准确了些，干净了些。虽然就大二的学生来说，想再写深下去，文字再凝练等，有些为难。但教师还是提出"继续完善，凝练文字，使文章更为准确、简洁"的修改建议。

📖 第三稿

在山的那边

张芳慧

"老师，您别走，别走……"孩子们哭着把我围了起来。

"我一定会回来的，你们一定要听话，好好学习……"我好不容易上了汽车，[那个地方通车了？]身后一片哭泣声，我的泪水也不住地流了下来。

高考结束后的那段时间，舅舅生病了，不能给孩子们上课，在妈妈的强烈要求 [改为"多次恳求"] 下，我带着 [删去] 极不情愿的心情 ["的心情"改为"地"] 来到了在山那边的侗村，是 [改为"——"] 我们县最穷的一个村子。

为了不耽误同学们的 [去掉] 学习，舅舅第二天就让我开始 [改为"去"] 上课了 [去掉"了"]。天空阴沉沉的，让人透不过气来，跟着舅妈，走过了几个田埂，趟过一条小河，爬上半山腰，累得我满头大汗。

"看，记望小学……"顺着舅妈指的方向看，我看见两间很小很破的教室，依稀地还能听见孩子们的读书声。走近教室，透过破损的窗户，光线很暗。里面没有讲台，没有桌子，孩子们就坐在窄窄的板凳上读书，有的孩子还蹲在地上读书。这样的画面 [改为"情景"]，我 [还] 第一次见过 [删去"过"]，不满的情绪也随之渐渐地消失了 [改为"被巨大的震撼所取代"]，舅妈推开门，读书声顿时停了下来，一个个小脑袋瓜都抬了起来。

"孩子们，这是接下来 [？] 给你们代课的老师，你们……"舅妈的话停住了，紧皱着眉头，正向四处搜寻着什么。[这里要写一句学生们欢迎的掌声，否则，学生就太麻木了。]

"小冬瓜呢？他怎么没来上课呢？"舅妈着急地问道。

"阿姨 [农村称呼为阿姨？]，不知道。"同学们左顾右看，发出一阵喧哗声。

此时，天阴沉沉的，像打翻了的墨汁瓶。突然，雷声响起来，紧接着，一道闪电像划破了天空。不一会儿，黄豆大的雨点从天而降，打在地上劈里啪啦直响，只见舅妈拿着伞就冲了出去。

"老师，小冬瓜，小冬瓜，他来了……"一个孩子激动地说道。

透过破损的窗户，只见一个个头很矮的孩子身穿一件土黄色小褂，一条黑色的裤子，看上去明显不合身，小腿露出了小半截，弯着腰拼命的 [地] 往前跑着，只见舅妈跨步奔向他。

"对……不……起，[**"对不起"，应该是很着急的，为什么中间要用省略号？**] 老师，我迟到了！"他呼吸急促地说道 [**去掉"道"**]。

"小冬瓜，你是 [**去掉"是"**] 怎么了？那么大的雨，都不知道避雨的吗？"舅妈生气极了，双手紧紧地抓住他的肩膀，脸红着语气很重地说，立刻 [**删掉**] 心疼的 [**地**] 拿毛巾给他擦。

"阿姨，对不起，我……"他低下头去。

"阿姨，你看，幸好书没打湿。"小冬瓜直起身来 [**前面说"低下头去"，并没有说"弯下身子"，这里怎么说"直起身来"？**]，松开紧握着的课本，脸上带着微笑。

瞬间，我哽咽 [**"哽咽"的意思是：不能痛快地哭出声，迫使泪水从嗓子倒灌进胃里。你应该未达到这个程度吧。**] 了，泪水夺眶而出。在城里生活的我，从来都不会想到，一个小孩子会为了一本书，而连自己的身体都不顾，[**这**] 除了在电视机里面看过这种场景以外，[**在**] 现实生活中，[**我从来没有想过真的会有这样的事。**] 应该是不可能存在的。[**删掉**] 总是 [**去掉"是"**] 以为，那是导演精心设计来博取大众眼泪的。可眼前这个朴实的孩子，真的让我落泪了。

调整好情绪 [**我开始了上课**]，一堂课下来，这些孩子比我想象中的聪明，我准备的问题，他们都能够准确的 [**地**] 回答出来，上课的时候都特别的积极回答问题。放学了，孩子们都没有回家，原先以为他们等雨停了就回去，可是他们却一直都坐在教室的走廊里，小冬瓜从口袋里掏出一个黑黑的东西，我走近一看，是一个烤糊了的地瓜。

"小冬瓜，你们怎么都不回家呢？"我不解的问道。

"老师，我们大多数人的家都离学校很远，一般要走三四里路，我们一般早上就会带吃的，这样就可以利用中午的时间多学一点。"小冬瓜笑着晃了晃手中的地瓜说到。看着他那不知补了多少次的衣服，看着他脚下那一双破的不堪入目的鞋子，[**夸张得有些过了。**] 我的心里很疼很疼。泪水早已浸湿了我的眼睛，与城里的孩子比起来，真的一个是天一个是地！

"小冬瓜，那你爸妈呢？"我忍不住又问道。

"嗯……他们很早就出去打工去了，家里就只有爷爷 [**奶奶**] 和我。"小冬瓜慢慢低下头去，眼眶红红的。

"那你想你爸妈吗？想去看他们吗？"

"想，很想……老师，所以我要很努力、很努力地学习。以后要挣很多钱，让我爸妈过上好日子，让他们永远留在我身边，不让他们再被别人瞧不起！不让他们再受苦！"我的泪水止不住的 [**"的""地"不分**] 往下流，看着小冬瓜红红的眼睛，[**"红红的眼睛"？太夸张了吧。**] 看着这个懂事的孩子，心疼地把他紧紧 [去掉"紧紧"] 拥入怀中。

顿时，我想起了 [舅舅曾经给我讲过但我当时并不在意的] 来的时候不经意间在网上看到的 [删去] 一组数据：目前，在我国留守儿童人数已经达到5800多万，其中4000万年龄在14周岁一下 ["以下"。写东西一定要细致，拿出去的东西一定要反复检查，不要出现错字别字。]，由于家庭教育的缺失，打工父母对孩子只管出钱，带孩子的长辈只管吃穿。父母与孩子缺少沟通，他们中普遍存在学业失教、生活失助、心理失衡、亲情失落等问题，据调查显示，57%的留守儿童存在轻微或轻微以上的心理健康问题，其中轻度心理健康问题的检出率为47.7%，中度为9.0%，重度为0.3%。

想 [到这些沉甸甸的数据，看着眼前这些活生生的事实]，着这些，看着怀中这个懂事的孩子，[删去] [我的心如同大海的波浪在翻腾：] 心里不停地颤抖。[删去] 他们是多么需要我们帮助，需要我们去引导 [啊]。此刻，我才能真正地理解徐本禹在母校一场报告中曾经让我为之震惊的一句话："我很孤独，很寂寞，内心十分痛苦，有几次在深夜醒来，泪水打湿了枕头，我快坚持不住了……" [这里引用的话，与现实需要帮助的内容不吻合。好好想想，要改一下。] 一个热血男儿说出这样的话，可想当时他有多无助，多寂寞，他所承受的压力是一般人所不能理解的，但正是这些天真无邪的孩子对知识的渴望给了他无限的动力，让他毅然从繁华的城市，走进大山深处，用一个刚刚毕业的大学生稚嫩的肩膀，扛住了倾颓的教室，扛住了贫穷和孤独，扛起了本来不属于他的责任。

但当 ["当"与"时"搭配，但看了一阵，不见"时"在哪里。] 我想到越来越多的人开始关注着这些大山里的孩子，许多人不断积极地开展"萤火虫计划""红粉笔乡村教育计划""好友营支教组织"等一系列支教活动，号召有爱心、有社会责任感和丰富的人生阅历的在职人士、社会精英，到乡村支教，传授素质教育知识、交流人生经验，共同改善边远地区落后的人文及社会发展环境。我的内心又燃起了希望，我擦干了泪水，抬起头天空已是一片蔚蓝。

"小冬瓜，你相信老师好不好，我一定会回来的！"我低下头看着他那双渴望的眼睛轻声地说道。[这里要有个结束的交代。前面说的都还是上课情况，这里突然冒出"老师"会回来，缺乏过渡。]

"谢谢您，老师，您一定要来！"他微笑着说，仿佛看到了曙光。

爱心在即，行动在即。支教人员的行动点醒了我，[删掉] 大山中的这些可爱的孩子们点醒了我，让我理解了真正的人生价值在那里 ["哪里"还是"那里"？]。我知道，在山的那边，在我们贵州贫困的山区，还有许许多多渴望知识的孩子需要我们，在呼唤着我们！

收到第三稿，看到改动不大，鉴于学生的能力和水平，教师做了较为细致的批改，意在让学生有个对比，慢慢去琢磨教师为什么要这样改。这对学生的启发往往比较大。

学生根据教师的建议，又进行了细致地修改，最后经教师的润色，文章得以定稿。

📖 定稿、获奖稿、发表稿

在山的那边

张芳慧

"老师，您别走，别走……"孩子们哭着把我围了起来。

"我一定会回来的，你们一定要听话，好好学习……"我好不容易上了班车，身后一片哭泣声，我的泪水也不住地流了下来。

高考结束后的那段时间，舅舅生病了，不能给孩子们上课，在妈妈的多次恳求下，我极不情愿地来到了山那边的侗村——我们县最穷的一个村子。

为了不耽误同学们学习，舅舅第二天就让我去上课。天空阴沉沉的，让人透不过气来，我跟着舅妈，走过了几个田埂，越过一条小河，又爬上半山腰，累得满头大汗。

"看，记望小学……"顺着舅妈指的方向看，我看见两间很小很破的教室，依稀地还能听见孩子们的读书声。站在教室外，透过破损的窗户和昏暗的光线可以看到，教室里面没有讲台，没有桌子，孩子们就坐在窄窄的板凳上读书，有的孩子还蹲在地上读书。这样的情景，我还是第一次见，不满的情绪被巨大的震撼所取代。舅妈推开门，读书声顿时停了下来，一个个小脑袋瓜都抬了起来。

"孩子们，这是你们代课的老师，你们……"舅妈的话停住了，紧皱着眉头，正向四处搜寻着什么。

"小冬瓜呢？他怎么没来上课呢？"舅妈着急地问道。

"嬢嬢，不知道。"同学们左顾右看地说着。

此时，天阴沉沉的，像打翻了的墨汁瓶。突然，一道闪电划破了天空，紧接着，雷声响起来。不一会儿，豆大的雨点从天而降，打在地上劈里啪啦直响，只见舅妈拿着伞就冲了出去。

"嬢嬢，小冬瓜，小冬瓜，他来了……"一个孩子激动地喊。

透过破损的窗户，只见一个个头很矮的孩子，他身穿一件土黄色小褂，一条黑色的裤子，看上去明显不合身，小腿露出了小半截，弯着腰拼命地向前跑着，只见舅妈跨步奔向他。

"对不起，孃孃，我迟到了！"他呼吸急促地说。

"小冬瓜，你怎么了？那么大的雨，不知道避雨吗？"舅妈生气极了，双手紧紧地抓住他的肩膀，边说边心疼地拿毛巾给他擦。

"孃孃，对不起，我……"他低下头去。

"孃孃，你看，幸好书没打湿。"小冬瓜抬起头来，松开紧握着的课本，脸上带着微笑。

瞬间，我的泪水夺眶而出。在城里生活的我，从来都不会想到，一个小孩子会为了一本书，全然不顾浑身被雨水打湿。除了在电视机里面看过这种场景以外，在现实生活中，我从来没有想过真的会有这样的事。总以为，那是导演精心设计来博取大众眼泪的。可眼前这个朴实的孩子，真的让我落泪了。

调整好情绪我开始了上课，一堂课下来，这些孩子比我想象中的聪明，我准备的问题，他们都能够准确地回答出来，而且很积极。

中午放学了，孩子们都没有回家，原先以为他们等雨停了就回去，可是他们一直都坐在教室的走廊里，小冬瓜从口袋里掏出一个黑黑的东西，我走近一看，是一个烤糊了的地瓜。

"小冬瓜，你们怎么都不回家呢？"我不解地问。

"老师，我们大多数人的家都离学校很远，一般要走三四里路，我们一般早上就会带吃的，这样就可以利用中午的时间多学一点。"小冬瓜笑着晃了晃手中的地瓜说道。看着他那不知补了多少次的衣服，看着他脚下那一双已有破洞的鞋，我的心里很疼很疼。泪水不知何时偷偷地流出来了。唉，与城里的孩子比起来，真的一个是天一个是地啊！

"小冬瓜，那你爸妈呢？"我忍不住又问。

"嗯……他们很早就出去打工去了，家里就只有爷爷奶奶和我。"小冬瓜低下头去。

"那你想你爸妈吗？想去看他们吗？"

"想，很想……老师，所以我要很努力，很努力地学习。以后要挣很多钱，让我爸妈过上好日子，让他们永远留在我身边，不让他们再被别人瞧不起！不让他们再受苦！"我的泪水止不住地往下流，看着这个懂事的孩子，心疼地把他拥入怀中。

顿时，我想起了舅舅曾经讲过但我当时并不在意的一组数据：目前，我国留守儿童人数已经达到5800多万，其中4000万年龄在14周岁以下。由于家庭教育的缺失，打工父母对孩子只管出钱，带孩子的长辈只管吃穿。父母与孩子缺少沟通，他们中普遍存在学业失教、生活失助、心理失衡、亲情失落等问题，据调查显示，57%的留守儿童存在轻微或轻微以上的心理健康问题，其中轻度心理健康问题的检出率为 47.7%，中度为 9.0%，重度为 0.3%。

想到这些沉甸甸的数据，看着眼前这些活生生的事实，我的心如同大海的波浪在翻腾：他们是多么需要我们帮助，需要我们去引导啊！此刻，我理解了徐本禹说过的曾经让我印象极深的几句话："来到了山的这边，我才知道是什么一直在呼唤着我，是什么让我毅然留下来。在支教过程中除了感动之外，更需要做的就是行动，我们不仅要有爱心，还要有克服艰苦条件的毅力和决心！"尽管他许下了坚守阵地的承诺，但当别的志愿者都先后离开，他也感到内心的孤独与凄凉。但正是这些天真无邪的孩子对知识的渴望给了他无限的动力，让他毅然决定留下来，用一个刚刚毕业的大学生稚嫩的肩膀，扛住了倾颓的教室，扛住了贫穷和孤独，担当起本来不属于他的责任。

我又想到越来越多的人开始关注着这些大山里的孩子，许多人不断积极地开展"萤火虫计划""红粉笔乡村教育计划""好友营支教组织"等一系列支教活动，号召有爱心、有社会责任感和丰富人生阅历的在职人士、社会精英，到乡村支教，传授素质教育知识、交流人生经验，共同改善边远地区落后的人文及社会发展环境。我的内心再次燃起了希望，擦干泪水，抬头看，天空已一片蔚蓝。

代课结束的前一天，我和往常一样在晚上给孩子们补课。看着认真做作业的小冬瓜，我低下头轻声地说："小冬瓜，你相信老师好不好，我一定会回来的！"

"谢谢您，老师，您一定要回来！"他微笑着说，仿佛看到了曙光。

爱心在即，行动在即。大山中的这些可爱的孩子们点醒了我，让我理解了真正的人生价值在哪里。我知道，在山的那边，在我们贵州贫困的山区，还有许许多多渴望知识的孩子需要我们，在呼唤着我们！

这篇文章以具体和比较感人的内容，表达了社会对贫困儿童的关注而使自己思想认识得到升华的主题，有一定的新意。因而在参加学校举办的"献爱心"征文活动中，获得了二等奖，发表在贵州财经学院校报《贵州财经学院》四版上。

二、一个有写作价值的对象

写一篇文章，其写作过程从简单方面来说，要解决好三个问题：一是为什么要写？二是写什么？三是怎样写？"为什么"主要讲写作的意义；"写什么"主要讲写作的对象以及写"写作对象"的什么。本部分"一个有写作价值的对象"的意思是：写文章，首先要选好一个值得写的对象，其次要选择这个对象里最有价值的东西来写。

在明确了"为什么"要写的基础上，"写什么"就很重要了。

"写什么"，讲的是写作对象问题——这个问题主要有两方面内容：首先是一篇文章，要把什么作为对象来写？其次是一篇文章一旦确定写某个对象，将写这个对象的哪些东西？

这两方面内容，本书分别提出一个标准：把什么作为写作对象？标准是该对象"要值得写"；确定写某个对象后，要写这个对象的什么？标准是：写其"最有价值的东西"。

下面分别阐述。

（一）"要值得写"——"根材"式的题材

题材有广义、狭义之分。广义的题材，通常指具体写某篇文章时所写的对象；狭义的题材是指写进某篇文章中用来支撑表现主题的内容，又称材料。如何选这两者？用得着写作理论中公认的一个原则："选材要严"。这个原则中的"材"，既指广义的"题材"，也指狭义的"材料"。先说广义的题材，从这个角度，本书提出"要像选能做根雕的根材那样去选写作对象"这样一个观点。

学生参加各种征文比赛（或某些命题作文），通常写作的大主题是确定的。学生面临的第一问题就是"写什么"（这篇参赛文章写的对象是什么）？这是多数学生感到困惑的。尽管笔者给学生讲过鲁迅先生说的"选材要严"，不要随便抓住什么就写。但怎么才算"严"，有什么具体标准，这两个问题，常常困扰着学生，学生常常不得要领。绝大多数学生写的对象以及写出来的文章，常常让人看了题目，或者让人浏览一下文章就直摇头。笔者经常批评这类文章：写作对象不值得写，连修改的基础都没有。

事实就是如此。每次参赛文章数百篇甚至上千篇，能选出来的优秀的也就几篇，放宽一点就十几篇或者几十篇。其他绝大多数文章的首要问题大都出在所选的对象上。比如，写纪念新中国成立60周年，写作对象大多是从网上下载一些国家发展取得成就的数据，然后发一通议论；写知识产权征文，写作对象多是从网上搜侵权的例子，找几个来批判一通，或者从网上下载关于什么是知识产权、知识产权的作用、意义等的知识，写成说明文，等等。

后来学生请求教师能否定出一个具体一些的大体标准，来规范一下到底什么是"值得写"的、"严"的题材。这让笔者也颇费了些思考，根据学生的知识和能力等水平，笔者提出了三条所谓的标准，即符合下列三条标准的题材，可称为"值得写"的，或者说属于"严"的写作对象：

第一，欲选的写作对象应当含有作者欲表达的主题及其内容。

第二，最好是作者亲身经历过的，尽量避免与别人写的重复；或具有作者所熟悉的地域的独特性、或民族的独特性的特点的；或具有典型性、又具有个性的。总之，一句话，要与众不同，具有独特性。

第三，具有符合作者欲选写的文体内容和形式上所要求的艺术特质。

这三条中，第一、第二条学生比较容易理解，第三条需要进一步解释，难点在于对"艺术特质"的理解。

"艺术"，指"用形象来反映现实但比现实有典型性的社会意识形态，包括文学、绘画、雕塑、建筑、音乐、舞蹈、戏剧、电影、曲艺等。"[①]"特质"，指"特有的性质或品质"[①]。根据"艺术"和"特质"的解释，"艺术特质"应该是指事物具有符合某种艺术（如文学、绘画等）需要的性质或品质。

具体到文学这种艺术来说，文学分为不同的体裁（文学体裁，简称文体），即不同的文体，对写作对象（事物）本身包含的内容以及这些内容表现出来的外在"形式"（内容和形式体现出的特有的性质或品质）的要求是不同的。比如小说要求写作对象具有情节曲折、人物性格鲜明等特质；戏剧要求写作对象有尖锐的矛盾冲突；诗歌要求写作对象含有强烈的情感因素等。总之，不同的文学体裁除要求写作对象自身须具有共有的文学因素（即题材典型、生动、鲜明，能够构成文学形象）外，还要求其具有某种文学体裁所需要的文学特质。

但在现实生活中，具有文学形象的对象，特别是具有某种文学体裁所需要的文学特质的写作对象并不是俯拾皆是，而是更多地隐藏在不易被人发现的纷繁复杂的社会万象之中，需要作者去苦苦寻觅，留心去捕捉，甚至需要作者在发现有

---

①②现代汉语词典：第6版［M］.北京：商务印书馆，2012：1541，1275.

些事物具有一定的文学特质的基础上，为了艺术的需要，对该事物进行艺术加工与创造。因此，鲁迅先生才说"选材要严，挖掘要深"。

本书所论述的主要是散文。散文的写作对象，也并不完全是"形散神不散"论所说的，天地万物，均可入散文。笔者认为，可入散文的，应该是那些具有写散文所需要的特质（比如散文富有诗意、讲求意境，个性鲜明、讲究构思等）的写作对象。这样的对象，同样需要作者去搜寻和发现。为此，笔者拟了个"根材"的比喻，试图讲清这个道理。

其一，以根雕为喻，提出一个"要像选能做根雕的根材那样去寻找到合适的写作对象"的说法。根雕是以树根（包括树身、树瘤等）的自生形态及畸变形态为艺术创造对象，通过构思立意、艺术加工及工艺处理，创作出的人物、动物、器物等的艺术形象作品。根雕艺术"三分人工，七分天成"，至关重要的第一步是严格挑选根材。根材选择标准一般概括为"稀、奇、古、怪"四种类型。此类素材在自然界极为难得，只有生长在恶劣环境中的根材，如背阳生长或长于悬崖峭壁石缝中，经雷劈、火烧、蚁蚀、石压、人踩、刀砍等而顽强生存下来的树根（或树身），由于光照不足或缺土少水缺乏养分等造成生存环境恶劣，久长不大渐渐变形，年愈久质愈坚，造型也愈奇崛遒劲。这才是根艺的用材。由于根材极不容易获得，因此，必须努力寻觅，到一般人难以到达的地方才能发现。

因而，教师要求学生，每写散文时，要像根雕艺术家寻找根材那样，严格地、不辞辛苦地去寻找写作对象。

其二，选"根材"是根据根雕艺术"三分人工，七分天成"的特点来选具有"稀、奇、古、怪"艺术特质的根材。写文章，也要根据主题、文体的特点来选具有适合该文体要求的艺术特质的对象。如要写记叙文，就应该先了解记叙文的特点。记叙文是以叙述为主，以描写、抒情、说明和议论为辅，以写人物的经历和事物发展变化为主要内容的一种文体。根据其特点，欲写记叙文，就应当选有人物经历和事物发展变化比较明显的、甚至有些曲折的事件，即常说的有"故事性、戏剧性"的事件，并注意其是否有典型性。如果写散文，还要看写哪类散文。散文通常分叙事散文、抒情散文、议论散文三类，这三类还是有比较明显的区别的。确定写哪类，就要根据该类的特点来选择写作对象。如写叙事散文，不仅要选有人物和事件的对象，更应注重该对象中是否具有散文味（比如"情"或"美"等）。因为叙事散文不像记叙文那样追求故事情节的完整性，而只是根据主题的需要，写人的某些活动片段，或事物的某些环节，它更注重和要求写作对象具有诗意和美的特征。

当然，很多情况下，遇到一个觉得值得写的对象，用什么文体来写，一般应由该对象具有的特质来大体确定（即看它更具有哪种文体需要的艺术特质）。这种时候，作者就应该好好琢磨这个对象，到底更适合哪种文体。如果用几种文体写都可以，作者就应考虑自己比较擅长哪种文体，选自己容易把握的文体来写，就比较得心应手，成功的可能性就大。

（二）"写最有价值的东西"——要选最能体现文章主题的、典型的材料

写作对象（题材）确定以后，接下来要考虑的问题是：写写作对象的什么东西？即考虑：写作对象中的哪些东西是最值得写的——最有价值的？这里，先简要谈谈"什么是价值"。关于价值，大家普遍的认识是：客体对主体的有用性。如果以此为原则，前面谈到的是否"最值得写"，判断的标准就是，看欲确定的写作对象，是否最含有写作者要表达的主题和内容；在此基础上，再来看已确定的写作对象中，什么是"最值得写的东西"——即看它的哪些东西对写作者要表达的主题最有用，最能体现主题。这方面，前人已总结出许多经验，形成了一个至今仍非常有用的原则——"取材贵约"。

写文章，储材贵博、取材贵约。

"储材贵博"。刘勰在《文心雕龙·事类》中说："将赡才力，务在博见。"[1]清人魏禧在《宗子发文集序》中有个生动的比喻："辟之富人积财，金玉布帛竹头屑粪土之属，无不豫贮，初不必有所用之，因而当其必储，则粪土之用，有时与金玉同功。"[2] 著名作家茅盾先生在《茅盾论创作·有意为之》中也说："采集之时，贪多务得，要跟奸商一般，只消风闻得何处有门路，有货，便千方百计钻挖，弄到手方肯死心，不管是什么东西，只要是可称之为'货'的，便囤积不厌其多。"[3] 王力先生在《谈谈写论文》中谈到写作论文准备时说：所谓准备，主要就是充分占有材料。一个小小的题目，我们就要占有很多材料，往往是几十万字，要做几千张卡片。别看写出来的文章只有一万字，收集的材料却是几十万字。这就叫充分占有材料[4]。

"取材贵约"。为写一篇文章，作者往往收集了比文章多几倍甚至十几二十倍的材料（通常称为"素材"，它是形成、提炼主题的基础，主题只有在广博的"素材"上提炼，才能正确、全面；或才有新意等），而能用进文章的却很少。面对庞杂的素材，如何选出很少的、最有价值的"那一点"进入文章，这是很费功

①刘勰. 文心雕龙全译 [M]. 龙必锟，译注. 贵阳：贵州人民出版社，1996：458.
②郭绍虞. 中国历代写作学 [M]. 北京：中国人民大学出版社，1995：187.
③刘锡庆，朱金顺. 写作通论 [M]. 北京：北京出版社，1984：32.
④参见刘锡庆，朱金顺，等. 写作论谭 [M]. 北京：中央广播电视大学出版社，1983：440.

夫的。关于这一点，刘勰在《文心雕龙·事类》中讲到一个原则："取材贵约"①。"取材贵约"中的"约"，笔者认为其意思是"简要"，即"简略扼要"，如唐代刘知几在《史通·叙事》中说的："叙事之工者，以简要为主。简之时义大矣哉!"② 选材要简略，必须选具有"真（真实——既要能反映出事物的本来面目，又要能反映出事物的本质）、严（最能表现主题）、精（典型，最具说服力）、新（时间、内容上新）"特点的材料。

总起来，"取材贵约"的原则，就是从为写好写作对象而搜集到的广博的材料中选取最能表现主题的、典型的、具有很强说服力的——也就是最有价值的材料。这种精选过的材料在文章中能起到"以一当十"的作用，这也就是古人常说的"取材精当"。

宋代秦观说过："赋中用事，唯要处置……如事多者，须精择其可用者而用之，不可用者弃之。不必惑于多爱，留之徒为累耳。"③ 这里说的"事"，虽然过去特指"典故"，但仍属于我们现在所说的材料的范围。秦观讲得很清楚：典故（材料）多了，必须选精当的使用，否则，过多地用进文章，只能成为累赘。这一点，明代王骥德在《曲律·论用事第二十一》中也说："曲之佳处，不在用事，亦不在不用事。好用事，失之堆积；无事不用，失之枯寂。"④ 他还举了一例："《玉玦》句句用事，如盛书柜子，翻使人厌恶。"这虽是论说戏曲的，但对于写文章，亦是同理。当代著名作家魏巍在《我怎样写〈谁是最可爱的人〉》中就谈到了他的体会："在朝鲜，我曾写了一篇《自豪吧，祖国》的通讯，里边写了二十多个我认为最生动的例子。带回来给同志们看了看，感到不好，就没有拿出去发表。因为例子堆得太多了，好像记账，哪一个也说得不清楚、不充分。以后写《谁是最可爱的人》，就只选了几个例子，在写完后又删掉了两个。事实告诉我：用最能代表一般的典型例子，来说明本质的东西，给人的印象是清楚明白的，也会是突出的。"⑤ 但是，取材贵约、取材精当不容易做到，尤其是学生以及写作的初级者。不容易做到的原因首先是"不识货"，即不知道哪些该用哪些不该用。这一点，汉代王充在《论衡·超齐》中说："入山见木，长短无所不知；入野见草，大小无所不识。然而不能伐木以作室屋，采草以和药方……"⑥ 其次，是不忍割爱。唐代白居易在《与元九书》中说："凡人为文，私于自是，不忍于割裁，或失之繁多。"⑦ 第三是选材的态度不正确、未掌握好选材的一些程序和原则。

下面简要谈谈选材的态度、选材的程序和原则。

首先是选材的态度。很多人写文章，像鲁迅先生批评的那样，抓住什么就写，

①刘勰. 文心雕龙全译［M］. 龙必锟，译注. 贵阳：贵州人民出版社，1996：458.

②④⑥⑦郭绍虞. 中国历代文论选：第二册［M］. 上海：上海古籍出版社，1979：37，190，189，101.

③王凯符，张会恩. 中国古代写作学［M］. 北京：中国人民大学出版社，1995：189.

⑤刘锡庆，朱金顺. 写作通论［M］. 北京：北京出版社，1984：47.

对写作对象选择不严，对写进文章的材料选择也不严，态度随便，不认真不负责。储材方面，茅盾先生在《有意为之》一文中，提出要像奸商，闻风而动，极尽搜括；而选材方面，他提出要像"关卡税吏检查"："选用的时候，可就要像关卡的税吏似的百般挑剔了；整整一卡车的'货'，全要翻过身来，硬的要敲一敲，软的要扣一把，薄而成片的，还得对着阳光照了又照，——一句话，用尽心力，总想找个把柄，便扣下来，不让过卡。"① 我们写文章选材时，应该像税吏那样把住"关卡"，一定要有认真、负责，百般挑剔的态度。

其次是选材的程序和原则。先要学会鉴别材料。鉴别包括两个方面：一是鉴别材料的真伪，尤其对要写进记叙文、新闻等"纪实"文体的材料，一定要弄清其是否真实。这里的"真实"，要求不仅仅是"事实的真"——确有其事，更重要的是要求"本质的真"——即不只是事物的表面现象，还应当反映出事物的本质。二是确定材料的价值。这里说的"价值"，主要是从材料对作者要写的那篇文章的主题是否有用的角度来说的。符合文章主题需要的，就有价值。有的材料本身是有价值的，但并不符合要写的那篇文章主题的需要，因而不能选进文章中来，在这个意义上，可以说没有价值，这个时候，要舍得割爱。

在经过鉴别的基础上按一定的原则进行材料选择。常用的"一定的原则"除了上面提到的"取材贵约"外，还有两点。

① 必须围绕主题选材，与主题无关的，坚决不准进入。宋代陈骙在《文则》中说："文之作也，以载事为难；事之载也，以蓄意为工。"② 其意是说，写文章，选材是比较困难的；选材要看其是否"蓄意"（蕴含主题），"蓄意"的，就是好的。

② 选新鲜的、读者喜欢的材料。

下面以两篇文章，来看看选择写作对象和选择材料的重要性。

2011 年，贵州财经学院根据省教育厅要求，组织院级"纪念建党 90 周年征文大赛"。笔者特地给所在分院的要参加大赛的学生做了专题讲座，着重讲了"题材"——写作对象和"选材"——写进文章中的材料问题。学生得到启发，在后来的评比中，笔者指导的学生在获奖选手中占三分之二以上。

📖 第一稿

谁，艳了琼花 ["艳"作使动用法?]

钟荟翠

琼花，独具风韵，从不以色艳迷人、浓香醉人。春夏之交，一片姹紫嫣

---

① ②刘锡庆，朱金顺. 写作通论 [M]. 北京：北京出版社，1984：40，41.

红，它却洁白如玉，清秀淡雅；秋风萧瑟，百花枯谢之际，它却绿叶红果般迷人。谁人年少不是花？娘子军正如琼花，而这丛独芳的琼崖之花，又是谁，惊艳了它……

古有巾帼花木兰，今看红色娘子军。在这建党90周年之际，不禁又让我缅怀起那叱咤风云的红色娘子军，敬佩那23年红旗不倒的创举！**[？]** 寒假时 **[应交代一下自己是从海南到贵州求学的学生]** 回家探望丈公和姑婆，很荣幸的告诉他们我已成为预备党员，年逾古稀的他们一听很是欣慰，于是跟我聊起当年丈公参加解放战争以及舅舅参加越南战争的种种事迹和感慨。由于从小跟随父母看战争片受到不少影响，一听他们谈起那亲身经历的革命战斗，心中很是激动，情不自禁的崇拜他们，可是丈公却告诉我："我们心中佩服的倒还是那支独特的红色娘子军！中国女性的吃苦耐劳是世界闻名的，但是她们的英雄事迹却很少为世人所知啊！"于是，我搬来小矮凳坐在他们膝前，听他们跟我讲起他们孩时所见所闻的那丛美丽琼花的真实事迹……**[这些话过于空洞，也不够简洁。]**

"当时蒋介石、汪精卫先后在南京和武汉发动的'围剿'，致使不少爱国的共产人士惨遭杀害，百姓们仍未摆脱封建束缚和剥削压迫，终日不过是从'水深'移到'火热'中生活。本是同根生，相煎何太急。一根藤上结下的苦瓜，要经历多少劫难才走到一起，怎么就不珍惜血浓于水的情谊啊，国人互相残杀，妇女百般受辱，于是，红色娘子军被惊艳了，**[被惊艳了，这种说法很令人费解，被惊艳的原因也不仅仅是妇女百般受辱。]** 那丛'琼花'开得分外妖娆！**[以上 3 段要简略，毕竟不是文章的重点部分。]**

"1931 年 5 月 1 日的万泉河边，在中共琼崖特委的领导下，一百多名农村女子，为反抗封建压迫、争取男女平等，在共产党的号召下，成立了琼崖纵队中国工农红军第二独立师女子特务连，勇敢地拿起枪杆子，浴血沙场，英勇杀敌。其中有的从小就被买来当童养媳，有的整日被丈夫鞭打当玩偶，有财主家的丫头，更有从人贩子手里或妓院死里逃生出来的姑娘。我听我老战友讲过，那时王时香任指导员，庞琼花任连长，冯增敏、庞学连、黄墩英分别担任一、二、三排排长。

"咱们琼崖的这些姑娘们啊，十分积极主动地投身红军行列中，在战场上杀敌也表现得非常英勇，初战'围剿'总指挥陈桂苑，就赢得赫赫声威；火烧'团猪窝'，那更是智勇双全；而且在紧要关头，她们为了保护特委，保卫苏维埃，与敌人赤手肉搏根本就毫不妥协；即使与党组织失去联系，艰难跋涉大森林，背着战友攀悬崖陡壁也从不退缩，仍然十分乐观地唱着山歌继续着征程。这支娘子军出色地完成了保卫领导机关、宣传发动群众等任务，并配合主力部队作战，在伏击沙帽岭、火攻文市炮楼、拔除阳江据点及马鞍岭阻击战斗中,不怕牺牲,英勇杀敌,为琼崖革命可谓是立下了不朽的功勋啊。[**以上两段过于概括,难以给读者留下印象。要精选典型事例来写。整体的概括要简略。**]

"你们这些小孩多少都看了一些《红色娘子军》影片有点了解,应该都知道吴琼花这个人物吧?实际上生活中确是有这么个人名叫琼花,不过那时候的她并不是这些电影中的那个家喻户晓的吴琼花。世界上又怎么会有一个人那么顺利的闯过所有的困难呀,咱们的革命解放不也是历经坎坷的吗?[**这句话可以删掉。**]我的父亲告诉我,其实她是万宁人,当时才十六岁,即善良又坚强勇敢,平时待人也非常好,她常用家里给的钱给别人买鞋穿。在火烧'团猪窝'时,娘子军需要渡过九曲江。当时正是冬春之交,大雨过后,江水陡涨,水流得特别急又很寒冷。连长冯增敏[**与前文不符**]看到她个子小,要背她过河。她却瞪了连长一眼说:'连长,你别瞧不起人!'说完扭头大步趟过河去。到达文市炮楼团长考察地形后决定攻其不备,悄悄地挖地道攻击敌人。这时,小姑娘琼花毫不畏惧危险和艰难,马上抢先站在挖地道的最前列卖力地干着。当时男同志为了照顾女同志,常让她休息,她就说:'别看我个子小,可有劲哩!'确实,她人小力气大,挖得比别人都要快。可是当挖过铁丝网后,敌人就发觉了,机关枪扫射得特别的凶猛,火力也非常的密集。小个子琼花就不幸被打中了胸口,可她手里还紧攥着那把锹把。她还来不及看到胜利的曙光呀,就默默地躺在敌人的炮楼下了。[**这个事例是本文中最好的。**]

"还有个女同志当时挺着个大肚子的被敌人追得没法回家躲避,只好跟着继续打战,孩子是在战场上生下的,后来为了掩护部队和她孩子的安全,她自己就抱着孩子引诱敌人追赶她,跑到绝路没法躲了,她将褂褓放在草丛里自己便跳下山崖牺牲了。可是孩子却没有因此得救,敌人很快在附近搜寻到她的孩子,用来威胁娘子军,还没等娘子军胜利营救,敌人便抢先扼杀了那个孩子。更有不少女同志被叛徒给出卖而无辜牺牲呢。很多年轻姑娘们呀,都把青春的热血洒在这令她们无限眷念的土地上,把思念都留给了她们继续战斗的战友。[**这些议论的话要尽量少。**]

"那种战争年代里,所有人都过得很艰苦,别说是那些姑娘们了,就连那些强壮的男同志都会有想要放弃的时候,都觉得她们自小在农家田院里乖顺长大的又怎么能受得住呀。可是她们却出奇地坚强,互相鼓励团结着,十分的乐观,干活打起仗来可不比男的差呀,有时男同胞们还比不上她们嘞![**这段无多少实际内容,可以删**]

"孩童时,我记得还偶尔听到过她们在深山古林里唱着歌:'三月春风吹椰林,送妹当红军。你打白匪闹革命,带上哥的心。'这似乎在诉说着女儿的柔情蜜意，其实是用歌声驱散冬夜的寒冷、寂寞和恐惧啊！不幸的是，在当时敌强我弱的海南岛上，这支娘子军部队后来遭到国民党正规军'围剿'，喋血马鞍岭。红色娘子军这段富有传奇色彩的战斗生活，<u>在中国现代史上轰烈地奏响了中国革命和妇女解放运动中最为光彩的一段乐章。</u>"［**主体内容通过说话来展现出，这是可以的。但很多地方缺乏口语化——即不大像讲话，倒像在作报告。这要注意。**］

我听着听着，脑海中不禁又浮现出娘子军毫无畏惧与敌人抗战的那一画面，浮现出党代表洪常青率领娘子军在分界岭执行阻击任务时，为掩护娘子军撤退，孤身奋战负重伤被捕，最后英勇就义的画面。巾帼不让须眉的"花木兰"，谁又能说，她们的身后不是站着一个个伟大的"洪常青"呢？现今海南如火如荼的发展国际旅游岛，成千上万的中外游客都来瞻仰红色文化，经济水平得到快速提高，谁又能说，我们现在幸福生活的支柱没有一个个伟大的"洪常青"支撑着呢？［**这段议论过长过多。插在这里也不够合适。点题的议论要放在最后，且要简练，有余味。**］

娘子军老战士欧花也曾说过："那时候当兵打仗，就是为了男女同权，女子也能读书、做事。旧社会妇女地位最低，连名字都没有，要穿小鞋，不能和男人一样上学堂，婚姻都是包办的。共产党宣传男女平等，使她们如梦初醒。"是的，因为有这些如此的不公平，妇女们都站起来了，或许她们只不过为了吃饱一顿饭，不再挨打受辱罢了。虽然还没有很鲜明的护卫女权思想，但当生存需要她们挎上一支枪时，<u>她们就不再是别人眼中瞧不起的"娘儿们"，</u>她们同样能跟男人一样在战火硝烟中扛着沉重的武器飞奔，把枪支炮弹玩得得心应手，在常人难以忍受的艰苦条件下，存在一年多的时间，取得彪炳千秋的战绩。是的，正是在共产党的正确领导下，她们驰骋战场的奇迹正如秋瑾诗中所说的"休言女子非英物，夜夜龙泉壁上鸣！"于是，红色娘子军被惊艳了，［**让人费解。**］那丛"琼花"开得分外妖娆！［**这段大概是想写出娘子军为什么如此出色的原因，但到底是为什么，说得不够清楚。**］

我耳边仿佛又再次响起小学时就学会的那首让我们昂首的歌："向前进，向前进，战士的责任重，妇女的冤仇深；古有花木兰，替父去从军；今有娘子军，扛枪为人民……"［**后面3段都属于议论，太长。建议还是重点写中间事实部分，除了写娘子军作战勇敢外，想办法突出一下她们之所以这样，是党的教育（不要直说）。**］

这篇文章是来自海南省的 2009 级汉语言文学专业的学生根据教师的建议写的。当时教师和想参加征文比赛的同学见面，由于是自愿，未要求每个学生都写，来的学生不是很多。笔者一一地问他们有无独特的居住环境和独特的难以忘怀的经历。这个学生说她来自海南岛，我马上想到了红色娘子军。这很有名，又很独特，就建议她写。她就写了，写成这样。

考虑到文章的作者写作底子不是很好，教师除了在文章中做了较为详细的点评外，还在文末作了一些分析，提出下列如何修改的建议，附在文后，通过电子邮箱发给学生修改。

[本文的主要优点是：从选写作对象来看，具有独特性；写进文章中的材料，大体是按散文的特点来选的，有几个材料比较适合（不是像写记叙文那样注重某个完整的故事，而是选了一些反映娘子军情况的片段）。

但文章主要问题有两个：一是主题思想不是很明确，导致文章的内容比较杂。文章写娘子军的组成，写她们的战斗，写她们为什么要当红军等等，表现出的主题是什么，不是很清晰。二是选的材料不够严谨，有的材料典型性不够。

建议：明确主题；根据主题，精选材料。去掉与主题关系不大的材料，与主题有关系，但不是直接表现主题的，只起衔接、交代作用的地方一定要简略。好好修改。]

第二稿

最忆娘子军

钟荟翠

琼花，独具风韵。从不以色艳迷人、浓香醉人，春夏之交，一片姹紫嫣红，它却洁白如玉，清秀淡雅；秋风萧瑟，百花枯谢之际，它却绿叶红果般迷人。谁人年少不是花？娘子军正如琼花，而这丛独芳的琼崖之花，又是谁，惊艳了它……[开头看起来好像很有文学味，实际上并无多少实际内容，是华而不实的语句，建议修改。]

古有巾帼花木兰，今看红色娘子军。在这建党90周年之际，不禁又让我缅怀起那叱咤风云的红色娘子军，敬佩那23年红旗不倒的创举！[这句话读者是不明白的] 寒假时回海南老家探望丈公和姑婆，年逾古稀的他们听到自己的孙女已成为预备党员，心中很是欣慰，于是跟我聊起当年丈公参加解放战争以及舅舅参加越南战争 [正确的说法应为"对越自卫反击战"] 的种种事迹和感慨。听到他们那些亲历过的革命战斗，心中甚是激动又充满崇拜，可丈公却告诉我："比起那独特的红色娘子军，我们哪算得了什么呦！来，我给你说说，她们的事迹太少人知道了 [改为"知道的人并不太多呀"好一些]，你回到学校好好讲给你外省的同学们听听。"于是，我搬来小矮凳坐在他们膝前，倾听着那丛美丽琼花的真实事迹……

"我们那时还是小毛孩，<u>好些</u> [**指什么？**] 都是父辈们告诉我的。当时蒋介石、汪精卫先后在南京和武汉发动的'清共'，致使不少爱国的共产人士惨遭杀害，妇女们还是百般受辱，老百姓还是穷苦受压，每天不是在'水深'就是在'火热' [**"水深火热"是成语，不宜拆开来用**] 中生活。

"就在1931年5月1日的万泉河边，中共琼崖特委领导一百多名农村女子，为反抗封建压迫、争取男女平等，在共产党的号召下，成立了琼崖纵队中国工农红军第二独立师女子特务连，勇敢地拿起了枪杆子。她们有的从小就被买来当童养媳，有的整日被丈夫鞭打当玩偶，有财主家的丫头，更有从人贩子手里或妓院死里逃生出来的姑娘。我听我老战友讲过，当时王时香任指导员，庞琼花任连长，冯增敏、庞学连、黄墩英分别担任一、二、三排排长，<u>率领娘子军出色的战斗</u>，可以说为琼崖革命立下了汗马功劳啊！

"咱们琼崖的这些姑娘们啊，可勇敢啦！初战'剿共'总指挥陈桂苑，就赢得赫赫声威；火烧'团猪窝'，那更是智勇双全；紧要关头为了保护特委，与敌人赤手肉搏毫不妥协；即使与党组织失去联系，艰难跋涉大森林，背着战友攀悬崖陡壁也从不退缩，还很开心地唱着山歌继续着征程哩！

"你多少都看了一些《红色娘子军》影片，有点了解，应该知道吴琼花这个人物吧？实际上生活中确实有这么个人名叫琼花，不过那时候的她并不是这些电影中的那个让敌人听了都胆战心惊的吴琼花。我的父亲告诉我，其实她是万宁人，当时才十六岁，既善良又坚强勇敢，平时待人也非常的好，常用家里给的钱给别人买鞋穿。

"娘子军里不少战士曾被叛徒<u>出卖</u>，[**句号**] 有对华侨夫妇是医生，他们待人特别好，后来被出卖英勇牺牲。娘子军连里的姐妹们十分愤怒，完全不顾党代表的指挥就冲动地去报仇，牺牲了不少战士，琼花也不幸中了一枪。她和姐妹们十分懊悔地跑去向党代表认错，党代表没有立即批评她们，却表扬了她们的勇敢，然后拿出一张破旧的中国地图让她们找出琼海在哪，并告诉她们：'找不到吧？因为这上面根本没有，它对于整一个中国来说太小了。我们做军人 [**写确切些**] 不能只是为了报仇才打仗，中国那么大，受害的人不只是一群或者几百个，所以不能自私的只为了自己的仇恨，赢得全中国的解放胜利那才是真的勇敢，真的报仇。'琼花人小觉悟却很高，她当场对自己的冲动进行了惩罚，让人关起自己禁闭一天一夜。

"后来在火烧'团猪窝'时，娘子军需要渡过九曲江。当时正好是冬春之交，大雨过后，江水陡涨，水流得特别的急又很寒冷。连长看到她个子小，要背她过河。她却瞪了连长一眼说：'连长，你别瞧不起人！'说完扭头大步趟过河去。到达文市炮楼，团长考察地形后决定攻其不备，悄悄地挖地道攻击敌人。这时，小姑娘琼花毫不畏惧危险和艰难，马上抢先站在挖地道的最前列卖力地干着。当时男同志为了照顾女同志，常让她休息，她就说：'别看我个子小，可有劲哩！'确实，她人小力气大，挖得比别人都要快。可是当挖过铁丝网后，敌人就发觉了，机关枪扫射得特别的凶猛，火力也非常的密集。小个子琼花就不幸被打中胸口了，那一刻，她奋力地大喊：'姐妹们，不要为我一个人报仇！'[?] 她还来不及看到胜利的曙光呀，就默默地躺在敌人的炮楼下了，手里还紧攥着那把铁锹……

"她在娘子军里有个大她几岁的好姐妹叫阿莲，当时挺着个大肚子的被敌人追得没法回家躲避，只好跟着部队继续作战，孩子是在战场上生下的。在一次阻击中为了掩护部队，她就自己抱着孩子引诱敌人追赶她，匆忙中她嘱咐一个战友，如果有机会救了她孩子，就给孩子取名叫琼花。后来跑到绝路没法躲了，她将襁褓放在草丛里自己便跳下山崖牺牲了。可'小琼花'却没有因此得救，敌人很快在附近搜寻到她的孩子，威胁娘子军不成就把那孩子给杀了，可怜啊，娘亲没了，孩子也没活下。那些姑娘们呀，大多都跟你们差不多岁数大，有的才十几岁呢，你们现在军训一晒个太阳就都哭爹喊娘的 [写过头了]，可她们干活打起仗来却卖命的很，那股劲头有时男同胞们还比不上嘞！[这段材料是可以的，就是不够简洁。建议就只写娘子军，其他的材料去掉。]

"我记得很小的时候在山里玩还偶尔听到过她们唱的歌：'三月春风吹椰林，送妹当红军。你打白匪闹革命，带上哥的心。'这听上去像在诉说着女儿的柔情蜜意，其实，她们是在用歌声驱散冬夜的寒冷、寂寞和恐惧啊！可惜，那时咱们海南岛上敌人势力太强大了，党代表洪常青后来为掩护娘子军撤退，孤身奋战而负了重伤被捕，他不愿成为敌人威胁娘子军的把柄，牺牲时还不停喊着：'千万别为我个人报仇，[这话会引起歧义。]千万别上当，革命会胜利的！'这支娘子军部队后来还是遭到国民党正规军的'围剿'，喋血在马鞍岭了……

"那时候她们拼了命的当兵打仗，就是想打赢了也能跟男人一样读书、做事。旧社会妇女地位很低，名字都没一个，有的还要穿小鞋，婚姻都是给包办的。共产党宣传男女平等，她们才如梦初醒啊。"

姑婆走过来给我递来吃的，我不经意间发现，原来姑婆也是小脚啊！[像这些内容，与主题关系不大，可不写。]

休言女子非英物，夜夜龙泉壁上鸣！[是否引用？引用要加引号。]当生存需要她们挎上一支枪时，她们便不再是农家里只会女工而被瞧不起的"娘儿们"，她们同样能跟男人一样在战火硝烟中扛着沉重的武器飞跑，把枪支炮弹耍得得心应手，在常人难以忍受的艰苦条件下取得彪炳千秋的战绩。

我听着听着，脑海中不禁又浮现出娘子军毫无畏惧的奋战画面，浮现出党代表洪常青英勇就义的画面。巾帼不让须眉的"花木兰"，谁又能说，她们的身后不是站着一个个伟大的"洪常青"呢？[表达不是很清楚] 现今海南如火如荼地发展国际旅游岛，成千上万的中外游客都来瞻仰红色文化，经济水平得到快速提高，谁又能说，我们现在幸福生活的支柱没有一个个伟大的"洪常青"在支撑着呢？[?]

耳边仿佛又再次响起小学时就学会的那首让我们昂首的歌："向前进，向前进，战士的责任重，妇女的冤仇深；古有花木兰，替父去从军；今有娘子军，扛枪为人民……"

岁月悠悠 [长]，最忆娘子军。

修改稿的主题比较明确了，那就是：娘子军明确了自己肩上的责任，在战斗中不怕苦不怕死，英勇顽强，娘子军精神永垂不朽。根据这个主题，作者把原稿开头与主题关系不大的材料作了较大删减。根据主题需要，增加了一个违反纪律擅自报仇的事，把原稿中的两个较典型的事件（琼花和阿莲的事）写细。对原稿中明显不妥当的词句进行修改。文章质量有了一定提高，但存在的问题还较多，教师做了文中点评，要求再继续修改。

📖 获奖、发表稿

最忆娘子军

钟荟萃

古有巾帼花木兰，今看红色娘子军。在建党 90 周年之际，不禁又让我缅怀起那叱咤风云的红色娘子军，敬仰那数年前红旗不倒的创举！

寒假时回海南老家探望丈公和姑婆，年逾古稀的他们听到我在大学里不到两年，就已成为中共预备党员，很是欣慰，于是跟我聊起当年老共产党员丈公参加解放战争以及在火线中入党的舅舅参加对越自卫反击战的种种事迹和感慨。听到他们那些亲历过的战斗，心中甚是激动和崇拜，可丈公却说："比起那闻名的红色娘子军来，我们算得了什么哟！"于是，丈公谈起虽然时光已远逝，却永远铭刻在人们心中的娘子军的峥嵘岁月……

1931 年 5 月 1 日的万泉河边，中共琼崖特委领导一百多名农村女子，为反抗封建压迫、争取男女平等，在共产党的号召下，成立了中国工农红军琼崖纵队第二独立师女子特务连，勇敢地拿起了枪杆子。她们有的是从小就被买来当童养媳，有的是整日被丈夫鞭打的玩偶，有的是财主家的丫头，有的是从人贩子手里或从妓院里死里逃生出来的姑娘。

　　咱们琼崖的这些姑娘们啊，可勇敢啦！初战"剿共"总指挥陈桂苑，就打得敌人望风而逃，赢得了赫赫声威；火烧"团猪窝"，那更是智勇双全；紧要关头为了保护特委，与敌人赤手肉搏也毫不畏惧；即使在绝境时，与党组织失去联系，仍艰难地跋涉于大森林，背着受伤的战友攀悬崖过峡谷，还开心地唱着山歌继续征程！

　　电影《红色娘子军》拍得真不赖，主角吴琼花很了不起。现实中确有个名叫琼花的娘子军，她是万宁人，当兵时才十六岁，个子比枪高不了多少。她既善良又坚强勇敢，平时待人好，又很勤快，什么事都抢着干，大家都非常喜欢她。那时，娘子军里不少战士曾被叛徒出卖而牺牲。有对华侨夫妇是医生，常常帮助娘子军，也被叛徒出卖而被敌人杀害。娘子军连里的姐妹们知道后非常愤怒，完全不听党代表的劝阻就冲动地去报仇，结果牺牲了不少战士，琼花也不幸肩上中了一枪。事后她和姐妹们十分懊悔地向党代表认错，党代表拿出一张旧的中国地图让她们找出琼海在哪，说："找不到吧？因为这上面根本就无法标出，对整个中国来说它太小了。我们是军人，有铁的纪律，不能只为报小仇，我们的目标是要解放全中国！"琼花人小觉悟却很高，她当即自己关了一天一夜的禁闭。

　　后来在攻击敌人据点"团猪窝"时，娘子军需要渡过九曲江。时值冬春之交，大雨过后，江水陡涨，水又急又冰凉刺骨。冯连长看到她个子小，要背她过河。她瞪了连长一眼说："别瞧不起人！"说着很快地趟过了河。到达敌人据点前，团长考察地形后决定悄悄挖地道，打敌人一个措手不及。琼花抢先站在最前列使劲地挖。当挖过铁丝网后，被敌人发现，机关枪猛烈地扫过来。几个战士当即牺牲，琼花也不幸被打中胸口，在倒下的那一刻，她奋力地大喊："姐妹们，一定要消灭敌人啊，要解放全中国！"

　　她在娘子军里有个大她几岁的好姐妹叫阿莲，当时挺着个大肚子继续战斗，孩子是在战场上生下的。在一次阻击中为了掩护部队，她抱着孩子引诱敌人追赶她，匆忙中她找了个机会把孩子交给一个战友，嘱咐她如果有机会救下孩子，就给孩子取名叫琼花。但后来她牺牲了，战友和孩子也都牺牲了。

　　休言女子非英物，战争之中显英豪！当革命需要她们挎上枪时，她们便不再是农家里只会女工而被瞧不起的"娘儿们"，她们同样能跟男人一样在战火硝烟中扛着沉重的武器飞跑，在战斗中打得敌人鬼哭狼嚎，在常人难以忍受的艰苦条件中，战果累累，名垂千古……

　　我听着听着，脑海中不禁又浮现出娘子军毫无畏惧、大义凛然的奋战画面，浮现出党代表洪常青视死如归、英勇就义的画面。现今海南已发展成为国际旅游岛，成千上万的中外游客都来瞻仰红色文化，娘子军的事迹漂洋过海，让外宾们传到了国外。

"向前进，向前进，战士的责任重，妇女的冤仇深；古有花木兰，替父去从军；今有娘子军，扛枪为人民……"耳边仿佛又响起了小时候就会唱的那首高昂的歌。

悠悠岁月长，最忆娘子军。

修改后的定稿（中间还改过两次）参加比赛，经过专家盲评，获得了一等奖，发表在校报《贵州财经学院》四版上。发表时，鉴于版面，编辑做了删减（原文略4000字）。删减过后的文章，文字更为简洁（1500多字），主体材料更显典型，重点突出，主题鲜明。

文章获奖、发表后，作者写了篇心得（此后，该同学又陆续写了一些文章，在教师的指导下，反复修改，得以公开发表）。

《最忆娘子军》写作心得

钟荟翠

我是贵州财经学院文化传播学院一名大三的汉语言文学专业学生，曾以《最忆娘子军》参加我校校园文化活动月征文比赛并荣获一等奖。于我而言，这是我写作上一次最大的进步与鼓励，也给了我很大的自信。在此，我由衷地感谢我的恩师——游来林教授——的精心指导。

刚上大一时，我的写作水平是班里最差的，游老师甚至用我写的文章做过反面教材，可他告诉我，要写好文章，就要不怕苦练，平时多用心积累。他的这句话，便是我想与大家共同分享的写作心得！希望我能与同学们一起分享以下的四点写作心得。

一、好文要有亮点，主题需新颖。写作课中，老师曾给我们讲过"三点与一点"，要求我们在写文章时要看自己的文章是否能有"三点"中的一个"点"。老师说，一篇文章，能否有成功的希望就是看它是否有可欣赏的亮点、独创之处。所以在动笔之前，要认真选材，即选有独特性的对象来写，主题也要新颖独特。这一点是大多数同学写作时较难把握的。我想，我们还是应该按照"小材料大主题"的角度来思考更为容易下手！当时我思考征文大赛要求我们写"庆祝建党90周年"的大主题应该如何下笔时，老师正好跟我们开了个小讨论会讨论，他经过询问得知我来自海南时，说了一句："海南的红色娘子军好啊，古有花木兰，今有娘子军嘛！"他让我回去好好思考，我当时很用心地记下了他的提议和自己闪念的灵感。于是，通过老师的建议，我确定了自己的参赛征文主题——歌颂娘子军、歌颂党。而我的独特新颖之处就在于，我选了与别人不同的来自家乡海南红色文化的角度下笔，这样，对比本省或是其他外省的同学写的文章就会较为容易给读者一种新鲜感。

二、广寻材料，苦练多改。写作课上，老师常说："写一篇文章，需要积累比要写的文章多几倍甚至十几倍的材料，而最终用到的也只是材料中的极少部分。"这并非是无稽之谈。我通过这次征文实践，确实真切地体会到了老师的话是正确的。有了新颖独特的主题还不够，还需要好的材料体现出来、支撑起来。所以，我时刻想着材料的选用，并努力地广泛收集各种材料。为此，我一口气把关于红色娘子军的电视剧视频看了一遍，并边看边暂停，做好相关笔记。此外，为了能够真实深入地反映出主题内容，我还给我的丈公和舅舅打了长途电话，向他们咨询当年作战的生活经历，并跟喜欢看党史、战争纪录片的母亲请教。当然，去图书馆查阅相关资料和上网搜寻资料也是必不可少的。

当我的第一稿写出来，自认为很满意时，却被退了回来，老师在文章中做了较为详细的点评，还在文末提出了修改建议，要求再改。这样，改了写，写了再改，前后改了五遍才定稿。所以说，要想适时地写出好文章，就需要我们平日里多留心，用心积累各种知识、材料，肯下真功夫，肯刻苦练习，多请教多修改。这样不仅在我们需要时可以做到有内容可写，还能让我们在修改中增加需要的内容；特别是能在教师的亲自指导下，做对比判断，看哪些材料突出主题更合适。

三、注重细节，以情动人。还是引用老师课上的话吧——无论是演讲还是写作，都要注重细节，以情动人，如果自己都没被感动，还能感动得了谁呢？老师讲过，写出有独到认识的文章，不是我们学生的强项，是弱项。但写我们经历过的，能打动读者的文章就比较容易成功一些。通过这次征文比赛，我确实体会到了：以真切感人的故事来写更易把握，成功的可能性较大。写文章时，我发现只要是自己亲身经历的就会感触较深，写起来就有如鱼得水的感觉。尤其是将自己写的文章用以演讲时，当我边讲边感动而泪下时，听众也都被带动感染了。这并非是词藻多么华丽优美，或是故事多么曲折好听，而是把自身曾有过的体验触发起来了。奇迹往往是产生于平凡的事物中的，让人引起共鸣的感人事迹更是来源于平凡。所以，我们在写文章时，不妨多留意平日里周围是否有什么瞬间让你感动的细节可写，再将自己置身于不同角度思考细节的感人之处，选取最动人的那一个角度的情感细节来描述。请记住，最华丽的美言远比不上最平常的易让人忽略的情感；当人们难过时，是因为他们失去了情感，而他们感动的就正是你引起了他们某种情感的共鸣！比如，我在征文中用的一个例子就是琼花的姐妹为了革命以致母女都牺牲的小故事，不仅体现出伟大的爱国主义，更是深切表现出了当时娘子军队伍中姐妹深厚的友谊和伟大的母爱之情。

四、写作知识、理论与技巧的掌握，是在多写多练之中。写作课中，老师讲了不少写作知识和理论，比如，要先明确主题，然后围绕主题选择最能表现主题的、典型的材料等。但能真正理解和掌握，是在实践中。写这篇文章，我也先考虑过主题要很明确，但写起来就控制不住，最后写得比较杂，把主题淹没了。还是老师指出问题了才又回到正确的路上。选材料也不容易。写这篇文章，材料搜集得多，选时不是很严格，很多材料都堆到文章里去了。在老师的指导下，才砍掉了不少。还有，自己写文章，语言总是不够简洁。通过这次修改，我更认识到了这点。特别是文章发表时，老师将约4000字的参赛文精简到1600千字，反而觉得文章更精彩些。

总之，要适时地写出一篇好文章，最重要的是需要我们细心、耐心和用心。同学们不需要用"不会""不擅长"为自己找借口，只要你肯付出努力，总会有所回报的。我们的写作水平一定会随着我们的苦练多改、用心积累而逐日提高！或许我的写作心得并不适合你，但请你务必要注重细节积累，以积极的态度认真对待每一次写作练习。这样，你才有可能总结出更适合自己的一套练习写好文章的心得体会与方法，让自己能够写出更好的文章！

第一稿

"绿色"情

[标题不好，根据文中写的主要事件是"押运"，建议改为"绝密押运"]

杨 升

两年以后，我再次踏入熟悉的学校，当老师和同学问我："部队的训练那么苦，后悔了吗？"我笑着摇头，部队让我学会了太多，也更加坚定了我对共产党的信仰。

记得入伍前，我甚至连一名团员都不是，我觉得那些东西都是虚假的，所以很不屑。对入党这事更是不以为意，不参加党课学习，不积极学习党的知识，不主动向党组织靠拢，就觉得整个人和中国共产党扯不上一点关系。可是我有了那一次让我彻底改变了 [前面两段可合为一段作为开头，要简略些。参加征文比赛。开头不简洁，不吸引人，很可能在初选时就被评委淘汰。]

2008年2月5日，我们部队接到总队的通知，昆明监狱的犯人过多，远远超过了监狱的关押量，要将一批重刑犯转移到某省某监狱，此次任务由武警云南省总队第一支队负责。由于押送转移重刑犯是一项绝密的军事行动，需要严密组织，担负此任务的同志要有很坚定的政治立场、过硬的军事技能和很强的作风纪律。支队通知每个中队需出动 18 人的兵力，可当时正值老兵退伍时期，兵力紧张，如果不精心安排，抽调 18 人的兵力后会对执勤留下很大的隐患。经支部开会决定，第一批被抽调出来的是共产党员，第二批是士官班长，可还是少 1 个人，只能从义务兵中挑选。最后通过讨论，我作为新兵代表参加了此次绝密行动。我们支队抽调了一个两个连的 [？]兵力参加此次任务，共转移犯人 3000 余人。

　　我们在 2 月 6 日 00：38 分出发，为防止犯人暴动，确保犯人和押解人员的生命安全，每名战士两班岗，每班岗 4 小时， [**写详细些，读者看不懂**] 负重 20 公斤，来回一共是 7 天 8 夜。这次任务路途遥远，路上我们不敢有任何的耽搁，时刻保持着警戒。一路上经过好几地方车厢温度几乎达到50 度，汗水真的如雨下。当时我又累又困，这个对于没有吃过什么苦的我还是有点吃不消的，自己在心里抱怨为什么要接受这次任务，自讨苦吃。这一路，我已记不清我们班长有多少次帮我站完了每 4 小时一班的岗，有时候甚至连着站两班岗，却没有一句怨言。休息时我悄悄地问班长："班长，你不累吗？这么一句抱怨都没有？"班长很严肃地回答我："我会累，但是我们不应该怕累，我们是军人，更是共产党员，我们要保证人民的安全。"[**班长的话要更有个性化一些。**] 以前我从来没有想过这个问题，但是班长给我的触动很大，那一刻我呆住了。[**这后面应写一些自己向这些共产党员学习，不怕苦不怕累，坚持站好岗和其他一些事，这才和下面自己得到表扬接得起来；也可说明自己在党员的影响下得到了成长。**]

　　此次任务顺利完成，支部对我们比较满意，尤其对我这个新兵还提出表扬。其实我感觉自己很惭愧，根本就不配接受领导的表扬。但是这次任务让我明白了很多，我明白了什么是共产党员，什么是革命军人的优良传统。我被征服了，很彻底。我明白了为什么共产党员、革命军人能为自己的同志挡子弹。精神，中国共产主义精神，革命军人优良传统。[？]

　　我是 [**从在校**] 大学生中应征入伍的，想到在大学的日子里，那一年征集的新兵中，全团全日制本科大学生总计不超过 10 人，许多士官班长是高中生，甚至还有初中生，就连我们的一个排长也是一高中生军事提干的，没多少文化，因此他们对我很青睐。但是对党还是没有新的看法，[**缺主语**] 也不知道一个党员意味着什么？[**这段如果有用，也应当放在前面写。**]

　　从押解任务后回到部队，我变了，主动加入中国共青团，积极向身边的党团员、士官班长学习，向党组织靠拢。5 月，我因政治立场坚定、完成任务好，被总队表彰为优秀共青团员，但对于自己入党我觉得差距还很大。

　　转眼入伍已经一年，这一年的改变真的很多，但当我听到支部推荐我为预备党员的时候，我真的很激动。

那天刚从食堂吃饭回来，值班班长吹哨通知全中队在学习室集合。大家坐定后，连指导员带着浓厚的四川口音说道："根据团党委要求，必须在义务兵中发展一名预备党员。我们刚刚召开了中队支部会议，拟定四位同志为候选人，进行全中队投票表决，希望大家要认真、客观、公正的对待自己所投的一票"。黑板上写了四个人的名字，有我，那时我的心跳明显加快。

"四班长唱票，一班长计票，七班长监票"。

一轮投票过后，黑板上留有两人名字，我和连部通信员，各得十九票，内心依然平静。

"杨升一票"

"×××一票"……第二轮投票结束了。指导员开始统计票数"杨升，二十二票""×××，二十一票"。"是我吗?"，内心一阵狂喜。再看一遍，没错!

"解散，杨升到队部来领党表"指导员说道。[**以上写征求群众意见，可写可不写。意义不大。**]

事后，班长在为我做入党介绍人时讲"杨升，知道中队要发展你为党员吗? 不是因为你是大学生，是因为你一直以来工作干的不错，尤其是上次参加押解任务，表现很出色。好好干，不过记住，要脚踏实地，一如既往。现在你已经是共产党的一分子了，你要明白自己的责任与义务。即使你以后退伍了，你也要牢记。"这些话我一直牢牢记在心里。[**这段没多少内容，意义不大，或删或减。**]

今年是中国共产党建党九十周年，我再一次庄严宣誓：我志愿加入中国共产党，拥护党的纲领，遵守党的章程，履行党员义务，执行党的决定，严守党的纪律，保守党的秘密，对党忠诚，积极工作，为共产主义奋斗终生，随时准备为党和人民牺牲一切，永不叛党。[**结尾不好，空喊口号。**]

这也是从参加"纪念建党90周年征文比赛"参赛文章中选出来修改的。作者是2010级汉语言文学专业学生（2007年8月考入贵州财经学院汉语言文学专业，同年底入伍，2010年3月退伍，跟随2010级继续读大学），写之前，也参加了笔者和部分学生商量"写什么"的讨论会。笔者当时就跟这个学生说："你是从部队回来继续读大学的，写部队经历的事，没有谁能比。"他就写了这篇文章。

文章的优点是：

1. 选的写作对象相当符合教师讲过的选题材的三条基本要求：第一，写作对象蕴含有作者参赛作文要表达的主题"歌颂党、在党的教育下成长"及其内容；第二，是自己亲身经历的、具有独特性——部队和部队的特殊任务；第三，题材具有故事性，可写成记叙文或散文。

2. 写进文章的主体材料（绝密军事行动）具有典型性，其故事性也适合作者写的记叙文的要求。

文章的主要问题有：主题还不够很明确，导致材料的详略不够恰当。比如，根据征文比赛的主题要求，既要歌颂党，又要写在党的教育下成长。文章虽然也意识到主题要体现在这两个方面，但主要写了歌颂党（员）的材料，自己在党（员）教育下成长的内容就比较少，比较空洞。再如，加入预备党员征求群众意见的内容，可写可不写，却写得比较多。

[修改建议：进一步明确文章主题，围绕主题增删材料。

根据征文主题，本篇文章的重点应放在"歌颂党，在党（员）教育影响下成长"，要重点写好那次押解任务，增写一些共产党员的先进、感人事迹，写一些自己的进步变化。把这次任务写好，完成任务后被推举入党就可以了。这样紧凑些。至于投票推荐，可以不写，因为这并不重要（要写也只能概括带过）。文章前面可写一下到了部队，学其他人，也交了个入党申请书，这样前后就连贯了。原文结尾过于老套，要简练些，要有些余味。2011 年 5 月 4 日]

🔍 第二稿

绝密押运

杨 升

今年 3 月，我从部队复员，重新回到了贵州财经学院继续完成大学学业。当 [去掉"当"] 老师和同学问我："部队的训练 [改为"环境"，因为部队不仅仅只有训练] 那么 [艰] 苦，[又耽误了两年读大学的时间，你不] 后悔？"我笑着摇头，部队让我学会了太多，[收获最大的是部队] 坚定了我对共产党的信仰——[我] 光荣地加入了党组织。

我是 2007 年 12 月从学校应征入伍的。新兵连训练结束，我以各项军事技能全优被选到武警云南省总队第一支队标兵中队（一中队）。在这 [里]，我圆了我的军旅梦，在这个优秀中队健康成长 [删去]。两年里，我学到了很多很多，也得到了很多很多。部队的特殊环境，部队的首长、战友，都积极影响着我的进步。而对我影响最大的，是那次绝密押运。

2008 年 2 月 5 日 23：33，中队响起了紧急集合的哨音，排长快速集合向中队长报告："中队长同志，部队集合完毕，应到 65 人，实到 58 人，7 名执勤，请您指示，值班员王军。""同志们，刚刚接到支队转发总队的特急电报，在昆监狱的犯人过多，远远超过了监狱的关押量，要将一批重刑犯转移到某省某监狱，此次任务由武警云南省总队第一支队负责，我们作为第一支队的标兵连，此次任务是艰巨的，但也是真正考验我们战斗力、作风的时候。支队现需组建一个加强连的兵力参加此次任务，共转移犯人3000余人。支队命令我们中队立即抽出18人参加此次押运，名单在十二点之前报支队作战训练股，根据中队党支部讨论决定，下面我们开始抽人"。

"一班班长乔梁，二班副班长张伟，三班班长何一兵……"

第一批被抽调出来的全是共产党员，第二批是士官，可还是少1个人，当时正值老兵退伍时期，兵力紧张，如果不精心安排，抽调18人的兵力后会给部队执勤留下很大的隐患。经支部开会决定，只能从义务兵中挑选。最后通过讨论，我作为新兵代表参加了此次绝密行动。由于押送转移重刑犯是一项绝密的军事行动，需要严密组织，担负此任务的同志要有很坚定的政治立场、过硬的军事技能和很强的作风纪律。

我们在2月6日00：38分出发，为防止犯人暴动，确保犯人和押解人员的生命安全，刚上车，临时党支部就召开紧急会议，针对犯人、车厢情况做了精密的勤务部署：共设26个执勤岗，每个岗位2人，平均每名战士每隔4小时一班岗，每班岗4小时，必须带够装备，自动步枪一支，弹夹三个（弹夹内装满子弹），两个催泪弹，两个烟雾弹，戴钢盔，穿防弹衣。

火车一路上不知道到过哪些地方，一路上不知道换了几次的车头，单程就是9天10夜。这次任务路途遥远，路上我们不敢有任何的耽搁，时刻保持着警戒。很多时候车厢温度超过50摄氏度，好几地方又低到零下几度。让我吃不消，很累很累。

和我同一班岗的是我们一班长乔梁，第五年兵，共产党员。他很镇静，很坦然，开始站岗，一直盯着犯人，话极少，两眼炯炯有神，有极强的震慑力。两天过去了，不见他有一句怨言。休息时我悄悄地问班长："班长，你不累吗？怎么一句抱怨都没有？"班长不以为然地回答我："我又不是超人，你说我累不累？我给你说，后边的岗你给俺站好掉，你看你那怂样，像个当兵的吗？一天稀里糊涂的，我们是来执行任务的，不是来度假的，这点苦就受不了了你来干什么？看你这样还想入党，[这里要交代一下自己是写了入党申请书的]怕是还不行吧"。班长又说："九八年发洪水，我家乡被淹得很厉害，部队到我们那里抗洪抢险。一次雨下得特别大，沙袋根本就不够，当就要决堤的时候，一个人大喊'是党员的跟我往下跳'，随后很多人跳入大水中，用自己的身体筑起一道人墙。他们跳下去的那一刻是那么的义无反顾，没有任何犹豫，没有任何抱怨。虽然那时候我不知道党员是什么，但我告诉自己长大后也要成为一名军人，一名共产党员。我们现在这点苦真的不算什么。"以前我从来没有想过这个问题，但是班长的话给我的震动很大，我是在校大学生应征入伍的，大学的时光里没有过这样大的触动，对党的认识，也很肤浅，也不知道一个党员意味着什么。**[这段增写了抗洪时共产党员的表现，是很有必要的，很好。但文字不够简练，还有不够准确和较空洞的内容（下画线的文句）。]**

听了班长的话，我似乎懂得了一点，在随后的几天里，我积极地向这些战友学习，站好每一班岗，即使很辛苦，我也坚持了下来，而且是没有任何的抱怨。热到全身湿透，冷到身体发青，在岗位没有过一丝放松。再苦再累想想身边这班长，劲就来了，我暗地激励自己要做像一班长一样的军人。

此次任务顺利完成，支部对我们比较满意，尤其对我这个新兵还提出表扬。<u>这次任务让我明白了很多，我明白了什么是共产党员，什么是革命军人的优良传统。我被征服了，很彻底，我明白了为什么共产党员、革命军人能为自己的同志挡子弹。精神，中国共产主义精神，革命军人优良传统。</u>**[这些话都过空。]** 从押解任务后回到部队，我积极向身边的党团员、士官班长学习，向党组织靠拢。5月，我因政治立场坚定、完成任务好，被总队表彰为优秀共青团员；9月，我光荣地成为了一名中共预备党员。**[这段写简练些，尽量写实一点。]**

虽然我离开了部队，但是我知道 **[党员]** 这份责任和义务已经 **[永]** 驻在我的心里了**[去掉"了"字]**。

根据教师的修改建议和文章中的具体点评意见，作者做了较多的修改。文章主题得到了较好的明确。根据主题，文章材料有几个地方进行了增删。开头部分作了较大删减，字少了很多，但文字还是欠准确和简练。教师做了较详细的文中点评。

主体部分把押解任务写得较清楚、较细致，加了一段抗洪救灾中共产党员的表现很重要。后面部分改动最大：全部删去了投票推荐的内容，把在部队自己是大学生等内容也删掉了。结尾改得比较好。

不足是：全文还有不少词、句需要推敲，要写得更准确些、简练一些。

教师把上述意见反馈给作者，作者又做了两次修改，最后教师做了些润色。

定稿、获奖稿、发表稿

绝密押运

杨 升

去年3月，我从部队复员，重新回到贵州财经学院继续完成大学学业。每当老师和同学问我"部队训练那么苦，又耽误了两年，不后悔？"时，我总是笑着摇头。部队让我学会了太多，特别是坚定了我对共产党的信仰，并光荣地加入了党组织。

我是 2007 年 12 月从学校应征入伍的。新兵连训练结束，我因各项全优被选到武警云南省总队第一支队标兵中队。两年里我学到了很多很多，也得到了很多很多。部队的特殊环境、首长、战友，都积极影响着我的进步，而对我影响最大的，是那次绝密押运。

2008 年 2 月 5 日 23:33，中队响起了紧急集合的哨音，排长快速集合向中队长报告："中队长同志，部队集合完毕，应到 65 人，实到 58 人，7 名执勤，请您指示！""同志们！刚刚接到支队转发总队的特急电报，要将一批重刑犯转移到某省某监狱。此次任务由武警云南省总队第一支队负责，我们作为第一支队的标兵连是主力。此次任务是艰巨的，但也是真正考验我们战斗力、作风的时候。支队现需组建一个加强连的兵力执行此次任务。支队命令我们中队立即抽出 18 人参加此次押运，名单在十二点之前必须报出。根据中队党支部讨论决定，下面我们开始抽人！"

"一班班长乔梁，二班副班长张伟，三班班长何一兵……"

第一批被抽调出来的全是共产党员，第二批是士官，可还是差 1 人。当时正值老兵退伍时期，兵力紧张，如果不精心安排，抽调 18 人的兵力后会对部队执勤影响较大。党支部会议决定，从义务兵中挑选。经反复讨论，我作为新兵代表参加此次行动。由于押送重刑犯转移是一项绝密的军事行动，担负此任务的同志要有很坚定的政治立场、过硬的军事技能和很强的作风纪律。

我们在 2 月 6 日凌晨出发。为防止意外，确保完成任务，刚上车，临时党支部就召开紧急会议，针对犯人、车厢等情况作了周密部署：共设 26 个执勤岗，每个岗位 2 人，平均每名战士每隔 4 小时一班岗，每班岗 4 小时；每名战士必须带足装备：自动步枪一支、装满子弹的弹夹三个、两个催泪弹、两个烟雾弹、戴钢盔、穿防弹衣等。

火车一路上不知道到过哪些地方，一路上不知道换了多少次车头，单程就是 9 天 10 夜。这次任务路途遥远，我们不敢有任何闪失，时刻保持着高度警惕。一路上经过的好些地方车厢温度超过了 50 摄氏度，好些地方又低到零下几度。每次一站就是 4 个小时，我感到很吃不消，累极了，不免露出抱怨情绪。

和我同一班岗的是我们一班长乔梁，第五年兵，党员，极镇静、很坦然。站岗时，他一直盯着犯人，话极少，两眼炯炯有神，有极强的威慑力。两天过去了，不见他有一句怨言。休息时我悄悄问他："班长，你不累吗？怎么一句抱怨都没有？"他答："我又不是超人，咋不累！"随后很严肃地说；"后边的岗你给俺站好点！这次抽你出来，是看你小子有潜力。别丢脸！你不是交了入党申请书了吗？看你这样怕是不行吧！"班长又说，"九八年发洪水，我家乡被淹得很厉害，部队到我们那里抗洪抢险。一次雨下得特别大，沙袋根本就不够，当就要决堤的时候，只见一个人大喊'是党员的跟我往下跳！'随后很多人跳入大水中，筑起了一道人墙。他们跳下去的那一刻是那么地义无反顾，那么地壮烈。虽然那时我对党员还不知道多少，但我非常佩服那些跳下水中的党员、军人。我当时就下决心长大后也要成为一名军人，一名共产党员。现在这点苦，比起我们党历史上的无数党员、英雄来，算什么！"

班长的话给了我很大的震撼。在随后的几天里，我积极地向这些战友学习，站好每一班岗，再苦再累，我都坚持了下来，不再有任何抱怨。即使热得全身湿透，冷得身体发青，在岗位上也没有一丝放松。

此次任务顺利完成，得到了上级的嘉奖，我这个新兵还单独得到了表扬。此后，我更积极向身边的党员、士官班长学习，向党组织靠拢。5月，我被总队表彰为优秀共青团员；9月，我光荣地成为一名中共预备党员……

虽然离开了部队，但党员这份责任和义务已经永驻在了我的心里。

文章虽然体现主题的典型事例略少，主题挖掘的深度也有限，文字功夫（文采上）也需进一步提高，但由于写作对象独特、写进文章中的主要材料典型，主题也明确，因此，通过专家组的盲评，获得了校级比赛二等奖。文章发表在校报《贵州财经学院》第四版上。

三、一个能吸引人的亮点

写文章要有明确的"意"（"意"有多种含义，此处指"主题"）。"意"是丰富多彩的，有时是一种认识，有时是一种情感，有时是提供一种画面等。笔者在写作教学中，针对学生的实际，在立意及其体现"意"的内容上，提出了"三点与一点"的写作要求，即：学生要想写出一篇比较成功的文章，一般最起码的应具有"三点中的某一点"。这里的"点"，指的是"亮点"。"亮点"，按《现代汉语词典》的解释是："比喻有光彩而引人注目的人或事物。"在本书里，"亮点"是指一篇文章中，有能够吸引读者的地方。"三点"是：

其一，有一点独到的认识——能给读者以启发。

其二，有一点能打动读者的情感——以情感人。

其三，有一点有特色的画面——以美引人。

当然，老师也说，如果文章能具有"三点中的两点"，就一定相当好了；如果三点都具有，虽然达不到"情、景、理"高度融合的精品境界——像庄子的《秋水》、苏轼的《前赤壁赋》、欧阳修的《醉翁亭记》等那样的杰作，但一定是好的文章。

关于论述怎样写好文章，文章写成什么样子才算"好"、才算"成功"的书籍和文章不计其数，但学生大都感到茫然，不知道文章到底写成什么样子才算"好"或才有成功的希望。笔者提出的"三点与一点"，使学生感到具体，标准也不高，较容易做到，因而觉得找到了写作方向。笔者又跟学生多次作出如下的分析。

"有一点独到的认识"固然好，但这对大多数在校的大学生来说，恰恰是弱项。因为学生的阅历、经历、能力、水平等有限，写出的文章是很难超出一般人的认识而具有独到的特点的。既然如此，文章没有新东西，写的内容、道理大家都知道，大家就不愿去看，写这样的文章有什么价值呢？没有价值的东西又何必去写呢？虽然，也并不是没有学生获得过一点与众不同的、独到的认识，教师也应鼓励学生注意观察，经常思考，培养创新意识。但能有"独到认识"的学生毕竟是学生中少数的佼佼者，对多数学生不能要求过高。

但是，由于每个学生的经历不同，所居住的环境不同，不同的经历中都会遇到打动过自己的人或事，所居住或所去过的地方总会有一些有一定特色的景物，构成的美的风景画面常使人难以忘记，这些都是写作文章的好题材。把打动过自己的人或事写出来，或把自己感到优美的风景画面描述下来，文章就可能会有亮点，就有可能成功。

（一）一点独到的认识，能给读者以启发

"独到"在这里的意思是"与众不同"。能"与众不同"，应具有一定的创新成分。文章的功用之一，是给读者提供一点新的知识。在这个意义上，写文章，就应该写那些读者欲知而不知，知后能解惑，或能增加一点新认识的东西。对学生来说，这确实很难做到，但一旦能有一点新东西，文章成功的概率就非常高。

下面举一例。

2009年贵州省知识产权局、贵州省写作学会联合举办贵州省大学生知识产权征文大赛，笔者动员由笔者授课班级的学生全部写文章参赛，并从中选出20多篇文章重点指导修改后参赛。最后共获奖20名，其中一等奖2名（全省参赛大学生万余名，评一等奖5名，贵州财经学院是唯一获得两个一等奖的单位）、二等奖3名、三等奖3名、优胜奖12名。学院获得优秀组织奖。一等奖中的一篇，就经历了从认识平平到反复提炼、修改到具有一定独到认识的过程。

① **第一稿**

知识产权保护的重要性
黄世伟

　　春路雨添花，花动一山春色。明初刘基曾有"江南千条水，云贵万重山。五百年后看，云贵胜江南"之赞。云天万里，清风沾襟，流水如琴。山青所以水秀，水秀所以山青。云贵大山，是一种与北方平原完全不同的感受。

　　贵州省资源得天独厚，拥有神秘雄奇的自然景观，古朴浓郁的民族风情，悠远凝重的历史文化，舒适宜人的气候条件。抓知识产权保护也是维护贵州悠远文化的重要因素，注明的自贵州青酒集团被省知识产权局、省经贸委、省教育厅等六家确定为第二批全省知识产权试点单位之后，采取行之有效的措施，大力推进知识产权保护试点工作。以质量创品牌，以品牌创效益，以效益求发展的战略思路，不断加大科技投入，提高企业自主创新能力，贵州青酒集团"青"及"青溪及图"商标于2009年2月被省知识产权

局、省财政厅等联合行文奖励这两个中国驰名商标。

在中药产业发展的过程中，知识产权也为该产业的发展注入了核心竞争力。"十五"期间以来，中药专利申请总量、增长幅度位居全省产业之冠。现在拥有了"咸门""神奇""益佰"等著名商标，"黔药"的知名度和影响力正在逐步形成。在地理标志保护方面，赤水金钗石斛获得原产地域产品保护，"从江瑶浴药"申请了证明商标。随着中药现代化科技产业发展的推进，中药产业将最有希望涌现出一批"拥有自主知识产权和知名品牌"的企业。[第2、3段谈贵州知识产权保护上取得的成绩。]

但是贵州省还是有许多产品都没有自己的商标，多为"白板"产品、"裸体"商品。安顺蜡染是贵州传统民族文化瑰宝，作为蜡染的原产地，被公认为"蜡染之乡"，堪称贵州民间艺术的"奇葩"，在国内外享有很高的声誉。可由于没有申请商标注册，市场遭到无序开发，致使全国各地充斥着各种劣质仿冒品，原本闻名遐迩的安顺蜡染渐渐变得无人问津。地处贵州黔东南州雷山县的西江千户苗寨，是有近2000年历史的世界上最大的苗寨，也成为一座承袭和展现苗族文化的"天然博物馆"。但最近却调查发现，贵州两个自然人在6个商品类别上申请"西江千户苗寨"和"千户苗寨"商标共7件。上海的自然人夏某在45大类商品类别中，每类都申请了1件注册商标。这表明，贵州本土的文化已被外人抢注。[第4段写贵州知识产权保护中存在的一些问题。]

马克思主义认为，思想是行动的指南，人们的经济社会行动总是在特定思想观念支配下的行动。从这个角度看，我们发现，由于产业结构的原因，我国很多人还不知道知识产权内涵、知识产权如何保护等，还不清楚知识产权保护对于产业结构调整具有先导性作用，存在着"重成果，轻专利"的思想。很多企业知识产权保护意识不强，既不重视保护自己的知识产权，也不尊重他人的知识产权，甚至践踏他人的知识产权，只把眼前利益放在生产发展的第一位，缺乏可持续发展意识。

山水的滋养，更多的是血脉灵性。是欣赏，更是一种精神的契合。居住在这片广袤土地上的少数民族群众在自身文化创造中形成的具有一定文化内涵，其中更体现了少数民族群众的精神生活。由于缺乏相关知识产权保护，遗憾的是这种文化已经出现变异，许多文化符号已经消失，一些文化形态不复存在。贵州省的传统知识面临着现代文化的冲击，传统知识陷入了生存和发展的危机，对其的传承、保护和利用一直是一个难题。[第5、6段写问题存在的原因。]

我国的科学技术总体水平落后于发达国家，在保护知识产权之"流"不利的情况下，更应当力争把中国占优势的客体纳入知识产权保护范围。

2006 年贵州省颁布实施《贵州省知识产权战略纲要》，为贯彻实施国家和省的知识产权战略纲要，贵州省加强对《纲要》实施的统筹协调力度，以完善《纲要》的实施体系，加强《纲要》实施的监督执行机制为手段，以出台一系列知识产权政策措施为保障，以提高全社会知识产权意识，培养知识产权管理人才、实务人才、综合复合型人才为基础，以大力提高市场主体运用知识产权制度的能力和水平为目的，全方位推进知识产权战略的实施。

此外，贵州省各市、州、地也相继出台相关知识产权管理制度，促进当地发展。如贵阳市出台了《关于加强与技术进步有关的专利管理工作的意见》《贵阳市知识产权入股管理暂行办法》等；黔西南州制定了《知识产权奖励办法》、《知识产权专项资金管理办法》、《科研计划项目的知识产权管理办法》以及《知识产权项目管理暂行规定》等；六盘水市出台了《实施名牌发展和产品创新战略的意见》；黔南州制定了《知识产权奖励暂行办法》等。[**第 7、8 段写贵州在知识产权保护上的一些举措。**]

2008 年，国务院颁布《国家知识产权战略纲要》，同年年底，全国已有八省市颁布实施地方知识产权战略，我国各级政府在政府层面形成了定期研究机制，重大议事机制、领导目标责任制和考核机制，加强地方政府对知识产权工作的组织领导和统一协调，国家知识产权局已批准设立国家及知识产权工作示范城市 10 个、示范创建市 36 个、试点城市 49 个；国家知识产权示范园区创建区 3 家、试点园区 27 家；企事业知识产权试点工作单位 257 家，示范创建单位 70 家，专利交流站 74 个，由点及面、由浅入深地推进全国知识产权事业协调发展。[**第 9 段写国家在知识产权上的一些情况**]

德国著名哲学家黑格尔曾经说过："促进社会和艺术的纯粹消极的然而是首要的方法，在于从事此业的人免遭盗窃，并对他们的所有权加以保护……"，对于知识产权的保护，我们不能袖手旁观，西方有句谚语叫"Attitude is everything"，其中文意思就是"态度决定一切"。我们必须树立知识产权保护、运用中的整体性意识，更全面、更系统地保护和运用知识产权，打造属于自己的企业品牌，让我国的品牌在 21 世纪知识经济时代中永远处于时代的尖端，成为知识经济浪潮中的"弄潮儿"。[**第 10 段结尾，写应更好地保护知识产权。**]

文章的作者是从安徽考到贵州来的学生，写作基础比较好。但这篇文章，由于征文主题要求和作者选择的写作对象所限，不好写什么打动人的情感，也不好去描述能给人美感的有特色的景物，唯有看看能否在具有一点独到的认识上下功夫。基于此分析，笔者给作者提出下面意见：

[**按本文标题，文章应该论"为什么要保护知识产权"（即谈知识产权保护的**

意义、作用），但文章的内容却主要写贵州在知识产权保护上取得的成绩（第2、3段）、存在的问题和原因（第5、6段），还写了其他较杂的内容（第7、8段写贵州保护知识产权采取的一些措施；第9段写有关国家知识产权的情况、第10段写我们应当如何保护知识产权）。由此，文章很明显的问题就有两个：一是文不对题；二是结构混乱。

而文章最主要的问题是，没有新意。文章还没找到一个较好的角度，没有一个亮点。如果就原文来修改，难有作为。恐怕需要另辟蹊径。是否可考虑从省外学生的角度来看贵州的知识产权，写出一点与众不同的、可以被称为"亮点"的东西来。

时间紧，要抓紧。2009年7月6日]

学生收到此信息后，专门来找老师，商量怎么重写征文。笔者启发他，可从一个外省人的角度来看贵州，站在全国知识产权情况的高度，来看看贵州在知识产权方面有什么特点，将其特点概括出来。这样，就有可能站得高些，立意可能就会高远些，可能会高出别人一筹，具有一点独到的认识，成为亮点。

学生听后，表示很受启发，回去好好考虑。三天后写出了第二稿。

第二稿

我看贵州之"三多"

黄世伟

春路雨添花，花动一山春色。[应删掉，没什么实际内容。]明初刘基曾有"江南千条水，云贵万重山。五百年后看，云贵胜江南"之赞。作为一个外省来到贵州读大学的学子，初来[删掉]贵州给我的感觉是云天万里，清风沾襟，流水如琴。[似未写出贵州的特色]云贵大山，是一种与北方平原完全不同的感受。当然，贵州省资源也是得天独厚，拥有神秘雄奇的自然景观，古朴浓郁的民族风情，悠远凝重的历史文化，舒适宜人的气候条件。经过三年的了解与观察，在我看来[不简洁]，贵州就有"三多"。[开头这段可精简一些。]

第一多，贵州文化资源多。

知道贵州，是历史课本里的遵义会议，是酒桌上的国酒茅台，[渠道是否少了？是否可加"来自课堂上《贵州省情课》、来自贵州同学热情邀请去的苗寨、侗乡、布依村"之类。]贵州是富饶的，富饶得令人惊叹！[删去，易产生歧义。]贵州的资源让人吃惊。贵州文化资源丰富、特色鲜明，蕴藏着巨大的开发利用价值。现在有很多专家学者将贵州概括为天然的大宝库、大氧吧、大空调、大公园、大酒乡，多密度文化的大家庭，多元的大千世界，是一个丰富的多彩贵州。[**基本上是些大而空的套话。**]

一是生态文化资源丰富，贵州喀斯特地貌占全省总面积的73%，面积之大，名列世界第一，是世界上喀斯特地貌发育最典型、最完整、最集中，规模最大的地区。高达36%的森林覆盖率，丰富珍稀动物的资源和独特的生态系统，使贵州成为世界少有的绿色喀斯特地区，观赏价值、研究价值极大。

二是民族文化资源丰富。贵州是一个多民族的省份，在3960万人口中，少数民族占38.89%，有苗族、布依族、侗族、回族、彝族、水族、瑶族、土家族等17[**第四次人口普查，贵州已经是具有56个民族的省份，17个指的是世居的民族**]个少数民族，是一个多民族的和谐共处的大家庭。在各民族的生活方式中，蕴藏着古朴、醇厚、绚丽多姿的历史传统和多样性的原生态文化。传统的建筑、服饰、语言、节日、饮食、婚俗、歌舞，数量众多，风格各异，保存完好，多彩多姿，成为民族文化的大千世界。

三是"红色文化"资源丰富。在贵州是"红色"的故土，老百姓说，在贵州生活，是非常幸福的，走的是长征路，喝的是茅台酒。红军的故事，以长征文化为重点的红色旅游资源在全国优势突出。遵义名城、赤水河峡谷、娄山关等历史古迹是长征文化的亮点，符合中国红色旅游的热潮。

四是历史文化资源丰富。贵州历史上是民族的迁都大走廊，文化历史悠久，源远流长。文化遗存丰富多样，文化形态保存完好，现有19个全国重点文物保护单位，国务院公布的重点文化遗产名录当中贵州名列第三，纯朴文化、土司文化、宗教文化等，最后为独特极具研究的价值。

贵州文化资源丰富、特色鲜明，蕴藏着巨大的开发利用价值，是贵州文化产业做大做强的坚实基础，所以利用和保护也是一个关键的问题。[**重复，可删**]

第二多，文化知识产权被侵权多。

山水的滋养，更多的是血脉灵性。是欣赏，更是一种精神的契合。居住在这篇广袤土地上的少数民族群众在自身文化创造中形成的具有一定文化内涵，其中更体现了少数民族群众的精神生活。由于缺乏相关知识产权保护，遗憾的是这种文化已经出现变异，许多文化符号已经消失，一些文化形态不复存在。贵州省的传统知识面临着现代文化的冲击，传统知识陷入了生存和发展的危机，对其的传承、保护和利用一直是一个难题。让我们看下面的一系列数据：[**空说理的文字过多。**]

全国以贵州省景区名称申请商标注册共1388件，其中，贵州省景区自己申请的商标仅有61件，占总数的4.4%；省内其他主体以贵州省景区名称申请商标注册共599件，占总数的43.2%；省外申请人注册728件，占总数的52.4%。[**注明出处**。]

这些还只是统计在案的。贵州省还有许多产品都没有自己的商标，多为"白板"产品、"裸体"商品。如安顺蜡染，它是贵州传统民族文化瑰宝，作为蜡染的原产地，被公认为"蜡染之乡"。堪称贵州民间艺术的"奇葩"，在国内外享有很高的声誉。由于没有申请商标注册，市场遭到无序开发，致使全国各地充斥着各种劣质仿冒品，原本闻名遐迩的安顺蜡染渐渐变得无人问津。

随着旅游产业不断升温，贵州频频遭遇知名旅游景区景点名称被他人抢注商标事件，给景区和企业造成名誉和经济损失。如地处贵州黔东南州雷山县的西江千户苗寨，是有近2000年历史的世界上最大的苗寨，也成为一座承袭和展现苗族文化的"天然博物馆"。可是最近却调查发现，贵州两个自然人在6个商品类别上申请"西江千户苗寨"和"千户苗寨"商标共7件。上海的自然人夏某则在45大类商品类别中，每类都申请了1件注册商标。[**注明出处**。]

贵州美酒河酿酒有限公司于2003年6月25日申请了"赤水河"商标，2004年10月21日，经国家商标局初步审定后，作为国际分类第32类商品（即啤酒、无酒精饮料商品）商标予以公告。但是此后，广州巨星影视广告制作有限公司针对该商标提出异议，他们认为，"赤水河"商标与他们早已注册的"赤水河及图"商标构成冲突，理由是，他们已用"赤水河及图"商标在第33类商品（即白酒、含酒精的饮料）注册，并拥有专用权，美酒河公司再用"赤水河"注册商标，有恶意仿冒、抢注之嫌。[**注明出处**] 这表明，贵州本土的文化已被外人抢注，这种现象怎能不令人痛惜。

第三多，"亡羊补牢"为时不晚，贵州知识产权保护多。

当然，虽然存在着这样那样的问题，总的来说，近几年来，贵州旅游总收入还是连续保持30%以上的增幅，形成了"黄果树瀑布""遵义会议"等一批知名旅游品牌，生态旅游、文化旅游、红色旅游、乡村旅游等一大批旅游品牌正在创建中。贵州正在推进旅游产业知识产权创造、运用、管理和保护，并鼓励扩展注册为民族民间工艺品、特色食品等旅游商品商标，为景区资源品牌化经营奠定基础。

知识产权保护是维护贵州悠远文化的重要因素，贵州青酒集团就是一个很好的例子，它被省知识产权局、省经贸委、省教育厅等六家确定为第二批全省知识产权试点单位之后，采取行之有效的措施，大力推进知识产权保护试点工作。秉承以质量创品牌，以品牌创效益，以效益求发展的战略思路，不断加大科技投入，提高企业自主创新能力，贵州青酒集团"青"及"青溪及图"商标于2009年2月被省知识产权局、省财政厅等联合行文奖励这两个中国驰名商标。

在中药产业发展的过程中，知识产权也为该产业的发展注入了核心竞争力。"十五"期间以来，中药专利申请总量、增长幅度位居全省产业之冠。现在拥有了"咸门""神奇"和"益佰"等著名商标，"黔药"的知名度和影响力正在逐步形成。在地理标志保护方面，赤水金钗石斛获得原产地域产品保护，"从江瑶浴药"申请了证明商标。随着中药现代化科技产业发展的推进，中药产业将最有希望涌现出一批"拥有自主知识产权和知名品牌"的企业。

在维权道路上，贵州"老干妈"跨省讨伐冒牌"老干妈"，经调查发现，湖南、湖北省的个别公司、企业生产和销售印有明显"老干妈"字样和"干妈图形"注册商标的调味食品，涉嫌"老干妈"商标侵权。为了严厉打击"赝品"，维护"老干妈"和广大消费者的合法权益，当地立即组成专项维权打假小组，远赴湖南、湖北省开展打假。最终这些公司涉嫌商标侵权被查封。

特定的历史背景及民族构成造就了贵州独特、丰富的民族民间文化，对其保护与发掘一直得到全省各级党委和政府的高度重视。在保护知识产权之"流"不利的情况下，更应当力争把贵州占优势的客体纳入知识产权保护范围。打造旅游品牌，培育壮大旅游业，《贵州省知识产权战略纲要》提出了今后10年旅游产业的知识产权战略。欠发达国家和地区经过深厚历史积存的遗传资源和传统知识，却遭遇一些外来公司和机构无偿窃取和利用。针对近年来频频出现的"生物海盗"行为，贵州省也率先制订出我国首部传统知识的知识产权保护法规。

"三多"是我来到贵州三年的随见所得，作为西部地区的省份，是泛珠三角区域合作的重要腹地，更具有独特的区位优势，同时贵州自然资源极为丰富，尤以矿产、能源、生物、旅游等资源得天独厚，特色明显。希望在"三多"的影响，贵州的知识产权保护能够更上一层楼。[**倒数第二段和结尾内容不精粹，过于空泛，一两句话（要精辟）即可。**]

看了第二稿，教师感到眼前一亮："贵州在知识产权上有三多"，这应该是尚未有人概括过的，是亮点所在。但文章问题较多，需好好修改。因此，笔者除了在文中写了一些点评意见外，还写了下面意见，发给学生。

[第二稿虽然还存在这样那样的问题（主要问题教师已在文中点出），但很重要的是，文章概括出了贵州在知识产权上的"三多"。这一点是独到的认识，是一个亮点。有了亮点，就有了希望。目前需要解决的主要问题是：如何把亮点概括得更准确些，尤其是支撑亮点的材料如何更充实一些，更具有说服力些。要好好

地修改、完善、提高。2009 年 7 月 9 日]

学生根据教师具体的修改意见，经修改后写出了第三稿。教师考虑到征文截稿时间迫近，也为了让学生体会到文章如何推敲打磨修改，故在文中又作了一些点评。

第三稿

我看贵州之"三多"

黄世伟

明初刘基曾有"江南千条水，云贵万重山。五百年后看，云贵胜江南"之赞。作为一个外省来到贵州读大学的学子，贵州给我的感觉是拥有丰富的资源，神秘雄奇的自然景观，古朴浓郁的民族风情，悠远凝重的历史文化，舒适宜人的气候。云贵大山，是一种与北方平原完全不同的感受，它是爽爽的避暑天堂。这些更多地是感性认识，从理性上，[**不简洁。**] 对于贵州，我认为有"三多"。

第一多，贵州文化资源多。

知道贵州，是 [**将"是"改为"源于"好些。**] 历史课本里的遵义会议，是酒桌上的国酒茅台；了解贵州，是来自课堂上《贵州省情课》，来自到贵州同学热情邀请去的苗寨、侗乡、布依村。贵州是以自然景观为主要旅游资源的省份 [**贵州更吸引人的是民族风情，只不过还未很好开发。如果只提自然景观，则与本层的观点有悖。**]，是全国有名的"公园省"，是一个多密度文化的大家庭，一个丰富的多彩贵州。

一是民族文化资源丰富。贵州，一个西部多民族的省份，3960 万人口中少数民族占了 38.89%，有苗族、布依族、侗族、彝族、水族、土家族等 17 个世居少数民族，经过漫长的生存和发展，积淀了丰富而独具个性的民间民族文化，形成了古朴、醇厚、绚丽多姿的"文化千岛"奇观。伴随着社会的进步和发展，他不仅是贵州的宝贵财富，也是中国乃至世界的文化遗产。[**这段未写出民族文化资源的特点，空洞。**]

二是生态文化资源丰富。贵州与江南的秀丽玲珑，塞北的豪气冲天，青藏的舒展圣洁等相比，另有一种独特韵味。贵州的山，层峦叠嶂，各具风姿。贵州的水蜿蜒于崇山峻岭，奔腾穿泻于深峡幽谷。喀斯特溶洞遍布全省各地，面积之大，是世界上喀斯特地貌发育最典型、最完整、最集中，规模最大的地区。高达 36% 的森林覆盖率，丰富的珍稀动物资源和独特的生态系统，也使贵州成为世界少有的绿色喀斯特地区，观赏价值、研究价值极大。[**要点出获世界物质文化遗产的荔波的喀斯特森林公园、赤水的丹霞地**

貌。]

三是"红色文化"资源丰富。贵州是"红色"的故土，是中国革命由挫折向胜利的转折之地，红军长征的足迹遍及贵州的68个县市区，留下了在中国革命史上有重大影响和关键意义的遵义会议、强渡乌江、娄山关战役、四渡赤水等历史事件的革命战斗遗址和纪念设施。以长征文化为重点的红色旅游资源在全国占有强大优势。

四是历史文化资源丰富。贵州历史上是民族的迁都大后方，文化历史悠久，源远流长。文化遗存丰富多样，文化形态保存完好，如从江增冲鼓楼、普定穿洞遗址、大方奢香墓、遵义杨粲墓、盘县大洞遗址等。现在有19个全国重点文物保护单位，在国务院公布的重点文化遗产名录中，贵州名列第三。土司文化、屯堡文化、宗教文化等最为独特，极具研究的价值。[**这段内容就实在。**]

第二多，文化知识产权被侵权多。

山水的滋养，更多的是血脉灵性；是欣赏，更是一种精神的契合。但是这种原生态的文化却由于缺乏相关知识产权保护，已经出现变异，[**尽量不写这种令人费解的话语。**]一些文化形态已不复存在。贵州的传统文化陷入了生存和发展的危机，对其的传承、保护和利用一直是一个难题。让我们看下面的一系列数据。

全国以贵州省景区名称申请商标注册共1388件，其中，贵州省景区自己申请的商标仅有61件，占总数的4.4%；省内其他主体以贵州省景区名称申请商标注册共599件，占总数的43.2%；省外申请人注册728件，占总数的52.4%。（出自2009年5月7日《贵阳日报》第A06版：综合新闻：《景区名称成"唐僧肉"——贵州打响旅游商标"保卫战"》）

这些还只是统计在案的。贵州省还有许多产品都没有自己的商标，多为"白板"产品、"裸体"商品。如安顺蜡染，它是贵州传统民族文化瑰宝，安顺被公认为"蜡染之乡"，堪称贵州民间艺术的"奇葩"，在国内外享有很高的声誉。由于没有申请商标注册，市场遭到无序开发，致使全国各地充斥着各种劣质仿冒品，原本闻名遐迩的安顺蜡染渐渐变得无人问津。

随着旅游产业不断升温，贵州知名旅游景区景点名称频频遭遇被他人抢注商标的尴尬。如地处贵州黔东南州雷山县的西江千户苗寨，是有近2000年历史的世界上最大的苗寨，是一座承袭和展现苗族文化的"天然博物馆"。可是最近经过调查发现，贵州两个自然人在6个商品类别上申请"西江千户苗寨"和"千户苗寨"商标共7件。上海的自然人夏某在45大类商品类别中，每类都申请了1件注册商标。（出自2009年5月7日《贵阳日报》第A06版：综合新闻：《景区名称成"唐僧肉"——贵州打响旅游商标

"保卫战"》)

再如贵州美酒河酿酒有限公司，它于2003年申请的"赤水河"商标经国家商标局初步审定后，并予以公告。但是广州巨星影视广告制作有限公司针对该商标提出异议，他们认为"赤水河"商标与他们早已注册的"赤水河及图"商标构成冲突，美酒河公司再用"赤水河"注册商标，有恶意仿冒、抢注之嫌。种种现象表明，贵州本土的文化已被外人抢注，这种现象怎能不令人痛惜。

第三多，"亡羊补牢"为时不晚，贵州知识产权保护多。

当然，虽然存在着这样那样的问题，总的来说，[不简洁，过于口语化。]近几年来，贵州旅游总收入还是连续保持30%以上的增幅，形成了"黄果树瀑布"、"遵义会议"等一批知名旅游品牌。现在正推进旅游产业知识产权创造、运用、管理和保护，并鼓励扩展注册为民族民间工艺品、特色食品等商标。[应有一个"面"上的概括，再写到"点"。]

知识产权保护是维护贵州悠久文化遗产的重要因素，贵州青酒集团就是一个很好的例子，它被省知识产权局、省经贸委等六家确定为第二批全省知识产权试点单位之后，大力推进试点工作。贵州青酒集团"青"及"青溪及图"商标于2009年2月被省知识产权局、省财政厅等联合行文奖励这两个中国驰名商标。

在中药产业发展的过程中，知识产权也为该产业的发展注入了核心竞争力。"十五"以来，中药专利申请总量、增长幅度位居全省产业之冠。现在拥有了"咸门""神奇"和"益佰"等名商标，"黔药"的知名度和影响力正在逐步形成。

在维权道路上，贵州"老干妈"跨省讨伐冒牌"老干妈"，经调查发现，湖南、湖北省的个别公司、企业生产和销售印有明显"老干妈"字样和"干妈图形"注册商标的调味食品，涉嫌"老干妈"商标侵权。为了维护"老干妈"和广大消费者的合法权益，当地立即组成专项维权打假小组，远赴湖南、湖北开展打假，最终将这些涉嫌商标侵权的公司查封。

在当今保护知识产权之"流"不利的情况下[?]，贵州更应当力争把占优势的客体纳入知识产权保护范围。《贵州省知识产权战略纲要》提出了今后10年旅游产业的知识产权战略。针对近年来频频出现的"生物海盗"行为，贵州省也率先制订了我国首部传统知识的知识产权保护法规。

作为西部地区的省份、泛珠三角区域合作的重要腹地，更具有独特的区位优势，希望在"三多"的影响下，贵州的知识产权保护能够更上一层楼。[结尾没有力量。]

最后，在教师的指导下，学生修改出了第四稿参加全省比赛。通过盲评初审、复审，获得了一等奖，收入公开出版的贵州省大学生知识产权征文大赛获奖文章选集，又发表在校报《贵州财经学院》第四版上。

获奖稿、发表稿

我看贵州之"三多"

黄世伟

刘基曾有"江南千条水，云贵万重山。五百年后看，云贵胜江南"之赞。作为一个外省来到贵州读大学的学子，贵州给我的感觉是拥有丰富的资源，神秘雄奇的自然景观，古朴浓郁的民族风情，悠远凝重的历史文化，舒适宜人的气候。云贵大山，给人一种与北方平原完全不同的感受，它是爽爽的避暑天堂。这些更多的是感性认识。从理性上，对于贵州，我认为有"三多"。

第一多，贵州文化资源多。

一是民族文化资源丰富。贵州，一个西部多民族的省份，3960万人口中少数民族占了38.89%，有苗族、布依族、侗族、彝族、水族、土家族等17个世居民族，经过漫长的生存和发展，积淀了丰富而独具个性的民间民族文化。传统的建筑、服饰、语言、节日、饮食、婚俗、歌舞，数量众多，风格各异，保存完好，如苗族的"四月八"和银饰、侗族的大歌和风雨桥、彝族"火把节"、水族文字和神奇的傩戏等，形成了古朴、醇厚、绚丽多姿的"文化千岛"奇观。

二是生态文化资源丰富。贵州的山，层峦叠嶂，各具风姿。贵州的水蜿蜒于崇山峻岭，奔腾穿泻于深峡幽谷。喀斯特溶洞遍布全省各地，面积之大，是世界上喀斯特地貌发育最典型、最完整、最集中，规模最大的地区。如世界自然遗产地、2002年被载入新版的《大世界吉尼斯纪录大全》的荔波茂兰喀斯特原始森林。全省高达36%的森林覆盖率，丰富的珍稀动物资源和独特的生态系统，也使贵州成为世界少有的绿色喀斯特地区。再如赤水的丹霞地貌，其艳丽鲜红的丹霞赤壁，拔地而起的孤峰窄脊，仪态万千的奇山异石，巨大的岩廊洞穴和优美的丹霞峡谷与绿色森林，飞瀑流泉相映成趣，形成很高的旅游观赏和研究价值。

三是"红色文化"资源丰富。贵州是中国革命由挫折走向胜利的转折之地，红军长征的足迹遍及贵州的68个县市区，留下了在中国革命史上有重大影响和关键意义的遵义会议、强渡乌江、娄山关战役、四渡赤水等历史事件的革命战斗遗址和纪念设施。以长征文化为重点的红色旅游资源在全国占有强大优势。

四是历史文化资源丰富。贵州历史上是民族的迁都大后方，历史悠久，文化资源源远流长。文化遗存丰富多样，文化形态保存完好，如从江增冲鼓楼、普定穿洞遗址、大方奢香墓、遵义杨粲墓、盘县大洞遗址等，现在有19个全国重点文物保护单位。在国务院公布的重点文化遗产名录中，贵州名列第三。土司文化、屯堡文化、宗教文化等最为独特，极具研究价值。

第二多，文化知识产权被侵权多。

全国以贵州省景区名称申请商标注册共1388件。其中，贵州省景区自己申请的商标仅有61件，占总数的4.4%；省内其他主体以贵州省景区名称申请商标注册共599件，占总数的43.2%；省外申请人注册728件，占总数的52.4%。（《贵阳日报》）

这些还只是统计在案的。贵州省还有许多产品都没有自己的商标，多为"白板""裸体"商品。如安顺蜡染，在国内外享有盛誉，由于没有商标注册，市场遭到无序开发，致使全国各地充斥着各种劣质仿冒品，原本闻名遐迩的安顺蜡染渐无人问津。

贵州知名旅游景区景点名称频遭他人抢注商标。如地处贵州黔东南州雷山县的西江千户苗寨，是有近2000年历史的世界上最大的苗寨，是一座承袭和展现苗族文化的"天然博物馆"。最近经调查发现，贵州两个自然人在6个商品类别上申请"西江千户苗寨"和"千户苗寨"商标共7件。上海的自然人夏某在45大类商品类别中，每类都申请了1件"西江苗寨"的注册商标。（出处同上）

第三多，"亡羊补牢，为时不晚"，贵州知识产权保护多。

近年来，贵州旅游总收入连续保持30%以上的增幅，形成了"黄果树""遵义会议""MOUTAI及图""仙灵""银燕＋YINGYAN""赤及图"等一批中国驰名商标。现在正推进旅游产业知识产权创造、运用、管理和保护，并鼓励扩展注册为民族民间工艺品、特色食品等商标。生态文化、红色文化、民族文化等一大批旅游品牌的创建和保护也在进行中。

中药产业产业方面，中药专利申请总量、增长幅度位居全省产业之冠。现拥有了"威门""神奇"和"益佰"等驰名商标，"黔药"的知名度和影响力正在逐步形成。

在维权道路上，贵州"老干妈"跨省讨伐冒牌"老干妈"，大获全胜。

特别是《贵州省知识产权战略纲要》提出了今后10年旅游产业的知识产权战略。针对近年来频频出现的"生物海盗"行为，贵州省也率先制订我国首部传统知识的知识产权保护法规。

....

我们相信，作为西部地区的省份、泛珠三角区域合作的重要腹地，贵州在独特的区位优势和"三多"的影响下，大力推进知识产权保护，使利用他人智慧为自己谋利者无立足之地。同时积极探索，勇于创新，贵州的现代化建设必将亮剑显威！

（二）一点能打动读者的情感——以情动人

2010年，贵州省教育厅组织全省高校校园文化月活动，其中一个内容是"爱心"征文比赛，要求各高校先自行组织比赛，再推荐优秀文章参加省级评比。贵州财经学院将此次征文比赛交给经济信息管理学院负责组织。评比结果，几乎所有的等次奖都被文化传播学院汉语言文学专业的学生获得。为了鼓励组织单位，评委决定从信管学院获得优秀奖的文章中选择一篇作为学校的三等奖推荐到省里参评。

信管学院通知作者找到了笔者。笔者问她是否愿意在老师的指导下重写一篇文章，她表示愿意。于是笔者问了问她的情况，得知她是从北方来到贵州财经学院的学生，现在读大二。笔者就问她，到财经学院快两年了，有没有碰到过一件感动过自己的事？她想了一阵，说，有件事她挺感动的，但不知可不可以写。

她说，刚从北方来到贵州财院读书时，寝室住8个人：3个北方人，5个南方人。南方人北方人互相不太适应，好像有堵墙，大家虽然表面上都客客气气，但都不愿深谈、不愿过多地交往。第一个学期的12月份，一天晚上深夜2点，她腹部痛得很厉害，在床上不住呻吟。所有室友都起来了，轮流背她到学校卫生室。后来转院至贵阳医学院附院，诊断是急性阑尾炎，马上进行了手术。医生说幸好送得及时，否则后果严重。住院的几天，室友轮流照看，送吃的，还把所学的课讲给她听。自那以后，寝室里再也没有分什么南方北方，大家都成了好姐妹。

笔者一听，脱口而出："这么感动人的事，又很有意义。你就写这件事！"并给文章定了个题目：《南北墙的倒塌》。她当天就写完了初稿，由于是亲身经历，事件本身又比较感人，因而文章写得具体、清楚。笔者指导她改了三次，最后作为学校的三等奖推到省教育厅。结果，这篇题目为《南北墙的倒塌》的文章获得了省级二等奖。

记叙文体的文章和文学作品都是非常注重情感的，尤其是诗歌，被称为情感的艺术。这种情感和写作的关系即"文情关系"，古人早就注意并进行了研究。《诗经·魏风·园有桃》中就说："心之忧兮"，"我歌且谣"。《礼记·乐记》中也说："情动于中，故形于声，声成文，谓之音。"汉代《毛诗序》在《乐记》

"情动于中，故形于声"的基础上，提出了"情动于中而形于言"的观点，很明确地从写作角度论及情感因素，并进一步指出"言之不足故嗟叹之，嗟叹之不足故咏歌之，咏歌之不足，不知手之舞之，足之蹈之也。"① 梁代刘勰《文心雕龙·物色篇》中有："岁有其物，物有其容；情以物迁，辞以情发"② 之说。清代叶燮在《原诗》中把理、事、情三者并陈，认为是写作之本原。而对此探究得最好的是唐代柳冕，他在《与滑州卢大夫论文书》一文中，在总结前人对写作与情感的关系论述的基础上，概括出了"文生于情"③ 的著名观点，深刻揭示了作文与情感之间的内在联系。

"文生于情"指的是：触发人们写作冲动的是情感。《文心雕龙·情采》中就说："盖《风》《雅》之兴，志思蓄愤，而吟咏情性，以讽其上，此为情而造文也"④；促使人们完成写作过程的是情感；能使人写出好文章，得到一个好结果的也主要是情感。写作时，作者被所写对象所具有的情感打动，有感而发，才有可能去写、去完成和写出好文章。如果被写的对象无情；或有情但不被作者感动，作者无动于衷，勉强写之；或所写对象无情，作者也无真实情感，却为某种功利去作文，造虚假的情，正如刘勰在《文心雕龙·情采》中批评的："诸子之徒，心非郁陶，苟弛夸饰，鬻声钓世，此为文而造情也。"⑤ 等等，凡此种种，恐怕都只会写出令人难以卒读的文字。

那么，什么是"情"？刘勰在《文心雕龙·明诗》中说："人禀'七情'，应物斯感，感物吟志，莫非自然。"⑥ 这句话说了两层意思：一是人有通常所说的喜、怒、哀、惧、爱、恶、欲的"七情"；二是这些情是接触了外界事物自然而然产生的。清代王国维在《文学小言》中进一步说："文学中有二原质焉：曰景，曰情。前者以描写自然及人生之事实为主，后者则吾人对此种事实之精神的态度也。故前者客观的，后者主观也；前者知识的，后者情感也。"⑦ 王国维的这段话，较为准确地说明了"喜怒哀乐"诸种情感，是人们对客观事物的"精神态度"。

简括刘勰、王国维的意思是：产生情感的内容是客观存在的，其表现出的诸种形式（喜怒哀乐等）则是人们的主观看法、态度。因此，"文生于情"中的"情"，不仅仅指的是客观事物（这里所说的客观事物，主要是指社会生活中与人有关的事物。自然界除人与动物外的事物本身是无所谓情感的，至于人们对它们产生的不同情感，更多的是人的主观态度和看法）所具有的情感因素，也指作者对客观事物所包含的情感因素的态度、看法。因而它是主观与客观有机融合的产物。清人章学诚在《文史通义·史德》中说："凡文不足以动人，所以动人者，气也；凡文不足以入人，所以入人者，情也。气积而文昌，情深而文挚，气昌而

①③⑦参见王凯符，张会恩. 中国古代写作学［M］. 北京：中国人民大学出版社，1995：167, 168, 168.

②④⑤⑥刘勰. 文心雕龙全译［M］. 龙必锟，译注. 贵阳：贵州人民出版社，1996：385, 385, 385, 56.

情挚，天下之至文也。"①

作者被情打动，产生写作动力。而要打动读者，往往也要靠文章中包含和表现出来的情。古人把这种读者和文章情感的关系概括为"情生于文"。"情生于文"是指文章具有的强烈感情和感人力量，能激发读者情感，感染读者，引起读者共鸣，使读者受到陶冶的同时，领悟到作者在文中所表达的意图——这正是作者作文目的之所在。这一点，刘勰在《文心雕龙·知音》中就说："夫缀文者情动而辞发，观文者披文以入情，沿波讨源虽幽必显。"② 这句话的意思是：写文章的人有了情感活动文辞才发表出来，而读文章的人只要能被文章中的情感所牵动，就能追根溯源，即使文章的思想很幽深也必定能使它显露出来，最后洞悉作者写文章的目的。白居易在《与元九书》中也说："感人心者，莫先乎情，莫始乎言，莫切乎声，莫深乎义。诗者：根情，苗言，华声，实义。上自圣贤，下至愚呆，……未有声入而不应，情交而不感者。"③ ——白居易认为诗有"情、言、声、义"四要素，四要素中，他把"情"放在首位，无疑是强调诗对读者的影响，首先是从情感的共鸣开始的，即"感人心者，莫先乎情"。诗如此，写记叙的文章、文学作品等均应如此。清代章学诚在《文史通义·杂说》中曾说："夫文生于情，而文不能生情，以谓文人多事乎？不知使人由情而恍然于其事其理，则辞之于事理，必如是而始可称为达尔。"④ 这里说得很清楚：文章有了情才能够吸引住读者，在此基础上才使他们得以进一步理解作者所讲的道理。

梁启超在《中国韵文里头所表现的情感》一文中，对文章情感对于读者的作用论述得很透彻："天下最神圣的莫过于情感。用理解来引导人，顶多能叫人知道那件事应该做，那件事怎样做法，却是被引导的人到底去做不去做，没有什么关系。有时所知道的越发多，所做的倒越发少。用情感来激发人，好像磁力吸铁一般，有多大分量的磁，便引多大分量的铁，丝毫容不得躲闪……"⑤

文章中的情感，对读者来说，像磁力吸铁，这是无数事实证明了的。历代许许多多千古传诵的名篇，除揭示道理深刻、写作技巧高超等外，大都以其特有的情感取胜。如司马迁的《报任安书》、李密的《陈情表》、苏轼的《前赤壁赋》等。因此，写作中有一条至理，即作文时不仅要强调"晓之以理"，更要重视"动之以情"。

客观事物无情，或客观事物有情，作者无情等，自然难以写出好文章。但有了情未必就能写出佳作。这里涉及两个问题。

一是作者的情，虽如前面提到的因接触外界事物而起，但同样的外界事物引起的"情"却是因人而异的。对外行人来说，发动机的声音他听起来永远是一样

①③郭绍虞. 中国历代文论选：第三册［M］. 上海：上海古籍出版社，1979：537，172.

②刘勰. 文心雕龙全译［M］. 龙必锟，译注. 贵阳：贵州人民出版社，1996：594.

④⑤郭绍虞. 中国历代文论选：第二册［M］. 上海：上海古籍出版社，1979：96.

而无动于衷，而行家却从发动机的响声中听出机器是否正常而表现出愉快或忧虑的表情；第一次见到大海，高中生会吟诗作文、激动不已，而对一个老农，他则说：这要是土地该多好啊……

可见，"情"与一个人的职业有关、与经历有关、与知识修养有关、与立场观点等有关。一句话，"情"是一个人综合素质的体现，既文化的综合体现。因此，一个作者，要使自己的"情"正、"情"雅、"情"深、"情"独……一句话，作者要使自己的"情"能为社会发展所需、为广大读者所需，有利于国家、社会和人类的进步等，这才是写出好文章的基础。因此，作者唯有不断地打造自己，努力提高自己的综合素质，才能敏锐地感知到客观事物所包含的、有利于社会进步、人类进步的情感因素，时时激起写作之情。

二是有了好的、深的"情"，还有一个如何在写作中表达的问题。明代王世贞在《艺苑卮言》中说："文生于情，世所恒晓；情生于文，则未易论。"①此话的意思是：在写作实践中，对一般人来说，"因情造文"较易做到，而"情生于文"，没有一点功底是不易做到的。如何做到"情生于文"？答案自然不会只有一种。清代王琦有其独到的认识，他在《王石和文·文情》中说："理范于同，而情生于独，独之所生固未可强而同也。"②这句话的意思是说：道理和规范大致是一样的，而情感则是每个人在特定的事景中独自产生的，"人各有情，不能强肖"。这里，王琦提出了一个很有见地的观点："情生于独"。

什么是"情生于独"，笔者认为，可从三方面理解：一是客观事物所包含的情感因素是不同的，作者写作时，应发现其独特处，唯其如此，才能给读者以独特的感受，使读者更能准确地认识客观事物；二是一个人在特定的情景下会产生独特的情感，作文时应表达出这种独特的感受，不可人云亦云；三是客观事物包含的独特情感和作者对这独特情感产生的独有情感，须用相应的形式来表达，情不同，表达方式应不同。

关于第三方面，清代王琦以作画为喻说得很透彻："世有工画者，写一人须眉神态罔不毕肖，好事者窃而模之，复持以赠一人，则彼一人者见之，固不知其为己写也，遂不以为工。今世为文之士，不求工于画，而欲窃其画之工，岂非不情之甚也与！"③这段话在批评一些人不认真研究、琢磨如何表达自己独特的思想感情，而是一味地去模仿别人，强调要"自工于画"，要善于"因情造文"。

表现情感的方法很多，梁启超在《中国韵文里头所表现的情感》中总结了多种。如有"奔迸的表情法"，其特点是真切而激烈，"一毫不隐瞒，一毫不修饰，照那情感的样子，迸裂到字句上"；有"含蓄蕴藉的表情法"，其特点是不直写自己的感情，而将感情通过客观事物或他人的言语行动表现出来；还有"回荡的表

---

①②③王凯符，张会恩. 中国古代写作学［M］. 北京：中国人民大学出版社，1995：172，177，183.

情法",其特点是"数种情感交错纠结起来成为网形的性质",写时可"像春蚕抽丝一般把它抽出来",等等,可作参考①。

在写作教学中,笔者把上述道理用较为通俗的语言告诉了学生,要求学生平时要注意观察、积累。凡是对自己印象深的、打动过自己的人或事,都要及时记载下来,然后思考:为什么这个人、这件事会打动我?为什么这个人、这件事会给我留下深的印象?其中是否有值得挖掘的?有什么值得挖掘的?等等。反复思考,从中挖掘出有积极意义的、能给人启发的道理来,或把那些打动人的、且能给人正能量作用的情感因素挖掘、描述出来。这样,文章就有可能有成功的希望。不少学生按照老师的要求去做,抓住那些打动过自己的人或事来写,因而文章获奖不少,发表的文章也不少。

下面举两篇为例。

第一稿

财院,我的家

韩 豫

报名那天,我随着父母来到贵州财院新校区,对这里的第一印象只有两个字——工地。在一片黄土中,突然耸立起来的几幢红色的大楼,单薄又显落寞。我的心情也是如此,透着冰凉,我感觉我对大学所有的美好想象都在这一瞬间崩塌。

可是事情正在一点点的发生变化。

自从进校后,我就一直在感冒,整个人无精打采的,有一天下午突然腹痛难忍,被同学送去医务室后,被告知要转到花溪医院做进一步检查。我强装坚强,给班主任打电话请假,准备自己坐车颠簸到花溪医院。令我没有想到的是,没过几分钟,班主任和书记一起赶了过来,详细询问校医后便马上联系了车子,要一起送我去医院。

那会儿已是傍晚时分,夕阳的余晖下,当我看到书记和班主任焦急的神情,难过中又觉得心安。在异地他乡,在病痛中,我并没有被抛弃,也没有独自一人。坐上车后,为了尽量减少车子摇晃的不适,班主任一直搂着我,生怕一个不小心碰到我,我能闻到她身上淡淡的香味,像我的姐姐,让我心里暖暖的。坐在前排的书记不时侧身过来询问我的状况,语气满是担心,我想象着,如果妈妈此时在我身边,肯定也是这样的神情。

到了医院后,打了针,我躺在床上休息,书记和班主任在旁守着我,我

①参见游来林."文情"略论[J].贵州师范大学学报:社会科学版,2008(6):66-69.

闭着眼睛，心里酸酸的，眼角悄悄的润了。这种感觉就像是在一片迷雾中漂泊，突然找到一个温暖坚实的依靠，像船在大海中航行时看到的灯塔。

当我回到学校时已经很晚，但寝室的灯还亮着，姐妹们都还没有睡，她们在等着我回去。我刚开了寝室的门，就听见她们的声音，嘘寒问暖着，问我是否感觉好点。并告诉我，晚饭给我买好了，热水也给我烧好了。我躺在自己的床上，忽然有了回家的感觉，有了一种强烈的归属感。被关心，被等待，我不再觉得孤独无依，不再觉得漂泊不定。[以上四段写了自己生病后领导、班主任、寝室同学的关心，这是文章的亮点。]

或许财院新校区现有的外在条件还有待进步，基础设施也还有待完善。但是在这里，在财院，这种浓浓的人情味是多么丰富的物质条件都无法比拟的。我被这种温暖的家的感觉吸引，我想最珍贵的东西莫过于此。财院会在大家的努力下，一点点的变得美好起来，而我，也是这大家中的一员。

回忆起在开学典礼上，我难以忘记的是典礼的背景布，那是财院完全建成后的规划图。图上一二三组团横向排开，大气磅礴，其中绿树环绕，依山傍水。第二三期工程也正秉持着"财院速度"的精神在飞速建设当中，我仿佛看到了一个美丽大学的影子。斗篷山脚，思雅河畔，贵财将会是广大莘莘学子学习上的宝库，生活上的家园。

老师们的话一直萦绕在我耳边，我们是"黄埔一期"，我们将会是在艰苦条件下历练出来的充满朝气的青年，我们的前途无可限量，只要你坚持，只要你努力。而财院就是给我们展示和成长的舞台。[后面三段基本是议论，比较空泛。]

2011年10月上旬，贵州财经学院经过半年的坚苦施工，在贵阳市花溪区党武乡荒芜的土地上，在贵州"大学城"新址上第一个建起了新校园，4000多名2011级学生入住开学，创造了被贵州省有关领导赞扬的"贵财速度"。为了稳定新生情绪，鼓舞学生士气，学校举办了一系列的新校区活动，其中一个就是举办"我爱（与）财院征文大赛"。

当时，各学院都在开设"大学语文"课，任课教师全是学校文化传播学院汉语言文学专业老师，负责指导修改学生的文章。笔者任2011级汉语言文学专业的写作课教师，要求所有学生都要写一篇文章参赛，作为一次平时成绩，从中按比例选出较好的文章来修改参加评比。最后选出14篇文章修改，推荐12篇参加评比。经过盲评，笔者指导修改的12篇文章，获奖8篇，获奖比例为67%，获奖的8篇文章中，一等奖1篇、二等奖2篇、三等奖3篇、优秀奖2篇。

韩豫写的《财院，我的家》是被选出来修改的文章之一。被选出的主要理由是：文章写了一件具体、比较感动人的事，虽写得比较幼稚，但有修改的基础。

文章的主要问题有三点：一是主题不是很明确。根据写的主要内容，主题似乎是通过生病被关心一事，说明了财院有爱心存在，会越办越好。换个角度，即使这是主题，也较浅薄；二是除去开头的过渡，后面三段的空泛议论，剩下的只有生病被关心一事了，内容太单薄；三是只写了一件事，一个"点"，缺乏"面"上的概括和较为典型的其他事例，是一种"孤证"，难有说服力。

教师在上述分析的基础上，提出下面修改意见。

[1. 明确和深化主题。是否考虑可反映大学是培养"大爱"（大学的四大——大楼、大师、大爱、大气）的地方，被别人关爱，关爱别人这样一个主题？如果这样，文章要添加突出主题的内容。结尾部分要围绕主题来写。

2. 重点写好一件事，但要围绕主题概括写一些其他事。注意"点面结合"才能比较全面地反映客观事物。

3. 文章第一段写到心中大学的美好印象崩塌了，可考虑写因为财院是一所具有大爱精神的大学，因而这所大学大厦正在本文作者的心中修复。

此外，文章标题太一般。2011 年 11 月 21 日]

第二稿

大爱与大厦的修复

韩 豫

报名那天，我随着父母来到贵州财院新校区，对这里的第一印象只有两个字——工地。在一片黄土中，<u>突然耸立起来的几幢红色的大楼，单薄又显落寞</u>。我的心情也是如此，透着冰凉，我感觉我对大学这座大厦所有的美好想象都在这一瞬间崩塌。

可是，[不到 2 个月的学习与生活，我心中崩塌的大学大厦正在迅速地被修复。]

自从进校后，我就一直在感冒，整个人无精打采的，有一天下午突然腹痛难忍，被同学送去医务室后，被告知要转到花溪医院做进一步检查。我强装坚强，给班主任打电话请假，准备自己坐车颠簸到花溪医院。令我没有想到的是，没过几分钟，班主任和书记一起赶了过来，他们详细询问校医后便马上联系了车子，要一起送我去医院。

那会儿已是傍晚时分，夕阳的余晖下，当我看到书记和班主任焦急的神情，难过中又觉得心安。在异地他乡，在病痛中，我并没有被抛弃，也没有独自一人。坐上车后，为了尽量减少车子摇晃的不适，班主任一直搂着我，生怕一个不小心碰到我，我能闻到她身上淡淡的香味，像我的姐姐，[据说她还是在读的研究生呢，大不了我几岁，却是我的老师，她真] 让我心里暖暖的。坐在前排的书记不时侧身过来询问我的状况，[说着"别担心，会好的"之类的话，]语气充满担心 [改为"关爱"]。我心想：如果妈妈此时在我身边，肯定也是这样的神情。

到医院后，打了针，我躺在床上休息，书记和班主任在旁守着我，我闭着眼睛，心里酸酸的，眼角悄悄的 [地] 润了。这种感觉就像是在一片迷雾中漂泊 [的游子]，突然 [听到了亲人高声的呼唤]，又像航船在 [茫茫] 大海中 [正不知驶向何方时突然看] 到的了 [闪着光芒的] 灯塔。

当我回到学校时已经很晚，但寝室的灯还亮着，姐妹们都还没有睡，她们在等我回来。我刚开寝室的门，[她们就都全围了上来]，嘘寒问暖着，问我是否感觉好点，并告诉我，晚饭给我买好了，热水也给我烧好了。[接着，有的扶我上床休息，有的去倒开水，有的去端饭。书记和班主任临走前反复地叮嘱我要好好休息，叫寝室的同学好好照看我，然后才消失在深夜中。]我躺在床上，[心中涌起阵阵暖流]，有一种回 [到] 了家的亲切感。

这是我进校以来第一次感受到的 [难以忘却的] 浓浓的爱。

我 [因病受到这样的关爱，我曾经] 以为这只是我一个人得到的幸运而已，但在学院后来的学习、生活中，这样润物无声的关爱遍及在我们的周围，[只要稍加留心，就能看到和感觉到。]听同学们谈起某某老师在清晨起来熬好一锅香气四溢的粥，是为了照顾因水土不服，吃不下饭的外省同学；学校停水时，我们会看到不少老师与同学们一起抬水储水的情景；我们会还看到，在运动场上，老师们与同学们一起摇旗呐喊，为胜利欢呼；课堂上老师耐心地讲解，课后毫无怨言地牺牲自己的业余时间，辅导学生功课。

特别是我至今清晰地记得一位头发花白的教授，在 [入学教育中] 向我们讲解什么是大学时，特别强调大学不光有广纳众家学派、包藏万卷书籍的大楼，还要有众学生仰望的大师，更要有培养学生大爱、大气的教育理念。这使我想到了学校提出的"儒魂商才"办学理念——它正是培养有才能又有大爱和大气的人才的根本所在。

我也记得学校校训中有两个字——"厚德"。在学院生活学习的这两个月，我所理解的"厚德"内涵之一应当是教师诲人不倦的深厚恩德，更是学生对教师毫无保留传授 [做人做事] 知识理论的深深地感激。"厚德"同样也是"厚德载物"，是用深厚的德泽育人利物，用博大的学识培育学子成才。在 [我们] 财院，老师们正 [是通过自己的为人师表，如涓涓细流般地传授人类积累下来知识精华，在向我们演绎着大爱的内涵。]

我想，学校教导我们的，特别是师生们不断在实践的"大爱"，不仅能迅速地修复我们心中由于幼稚和肤浅而崩塌的所谓的大学大厦，更重要的，在这种"大爱"的熏陶下，我们将会成为有为国家为人民服务的本领，更有关爱别人、关爱集体、关爱祖国、关爱天下——具有"大爱"气质的人才，也就是成为学校努力培养的"儒魂商才"。

根据教师的建议，文章做了较多的修改。换了个标题；增写了"面"上的内容和关于大学"大爱"的内容。但作为大一新生，文笔还欠简练，认识一时也难以深入，交稿的时间也紧，故教师在文中做了比较详细的点批，通过电子邮件发给学生，请她继续修改。并告知学生好好思考教师改的和原稿原句中的差别，以得到更多的启发。

📖 获奖、发表稿

大爱与大厦的修复

韩 豫

报名那天，我随父母来到贵州财院新校区，对这里的第一印象只有两个字——工地。在一片黄土中，突兀地耸立着几幢红色大楼，单薄又显落寞。我的心情也是如此，透着冰凉，我感觉我对大学这座大厦所有的美好想象都在这一瞬间崩塌了。

可是，不到两个月的学习与生活，我心中崩塌的大学大厦正在迅速地被修复。

自从进校后，我就一直在感冒，整个人无精打采的。有一天下午突然腹痛难忍，被同学送去医务室后，校医告知要转到花溪医院做进一步检查。我强装坚强，给班主任打电话请假，准备自己坐车颠簸去医院。令我没有想到的是，没过几分钟，班主任和分院党总支书记一起赶了过来，马上联系了车子，送我去医院。

那会儿已是傍晚时分，夕阳的余晖下，当我看到书记和班主任焦急的神情，难过中又觉得心安。在异地他乡，在病痛中，我并没有被抛弃，也没有独自一人。坐上车后，为了尽量减少车子摇晃的不适，班主任一直搂着我，我能闻到她身上淡淡的香水味，像我的姐姐。据说她还是我校在读的研究生呢，大不了我几岁，却又是我的老师，她真让我心里暖暖的。坐在前排的书记不时侧身过来询问我的状况，连说着"别担心，会好的"之类的话，语气充满关爱。我心想：如果妈妈此时在我身边，肯定也是这样的神情。

到医院后，我躺在床上输液。书记和班主任在旁守着我，我闭着眼睛，心里酸酸的，眼角悄悄地润了。这种感觉就像是在一片迷雾中漂泊的游子，突然听到了亲人高声的呼唤；又像航船在茫茫大海中正不知驶向何方时突然看到了闪着光亮的灯塔。

当我回到学校时已经很晚，但寝室的灯还亮着，姐妹们都还没有睡，她们在等我回来。我刚开寝室的门，她们就都全围了上来，嘘寒问暖着，问我是否感觉好点，并告诉我，晚饭给我买好了，热水也给我打好了。接着，她们有的扶我上床休息，有的去倒开水，有的去端饭。书记和班主任临走前反复地叮嘱我要好好休息，叫寝室的同学好好照顾我，然后才消失在深夜中。我躺在床上，心中涌起阵阵暖流，有一种回到了家的亲切感。

这是我进校以来第一次感受到的难以忘却的浓浓的爱。

因病受到这样的关爱，我曾经以为这只是我一个人得到的幸运而已，但在学院后来的学习、生活中，这样润物无声的关爱遍及在我们的周围，只要稍加留心，就能看到和感觉到。听同学们谈起某某老师在清晨起来熬好一锅香气四溢的粥，是为了照顾因水土不服，吃不下饭的外省同学；学校停水时，我们会看到不少老师与同学们一起抬水储水的情景；我们还会看到，在运动场上，老师与同学们一起摇旗呐喊，为胜利欢呼；课堂上老师耐心地讲解，课后无怨言地牺牲自己的业余时间，辅导学生功课。

特别是我至今仍清晰地记得一位头发花白的老教授，在入学教育中向我们讲解什么是大学时，强调大学不光有广纳众家学派、包藏万卷书籍的大楼，还要有众学生仰望的大师，更要有培养学生大爱、大气的教育理念。这使我想到了学校提出的"儒魂商才"的办学理念——它正是培养有才能又有大爱和大气的人才的根本所在。

我也记得学校校训中有两个字——"厚德"。在学院生活学习的这两个月，我所理解的"厚德"内涵之一应当是教师诲人不倦的深厚恩德，更是学生对教师毫无保留传授如何做人做事与知识理论的深深地感激。"厚德"同样也是"厚德载物"，是用深厚的德泽育人利物，用博大的学识培育学子成才。在我们财院，老师们正是通过自己的为人师表，如涓涓细流般地传授人类积累下来知识精华，在向我们演绎着大爱的内涵。

我想，学校教导我们的，特别是师生们不断在实践的"大爱"，不仅能迅速地修复我们心中由于幼稚和肤浅而崩塌的所谓的大学大厦，更重要的，在这种"大爱"的熏陶下，我们将会成为有为国家为人民服务的本领，更有关爱别人、关爱集体、关爱祖国、关爱天下——具有"大爱"气质的人才，也就是成为学校努力培养的"儒魂商才"。

总的来看，文章还是显得较稚嫩。但毕竟作者是大一第一个学期还不到两个月的学生，某种程度上还只是个高中生。经过教师的指导和润色，能写到这个水平，已经是所有参赛文章中的佼佼者了。该文通过7个专家的盲评打分，获5个一等奖中的第三名。后发表在校报《贵州财经学院》第四版上。

其主要亮点有两个：一个是重点写的事例较为具体、典型和感人；另一个是写出了贵州财经学院注重大学培养大爱的特色，文章对大爱的认识与理解有一定深度。

⚑ 第一稿

暖桥树

龙宪鹏

家乡人把一种常绿小树叫做暖桥树，尽管他们从不会长得高高大大，但却被当做宝树呵护着，<u>无论风雨有多狂烈，那布满了小树叶的枝干却从未低过头，昂扬在他们所属的岗位上，尽职尽责地守护着他们该守护的人。</u>[**一些词语表面华丽，却无多少实际内容。**]

再次回到熟悉的老家，<u>一切也已经变得很萧索，唯一没有改变的</u>[**写的氛围不对头。**]，是几年都没去看望过的那棵暖桥树，它依旧还是如此绿意盎然地驻扎在小河塘边。尽管很久没有探望，可看到它旁边没有什么杂草，便也知道有人每年都会探望，再次看到这棵树，心中可谓是百感交集。

年幼时，就因为我经历过一次溺水，母亲不知从哪求来了一棵暖桥树，把它种在离家不远的池塘边上。母亲说为孩子求来暖桥树的目的就是守护孩子平安长大，避忧避难。而那用不少钱求来的暖桥树从就不被父亲认可，父亲说母亲太迷信。可母亲却骂父亲重男轻女，<u>我一直都觉得的，因为爷爷奶奶也从不关心我，所以我也一直以为母亲的气话是对的</u>，原本就不和父亲说多少话的我，从那时起和他的话便更少了。

暖桥树在河塘边茁壮地成长着，<u>与河塘的搭配，如果树下坐着一个正在绘画的少女，就是一幅很有诗意的画卷了</u>，小树枝叶很是繁茂，有时候就像个圆润的绿球，很可爱，而且它又是属于我的暖桥树。母亲说那里住着一个被派来守护我的树神，所以他们每年都要去拜望它，让它也吃写"香火"，<u>它才能更尽责</u>。[**这里要分段。下划线的词句存在不准确、不简洁等问题，要仔细推敲和修改。**]有一次，乡里人要<u>在河塘旁开条小路</u>，[**"开条小路"，意义就不大了，可改为"为了致富，村里公路要经过这里"。**]可要把暖桥树移走才行。当母亲知道时，脸色大变。因为家乡人都知道，孩子的暖桥树从不能轻易移栽，如果移栽后的<u>数</u>枯死了，那也证明着孩子的守护神没有了，孩子就会面临着更大的灾难，<u>没有人求证过，因为没有人会拿孩子的命运作赌注</u>[?]。所以他们不敢直接去跟母亲说，而是让父亲来作决定。几天后，树被移栽到了河塘的另一边，原来的地方已经有人在开路了，当母亲知道这个消息时，<u>家里开始"硝烟"不断，父母十几天没有和睦相处过</u>，

[**写具体些，口语化些**。] 当我看到那棵被移栽的暖桥树后，不知道为什么，总想起母亲骂父亲"重男轻女"的那番话，对于父亲，竟然可以觉得到了可有可无的地步，心里的怨念使我不曾注意过那棵移栽后暖桥树，只要用一丝注意力，便可知道那树是怎样被人用心移栽的。

暖桥树并没有枯死，反而似乎比先前更繁茂了。我知道，父亲每次回家都会在初阳升起时为它浇些水，所以在烈日的照耀下，其它的小草小树都不可避免地奄下了头。父亲无言的举动让我觉得自己心里很是复杂。[**写简洁些，具体明确些**。]

多年后，小树也长大了好多，每次看到它，它总是好像在和我打招呼似的。一次家乡少有的凝冻天气，多年无病的父亲还是大病了一场，看到正在输液的父亲，本来就很瘦的他更瘦了。看着这样的父亲，心里百感交集，总觉得很难受，回想自己多年对父亲的"恨"，在顷刻间烟消云散，闪现在脑海的，却是父亲每天的早晚忙碌，甚至是细心照顾着那棵暖桥树。我突然发现：父亲每天那么累也从不说累，每次他想和我说话的时候，我总是不去搭理，并非他不在意我的存在，而是我不曾给过他机会。[**这段应当是重点段，写得单薄了些。对父亲情感转变的依据可以多写一点、具体一点。可否写父亲在凝冻的天气中，为保护树而生病。更重要的，要加一段内容，说明父亲是为了村里的致富才答应移树的。这样，父亲的形象就会立起来了，文章就会有深度些**。]

心里的怨念没有了，取代的是另一种感情。搬家后的多年，再次探望这棵暖桥树，看着被收拾得平坦的树旁，这一次，想到的不是这棵守护神的树，而是那瘦萧的背影。[**用这句话为结尾就很好。去掉末尾那句话就含蓄多了，效果好多了**。]

暖桥树，融入了父亲那颗说不出来的关爱女儿的心。

这是贵州财经学院文化传播学院 2010 级汉语言文学专业的一名学生向校报第四版投的稿。教师仔细看了文章，做了一些文中点评，并写下如下分析与建议，请学生修改：

[这篇文章题材比较新颖，内容比较实在，通过一个小树的变迁，写出了父亲对女儿真正的爱，情感真挚，比较能打动读者。

但文章写得还比较粗糙，语句欠打磨，重点内容较缺乏，文章的主题不够突出，深度也不够。

修改建议：

1. 增写突出主题的内容，使父亲的形象高大些，写出父亲对女儿真正的爱；

2. 仔细修改语句，尽量达到散文语言朴实、简练、流畅、优美的要求。]

定稿、发表稿

暖桥树

龙宪鹏

家乡人把一种常绿小树叫做暖桥树，尽管它们从不会长得高高大大，但却被当做宝树呵护着。而无论风雨有多狂烈，那布满了小树叶的枝干却从未低过头，树干不断，树叶不飞，扎扎实实地生长在大地上，尽职尽责地守护着该守护的人。

再次回到熟悉的老家，尽快想去看的，当然是那棵母亲为我特地种的暖桥树，它依旧是那样绿意盎然地驻扎在小河塘边。尽管很久没来看望了，可它旁边没什么杂草，便也知道有人每年都会打理。

再次看到这棵树，我心中百感交集。

年幼时，因为经历过一次溺水的大难不死，母亲不知从哪儿求来了一棵暖桥树，把它种在离家不远的河塘边上。母亲说种暖桥树的目的就是守护孩子平安长大，避忧避难。而那用不少钱求来的暖桥树，在我的印象中从来就不被父亲认可，父亲说母亲太迷信，可母亲却骂父亲重男轻女。我一直觉得母亲说的是事实，因为爷爷奶奶、父亲似乎从不关心我，因此我对他们没多少好感。原本就不愿和父亲说多少话的我，从种下暖桥树后和他的话就更少了。

暖桥树在河塘边茁壮地成长着。小树枝叶很是繁茂，长得就像个圆润的绿球，很是可爱。我常常坐在它的旁边，看书呀、画画呀，树和我倒影在池塘里，颇有诗意。母亲说它是一个来守护我的神，所以她经常要去看望它，做做松松土、除除草、说一些祈祷的话之类的事。父亲虽嘴上说这简直是迷信，但也常拗不过母亲，跟着去。

后来，一条公路要经过河塘旁，我的那棵暖桥树要被移栽到另一边。但是家乡人都知道，孩子的暖桥树是从不轻易移栽的，如果移栽后树枯死了，那就说明孩子的守护神没有了，孩子就会凶多吉少。乡里没人敢来和我母亲说这事，而是让我父亲来作决定。几天后，树被移栽了。母亲后来发现树被挪动了地方，并且知道是父亲私自答应的时，一向温柔的她竟然破口大骂了起来，家里就像开了锅，十几天没清静过。而我，总想起母亲骂父亲"重男轻女"的那番话，对父亲更怨恨了。

然而暖桥树并没有枯死，反而似乎比先前更繁茂了。过了好久我才知道，这是父亲经常在太阳升起时为它浇些水的缘故。而在烈日下，许多小草小树都已经枯黄。

时间在一天一天地过，小树长大了许多。每次看到它，它总是好像在和我打招呼。2008年，家乡遭受了百年难遇的凝冻天气，父亲冒着雪凝用稻草紧紧地把这棵暖桥树的树干包了起来，还培了许多土，自己却因此大病了一场。看着正在输液的父亲，本来就很瘦的他更瘦了，并且已有不少白发，我心里百感交集，心中那对父亲的不满与怨恨，正一点一点地消逝，而不断闪现在脑海的，是父亲每天早晚忙碌，是做各种活计和抽时间去细心照看那棵暖桥树的情景。

在我为父亲喂饭时，他对我说："你妈说我重男轻女，我过去是有。但现在公路已修到了我们家门口，我们村的旅游、多种经营都要搞起来，生活会越来越好，还在乎生男生女？""那棵树不搬，公路就进不来。公路进不来，村里咋致富？你要理解爸爸。"我鼻子一酸，眼泪掉了下来。我突然发现：父亲远比我印象中的高大。他每天那么累也从不说累，每次他想和我说话，我总不搭理，并非他不在意我这个丫头的存在，而是我不曾给他机会。

后来我们搬了家，我也考进了大学。这次寒假，我特地去看望那棵暖桥树。站在这棵被打理得干干净净的树旁，这次我想到的不是守护我的树神，而是父亲那瘦削的身影。

经过作者的修改与教师的润色，文章得以发表。发表稿很好地采纳了教师的建议，对语句进行了反复地推敲和凝练，因而全文语句朴实，较为简练和流畅。特别是把原文因修小路而移栽树，改为修公路，意义就大不一样；增写了父亲对移栽树的认识和对树的呵护等内容，使父亲的形象变得比较高大，对女儿的真爱表现得比较充分，因而使作者大幅度地改变了对父亲的看法。结尾修改后变得含蓄而耐人寻味。

（三）一点能给读者美感的有特色的画面——以美引人

其实只要具有一定关于美的知识与理论，用心观察，不少学生是能够发现自己家乡或去游玩过的地方的美的。写文章时，如果不能写出独到的认识，一时也没有能打动人情感的事件可写，那么，描写出家乡或者去过的地方的美，借以点出自己对家乡或对祖国山河大自然的热爱及赞美之情，也是可以写出较好的文章的。

但学生写景的文章，普遍存在"三缺乏"。

（1）缺乏美学的基本知识，不知道大自然的美在何处，因而难以写出大自然的美。由于受应试教育的严重影响，很多学生除课本及学校规定的必读资料外，基本上不阅读其他书籍，美学方面的书籍更无人问津。马克思在《1844 年经济学哲学手稿》中说："对于没有音乐感的耳朵说来，最美的音乐也无意义"①。法国艺术家罗丹说："美是到处都有的，对于我们的眼睛，不是缺少美，而是缺少发现。"② 这都说明，要发现现实中的美，我们必须具有音乐感的耳朵，具有发现美的眼睛。

（2）缺乏细致观察的良好习惯，看不出景物的独特。世间万物，纷繁复杂，变化万千，难以描述，唯有细加观察，抓其特征，概括提炼，方得其妙。而在自然景物中，总是伴着山、水、洞、亭、溪、谷、崖、滩一类的环境，似乎很难区别。但事实上每个称得上景点的地方，或让人感到有些美的地方，都自有它的特别之处，都有它的特殊之美，问题在于我们很多学生或者其他写作者能否客观地去审视、去发现。发现不了，欣赏不到它们的独特之处，也就不可能在文章中表现出来。只有用心感受、仔细观察，才能发现其独特之美，为写出好的散文打下良好基础。如徐霞客笔下的山水，其绝妙之处都能逼真地形象地展示在读者面前，让人读罢，不忍释手。

（3）缺乏系统的、必要的、一定数量的写作训练，达不到"我手写我心"的程度。许多学生常说：景物是美的，怎样写心里也想好了，但一写出来，却不是想的那样，一点美感都没有。解决此问题没有什么捷径，唯有在教师的指点下反复地进行写作训练，从量变到质变，才能达到"想怎么写就怎么写"的熟练程度。

学生写景的文章除了"三缺乏"外，还存在不会情景交融、不讲究结构、语言不凝练、详略不当等问题。这些问题只要通过教师的指导和学生的反复修改，一般能得到较好的解决。

下面举三篇文章为例。

🖋 第一稿

那些美丽，我来守护 [题目不是很好，直白了些。]

潘婷婷

不经意地理了理衣服，端坐起来，火车上的小小车窗中，承载着急速掠过的风景。留下的感触，却不知道用怎样的词才能让写下的文字融入她那独特的身影。

青海，那有一片极其空旷辽远的土地，零星的绿色散布着早春的气息。

---

①马克思. 1844 年经济学哲学手稿［M］. 马克思恩格斯全集：第四十二卷. 北京：人民出版社，1979：125.

②罗丹. 罗丹艺术论［M］. 北京：人民美术出版社，1978：62.

<u>她有尽头，是一条皑皑的山脉</u>，那抹雪白的尽头，是天。这样，好像是原本的一块翡翠断了，中间被镶上了一条精致的银带。她是美丽的，却独有份庄严，让我肃然起敬。[**这段写的景，有特色，形象性较强。**]

一个小时后，采访小组的车队开始向可可西里驶进。这其中，我感受到的是不同于以往外出任务的寒冷和颠簸，特别是那稀薄得吝啬的空气。对于一个实习记者来说，这是一次艰苦异常的行程，但对我来说，这却是一个可贵的体验，一段可以珍藏的记忆。

"扎西德勒！欢迎啊，你们可到了！"

我下了车，检查着要带的采访工具，在听到"我是奇卡·扎巴多杰"时，<u>腾得转过身</u>。蓬乱的短头发，一张晒得黝黑的脸，被无数道皱纹包围的双眼习惯性地眯着，吹得有点开裂的嘴唇此时是一个大大的弧度。午时的太阳已经变得烈了，而那些光束在他脸上折射出来的是刚毅。半旧的大外套敞开着，可以看到里面的仍是半旧的线衣，应该是一条还比较新的布裤，细看却沾了不少泥污。他不像一位正当中年的政府书记，更像一个已过半百的藏族大爷，并且带有着的是朴实和精明。听说，在藏语里的"扎巴"是非常的意思，"多杰"可以译成金刚。而现在在我们眼前的，就是那个康巴汉子扎巴多杰。[**这段对人的描写，较有个性和形象性。但以上部分应简略，不要做过多的介绍，最好能"落笔入题"。**]

下午，扎巴多杰带我们去了一个地方，他说那叫太阳湖，那里有他们的英雄。我们的采访也在那里开始了，摄像机里的画面一直是扎巴多杰，和他身后的太阳湖。

"1994 年 1 月 18 日，杰桑·索南达杰就是在这里牺牲的。"

他指的方向，在太阳湖畔，简单而肃穆的索南达杰墓碑。那里，曾有过一尊被可可西里 −40℃ 的风雪塑成的冰雕，留下那句："如果需要死人，就让我死在最前面"，在煦日与风雨中久久地荡漾开去……

"他一个人和 18 个盗猎藏羚羊的犯罪分子对抗，当我们后来赶到时，他还是半蹲跪打枪的样子，那时已经冻僵了。

"他是我的亲人，更是我的榜样。我那时便发誓，要保护我们的可可西里，保护我们的藏羚羊。

"我们自己组建反偷猎队。

"县委没钱发，我们自己筹。刚开始没枪我去找关系借，后来就从犯罪分子那里缴。

"在最开始的时候……可能最痛苦是，为了保护藏羚羊，要卖掉收缴的藏羚羊皮子才能换来钱。

"地方大，天气差，走路不行，我就想办法去向别人要那辆老吉普车。

别小看它，里面的发动机就是我们最好的烤箱和取暖器。在巡逻的日子，我们每天要在零下几十摄氏度的外面十多个小时，经常一天只能嚼上两个冰冻的馒头和干肉片。每次进出可可西里，少要十天，多就要一两个月。

"知道为什么我们叫野牦牛队吗？野牦牛长期生活在十分恶劣的环境中，凶猛、强悍，不会怕狼群野兽，容易活下去。我们的队员要想在同样的环境中生存，就要像野牦牛那样勇敢、坚韧。我们也会像野牦牛那样，当高原的保护神！

"当你们发现一处处藏羚羊的屠宰场，看到被剥了皮，秃鹫已经把它们的肉都吃光了，其中还有那刚生下来的幼崽的时候，可能就会知道我为什么能坚持下去了。

"那一次发生在我们巡逻回来，我看到的是看见几只双眼还未睁开小羊仔叼着母羊血肉模糊的乳头，而母藏羚羊的皮已被剥走了，我当时真的是气得哭了。我抓着他们，问他们究竟做了些什么！" [**以上用对话的形式来交代情节，一定要简练些，以免节奏过慢。**]

…………

高原的气候正如当地人所说的瞬息万变，短时间里会有着四季的交替变化。刚还是殷红的夕阳已经被翻滚的黑云淹没，这时的狂风就夹杂着冰雹开始到处肆虐，我们只好先躲进了工作站的简易平房。我站在紧闭的玻璃窗前，感受到房子的摇晃，想着，这里的如这样像是海洋中的惊涛骇浪一样的风暴一定很频繁，而扎巴多杰担起船长的职责该需要多大的勇气啊！ [**尽量不要过多空泛的议论。**]

在一段插曲后，入夜的高原特别的宁静，特别的漆黑……

第二天，一片的艳阳，抹尽了昨晚的狂澜。

昨晚，我们便跟着扎巴多杰的车队深入可可西里进行惯例地巡察，在那片刻的宁静中。说"片刻的宁静"，是因为之后我们面临的是更加肆虐的暴风雪。

我从来都不知道，原来雨雪可以下得这么有力。吉普车的周围都被风雪紧紧地包裹起来，但仍旧有更多的朝窗子砸来。积在玻璃上的雪块被不停地砸落，又被不停地累上。我在车窗小块的干净中，往外看到的只有黑和白，黑的是夜，白的是雪。从各个细缝中钻进来的空气让我不敢呼吸，不小心地一口会感到疼。但坐在副驾驶位子上的扎书记却是一脸的平静，仿佛那只是电影里的场景。[**以上个人感受，笔墨太多了。叙事散文不要议论过多，尤其在文中部分不要插进大段的议论，会破坏整篇文章的特点并打乱文章的节奏。**]

"大概再过4个小时就停了，这样等一下过那湖面更安全点，那里的冰会更结实。"大概是看到我们惊慌的表情，扎巴多杰微笑着说，"晚上出巡这种情况很平常，我们还有在荒地待上三天三夜的时候呢。我们睡过冻地，喝过泥水。在那次……大家都活不下去的情况下，我做出了一个决定，我说打一个藏羚羊给他们吃！那时大家笑了，我也笑了。"

我们也笑了，我却感觉到了笑声中的那些辛酸。

…………

从1995年9月到1998年，"西部野牦牛队"共破获盗猎案62起，抓获盗猎分子240人，缴获各类枪支56支，子弹万余发，缴获各类车57辆，搜出藏羚羊皮3180张……这些是我在笔记本上记录的数据，[**这里就需要拓展一下，写出保护动物的大环境（国内外）及其重大意义。当然，点到为止，不要大段空议论，写的目的是拓深主题。**] 不由自主地望向外面，那格玻璃窗里仍旧是急速掠过的风景，只是，那不再是一方陌生的地方了。

我在一篇文章里知道了可可西里有两个月亮，一个挂在可可西里的夜空，另一个在楚玛尔河里，说是太阳播撒的一粒种子。一位当地的牧民告诉我，楚玛尔的河面上确实有一个又大又亮的红月亮。就是在索南达杰牺牲的那天夜里，她在羊栏里亲眼见的。其实，可可西里有第三个月亮，他来自玉树，他叫扎巴多杰。

翻过昆仑山，天际是雪山映夕阳，高傲而矫健的藏羚羊奔跑在其中。我会悄悄地匍匐在散发着芬芳的大地上，用相机捕捉这些精灵迷人的身影。因为我们的友好，它们很安逸，兴致高时还会调皮地走近你，然后马上跑开……

可可西里的美我们可以留住，藏羚羊的美我们也可以留住，那些美丽的月亮我们可以记住。

结束了我的实习，现在再次踏上去青海可可西里的路，我是一名真正的记者，一名可以守护那些美丽的志愿者。

不经意地理了理衣服，端坐起来，火车上的小小车窗中，承载着急速掠过的风景，那里便是我的另一个故乡。

2010年，贵州财经学院根据教育部关工委等部门和贵州省教育厅的要求，组织了"祖国需要我"征文大赛。笔者受所在部门——文化传播学院——的委托，负责分院参赛文章的选拔和指导修改。2008级汉语言文学专业的学生潘婷婷的这篇《那些美丽，我来守护》被笔者选拔出来重点指导修改。

这篇文章的主要亮点在于：可可西里独特的风光，反偷猎队艰苦卓绝的斗争，传奇人物奇卡·扎巴多杰、杰桑·索南达杰。但总的来看，写得还比较粗糙，存在不少问题。

首先是主题不是很明确。从主要内容上看，主题好像是歌颂反偷猎队艰苦卓绝的斗争。如果是这样，有两点不足：一是与征文主题"祖国需要我"有一定差距。根据征文主题，一定要把"我"写进去（虽然作者已经意识到这点，在文章结尾处写到自己原是实习记者，实习完后成了记者，但"祖国需要我"这点突出不够）；二是主题还比较浅显，深度和高度都不够。

第二，大约是因为主题不是很明确的缘故，材料的取舍存在详略不当（只起过渡衔接的内容、非重点内容过多）、重点不够突出的问题。

第三，文章应为叙述散文，却在文中用了大段的议论，效果不好。

第四，虽然可可西里的风光独特，文章也写出了风光的一些特点，但其特点还是不够突出。

通过上述分析，笔者提出以下修改建议，与上面的分析一同告知作者：

[1. 进一步明确和提炼主题。主题要站得高远些，比如人与大自然的关系，比如反偷猎队、英雄人物对自己的影响等。

2. 以当实习记者为线索来写是可以的，但重点要写好三个亮点。2010 年 4 月 25 日]

第二稿

那些美丽

潘婷婷

不经意地理了理衣服，端坐起来，火车上的小小车窗中，承载着急速掠过的风景。留下的感触，却不知道用怎样的词才能让写下的文字融入她那独特的身影。

青海，那有一片极其空旷辽远的土地，零星的绿色散布着早春的气息。她有尽头，是一条皑皑的山脉，那抹雪白的尽头，是天。这样，好像是原本的一块翡翠断了，中间被镶上了一条精致的银带。她是美丽的，却独有份庄严，让我肃然起敬。

一个小时后，采访小组的车队开始向可可西里驶进。这其中，我感受到的是不同于以往外出任务的寒冷和颠簸，特别是那稀薄得咯噇的空气。对于一个实习记者来说，这是一次艰苦异常的行程，但对我来说，这却是一个可贵的体验，一段可以珍藏的记忆。[前面三段可写得精简些、精粹些、直截了当些（但要交代清楚）。]

"扎西德勒！欢迎啊，你们可到了！"

我下了车，检查着要带的采访工具，在听到"我是奇卡·扎巴多杰"时，腾得转过身。蓬乱的短头发，一张晒得黝黑的脸，被无数道皱纹包围的双眼习惯性地眯着，吹得有点开裂的嘴唇此时是一个大大的弧度。半旧的大外套敞开着，可以看到里面的仍是半旧的线衣，应该是一条还比较新的布裤，细看却沾了不少泥污。而这个淳朴的藏家大爷，就是那个康巴汉子扎巴多杰。

下午，扎巴多杰带我们去了一个地方，他说那叫太阳湖，那里有他们的英雄。我们的采访也在那开始了，摄像机里的画面一直是扎巴多杰，和他身后的太阳湖。

"1994 年 1 月 18 日，杰桑·索南达杰就是在这里牺牲的。"

他指的方向，在太阳湖畔，是简单而肃穆的索南达杰墓碑。那里，曾有过一尊被可可西里 -40℃ 的风雪塑成的冰雕，留下那句："如果需要死人，就让我死在最前面"，在煦日与风雨中久久地荡漾开去……

"他一个人和 18 个盗猎藏羚羊的犯罪分子对抗，当我们后来赶到时，他还是半蹲跪打枪的样子，那时已经冻僵了。

"他是我的亲人，更是我的榜样。我那时便发誓，要保护我们的可可西里，保护我们的藏羚羊。

"我们自己组建反偷猎队。

"县委没钱发，我们自己筹。刚开始没枪我去找关系借，后来就从犯罪分子那缴。

"地方大，天气差，走路不行，我就想办法去向别人那要辆老吉普车。在巡逻的日子，我们每天要在零下几十摄氏度的外面十多个小时。每次进出可可西里，少要十天，多就要一两个月。

"知道为什么我们叫野牦牛队吗？野牦牛长期生活在十分的恶劣环境中，容易活下去。我们的队员要想在同样的环境中生存，就要像野牦牛那样勇敢、坚韧。我们也会像野牦牛那样，当高原的保护神！

"当你们发现一处处藏羚羊的屠宰场，看到被剥了皮，秃鹫已经把它们的肉都吃光了时候，可能就会知道我们为什么能坚持下去了。

"那一次发生在我们巡逻回来，我看到的是看见几只双眼还未睁开小羊仔叼着母羊血肉模糊的乳头，而母藏羚羊的皮已被剥走了，我当时真是气得哭了。我抓着他们，问他们究竟做了些什么！"〔这部分用说话的方式交待有关事情，从效果来看，不是很好：一是把文章的节奏放慢了；二是增加了过多的文字。其实这部分应主要写杰桑·索南达杰，而不是扎巴多杰。〕

…………

高原的气候正如当地人所说的瞬息万变，短时间里会有着四季的交替变化。刚还是殷红的夕阳已经被翻滚的黑云淹没，这时的狂风就夹杂着冰雹开始到处肆虐，我们只好先躲进了工作站的简易平房。因为简易，我们可以感受到房子的摇晃。这里的如这样像是海洋中的惊涛骇浪一样的风暴一定很频繁，而扎巴多杰担起船长的职责该需要多大的勇气啊！

在一段插曲后，入夜的高原特别的宁静，特别的漆黑……

第二天，一片的艳阳，抹尽了昨晚的狂澜。

昨晚，我们便跟着扎巴多杰的车队深入可可西里进行惯例地巡察，在那片刻的宁静中。说"片刻的宁静"，是因为之后我们面临的是更加肆虐的暴风雪。我从来都不知道，原来雨雪可以下得这么有力。

车外是大自然咆哮，车内却是扎书记的笑语。"大概再过 4 个小时就停了，这样等一下过那湖面更安全点，那里的冰会更结实。晚上出巡这种情况很平常，我们还有在荒地待上三天三夜的时候呢。我们睡过冻地，喝过泥水。在那次……大家都活不下去的情况下，我做出了一个决定，我说打一个藏羚羊给他们吃！那时大家笑了，我也笑了。"

我们也笑了，只是那些笑声中多了些辛酸和敬佩。

…………

从 1995 年 9 月到 1998 年，"西部野牦牛队"共破获盗猎案件 62 起，抓获盗猎分子 240 人，缴获各类枪支 56 支，子弹万余发，缴获各类车辆 57 辆，搜出藏羚羊皮 3180 张……这些是我在笔记本上记录的数据。而另一组数据是：1986 年冬在青海西南部藏羚羊分布密度为每平方公里 2~3 只，1995 年中国藏羚羊总数已急剧下降至约 5 万至 7 万 5 千头左右，没有人再见到过集群数量超过 2000 头的藏羚羊群。这群高原精灵的消失，却是因为它们的美丽，因为"血腥的美丽"——沙图什。

人与自然的关系，是同生、同赢、同荣，而不是征服、改造、索取。而现在，全世界平均每小时有两个物种灭绝，这一灭绝速度，比自然淘汰的速度快 2000 倍。北美印第安人作的古老歌谣《只有在那时》中唱道："只有当最后一棵树被刨，最后一条河中毒，最后一条鱼被捕，你们才发现，钱财不能吃。"人类文明的存在与发展，除了凭借自身的智慧，更需要的是人与自然的和谐相处。而我们现在要做的是，保护我们的动物朋友，保护我们的自然母亲。[上面两段增添的内容很好，一下子把视野拓开了，使文章有了一定的深度。]

不由自主地望向外面，那格玻璃窗里仍旧是急速掠过的风景。我们离开了，却是短暂的，因为那不再只是一方陌生的地方，我们恋上了一些美丽。

我在一篇文章里知道了可可西里有两个月亮，一个挂在了可可西里的夜空，另一个在楚玛尔河里，说是太阳播撒的一粒种子。一位当地的牧民告诉我，楚玛尔的河面上确实有一个又大又亮的红月亮。就是在索南达杰牺牲的那天夜里，她在羊栏里亲眼看见的。其实，可可西里有第三个月亮，他来自玉树，他叫扎巴多杰。

翻过昆仑山，天际是雪山映夕阳，高傲而矫健的藏羚羊奔跑在其中。我会悄悄地匍匐在散发着芬芳的大地上，用相机捕捉这些精灵迷人的身影。因为我们的友好，它们很安逸，兴致高时还会调皮地走近你，然后马上跑开……

藏羚羊的美我们可以留住，月亮的美丽我们可以留住，可可西里的美丽我们可以留住，人与大自然的和谐画面的美丽我们一样可以留住。

结束了我的实习，现在再次踏上去青海可可西里的路，我是一名真正的记者，一名可以守护那些美丽的志愿者。

不经意地理了理衣服，端坐起来，火车上的小小车窗中，承载着急速掠过的风景，那里便是我的另一个故乡。

根据教师的建议，文章做了修改。教师看后，写了如下意见：

[修改过后，主题有了拓展（后面部分）。但其他的修改效果不明显，如第一稿修改意见提出的要着重写好三个亮点，但可可西里的风光仍写得特色不够突出；两个传奇人物没得到应有强化。因此，还要好好地修改。2010 年 5 月 3 日]

修改后的第三稿稍好，但变动不大，又改了四稿、五稿。在教师的建议下，学生又进行修改。

第六稿

月亮升起的地方（或“留住美丽的地方”）

[题目不如改为“可可西里”]

潘婷婷

不经意地理了理衣服，端坐起来，火车上的小小车窗中，承载着急速掠过的风景。留下的感触，却不知道用怎样的词才能让写下的文字融入她那独特的身影。[开头的话语不是很好懂。想想，要表达什么？]

一个小时后，我们采访的车队开始向可可西里无人区驶进……

驻足，看这个青藏高原上的神秘少女：在漫延的昆仑山脉与乌兰乌拉山之间，是一片极其空旷辽远的土地，零星的绿色散布着早春的气息。她有尽头，是一条皑皑的山脉，那抹雪白的尽头，是天。这样，好像是原本的一块翡翠断了，中间被镶上了一条精致的银带。她是美丽的，却独有份庄严，让我肃然起敬。因为这份敬意，我们把感受到的异常的寒冷和颠簸都忽略了，连那稀薄得客啬的空气都觉得可爱。[这段写景，写得比较好了。]

“扎西德勒！欢迎啊，你们可到了！”

我下了车，帮忙清点着车内的采访器材，在听到"我是奇卡·扎巴多杰"时，腾得转过身。蓬乱的短头发，一张晒得黝黑的脸，被无数道皱纹包围的双眼习惯性地眯着，吹得有点开裂的嘴唇此时是一个大大的弧度。半旧的大外套敞开着，可以看到里面的仍是半旧的线衣，应该一条还比较新的布裤，细看却沾了不少泥污。而这个淳朴的藏家大爷，［删掉这句。改为：哦，这就是在报纸、在杂志看到的那位传奇人物］康巴汉子扎巴多杰！

下午的采访，我们在一个美丽的天然湖畔，［可删掉］摄像机里的画面，［多是］有［删掉］扎巴多杰，和他身后的太阳湖。

"1994年1月18日，杰桑·索南达杰就是在这里牺牲的。"

"他一个人和18个盗猎藏羚羊的犯罪分子战斗，当我们后来赶到时，他还是趴着打枪的样子，那时［删掉"那时"］已经冻僵了。"

"他是我的亲人，更是我的榜样。［删掉］那时我变［可能是"便"，删掉，加"就"］发誓，［接过逝者的钢枪］要［删掉"要"］保护我们的可可西里！保护我们的藏羚羊！"

他看［"看"改为"手指"］的方向，是太阳湖畔，昆仑山口。一座简单而肃穆的石碑挺立着，［刻贴在石碑上的］索南达杰的［去掉"的"］遗像被纯洁的哈达挂满了。那里，曾有过一尊被可可西里-40℃的风雪塑成的冰雕，留下那句："如果需要死人，就让我死在最前面"，在煦日与风雨中久久地荡漾开去……［这句话是索南达杰什么时候说的？如果是临牺牲前说的，那时并没有其他人。此外，这句话也并不很好，好好想一下，写出最恰当的一句话来。］

杰桑·索南达杰于1992年组织成立治多县"西部工作委员会"，先后12次进入可可西里无人区，进行了［去掉"了"］野生动植物资源的调查和从事以藏羚羊命运为主题的野生动物保护工作，成为可可西里野生动物保护第一人［？］。［是"委员会"还是只他一个人进入可可西里？未交待清楚。］

扎巴多杰便［去掉"便"字］是第二个索南达杰：自己［去掉"自己"］组建野牦牛反偷猎队；没钱去［去掉"没钱去"］筹钱［、筹枪］，没枪去借枪［去掉］；带领队员每次进出可可西里，少要［改为"则"］十天，多就要［则］一两个月，都是零下几十摄氏度；因为藏羚羊的血红屠宰场而落泪，因为偷猎者的丑陋嘴脸而暴怒……［这笼统了些，我看用第一稿中的两段可以，文字做一点修改。］

他们的事迹记满了整整一本笔记。

高原的气候正如当地人所说的［去掉］瞬息万变，瞬间里会有着四季的交替变化。［去掉］刚才还是殷红的夕阳［此时却］已经［去掉］被翻滚的黑云淹没，这时的 [去掉] 狂风就 [去掉"就"] 夹杂着冰雹开始到处肆虐 [改为"猛烈袭来"]，我们只好先 [去掉] 躲进了 [去掉"了"] 工作站的简易平房 [里]。因为简易，我们可以感受到房子的摇晃。这里的如这样像是海洋中的惊涛骇浪一样的风暴一定很频繁，而扎巴多杰担起船长的职责该需要多大的勇气啊！ [这句写得不是很好，好好想一下，改好一些。]

在一段插曲后，入夜的高原特别的宁静，特别的漆黑…… [去掉两个"的"]

第二天，一空的艳阳，抹尽了一晚的狂澜 [?]。

昨晚，我们还跟着扎巴多杰的车队深入可可西里进行惯例地巡察，在那片刻的宁静中。说"片刻的宁静"，是因为之后我们面临的是更加肆虐的暴风雪。

车外是大自然咆哮，车内却是扎书记的笑语。"大概再过 4 个小时就停了 [什么停了?]，这样等一下过那湖面更安全点，那里的冰会更结实。""晚上出巡这种情况很平常，我们还有在荒地待上 3 天 3 夜的时候呢。我们睡过冻地，喝过泥水。在那次……大家都活不下去 [改为"饿得要死"] 的情况下，我做出了一个决定，我说打一个藏羚羊给他们吃！那时大家笑了，我也笑了。"

我们也笑了，只是那些笑声中的多了些辛酸和敬佩。

…………

从 1995 年 9 月到 1998 年，"西部野牦牛队" [前面说的是"野牦牛反偷猎队"，这里是"西部野牦牛队"，要统一。] 共破获盗猎案 62 起，抓获盗猎分子 240 人，缴获各类枪支 56 支，子弹万余发，缴获各类车 57 辆，搜出藏羚羊皮 3180 张……这些是我在笔记本上记录的数据。而扎巴多杰说的另一组数据是：1986 年冬在青海西南部藏羚羊分布密度为每平方公里 2 到 3 只，1995 年中国藏羚羊总数已急剧下降至约 5 万至 7 万 5 千头左右，没有人再见到集群数量超过 2 千头的藏羚羊群。这群的高原精灵的消失，却是因为它们的美丽，因为"血腥的美丽"——沙图什。[什么意思？看不懂。]

"人与自然的关系，是同生、同赢、共同荣，而不是征服、改造、索取。"这是在扎书记的随笔上 [?] 看到的一句话。而现在，全世界平均每小时有两个物种灭绝，这一灭绝速度，比自然淘汰的速度快 2000 倍。北美印第安人作的古老歌谣《只有在那时》中唱道："只有当最后一颗树被刨，最后一条河中毒，最后一条鱼被捕，你们才发现，钱财不能吃。"人类文明的存在与发展，除了凭借自身的智慧，更需要的是人与自然的和谐相处。而我们现在要做的是，保护我们的动物朋友，保护我们的自然母亲。

不由自主地望向外面，那格玻璃窗里仍旧是急速掠过的风景。我们离开了，却是短暂的，因为那不再只是一方陌生的地方，我们恋上了一些美丽。[不是很清楚。想一下，到底要表达什么?]

我在一篇文章里知道了可可西里有两个月亮，一个挂在了可可西里的夜空，另一个在楚玛尔河里，说是太阳播撒的一粒种子。一位当地的牧民告诉作者，楚玛尔的河面上确实有一个又大又亮的红月亮。就是在索南达杰牺牲的那天夜里，她在羊栏里亲眼见的。其实，可可西里有第三个月亮，他来自玉树，他叫扎巴多杰。

翻过昆仑山，天际是雪山映夕阳，高傲而矫健的藏羚羊奔跑在其中。我会悄悄地匍匐在散发着芬芳的大地上，用相机捕捉这些精灵迷人的身影。因为我们的友好，它们很安逸，兴致高时还会调皮地走近你，然后马上跑开……

藏羚羊的美我们也 [去掉"也"] 可以留住，月亮的美丽我们可以留住，可可西里的美丽我们可以留住，人与大自然的 [去掉] 和谐画面的 [改为"之"] 美丽 [去掉] 我们一样可以留住。

结束了我的实习，现在再次踏上去青海可可西里的路，我 [已] 是一名真正的记者，一名可以守护那些美丽的志愿者。

不经意地理了理衣服，端坐起来，火车上的小小车窗中，承载着急速掠过的风景 [这句可删去]，[可可西里,] 那里便 [改为"将"] 是我的另一个故乡——那片神奇的土地需要我，那些传奇的人物在吸引我、呼唤着我!

虽然学生的写作基础比较好，但她毕竟只是大二的学生，要在较短的时间内把写作能力提得很高是不切合实际的，又考虑到征文截稿的时间比较紧，教师就做了较为详细的文句修改。教师附在文章后面的意见是:

[潘婷婷同学: 我做了比较详细的文句点评和必要的修改，请你复制一份这份修改稿保存，可时常看看，思考思考: "为什么要这样改? 改前与改后有什么不同?"写文章，文句要准确、简洁。这既需要有精雕细刻的精神，更需要反复地练习，方能见效。2010 年 5 月 12 日]

📖 获奖、发表稿

可可西里

潘婷婷

"可可西里 (Hoh Xil)"蒙语意为"青色的山梁"(一说为"美丽的少女")，是目前我国建成的面积最大、海拔最高、野生动物资源最为丰富的自然保护区。它气候严酷，自然条件恶劣，人类无法长期居住，被称为"生命的禁区"。正因为如此，它成为野生动物的乐园。

作为一名志愿者，我参加了可可西里采访队，以完成我的专业实习。一个小时后，采访车队开始向可可西里的无人区驶进……

驻足，看这个青藏高原上的神秘少女：在绵延的昆仑山脉与乌兰乌拉山之间，是一片极其空旷辽远的土地，零星的绿色散布着早春的气息。她的尽头，是一条皑皑的山脉，那抹雪白的尽头，是天。这样，好像是原本的一块翡翠断了，中间被镶上了一条精致的银带。她是美丽的，却独有份庄严，让我肃然起敬。因为这份敬意，我们把感受到的异常的寒冷和颠簸都忽略了，连那稀薄得吝啬的空气都觉得可爱。

"扎西德勒！欢迎啊，你们可到了！"

我们下了车，欢迎的人群中一个看似领导的人上来和我们一一握手，并自我介绍："我是奇卡·扎巴多杰。"我睁大了眼睛：松蓬的短头发，一张晒得黝黑的脸，被无数道皱纹包围的双眼习惯性地眯着，厚厚的嘴唇被吹得有点开裂了。半旧的大外套敞开着，可以看到里面的仍是半旧的线衣，应该是一条还比较新的布裤，裤脚却已经被磨破了。哦，这就是在报纸、在杂志看到的那个传奇人物——康巴汉子扎巴多杰！

下午的采访，摄像机里的画面，多是扎巴多杰，和他身后的太阳湖。

"1994 年 1 月 18 日，杰桑·索南达杰就是在这里牺牲的。

"他一个人和 18 个盗猎藏羚羊的犯罪分子战斗，当我们后来赶到时，他还是趴着打枪的样子，已经冻僵了。

"那时我就发誓：接过逝者的钢枪，保护我们的可可西里！保护我们的藏羚羊！"

他手指的方向，是太阳湖畔，昆仑山口。一座简单而肃穆的石碑挺立着，刻贴在石碑上的索南达杰遗像被纯洁的哈达挂满了。因为那里，曾有过一尊被可可西里 −40℃ 的风雪塑成的冰雕。

杰桑·索南达杰于 1992 年组织成立治多县"西部工作委员会"，他带领大家先后 12 次进入可可西里无人区，进行野生动植物资源的调查和从事以藏羚羊命运为主题的野生动物保护工作。作为可可西里野生动物的保护神，索南达杰最后也是为保护藏羚羊而英勇牺牲。

扎巴多杰是第二个索南达杰：组建西部野牦牛队；在艰巨的条件下筹钱、筹枪；带领队员每次进出可可西里，少则 10 天，多则一两个月，都是零下几十度；会因为在看到一处处藏羚羊的屠宰场，看到被秃鹫争食的没有羊皮的尸体而落泪；也会因为在看到几只双眼还未睁开小羊叼着母羊血肉模糊的乳头时，忍不住对偷猎者挥拳头……

他们的事迹我记满了整整一本笔记，不断地被震撼和感动。

高原的气候瞬息万变，刚才还是殷红的夕阳此时却被翻滚的黑云淹没，狂风夹杂着冰雹猛烈袭来，我们躲进工作站的简易平房里。因为简易，我们甚至可以感受到房子的摇晃。这样的环境，如海洋上的惊涛骇浪，而扎巴多杰却有着超人的勇气，担当起"保卫藏羚羊"这艘巨轮的舵手。

第二天，一空的艳阳，抹尽了之前的狂澜。

昨晚，我们还跟着扎巴多杰的车队深入可可西里进行惯例巡察，在那片刻的宁静中。说"片刻的宁静"，是因为那场冰雹后我们面临的是更加肆虐的暴风雪。

车外是大自然的咆哮，车内却是扎书记的笑语。"大概再过4个小时这场暴风雪就会停了，这样等一下过那湖面更安全点，那里的冰会更结实。""晚上出巡这种情况很平常，我们还有在荒地待上3天3夜的时候呢。我们睡过冻地，喝过泥水。在那次……大家都饿得活不下去的情况下，我做出了一个决定，我说打一个藏羚羊给他们吃！那时大家笑了，我也笑了。"

我们都笑了，这些笑声中有辛酸，有敬佩，还有信念。

…………

从1995年9月到1998年，"西部野牦牛队"共破获盗猎案件62起，抓获盗猎分子240人，缴获各类枪支56支，子弹万余发，缴获各类车57辆，搜出藏羚羊皮3180张……这些是我在笔记本上记录的数据。而扎巴多杰说的另一组数据是：1986年冬在青海西南部藏羚羊分布密度为每平方公里2～3只，1995年中国藏羚羊总数已急剧下降至约5万至7万5千头左右，没有人再见到集群数量超过2000头的藏羚羊群。这群高原精灵的消失，却是因为它们的美丽。用藏羚绒做成的被称为"沙图什"的披肩有种特别的华贵，而它的华贵凭借的便是这种血腥的美丽。

"人与自然的关系，是同生、同赢、共荣，而不是征服、改造、索取。"这是扎书记日记本扉页上的一句话。而现在，全世界平均每小时有两个物种灭绝，这一灭绝速度，比自然淘汰的速度快2000倍。有一首古老的北美歌谣中唱道："只有当最后一棵树被刨，最后一条河中毒，最后一条鱼被捕，你们才发现，钱财不能吃。"人类文明的存在与发展，除了凭借自身的智慧，更需要的是人与自然的和谐相处。而我们现在要做的是，保护好我们的动物朋友，保护好我们的自然母亲。

我在一篇文章里知道了可可西里有两个月亮：一个挂在可可西里的夜空；另一个在楚玛尔河里，说是太阳播撒的一粒种子。一位当地的牧民告诉作者，楚玛尔的河面上确实有一个又大又亮的红月亮，就是在索南达杰牺牲的那天夜里，她在羊栏里亲眼看见的。其实，可可西里有第三个月亮，他来自玉树，他叫扎巴多杰。

翻过昆仑山，天际是雪山映夕阳，高傲而矫健的藏羚羊奔跑在其中。我悄悄地匍匐在散发着万物的芬芳的大地上，用相机捕捉这些精灵的迷人身影。因为我们的友好，它们很安逸，兴致高时还会调皮地走近你，然后马上跑开……

藏羚羊的美我们可以留住，月亮的美丽我们可以留住，可可西里的美丽我们可以留住，人与大自然和谐之美我们一样可以留住。

结束了我的专业实习。现在再次踏上去青海可可西里的路，我已是一名真正的记者，一名可以守护那些美丽的卫士。

可可西里，那将是我的另一个故乡——她需要我，她那雄奇壮丽的景色、那可爱的藏羚羊和那传奇的人物在吸引我、呼唤我！

经过由学校关工委、校宣传部、校办、文传学院组成的评委会的盲评，本文以其"独特的大自然风光、传奇的英雄人物和艰苦卓绝的保卫藏羚羊斗争，以及深刻的主题、流畅的语言、紧凑的结构"，获贵州财经学院"祖国需要我"征文大赛一等奖第一名（一等奖共评了2名），推荐到省里参评，获得贵州省高校"祖国需要我"征文比赛一等奖。文章发表在2010年6月25日的贵州财经学院校报《贵州财经学院》第四版上。

之后，作者写了下面这篇关于写这篇文章的体会。

关于《可可西里》

潘婷婷

时间：2011年9月2日23点58分34秒开始。

地点：某个高级生物体的脑海。

人物：《可可西里》作者，杂音1、杂音2。

事件：三种声音就作品《可可西里》进行着探讨。

作者：说来惭愧，大学生活把高考时的韧劲都磨得差不多了。虽说是汉语言文学专业的学生，写出来的东西却如游老师说的——多是小家子气的，难上台面。最后想想算算，好像就只有这么一篇因为获奖才给我的大学生涯撑点场面。

杂音1：一块黑布上的白点和一块白布上的黑点有一样的效果——让人印象深刻。所以游老师让你写篇关于《可可西里》的总结放进他的书里也是可以理解的，起码证明了在你的劣质产品中还是有合格品的。

杂音2：什么合格品哟，就是一个复制品。把看到的故事再添点油加点醋，加个主人公就成了一篇小说了。

作者：复制品？这篇文章写作的灵感倒是来自一段纪录片。我现在还能回想起，当自己看到银幕上出现那张清晰地印刻有风霜痕迹的康巴汉子的脸时的感慨。煦日下，他讲述着在那片山麓草原上奔跑的生灵与逝去英雄的故事。

"巧妇难为无米之炊"，当我们面对文档的空白无从下笔时，总会发现"无米"之难。是思源枯竭了？当然不是。"文章本天成，妙手偶得之。"我想陆游的诗句可以理解成灵感源于生活吧。所谓的"天成"之文不过是由我们的大脑从自己的所见所闻中整理分析再创造的成品。宫崎骏的电影中，天空之城拉普达，是陆上的城堡绑在了飞行的热气球上，云层制造着神秘；在风之谷遥望到的腐海，是热带雨林与海底世界重合了，松鼠与水母相遇了。我一向认为没有完全虚构的作品，总能在现实中找到原型，小说更是模拟了生活中的场景、人物、事件。

杂音2：模拟有时也不会比原创简单，就算你得到了灵感，写不好也就成了本流水账。

作者：我写东西的过程，永远像是海盗船长杰克举着那个不灵光的罗盘指挥着黑珍珠号在航海一样——漫无目的地。可能是当局者迷，游老师在看我第二篇改稿时一语道破：

文章的看点（亮点）在：可可西里独特的风景，反偷猎队艰苦卓绝的斗争，传奇的人物奇卡·扎巴多杰、杰桑·索南达杰。要写好，体现出那些动物需要保护，人类需要保护（大自然与人的关系要和谐）的主题。以当实习记者为线索来写是可以的，但重点在于写好三个看点，个人的感受要精粹（体现出主题）。

这让我感觉自己抓住了一束来自于远方灯塔的光，知道了前进的方向。有内容的文章才会让人有兴趣读下去，而这个内容就是明确的主题与辅助的看点。子曰：三人行，必有我师焉。所以可以说，一篇合格的作品出世少不了几个旁观者的意见。

杂音2："不以文害辞，不以辞害志，以意逆志，是为得之。"虽说孟子强调不能以个别文字语言影响对原文的理解，但这并不代表作文章只需有主题和看点就可以了，字里行间的笔头功夫同样很重要。

杂音1：这个时候，可能更要求作者有细腻的文笔。较大的故事框架像是一桌丰盛的酒席，而对某个人物或某个情节的精心描写应该会像盘中的手工雕花一样让人赏心悦目。

作者："鸟宿池边树"后，贾岛反复沉吟着："僧推月下门……僧敲月下门……僧推……僧敲……"一篇好文章是需要大处质朴，小处精致。而为了要做到这两样，从题目到标点，我都经历了几番"推敲"。《可可西里》

的题目经历了"那些美丽，我来守护"，到"月亮升起的地方"，到最后游老师定下的"可可西里"。我才发现，原来最简单最朴实的文字是最好的。

高原的气候正如当地人所说的 [去掉] 瞬息万变，瞬间里会有着四季的交替变化。 [去掉] 刚才还是殷红的夕阳 [此时却] 已经 [去掉] 被翻滚的黑云淹没，这时的 [去掉] 狂风就 [去掉"就"] 夹杂着冰雹开始到处肆虐 [改为"猛烈袭来"]，我们只好先 [去掉] 躲进了 [去掉"了"] 工作站的简易平房 [里]。

短短的两句话，却改了10处，去掉了那些可有可无或者不准确的文字。文句一下子就简练了起来，意思更加准确了，读起来顺畅多了，舒服多了。老师在上课时讲到文章简练的作用，此时我才体会到了不少。《可可西里》也是在把原稿改了六遍后得到的第七稿。在负责任的老师的指导下，个人的悟性、积极的态度、不懈的毅力一个都不能少。

作者：其实，存在于世的事物都有灵魂，一部完结的作品同样不例外。而只有赋予它作者本人真正的情感和思想，作品才会在完美的躯壳下拥有完整的灵魂。

关于《可可西里》，我希望有天可以成为小说里面的那个记者。沿着蜿蜒的铁轨，驶向那片土地……

作者在这篇体会中，主要谈了两点对她启发比较大的：一是写文章要有亮点。老师在她这篇文章的第一稿就指出："文章的看点（亮点）在：可可西里独特的风景，反偷猎队艰苦卓绝的斗争，传奇的人物奇卡·扎巴多杰、杰桑·索南达杰"。这让她感到"自己抓住了一束来自于远方灯塔的光，知道了前进的方向。"就是让她知道了文章该如何修改；二是对于文章用语，需反复推敲和修改，才能达到简练的境界。

原稿

北国之雪　南国之绿
[标题过于直白]
陈　晨

雪，白色，似羽毛般轻盈。我所看过的雪景，形形色色，千姿百态。雪在不同的景色中，映衬着不一样的美丽，属于它的美丽。[开头没有什么信息，太一般化。]

北国，那是我的家乡。在中国北方的土地上，雪并不是罕见之物。雪有着无形的力量，让世间万物都为之停驻，为之驻上一层属于它的亮色。[像这样的语句，似华丽却没有什么信息。写作中的信息，应当是读者欲知而未知，知后能对读者有用（如或可解惑、或增加知识、或受到启发等作用）的在社会中传播的各种内容。〕当你在下雪时仰望天空，在望不尽天的尽头的那条线上，一片片似白色的梅花般的雪花自天空中洒落，晶莹地闪着五彩的光，一场大雪过后，大地和万物顷刻间被一片白色包裹着，圣洁如西方的教堂，代表着高贵，不染纤尘。〔**建议"落笔入题"，一开始就写下雪的情景。这样，文章就有了动感。**〕

如果你走在北方的街道上，任雪花落于头顶，衣袖，鞋尖，它们跳跃着飘落在身上，树上，遮住万物。道路两旁的白杨树早就在几个月前掉光了叶子，<u>光秃秃的</u>，但因为有雪，它就变得多了一层颜色，土色的枝干上覆了一层雪白，娇俏可爱。四季松的松针未落，<u>在北国的冬季，那是少存的一点绿意</u>，又因为雪的点缀，雪花藏于根根松针之间，层层叠叠，将树干压得微弯，<u>却仍站着身躯，那是守卫的战士</u>。道路上覆满白色，花坛的花早凋谢了，也被白色覆着，路，花，树交相辉映，满目的白，耀眼明亮。延长至远处，与天空连成一线。〔**这段写雪落在行人、白杨树、四季松、道路上的情景，有一定特色，但是词句凝练不够。**〕

有次去大连，站在海边，看到雪落，我竟感到仿佛置身于童话中。在幽蓝色的一片海域上，远处海天相接，海风吹起波涛，大片的雪花从天空自由下落，似瀑布一般落于海面上，被浪花吞噬，消失于海面。远处的一艘渔船，也由深棕变得模糊。那样辽阔的海，那样宽广的天，那么潇洒的雪，就这样在我眼前融为一体，融成一幅画，一座宁静的、神秘的花园。雪，总让我想到"高洁"一词，北国的人也如同雪一样有着一股大气，一股傲然，一份豪爽，存着辽阔的胸怀。〔**这段写雪落大海的情景，有特色，是本文中写得最好的亮点。**〕

<u>之后，我步入了这所地处南国的大学校园，</u>〔**要写清楚些。**〕我不得不惊叹自然的奥妙。在这样的林城里，山不是秃的，那些嫩黄的土地被许多南国特有的树木遮住本来面目，换装成绿色。山的顶处并不平整，想来那或许是树木为了吸收来自于太阳的暖意而奋力生长，于是便有了浓密的、稀疏的、高的、矮的，参差不齐，山显得愈加灵秀了。无论是多庞大的山，都有更庞大的绿色像枝蔓一样缠绕了山的全身。步入冬季的北国是雪的白色，而步入了冬季的南国却是充满树的绿意，仿佛仍旧是温暖的春天。〔**这段写南方冬季的绿，写出了一定特点。**〕

现在已入十二月，但学校里通往各处的山路上，仍旧长着我不知名的青草，它们垂着自己娇美的身躯，向四周散着，形状丝毫不逊于盛开的牡丹。南方属湿，山路断开的地方有一层毛茸茸的青苔，含着山里的微湿的雾气，

凝结着蒙上一层模糊，那抹深绿泛着一层神秘的光。我总是抬头看着路旁的银杏，香樟，从房顶垂下的爬山虎，它们仍旧泛着灿烂的光华，没有因为寒冷而变色，那样柔和。我从来都不知道南国的绿这样沁人心脾。[**这段写得具体，观察得仔细**。]

天气并不温暖，然而当我转身看到自己走过的路，那种绿色令我安心，这淳朴的色彩不似鲜红那么夺目，不似深蓝那么忧郁，属于它自己的，不过是一份存于心间的暖意。看着这南国的"绿"景，所有内心的志向都被激发出来，绿色总是给人希望，给予生机，<u>正如南国之人散发着质朴的气息，</u>[**对南方人的性格概括过于单一**。]给人意想不到的惊喜，我时时都在感受着离家的难过，却也在充满希望的南国沐浴着一份家的温暖。

我仍旧时时想念着北国的白色奇景，但也爱上了这片属于南国之冬的绿意。

本文作者是贵州财经学院文化传播学院 2009 级汉语言文学专业学生，文章是向校报《贵州财经学院》投的稿。在学生给校报的投稿中，写景的较多，但质量都较差，多数不能用，只有少数具有修改的基础，经编辑指导修改后能用。这篇稿件，质量还是比较好的。优点主要有三点：一是写出了景物的一些特色（如北方冬季的雪景、南方冬季的绿），个别之处的景特色较突出（如雪落大海的情景）；二是注意了寓理于景，如写雪、写绿，分别寓南北方人的性格；三是用对比的方法写，形成较鲜明的对比。

文章的不足是：对景物的特色，描述还不够鲜明；寓于景中的理，还不够准确；文句不够准确、简洁。

教师将上述意见告知作者，建议她进行细致的修改。修改后，教师作了些润色，使文章写的景物特色突出，情景交融，语言流畅且较为优美，质量相当高，发表在校报《贵州财经学院》四版上。后被教写作的教师作为范文在课堂上讲评。

发表稿

南北方的冬季

陈　晨

北方的冬季，雪有着无形的力量，能让世间万物为之驻停。下雪时若仰望天空，但见无数雪花从天而降，纷纷扬扬，飘飘洒洒，晶莹地闪着银光，落往大地。

若走在街道上，任雪花落于头顶、衣上、鞋上，让它们飘落在整个身上，那是一种难得的惬意；道两旁白杨树的叶子早就掉光了，雪在它土色的枝干上覆了一层白，娇俏得可爱；雪花还藏于四季松的根根松针之间，层层叠叠，将树枝压得弯弯；道旁的花呀，草呀，建筑等万物，无不洁白，耀眼明亮，那是雪的世界。

有次去大连，正碰上大雪纷飞。站在海边看雪落，我仿佛置身于梦幻般的童话中。在幽蓝色的海域上，海天相接，波涛涌起，大片大片的雪花密密匝匝，似瀑布一般落入海面，随即被浪花吞噬。远处的一艘渔船，也由深棕变得模糊。呵，那样辽阔的海，那样浩瀚的天，那么壮观的雪，就这样在我眼前融为了一体。

雪，总让我想到"高洁"一词，进而联想到我们北方人的耿直、豪爽与大气。

今年，我来到了西南边陲的贵阳就读贵州财经学院。这里，山不是秃的，山的顶处也并不平整，想来那或许是树木为了吸收来自于太阳的暖意而奋力生长吧，于是便有了浓密的，稀疏的，高的，矮的，参差不齐的绿的世界。无论是多庞大的山，都有更庞大的绿色覆盖山的全身。冬季的北方是银白色的世界，而冬季的南方却处处是绿，犹如春日与夏天。

现在已是十二月，但学校里通往各处的路旁，仍旧长着不知名的青草，垂着它们娇美的身躯，向四周散着。南方润湿，四处可见一层层毛茸茸的青苔，含着山里微湿的雾气。我常抬头看着路旁的银杏、香樟以及从房顶垂下的爬山虎，它们依旧是那样地绿得逼眼，啊呀，我还从没有感受过南方冬季竟然绿得这样沁人心脾呀。

虽然天气并不时时温暖，但目光所到之处，都是郁郁葱葱的。看着南方这"绿"的世界，心头会涌起一阵阵的感动：绿是生命的象征，总能给人希望，显现出生机。这让我联想到南方人，想到他们那特有的质朴与执着，细腻与恬静。

因而，远在他乡的我，不再有离家的难过，而感受到的是一种南方北方虽各不相同，却亲如一家的温暖。

我仍旧思念着北方魅力四射的雪，但也恋上了南方处处的绿茵。

✒ 原稿

说不清的喜欢 [题目不是很好。]

闫 丽

最早听地理老师讲到贵州这片土地"天无三日晴"，<u>而来到这里</u> [**需写清楚一些**。] 最初的印象却是天天阳光明媚。

呵，这贵州，什么时候才会下雨？

期盼已久的雨终于来了，某天早晨，有人嘟囔了一句："下雨了"，心里一喜，赶紧收拾停当，跑了出去，还差门口半步的时候便有雨飘了上来，跨出去，顿时凉凉的雨迎面而来。

半眯着眼仰起脸，没有满天阴云，只是天空比往常暗了一些，细细的雨丝轻轻地、密匝匝地飘在脸上，不必撑一把伞累赘，亦无须担心淋湿，这南方轻柔、细腻的雨丝！细细的、如丝般的毛毛雨。南方仿佛老是烟雨朦胧，这里的雨最是喜欢细细地飘在脸上，轻轻的，沁凉的雨丝仿佛丝绸般滑过，这里的雨水不会积太多，纵是有积水也清澈透明，那细的雨丝滴进去，激起小小的涟漪，水纹一圈圈地荡开去，而这雨也让我想起印象里所有关于南方的事物，那尖尖的江南小屋，临江而建的小楼，那静悄悄铺满荷叶的湖塘，那温婉、多才、小巧的南方女子……<u>在我看来，这南方的雨也仿佛象征了南方人那种细腻温和、聪慧玲珑的性格。</u>**［贵州的秋季细雨还是写得有一定特色的，又由细雨联想到南方带有特色的一些事物，很有些散文味。但还可写得优美些。末句由雨想到南方人的性格，有些牵强，不如不要。］**

北方的雨则不同，晌午过后，本来晴朗的天空突然变<u>的</u>阴沉、闷热、压抑。不一会儿，雨水便至，这便是名副其实的倾盆大雨，豆大的雨滴从天而降，砸在身上，这处便有一丝凉凉的感觉霎时传遍全身，只消一小会儿整个人便湿透了，北方的雨砸下来的力道重，如果是没有草木的土地，便会起泥，而不一会儿地上也满是浑浊的积水和坑坑洼洼的小洞，可这雨持续的时间也比较短，仅仅只有几分钟便罢，而我最爱的是大雨过后，空气里那股浓浓的泥土味。北方的雨来的猛烈而又粗犷，给人的是北方人那种豪迈奔放，<u>爽快乐观，耿直豁达的感觉。</u>**［这段写出了北方骤雨的特点。但骤雨的特点还可写得更鲜明些、细致些。如果上面由细雨联想到南方人的性格去掉，这里由骤雨想到北方人的性格也不要为好。］**

我不是一个多愁善感的人，可是，却打心眼里喜欢雨，我喜欢北方雨的那种痛快和浇透全身的快感。可是，现在的我也喜欢上了这里这温和的雨，<u>我也终于明白，这两种雨代表的是两种不同性格的人，是两种不同的感受，不同的情怀。</u>**［结尾过于直白，缺乏余味。］**

这是贵州财经学院文化传播学院 2010 级汉语言文学专业学生给校报四版（文艺副刊）写的一篇散文。文章对南方秋雨和北方骤雨的各自特点，有较好的描写，由景而联想到其他的一些事物，也比较恰当且有一定意味。文章语言较通畅清爽。不足是：对南方的秋雨与北方的骤雨的特点，描写得还不够细致和突出；文章文句还应进一步打磨，文章的意境也还可再优美些。

经过教师的建议、作者的修改和教师的最后润色，文章把南方秋雨、北方骤雨的特色写得相当出色，从而使南方温婉、北方豪爽之意境也较明显地凸现了出来。尤其文章结尾引用古诗，有画龙点睛之效。

文章得以发表在校报《贵州财经学院》第四版上。

发表稿

雨

闫 丽

最早听地理老师讲贵州"天无三日晴"，而从山西来到贵阳念大学，八月底九月初的天，却天天阳光明媚，蓝湛湛的天上漂着几朵白云，让人心里透亮。

呵，这贵州，也并非"天无三日晴"。

但贵州毕竟是多雨的。这不，也就晴了半个月吧，某天，不知谁大喊了一声：下雨啦！喜雨的我便跨出寝室门去，果然，顿时凉凉的雨迎面飞来。

半眯着眼仰起脸，没有满天阴云，只是天空比往常暗了一些，细细的雨丝轻轻地、密密地飘在大地上，飘在我的脸上。这雨，不必撑一把伞累赘，亦无须担心淋湿，这南方秋季的雨啊，总是这样轻轻柔柔、细细密密、如丝般的么？

南方常是这样烟雨朦胧吗？而我最是喜欢让这样的雨细细地飘在脸上，那感觉，如同轻柔的、沁凉的丝绸在脸上滑过。这里的雨水不会积得太多，纵有积水也清澈透明，那细的雨丝滴进去，小小的涟漪便一圈儿一圈儿地荡漾开来。这雨老勾起我印象中那些关于南方美的片段：那尖尖的江南小屋，临江而建的小楼；那静悄悄铺满荷叶的池塘；那满目苍翠葱茏的连绵不断的青山和流淌在峡谷中清澈见底的河水；那温婉、多才、小巧的南方女子……我突然感到，这南方万千事物，似乎与雨都有着千丝万缕的牵连。或者说，这温柔绝美的细雨，犹如一个美丽可爱的精灵，总爱在南方这块神奇的土地上漂游。

我们北方的雨则完全两样。晌午过后，本来晴朗的天空突然变得阴沉、闷热、压抑。不一会儿，暴雨骤至，这可是名副其实的倾盆大雨啊！那阵势，恰如天上银河决口，河水在空中直奔而下，变为豆大雨滴，铺天盖地，倾泻于大地。人若站在雨中，只消一小会儿便浇了个透！

北方的雨大力重，泼砸在没有草木的地上，不一会儿地上就会满是浑浊的积水和坑坑洼洼的小坑，砸起的泥飞得到处都是。可这雨持续的时间也比较短，仅仅几分钟便罢，可谓来也匆匆，去也匆匆。

　　我最爱大雨过后，空气中散发的那浓浓的泥土味。这带着芳香的泥土味，总让我想起土地上那等待着收割的粮食，那些整日耕耘的父母及可亲可爱的乡亲。

　　我不是一个多愁善感的人，可是，我却打心眼里喜欢雨。我喜欢我们北方雨的那种豪爽和被浇透全身的痛快；亦喜欢我的第二故乡南方这温和，玲珑剔透，润如酥的细雨。那可是"细雨湿衣看不见，闲花落地听无声"，"点点水纹迎细雨，疎疎篱影界斜阳"啊。

四、一个最佳的写作角度

这里说的"角度",是指考虑或观看事物的立足点、出发点。"横看成岭侧成峰,远近高低各不同",对一个事物,站在不同的角度,会有不同的看法。尤其是写作中写到的事件,常常是由多种事物相互作用构成的,写作该事件时,可从构成该事件的不同事物的角度去观察和思考,会得出不同的看法。

仅举一例:如何看中央电视台的"焦点访谈现象"?在中国各地,存在不少老、大、难问题,久拖不决,但经"焦点访谈"一曝光,很多问题就比较快地得到了解决。"焦点访谈"由此成为全国上下关注的热点、焦点,形成中国特有的"焦点访谈现象"。

简要分析"焦点访谈现象",发现其至少涉及这几个方面(事物):中央电视台的采访与曝光;被采访、曝光的地方、事情;焦点访谈的效果与社会反映,等等。如果站在中央电视台的角度,可能会认为"焦点访谈"意义重大,效果好,又是国家的旨意,因而要坚决地、长期地去做;也可能认为此事太尖锐、太辛苦、太得罪人,甚至有一定危险,因而能不做就不做,等等。如果站在被曝光的事件、人物角度看,最有可能对焦点访谈持反对意见,或者自认倒霉;对曝光的问题,可能会积极主动去解决,也可能不当回事,采取拖延、或大事化小的态度及办法。如果从社会效果的角度看,肯定有积极的正面影响;也会存在一定的负面作用。如果从如何评价"焦点访谈现象"的角度看,其观点可能就有:肯定的;否定的;或肯定中有否定,否定中有肯定等。

而写文章,要求主题一般要单一,这就要求作者只站在一个角度上,提出一个看法。由此,选择一个什么样的角度、站在什么样的角度来观看、思考所写的事物(事件),在写作中就非常重要。写作角度的选择,通常需要作者首先从各个角度去审视要写的对象,从多个角度得出多个观点,在此基础上,按一定的写作要求(标准)来确定最后写的角度、确定文章的主题(观点)。针对学生或学习写作的人的实际,本书提出考虑写作角度时,一般应遵循三个标准(要求)。

（一）反映事物本质

从哲学的角度看，本质指某类事物区别于其他事物的基本特质（根本属性）。前面已说过，写文章的目的之一，是帮助读者正确地认识事物。所谓正确，就是要认识到事物的本质。事物的本质是通过现象表现出来的，本质常常隐藏在现象里面，很多时候，事物的有些现象反映出的并不是事物的本质属性。因此，写文章时，作者对写作的对象，一定要选择能够反映事物本质的角度，正确地认识到事物的本质，使文章能正确地反映出本质，这样才能够让读者受益，否则，可能会误导读者，产生不良的效果。

有一年，某省一段时间连降暴雨，新安江水电站大坝水位不断上涨，如不采取大坝开闸泄洪措施（平时用的分洪道不够用），某大城市可能被淹没，但开闸泄洪又必然会使下游地区受到一定损失。经权衡利弊，请示国家有关部门同意，决定新安江大坝泄洪。大坝开闸那天，万余人去观看泄洪。一位作者写了篇新闻，题目是：《新安江大坝昨起泄洪　万余观众欣赏奇景》，发表在报上。结果引起众多指责，认为在暴雨还在下，泄洪又使下游群众受到较大损失的时候，写这样的文章，简直是"隔岸观火"；特别是下游的群众很有意见，说他们受损失，有人却在欣赏。作者感到很委屈，认为自己写的都是真实的，写的的确是那天开闸放水时的壮观景象以及观众发出欢呼声的场面。

问题的原因在于，作者选择观赏奇景的角度是错误的，其错误就在于没有选择反映事物本质的角度。发生新安江水电站大坝开闸泄洪这件事，根本目的不是让群众"欣赏奇景"，其本质（目的）在于它是抗洪救灾的一项重大措施，是为了保住大局，牺牲局部，经请示上级批准的一个重大决策；在泄洪前，对下游群众的安排，有关部门已做了妥善处理等。这些本质的东西，文章却没有反映出来，而是写了一些表象，未能反映出事物本质，造成失实。写新闻要真实，"真实"包含两个层面：一是事物的本来面目；二是事物的本质。写纪实性文章如果没有反映出事物本来的面目，叫失真；没有反映出事物的本质，叫失实。在写作实践中，只要认真一些、作风踏实一些，"失真"比较容易避免。而是否能避免"失实"，涉及作者综合素养，特别是涉及基础知识理论水平以及对国家方针政策的准确把握的水平等。这是需要引起高度重视的。即使是以虚构为主的文学作品，也是不能违背所写事物的本质的。

从上面提到的"焦点访谈现象"来看，如要深究其本质，就要思考："为什么会产生焦点访谈现象?"这一问题的根本原因。思考结果，我们就会发现："焦点访谈现象"的产生，最根本的（本质的）原因在于：我国许多地方"老、大、难"久拖不决，反映了我国现阶段存在着"有法不依、无法可依、执法不严"——法制和法治不完善、一些政府不作为等问题。这些问题，最能从根本上解决的办法应该是加强法制建设，切实做到依法治国——有法必依、执法必严、违法必究。通过媒体曝光，虽然发挥了应当给予肯定的媒体舆论监督的积极作用，但如果"焦点访谈现象"长久存在下去，则可能会对我国的法制建设起到负面作用（曝光的就解决，未被曝光的问题就可能长期存在；淡化法制和法治等）。

笔者曾组织过学生讨论过"焦点访谈现象"，几乎所有的学生都只看到媒体舆论监督的积极作用，很难从本质上来探究分析它，找到事物的本质。这足可以看出，写文章，面对复杂的写作对象，能选择反映事物本质的角度，探究到事物的本质，不是件容易的事。

这里介绍一个简单的方法：要探究事物的本质，一定要不停地追问问题的根源，一直问到无可再问、找到问题的实质为止。比如对新安江水电站大坝开闸泄洪这件事，就可以问：为什么要开闸泄洪？利在哪里？开闸泄洪下游群众受损失怎么办？此事事关重大，谁批准做此事？批准了没有？开闸泄洪后效果怎么样？……不停问下去，加上分析思考，就会发现此事的本质（做这件事的根本目的）。

又如对"焦点访谈现象"，也可不断地问："焦点访谈现象"是怎样产生的？其好处在哪里？有无弊端？如有，弊端是什么？国家不少地方存在哪些被"焦点访谈"曝光的久拖不决的老、大、难问题？产生这些问题的根本原因是什么？危害在哪里？为什么这些问题一被曝光，很多就得到了及时解决？如果不曝光会得到解决吗？全国存在的久拖不决的老、大、难问题，"焦点访谈"都能一一曝光吗？所有的问题，都要靠"焦点访谈"帮助才能解决吗？那些该解决的问题政府为什么不解决？为什么有的问题即使被曝光，还是不能解决？新闻媒体的主要职能是什么？它能代替政府职能解决问题吗？……不断地问下去，经过分析思考，是会认识到"焦点访谈现象"的本质的。

遗憾的是我们不少学生，对所写的对象，缺乏这种不停地问、不停地思考的环节和功夫，加上能力与水平的限制，往往找不到事物的本质，写出角度非常一般、没有反映出事物本质的文章。

下面举一篇文章为例。

⓵ 第一稿

美哉！天河潭 [题目过直]

张 萍

四月初，我和朋友打算去天河潭游玩。"清明时节雨纷纷"，一大早，沉闷的天气就小雨不断，直到中午才有所好转。懒得再管天气问题了，我们已兴致盎然地出发!

经过一个小时的颠簸,我们终于到了。一进大门,才觉人烟寥寥,然而天空旷远无际,空气温润清新,气氛宁静,我的心跳也不由慢了节拍。步行几百米后,我们来到了"梦草园"。[**前面部分写得不好。要好好想一个开头,做到"凤头"。去掉不必要的交代。**]"梦草园"是清朝诗人吴中蕃的隐居之处。据说他的诗集《敝帚集》《响怀集》《断砚草》《断砚草二集》等共有诗395首,他被孔尚任赞称:"黔阳之有诗,自吴滋大始。"带着对他的敬仰,我们观赏了园林里陈列的作品。他的文笔朴实自然,其中不乏大量的"伤时感乱"之思,这让我不禁对他为国为民而放弃官禄,远离凡尘的行为更为钦佩。蜿蜒的回廊,花圃清池,镂花木窗,成簇成列的翠竹,他在这里有多少次踱步,而又出行游历了多少次天河潭,并慨然赞其曰"此乃黔中一绝"呢?绕过溪流,穿过羊肠小径,我们不舍地离去。过去听众多游士说,"天河潭乃大自然的鬼斧神工"。我以为,若是如此,也应幸庆有"梦草园",因为它给人一种亲切却又脱俗的韵气,让这个纯天然的天河潭得来一种灵性。[**"梦草园"是天河潭的一大特点、亮点,应该写出其特点。**]

攀行数层石阶,觅见左方的卧龙湖。近处,一汪碧色湖面时而黯淡深碧,像梦一般;时而波光闪动,像梦的眼睛。远处,近贴山脚的湖呈一带魅惑蓝光,仿若湖下深藏了珍贵的蓝宝石,用它迷人的幽彩召唤人们走向那里。迷迷蒙蒙,微风呼呼吹过,而那湖面漾漾的柔波依旧这样恬静,委婉。走上穿湖的石头,脚下石缝间有缓缓水流,他们调皮地打着转儿,待到下一个来了才游走,然是可爱……一时间,我都醉了,醉在这绿得最纯的青梅名酒里,竟不知我是湖,还是湖是湖。

这就是幸福吧,只身于山水间,没有街道的车鸣声,没有人群的嘈杂声,也没有城市下暗涌的勾心斗角,更没有对前途功名的忧虑,只有万物洗涤后的自己。忽想其铃木大拙禅师的一句话,"人来自自然,复看见自身的自然。"对此我方才有所领悟。[**突兀来一段议论,会破坏氛围。要注意寓情寓理于景中。**]

就在我们沿着湖边漫行时,一股似有似无的水声仿佛在林里潺潺。我们好奇地寻找声源,穿过曲折幽径,绕过时稀时密的木林,谨慎地踩着带湿漉漉石阶。忽地,我惊疑地转头,循声望去,只见在宽阔的山脉前,水烟升腾,一条飞银似的瀑布,自上而下崩注水潭。它轰轰地喧响,时而是磅礴大雨,时而是天籁般的英雄交响曲,它翻卷滚动地变换身姿,雄壮地冲撞水面,随即潭中飞舞出各色令人炫目炫舞。张九龄诗作"日照霓虹似,天清风雨闻"。我萌生幻觉,这卧龙瀑布何时竟成了庐山瀑布的分支?我小心靠近瀑布，闭上双眸。霎时，一种激越之感灌顶入心，它的热情激烈、豪迈奔放好像千军万马浩荡地在我的草野疾行，啊，你看，此时他们正向着更广袤的荒漠挺进……若说刚才是恬静柔和，那可现在我已经被这激情冲荡得一发不可收拾了。不禁感慨，这里山山环绕，密林相隔，天地早已冷清如斯，竟湮没不了这股灼人的热情，冷却不了这般豪情万丈！ [湖和瀑布要作为重点景来写。仔细想想其根本特征，写出层次感来。]

　　就在这里，我们还觅见香耙车、水车、水磨等，它们在水的推动下，转动出古代文化的足迹和农家野趣；我们觅见石洞的奇峰怪石，宛如在仙境中看见莲花盛开，观音送子，神龙翱翔，玉女梳妆等等。 [这段内容最好放在前面，作为天河潭景区"面"上的概括。]

　　行程才近一半，晚霞已浮上天空，所以，我们不得不依依不舍地怏怏离开。路上，我的脑海里浮现起一名女子。她是多么的神秘啊，她独立于草海中，深黑暗涌的眼眸望向比群山更高的远方；她温文尔雅地安静地笑着，在人人渐息月夜下却高歌出摄人心魄的曲子。她太叫我惊心动魄，尤其那双仿佛洞彻一切的双眸，我忍不住多看了一眼！ [结尾过长，且没有抓住天河潭的根本特征。]

　　这是贵州财经学院文化传播学院 2009 级汉语言文学专业学生张萍大二时投给校报四版的写景文章。有些较实在的内容，也写出了天河潭的两个主要景点（梦草园和卧龙湖）的一些特点。但是，天河潭最根本的（本质的）特征还是未很好地写出来，造成读者看后印象模糊。为此，笔者提出下面修改建议：

　　[写文章，要写出写作对象的根本属性（本质），才能使读者正确认识该事物及其本质。这篇文章最主要的问题就在于，可能因为下笔之前未很好地思考好天河潭景区最根本的特征是什么，最值得游览的景点是什么等问题，因而文章未能很好地写出天河潭的本质特征。

　　该景区我去过两次，印象最深的景点有主要两个：一是梦草园，很有人文价值；二是卧龙湖及其从山洞里喷涌出来的瀑布，很有特点。建议你写好这两个景点。前者突出人文，后者突出自然，二者都要写出特点。主题可否考虑为"天人合一"之美。要想办法把这两景连起来，这样才会有"魂"。2011 年 4 月 23 日]

　　学生根据教师的建议修改了文章，把天河潭的两个最有特色的景点作为文章标题，尽自己能力，写出这两个景点的主要特征，效果比较好。

　　文章最终发表在校报第四版上。

梦草园·卧龙湖

张 萍

早闻贵阳近郊的天河潭浓缩了贵州山水之精华，有"黔中一绝"之称。当我置身于她那绿得逼眼、曲折有致的山间时，我的确感到了惊叹：这山峦，竟将那在漫漫历史里滚动的香耙车，那咆哮的天河水，那迷幻的湖光等等都悄悄遮掩……我有些激动，情不自禁加快脚步，想快些满足揭开它的神秘面纱的好奇心。

步行几百米，一座名为"梦草园"的园林映入眼前。

"梦草园"是为纪念明末清初诗人吴中蕃（字滋大）而建的。史载他清廉正直，学富五车，被孔尚任赞为："黔阳之有诗，自吴滋大始"。早年的他多年隐居，但一直名声四扬。吴三桂镇守云南，派人寻访到他，请他到云南任总理部曹。不久，他发现吴三桂有自立为王的野心，便毅然拂袖而去。吴不死心，先后两次派人去逼他出山。他不畏强权，继续不从，最后隐居天河潭。

穿过蜿蜒的回廊，带着对他的敬仰，我们游览了断砚斋。透过陈列的诗作，他那些"伤时感乱"之诗烙在了我心上。他，虽为国为民而罢去人们艳羡的丰厚官禄，但在这远离尘嚣之地，仍不忘"遗世情"而忧民忧国。这难道不是又一个的杜甫么？犹记得有游士说，"天河潭乃大自然的鬼斧神工"。但我以为，这"梦草园"也是必不可少的，因为它给人一种关注尘世却又清新脱俗的韵气，让这个纯天然的天河潭生出难得的文化灵性，更让游人留下玩味与沉思。

攀行数层石阶，在左方觅见了卧龙湖。

近处，一汪碧色湖面时而黯淡深碧，像梦一般；时而波光闪动，像梦的眼睛。远处，近贴山脚的湖呈一带魅惑蓝光，仿若湖下深藏了珍贵的蓝宝石，用它迷人的幽彩召唤人们走向那里。迷迷蒙蒙，微风掠过，那湖面漾漾的柔波依旧那样恬静、委婉。走上湖边浅水区的石头，脚下个个石头间有缓缓水流，他们调皮地打着转儿，待到下一个来了才游走……微风荡过湖面，掠过面颊，一种难得的安宁潜入心底。我似乎要醉倒了，一时间，我竟感到自己与湖已融为一体。

就在我和友人沉迷之时，一股若有若无的水声从湖的下游幽幽传来。我们绕过遮住湖水流向的树林，谨慎地踩过依水而下的台阶。忽地，我惊疑地转头，循声望去，只见在狭小的谷口，一条咆哮的天河水冲涌而出，它翻卷滚动着变换身姿，雄壮地冲撞于水面，霎时，潭底泛起各式炫舞，"日照霓虹似，天清风雨闻"。我闭上双眸，一种激越之感猛然灌顶，激扬起那灼人的热情。忽然想大笑，因为布满尘埃的心被冲刷得干净无瑕；忽然想尖叫，因为那彻头彻尾的舒爽真是大快人心！我不禁惊叹，这天河潭，亦动亦静，静中藏娇，动显壮丽，给人们诠释了什么叫完美！

行程才近一半，正渐入佳境，但晚霞却浮上天空，我们只得回返。

回首间，我恍悟：这天河潭，是有一种神性。你看，它遗世独立，默默流淌出千年美好；但同时，它又面朝远方苍生，踌躇满志，满腔热血奔腾出了这千年壮丽。

我微笑，再一次回首。

（二）适合需要

本书在前面已谈到汉代王充提出了文章为世而用的著名主张，梁代刘勰在《文心雕龙·原道》中，在认同这个主张的同时，进一步提出了文章要"写天地之辉光，晓生民之耳目"①。唐代白居易在《与元九书》中，也提出了著名的观点："文章合为时而著，歌诗合为事而作。"② 宋代王安石《上人书》中有"且所谓文者，务为有补于是世而已矣"③ 之说，清代顾炎武有"文须有益于天下"④，等等。这些观点从另一个角度告诉我们，文章要想成功，得有价值，必须适合世之需要。这一点，清代章学诚在《文史通义·说林》中讲得很清楚："冯谖问孟尝君：'受责返命，何市而归？'则曰：'视吾家所寡有者。'文章垂训，如医师之药石偏枯，亦视世之寡有者而已矣。以学问文章，徇世之所尚，是犹既饱而进粱肉，既暖而增狐貉也。非其所长，而强以徇焉，是犹方饱粱肉而进以糠，方拥狐貉而进以短褐也。其有暑资裘而寒资葛者，吾见亦罕矣。"⑤

这段话以《战国策·齐策》中《冯谖客孟尝君》一文中写的冯谖替孟尝君到薛邑去收债，问回来时买些什么，孟说根据家里缺少情况看着办为例，说明写文章要适合需要。适合需要的就好比冬天送上皮袍子，夏天送上轻快的葛布衣服，就会受到欢迎。如果不适合需要，好比给吃饱的人送上饭和肉，给穿得很暖和的人添上皮袍子，那他是连看都不看的。

---

①刘勰. 文心雕龙全译［M］. 龙必锟，译注. 贵阳：贵州人民出版社，1996：5.

②③郭绍虞. 中国历代文论选：第二册［M］. 上海：上海古籍出版社，1979：98，293.

④王凯符，张会恩. 中国古代写作学［M］. 北京：中国人民大学出版社，1995：5.

⑤游来林. 实用写作问题研究［M］. 贵阳：贵州人民出版社，2006：62.

写文章，除了为了提高自己的自我练习外，一般都是写给某个特定的对象看（用）的。如给报纸电台等写新闻、给工作单位写各类应用文、给杂志写稿等等。因而，提笔写文章之前，不妨听听毛泽东同志的一句名言："射箭要看靶子，弹琴要看听众，写文章做演说倒可以不看读者不看听众么？"① 当然是不可以的，想写文章，就要先考虑好几个问题；给谁写？对方需要的是什么？我要写的东西符合对方需要吗？我怎样写才符合对方需要？等等。只有抓住对方需要的、对方感兴趣的、关心的来写，文章才可能成功。很多人写文章屡屡失败，其中主要的原因之一就是未考虑好这些问题。

适合需要如具体一些，一般可分为三个方面：适合读者需要、适合工作需要、适合形势需要。这三者往往是媒体采用文章的准则。不过，这三者常常是相互交叉包容的。这就要求写作者要牢牢地树立"需要意识"——既要关注社会、关注国计民生，了解社会的需要、国家的需要；也要加强对读者的分析与研究，熟悉不同读者群的类型、需求及其关注的重心所在，不断提高自己适应不同读者的能力。这样，文章才会越写越容易成功，越写越受到欢迎。

本书前面论述的参加征文比赛获奖的多篇文章，都有一个共同的特点：适合了征文比赛组织者的需要。征文比赛组织者的需要，当然是根据社会的需要来确定的，比如，"纪念新中国成立 60 周年、改革开放 30 周年"的征文比赛，其目的就是：在新中国成立 60 周年、改革开放 30 周年之际，通过征文比赛，让全国的大学生们，了解祖国取得的辉煌成就，坚定跟党走中国特色社会主义道路的信心，更好地做好一名国家需要的大学生等。这些目的，通过征文比赛文章的主题来体现。因而，笔者在指导学生写征文时，总是首先要求学生写征文前，一定要先好好琢磨征文的主题要求，严格按照征文的主题来写，写出的文章一定要体现出征文的主题，符合征文的需要。笔者告诉学生，专家们在评审征文时，都是严格按征文的要求、征文的主题来评审的。如果文章不符合征文主题，写得再好，都是不符合需要、不符合要求的，都会被评委弃之一旁。

下面以一篇获奖文章为例。

第一稿

村里来了名大学生

韩 豫

从刚毕业时到这个村里来，已经是第三个年头了。初想起刚刚毕业时的情景，小张的脸上浮现出了笑容。

---

① 毛泽东著作选读：下册 [M]. 北京：人民出版社，1986：513.

那时自己正上大学，是学校的学生会主席，年年成绩拿优，奖学金不在话下，美好的大学四年，自己可是学校里的风云人物，日后要进入一个城里的好单位，有份舒适稳定的工作根本不是问题。小张也和众多大学毕业生一样，对未来充满期待，跃跃欲试。

谁知，班里的辅导员把小张叫到办公室，把一张报名大学生村官的表格递到了她手中。"张同学，这是报名到村里当大学生村官的表格，你看看吧，老师觉得你很有能力，肯定能胜任这份工作。"小张看了一眼报名表，立刻缩回手道，"老师，我是英语专业的，到了农村，我能干什么呀，还是算了吧。"

"你在学校期间一直表现很好，这四年时间我们共同为学校和同学们做了很多事，我觉得这份工作你一定能够胜任，况且现在你又是党员，老师希望你能带好这个头。"辅导员的一席话让小张不好拒绝，于是在不情愿中，小张填了那张报名表，"反正我也录取不上"，小张抱着这种侥幸的想法渐渐忘了这回事。

谁知道录取通知下来，赫然写着小张的名字，"去吧去吧，我倒要看看村官是个什么官。"带着懵懵懂懂的心情，小张心里其实一点底也没有。[前面内容只是背景的介绍，与主题关系不是很直接，没有必要写这么多。要简略。]

汽车把小张带到了村里，刚下车，这个城里姑娘就疑问开了，村委会原来是这样的？特别普通不起眼的两层小楼，连个小院子也没有，总觉得灰头土脸的，还不如之前在车上看到隔壁村的村民家呢，小张心里犯了嘀咕，"这是一个什么地方，我能干好这个工作吗？"

小张被委任为村里的村支书，[一般不会一下子就让大学毕业生当村支书，通常会让其当村长助理或支书助理。]与村长共同开展工作。可是见了村长和村委会里的其他工作人员后，他们总把小张当做客人看待，凡事客客气气，也不怎么让她干事。小张知道，这是大家对她的不信任，一个城里刚毕业的小女孩还能干什么大事。所以小张平日里没事总是闲着，"这怎么行，我是到这里工作来的。"见到这样的情况，一直要强的小张坐不住了，决定一定要在这里好好干出一番事业，非得让大家看看，自己不是一个城里来的绣花枕头。

由于平日里总是闲着，小张经常到农民的地里到处瞎逛，这让她发现了一个问题，村里的农民大多数种着蒜，可是小张知道，去年的蒜虽然收成极好，但种的人太多，又没有什么特别的优势，蒜的价钱卖得并不好，许多村民眼看着蒜烂在了地里，却只能干着急，因为根本卖不出去。去年小张没来村里时就是这样的情况，怎么今年还种蒜？小张心里开始有了别的想法。

若要避免去年的情况，只能让大家不种蒜，若不种蒜，又种什么呢？大家能听她一个黄毛丫头的片面之词吗？这些都是问题。

可小张开始并没有想这么多。她通过上网，打听到某市一个农业研究中心正在出售一种黄瓜种子，不仅会上门对村民进行专业的种植培训，还会在黄瓜种入地到成熟的过程中，派专业的技术人员上门查看，为地里的黄瓜"保驾护航"。看到这个信息，小张同村长商量后，带着一支考察队到该单位"探探虚实"。

经过大家的研究，村里认为这条路可走。可是，要劝说村民们拔掉已经开始长起来的蒜苗种上黄瓜，这工作实在不容易。小张自告奋勇接下了这个重任。

首先从村里蒜苗种植面积最大的农户家里做工作。一开始人家并不同意，还把小张撵出了门，按理小张是为农民着想，可人家这么不领情，心里不免委屈，可她并不气馁，仍然厚起脸皮时时往这户人家跑，好说歹说，软磨硬泡，人家终于被她的诚心打动，带头拔掉蒜苗种上了黄瓜。其他村民一看村里最大的蒜苗种植户都如此，也纷纷效仿种上了黄瓜。

黄瓜种上后，小张每天都要去地里查看黄瓜的长势，跟着村民一起听专业人员的讲解。村长告诉小张不用每天都去，小张执拗地摇摇头，说，"不行，是我让大家拔掉蒜种黄瓜的，我得对大家负责。"也许是初生牛犊不怕虎，年轻的小张对此充满了干劲。

终于等到黄瓜成熟，由于有专业人员指导，黄瓜的品质很好，在市场上大受欢迎。上市卖掉后，经过统计，今年比去年平均每户增收了一千多块。数字虽然不大，却是个很好的开始。小张又重新对自己的"村官"生涯充满了希望。

<u>年底村里投票竞选村干部，小张全票当选村支书</u> [**支书不是全村人选，而是村里的全体党员选**。]。想到从刚开始大家把她当客人，当绣花枕头，如今能这么信任她，小张心里特别欣慰开心。小张以为村里的工作原来不过如此，自己竟然这么轻松就可以做好，渐渐有些<u>得意</u>起来。

正在小张的村官做得如鱼得水的时候，却出了事。这天小张离开了村里的宿舍，回家探亲，村长打来的电话在这时急急<u>的</u>响起。原来是因为别的村里已经开始了秋收工作，而自己村却人马未动，村支书还不见了人影。秋收工作耽误不得，小张回到家里还没坐下就又赶回了村里。

一路上小张越想越莫名其妙，"秋收不应该是农民自己的事情吗？要我回去干什么，我已经几个月没有回过家了。"

到了村里，小张心里那股理直气壮顿时消失了。原来秋收需要借助工具，统一安排，光这借农具，安排收割顺序就是一项又麻烦又细致的事情，每年秋收就跟打仗似的，小张却在最重要的关头掉以轻心。

可这些事情，城里来的小张并没有经验。乡里的领导来视察秋收工作时看到村秋收工作还没开始，狠狠的批评了小张，"秋收工作做不好，你就别干了！"

小张忍住眼泪，心里想，"不干就不干，做完秋收工作，我就辞职！不受这份气了！"委屈归委屈，小张还是骑上村里的电瓶车，往邻村开去。既然收割机要借，她就去邻村，怎么也要给村里把收割机借回来！

等到小张借来收割机，却发现收割机没油，小张又毫不犹豫骑上车，带上油桶到几里地外买油。由于太着急，车上又带着几个油桶，小张一不小心连车带人加桶摔在了路边，这时小张终于忍不住放声哭了起来。

自己也是个女孩子，而且在年龄最美好的时候，同学们应该都坐在办公室喝着热茶，翻着报纸，每天做着轻松的工作，领着固定的工资，潇洒的享受着生活吧。而自己，现在却是饥肠辘辘，摔得满身是泥不说，心里还装满委屈，说不定连工作也要丢了。自己原本为村里做出的贡献全都烟消云散了。

想到这里，小张无助地抬头看了看天，又赶紧爬了起来——她不敢耽误，一过了这样的好天气，雨水一旦下来，如果粮食来不及收完，村民今年的辛苦就都白费了。她不能辜负大家全票选她做村支书的信任！想到这里，她抹抹眼泪，又重新把车扶起来，到乡里买油去了。

秋收这几天，小张吃睡都在田地上，不分昼夜指挥安排着秋收工作。累了，就在田地边铺上一层稻草回回神，渴了饿了就吃村民送来的水果充充饥。在小张的带领下，秋收工作终于赶在下雨前顺利按时完成，农民没有因为秋收的不及时有一份损失。[**以上的事例还是比较具体、典型的。但叙述过于平淡，重点不突出。**]

后来，乡里领导问小张，"现在还想不想干这份工作了？"

"干！为什么不干？连这么大的困难我都经历过来了，在以后的工作中，若遇上别的挑战，还有什么好担心的！"

此时的小张终于明白了什么叫做"村官"。

小张在村里这一坚持就是三年。三年后，小张的村官合同期满。这时小张已经可以重新回到城里工作了。可小张依然选择了留着村里继续做村官。

"我觉得三年的时间太短暂了，刚来的时候还觉得三年很长。"小张将了将头发，"我希望能继续在村里干下去，这里有我的很多回忆，我在这里吃过的苦和委屈，现在都是我成长的经历。在农村，我得到了别人体会不到的乐趣和历练。毛主席不是说过吗，年轻人就应该到农村去，农村是一个广阔的天地，那里大有作为！"说完，小张朴实的笑了笑。[**结尾部分较一般。**]

2014年，贵州省教育厅（省教育工委）、省文明办、团省委为了深入学习贯彻习近平同志"5·9"重要讲话精神，践行社会主义核心价值观，弘扬中华优秀传统文化，引导青年大学生立志成才，决定于3月至5月举办"'多彩贵州·闪亮青春'全省大学生校园文化活动月"活动。其中一项内容，是举办"重温学习习近平同志'5·9'重要讲话精神征文大赛"，由贵州财经大学承办。大赛要求全省各高校先在校内举行比赛，最后各从校内选拔出5～10篇参加全省比赛。大赛的征文主题是："以践行社会主义核心价值观，弘扬中华优秀传统文化，立志成才为主题，围绕习近平同志'5·9'重要讲话精神，用文章记录和阐释诚实守信、自强不息、开拓进取、艰苦奋斗、感恩奉献的优秀品质，展现青年学生立志成才的良好风貌。"为此，贵州财大党委宣传部、学生处、团委还专门下文，要求全校学生积极参加此次征文大赛。

当时，文化传播学院2011级汉语言文学专业学生韩豫不在学校，在外地听到写作课的教师告知此消息，就写了这篇文章发给教师。教师看后，提出了下面意见：

［故事还是挺好的。但文章没有很好地按此次征文要求来写。要知道，最后专家评审，是严格按照征文要求特别是征文主题要求来进行的。我把征文文件发给你，请好好琢磨，严格按照征文主题来重新确定一个主题，再围绕主题重新组织好内容。

要注意几点：

1. 必须反映出征文主题中的某一点。依内容来看，可反映"自强不息、开拓进取、艰苦奋斗"（可重点写某一点，如"开拓进取"），最终落到"立志成才良好风貌"上。

2. 要把自己写进去，写村官是自己的榜样。可写村官是你的表姐之类，把自己写进文章中，增加可读性、可信性。

3. 在文章的某个地方点出习近平的"5·9"讲话精神（号召大学生要立志成才）。

4. 目前内容还是较单薄，在写一两件具体典型的事的同时，要注意"面"上材料的概括，便于让读者有个较全面的印象。文章题目也要改一改。2014年4月5日］

学生按照教师的建议，写了第二稿。

第二稿

表姐的榜样 [题目过于直白]
韩 豫

很多年前，学英语专业的表姐在临近大学毕业时，突然向家里说自己已经报名了村官的选拔。家里人都为表姐放弃了一个既能留在城市里，又条件尚佳的工作机会而感到惋惜。况且大家始终认为学英语的表姐在农村也不能发挥所长，所以都不太支持。

还在读初中的我从此心中装了一个疑问，村官是个什么官？

后来表姐被分配到贵州省黔南州某村担任村支书，工作一段时间后，一次假期里，我提出要到农村看看表姐。

一路上汽车颠簸终于到达，下车后，只看到一个旧旧的两层小楼，并不见表姐。原来表姐到田地里去了。表姐不是过来做村官的吗？去田地里做什么？在好奇之中，我也随即跟了去。

见到表姐时，她正戴着草帽，同几个人一起在地里查看，一边听人讲解，还一边记录着什么。烈日之下，表姐被晒黑了不少。看到此情景，我心中更加疑惑了。查看完田里的情况，表姐又开始挨家挨户发放资料，一直忙到傍晚才回村里的办公室。吃过晚饭，表姐带我到她的宿舍休息。这里条件甚是简陋，一张小床一个书桌，除此再无其他家具。后来发现这里甚至连一个独立的卫生间都没有。我终于憋不住心中的疑问："村官就是这样的吗？"

表姐笑了笑，"你以为我是到农村来享福的啊？既然选择了来农村，我就做好了吃苦的准备了。"

在我的印象中，表姐从小一直是娇生惯养，被全家视若掌上明珠。到了大学后，成绩年年是优，奖学金每年都拿，而且还是学生会主席。在学校里，可谓是风云人物。若要进入一个城里的好单位，有份舒适稳定的工作根本不是问题。表姐一直是家人的骄傲，是我的榜样。可是表姐现在却好端端来农村受这份苦，我很是不理解。表姐看出了我的疑惑，摸摸我的头说，"你再大一点就会明白我的想法的。"我懵里懵懂点了点头，没再多问。[以上与主题关系不大的内容过多，占了不少篇幅，却没有多大价值。]

后来表姐告诉我，她来到农村后发现村里的农民大多数种着西红柿，可是去年的西红柿虽然收成极好，但种的人太多，又没有什么特别的优势，价钱卖的并不好，许多村民眼看着西红柿烂在了地里，却只能干着急，因为根本卖不出去。

为了避免今年农民再遭受损失，表姐通过上网，打听到本市一个农业研究中心正在出售一种优质黄瓜种，不仅能为村民提供专业的种植培训，还会在黄瓜种入地到成熟的全过程中，派专业的技术人员上门查看指导，为地里的黄瓜"保驾护航"。于是，经过大家商议决定，由表姐带考察队到该单位"探探虚实"。后来研究认为此路可行，表姐又接下了劝说村民改种的重任。可是，要劝说村民们拔掉已经开始长起来的西红柿种上黄瓜，这工作实在不容易。

表姐首先从村里西红柿种植面积最大的农户家里做工作。一开始人家并不同意，还将她撵出了门，按理说表姐是为农民着想，但是人家这么不领情，心里不免委屈。可她并不气馁，仍然厚起脸皮时时往这户人家跑，好说歹说，软磨硬泡，人家终于被她的诚心打动，带头拔掉西红柿种上了黄瓜。村民一看村里最大的西红柿种植户都如此，也纷纷效仿种上了黄瓜。

黄瓜种上后，表姐每天都要去地里查看黄瓜的长势，跟着村民一起听专业人员的讲解。连村长都说不用每天都去，可表姐仍然每天跑去地里。表姐坚定地对我说，"是我让大家拔掉西红柿种黄瓜的，我得对大家负责。"也许是初生牛犊不怕虎，说到此，表姐眼里充满了干劲。

住了两天后，我回到城里继续上学。后来听说表姐带领村民种的黄瓜获得了丰收，由于有专业人士指导，黄瓜的品质很好，在市场上大受欢迎。上市卖掉后，经过统计，今年比去年平均每户增收了一千多块。表姐自豪地说，"数字虽然不大，却是个很好的开始。"年底时，<u>村里投票竞选村干部，表姐全票当选村支书。</u>[改种黄瓜一事是可以的，但叙述文字稍多，事件却没有很明显地突出出来。]

在为表姐高兴的同时，我想原来村官这么容易就可以做好。

没想到就在表姐的村官做得如鱼得水的时候，却出了事。因为家里表哥结婚，表姐借机回家来探亲，可是表姐刚进家门鞋还没脱，<u>村长的电话就打来了。原来是因为别的村里已经开始了秋收工作，而自己村却人马未动，村支书还不见了人影。秋收工作事关重大耽误不得，表姐又立即赶回了村里。</u>
[这里点一下是上级来检查工作，发现这个村还没有动静之类的衔接。]

看着表姐匆忙的背影，我越想越莫名其妙，"秋收不应该是农民自己的事情吗？表姐不是村官吗？要表姐回去干什么，表姐都很久没有回过家了。"

原来秋收需要向有关部门借助工具，统一安排，光这借农具，安排收割顺序就是一项又麻烦又细致的事情，每年秋收就跟打仗似的，表姐却在这最重要的关头掉以轻心。可是这些事情，从小生活在城市里的表姐怎么会知道呢。我不免替表姐委屈起来，也开始为表姐隐隐担心。

又过了一段时间。表姐回到家中，她变黑了很多，透着一股精干劲，和上大学时那个温婉柔弱的表姐不太一样了。我赶紧问起她上次突然被叫回去的情况。

表姐说,"回去后,乡里的领导来视察秋收工作,看到我们村的工作还没开始,狠狠批评了我,还说'秋收工作做不好,你就别干了!'我忍着眼泪,心想,不干就不干,做完秋收工作,我就辞职!不受这份气了!当时真的特别委屈。"

虽然挨了批评,表姐还是骑上村里的电瓶车,往邻村开去 [这里会让读者产生疑问:为什么非要她亲自出面去借?恐怕要交代一下]。既然收割机要借,她就去邻村,一直要强的表姐怎么也要给村里把收割机借回来。等到表姐借来收割机,却发现收割机没油,她又毫不犹豫骑上车,带上油桶到几里地外的地方买油。由于太着急,车上又带着几个油桶,一不小心连车带人加桶摔在了路边,这时表姐终于没忍住放声哭了起来。

表姐也打过退堂鼓,她想到自己也是个女孩子,而且在年龄最美好的时候,同学们应该都坐在办公室喝着热茶,翻着报纸,每天做着轻松的工作,领着固定的工资,潇洒的享受着生活吧。而自己,现在却是饥肠辘辘,摔得满身是泥不说,心里还装满委屈,说不定连工作也要丢了。自己原本为村里做出的贡献全都烟消云散了。

想到这里,表姐无助地抬头看了看天,又赶紧爬了起来——她不敢耽误,一过了这样的好天气,雨水一旦下来,如果粮食来不及收完,村民今年的辛苦就都白费了。她说,"我不能辜负大家全票选她做村支书的信任!"她抹抹眼泪,又重新把车扶起来,到乡里买油去了。

秋收这几天,表姐吃睡都在田地上,不分昼夜指挥安排着秋收工作。累了,就在田地边铺上一层稻草回回神,渴了饿了就吃村民送来的水果充充饥。在表姐的带领下,村民共同努力抢时间,秋收工作终于赶在下雨前顺利按时完成,农民没有因为秋收的不及时有一份损失。

听到表姐说这些,我开始心疼起表姐来,"既然这么委屈,又辛苦。别人也不理解你。不干就不干了。回城里再找份工作。"

表姐拍拍我的头说,"能吃苦,尚得甜。"

"这么辛苦你还要干下去吗?"我不解地问表姐。

"干!为什么不干?我连这么大的困难都经历过了,在以后的工作中,还有什么好担心的!我相信不管再遇到什么困难,我都能一一克服的。"表姐的眼里充满着对村官工作的信心和热情。

表姐的这一坚持就是三年。三年后,表姐的村官合同期满。这时表姐本可以重新回到城里工作。可她依然选择了留着村里继续做村官。

"我觉得三年太短暂了,当时来的时候还觉得三年很长。我很愿意继续在农村干下去,那里有我的很多回忆,我在这里吃过的苦和委屈,现在都是我成长的经历。在农村，我得到了别人体会不到的乐趣和历练。毛主席不是说过吗，年轻人就应该到农村去，农村是广阔的天地，大有作为！"说完，表姐朴实的笑了笑。[这段能体现村官思想境界的话语太一般，要好好思考，挖掘一下，把主人公的思想高度体现出来。]

如今我也即将大学毕业，体会到表姐在农村的坚持，其实这是一种对自己的磨炼。人生或许就该如此，只有不断追求进取，才能在苦与难中不断挖掘自己的潜力，最终打磨出一个有利于社会、有能力奉献社会的自己，从而实现自己的价值。只有这样的人生才是有意义的，若总是躺在过去的功劳簿上安于现状，那样的人生才是真的无趣，更辜负了生命赋予我们的重任。[结尾是点题部分，要格外精辟一些，把要表达的主题（征文需要的主题）点出来。]

根据教师的建议，第二稿修改后，作者把自己和主人公联系了起来，一下子拉近了距离，比较真实可信了。但原稿中的主人公的要强、不服输等的性格有些淡化，不如第一稿好。另外，全文过于平铺直叙，缺乏一点波澜；语言也不够简洁。

特别是文章与征文主题要求的关系还是不明显。一定要想办法把文章和这次征文比赛的主题要求有机地联系起来，要提到习近平同志的讲话精神。还要点到对自己的影响。此外，文中重点写了种黄瓜和秋收，其他事应概括地写一写（要注意"点面结合"），否则，让人们觉得这个村官这些年就做了两件事。

教师把上述意见连同文稿及稿中的点评，发给学生，要求再修改。

第三稿

能吃苦　方知甜 [题目太直白，可考虑改为：村官表姐。]

韩　豫

很多年前，学英语专业的表姐在临近大学毕业时，突然向家里说自己报名了村官的选拔。家里人都为表姐放弃了一个既能能留在城市里，又条件尚佳的工作机会而感到惋惜。况且大家始终认为学英语的表姐在农村也不能发挥所长，所以都不太支持。

年幼的我从此心中装了一个疑问，村官是个什么官？

后来表姐被分配到贵州省黔南州某村担任村支书，[刚毕业不久的学生不会一下子就能当村支书，一般安排作村支书助理或村长助理。] 工作一段时间后，一次假期里，我提出要到农村看看表姐。

一路上汽车颠簸终于到达，下车后，只看到一个旧旧的两层小楼，并不见表姐。原来表姐到田地里去了。表姐不是过来做村官的吗？去田地里做什么？在好奇之中，我也随即跟了去。

见到表姐时，她正戴着草帽，同几个人一起在地里查看，一边听着人讲解，还一边记录着什么。烈日之下，表姐被晒黑了不少。看到此情景，我心中更加疑惑了。查看完田里的情况，表姐又开始挨家挨户发放资料，一直忙到傍晚才回村办公室。吃过晚饭，表姐带我到她的宿舍休息。这里条件甚是简陋，一张小床一个书桌，除此再无其他家具。后来发现这里甚至连一个独立的卫生间都没有。城里来的表姐哪里受过这个苦。我终于憋不住心中的疑问，"村官就是这样的吗？"[前面部分还是不够简略。]

表姐笑了笑，"你以为我是到农村来享福的啊？既然选择了来农村，我就做好了吃苦的准备了。"[这话起点过低，不足以表现出主人公选择当村官的志向。可改为："燕雀安知鸿鹄之志哉！"这样，既可以表达心志，也能说明两姐妹之间的亲密关系。]

在我的印象中，表姐从小一直是娇生惯养长大的[此句不妥，与要表现出的村官的性格相悖。]，全家视若掌上明珠。到了大学后，成绩年年是优，奖学金每年都拿，并且还是学生会主席。表姐在学校可谓是风云人物，若要进入一个城里的好单位，有份舒适稳定的工作根本不是问题。表姐一直是家人的骄傲，更是我心中的榜样。可是表姐现在却选择来农村受这份苦，对此我很是不理解。表姐看出了我的疑惑，摸摸我的头说，"你再大一点就会明白我的想法的。"我懵里懵懂点了点头，没再多问。[这段的内容对读者了解表姐是一个什么样的人很有帮助，但不够简洁，人物性格也不够鲜明。]

后来表姐告诉我，她来到农村后发现村里的农民大多数种着西红柿，可是去年的西红柿虽然收成极好，但种的人太多，又没有什么特别的优势，价钱卖的并不好，许多村民眼看着西红柿烂在了地里，却只能干着急，因为根本卖不出去。

为了避免今年农民再遭受损失，表姐通过上网，打听到本市一个农业研究中心正在出售一种优质黄瓜种，不仅能为村民提供专业的种植培训，还会在黄瓜种入地到成熟的过程中，派专业的技术人员上门查看指导，为地里的黄瓜"保驾护航"。可是，表姐把这个想法说出来时，村里都不大同意，都认为一个刚毕业的城里小姑娘能懂什么？上个网就能解决村民的问题？这未免也太儿戏了。

面对大家的质疑，表姐没有就此放弃，反而对此事更加上心。到处搜集资料劝说村委会的工作人员。为确定此事的可行性，表姐还带队到该单位进行实地考察。后来研究决定此路可行后，表姐又主动承担下劝说村民改种的重任。可是，要劝说村民们拔掉已经开始长起来的西红柿种上黄瓜，这确实难让村民接受。

"既然来到了<u>这个村担任村支书</u>，我就有义务为大家解决难题。自己苦点累点不算什么，我不能让人觉得我是城里来的绣花枕头。"表姐对劝说村民的工作显得格外有信心。

表姐首先从村里西红柿种植面积最大的农户家入手。一开始人家并不同意，还将她撵出了门，按理说表姐是为农民着想，但是人家不领情，心里难免委屈。可她不气馁，仍然厚起脸皮时时往这户人家跑，<u>好说歹说，软磨硬泡，人家终于被她的诚心打动</u>，带头拔掉西红柿种上了黄瓜。村民一看村里最大的西红柿种植户都如此，也纷纷效仿种上了黄瓜。[**这段只说"好说歹说，软磨硬泡"，就说通了，说服力不够，可加一些诸如"承诺贷款解决大棚资金，保证有人指导种植和收购"之类的话，效果会好些。**]

黄瓜种上后，表姐每天都去地里查看黄瓜的长势，跟着村民一起听专业人员的讲解。连村长都说不用每天都去，可表姐仍然每天跑去地里。表姐坚定地对我说，"是我让大家拔掉西红柿种黄瓜的，大家这样相信我，我得对大家负责。"也许是初生牛犊不怕虎，说到此，表姐眼里充满了干劲。

住了两天后，我回到城里继续上学。后来听说表姐带领村民种的黄瓜获得了丰收，由于有专业人士指导，黄瓜的品质很好，在市场上大受欢迎。上市卖掉后，经过统计，<u>今年比去年平均每户增收了一千多块</u>[**增收幅度过小。**]。表姐自豪地说，"数字虽然不大，却是个很好的开始。"后来，表姐村里的黄瓜越种越好，不仅获得了本市的大批黄瓜订单，还吸引了许多外地客户。表姐从对农业一窍不通的毕业生蜕变成了半个农业一点通。<u>年底村里投票竞选村干部，表姐全票当选村支书</u>。[**村支书由全体党员来选。可考虑改为全票当选为村支书兼主任。**]

为表姐高兴的同时，我想原来村官这么容易就可以做好。

就在表姐的村官做得如鱼得水的时候，却出了事。因为家里表哥结婚，表姐借机回家探亲，可表姐刚进家门，村长的电话就打来了。原来是上级领导来检查，发现邻村已经开始秋收工作，而自己村却未见动静，村支书还不见了人影。秋收工作事关重大耽误不得，表姐又立即赶回了村里。

看着表姐匆忙的背影，我越想越莫名其妙，"秋收不应该是农民自己的事情吗？表姐不是村官吗？要表姐回去干什么，表姐都很久没有回过家了。"

原来秋收需要向有关部门借助工具，统一安排，光这借农具，安排收割顺序就是一项又麻烦又细致的事情，每年秋收就跟打仗似的，表姐却在这最重要的关头掉以轻心。可是这些事情，从小生活在城市里的表姐怎么会知道呢。我不免替表姐打抱不平起来，也开始为她隐隐担心。

又过了一段时间。表姐回到家中，她变黑了很多，透着一股精干劲，和上大学时那个温婉柔弱的表姐不太一样了。我赶紧问起她上次突然被叫回去的情况。

表姐说，"回去后，乡里的领导来视察秋收工作，看到我们村的工作还没开始，狠狠批评了我，还说'秋收工作做不好，你就别干了！'我忍着眼泪，心想，不干就不干，做完秋收工作，我就辞职！不受这份气了！当时特别委屈。"

挨了领导的批评后，表姐赶紧组织人马，让有秋收经验的工作人员到地里安排村民开始秋收，而自己骑上村里的电瓶车，往邻村开去。既然收割机要借，她就到邻村去，一直要强的表姐怎么也要为村里借来收割机。等到表姐借到收割机时，收割机已经没油了，她又毫不犹豫骑上车，带上油桶到几里地外买油。由于太着急，车上又带着几个油桶，一不小心连车带人加桶摔在了路边，这时表姐终于没忍住放声哭了起来。

表姐也打过退堂鼓，她也是个女孩子，还在年龄最美好的时候，同学们应该都坐在办公室喝着热茶，翻着报纸，每天做着轻松的工作，领着固定的工资，潇洒的享受着生活吧。而自己，现在却饥肠辘辘，摔得满身是泥不说，心里还装满委屈，说不定连工作也要丢了。自己之前的所有努力就要白费了。

想到这里，表姐无助地抬头看了看天，又赶紧爬了起来——她不敢耽误，一过了这样的好天气，雨水一旦下来，如果粮食来不及收完，村民今年的辛苦就全都白费了。她说，"我不能辜负大家全票选我做村支书的信任！我不能因为自己的疏忽让大家蒙受损失！"她抹抹眼泪，又重新把车扶起来，到乡里买油去了。[碰到挫折，最能体现人物的性格和精神境界。所以，要写得更深一些、更全面一些。可简要写写当初报考村官的志向、上级组织的信任和期望以及村里群众的支持等的内容，使人物形象丰满起来。]

秋收这几天，表姐吃睡都在田地上，不分昼夜指挥安排着秋收工作。累了，就在田地边铺上一层稻草回回神，渴了饿了，就吃村民送来的水果充充饥。"我必须时刻在秋收的前线，这样大家看到我才会齐心，我没有放弃，大家也不会放弃，我得带好这个头，"表姐坚决地说。

在表姐的带领下，村民共同努力抢时间，秋收工作终于赶在下雨前顺利按时完成，农民没有因为秋收的不及时而承受一分损失。

听到表姐说这些，我开始心疼起表姐来，"既然这么委屈，又辛苦。别人也不理解你。不干就不干了，回城里再找份工作。"

表姐拍拍我的头说，"其实这次秋收，是村长他们故意瞒着我的，目的就是想让我在工作顺利平坦的时候，给我一点提醒，让我记着教训，同时也磨磨我的锐气，让我戒掉心浮气躁，只有这样才能静下心来踏实工作。"

"这么辛苦你还要干下去吗？"我不解地问表姐。

"干！为什么不干？我连这么大的困难都经历过来了，在以后的工作中，还有什么好担心的。我不能躺在过去的功劳簿上安于现状，我相信不管再遇到什么困难，我都能——克服。能吃苦，方知甜。"表姐的眼里充满着对村官工作的信心和热情。

<u>在后来的工作中，表姐还发现了村里的新机遇，利用流经村里的小河，借鉴其他地方的经验，打造出了一个休闲旅游度假村，让村民走上了致富的道路。同时，还大力改善了村卫生室的环境，解决了村民看病难的问题。还为村民从城里请来许多农业方面的专业人员，开展各种培训班，让村民科学种植，避免走弯路。</u>[**这段内容非常有必要。不仅写出大学生村官做出了成绩，更重要的，体现出了当村干部，文化素质高的重要性。但可以写得更好一些。比如，可加上几句对社会主义新农村建设内容的概括。**]

表姐这一坚持就是三年。三年后，表姐的村官合同期满。这时表姐本可以重新回到城里工作。可她依然选择了继续留在村里。

"三年太短暂了，刚来时还觉得很长。我愿意继续在农村干下去，这里有我的很多回忆，记录着我的成长。我在这里吃过的苦和委屈，现在都是我的资本。在农村，我得到了别人体会不到的乐趣和历练。毛主席不是说过吗，年轻人就应该到农村去，农村是广阔的天地，大有作为！"说完，表姐朴实地笑了笑。[**这段写得不够精辟。可考虑写深一些。比如，突出一下主人公就是想成为国家栋梁的志向。**]

如今我也即将大学毕业，体会到表姐在农村的坚持，其实是一种对自己的磨炼。人生或许就该如此，只有不断追求进取，才能在苦与难中不断挖掘自己的潜力，最终打磨出一个有利于社会、有能力奉献社会的自己。今后，我也将追寻表姐的步伐，让自己在艰苦与磨炼中成长，承担起社会责任，不断历练自己，将自己打磨成才。[**结尾部分要点出所写的人物对自己的影响和教育，要点出本次征文的主题。**]

第三稿有了明显的进步：主题更加明确了起来，围绕主题写的内容也比较充实了。但全文仍存在两点主要不足：首先是主题的深度还是不够；其次是文章在内容上，主题突出的还是不太够，与主题关系不大的文字又显得稍多。根据经验，学生的文章改到这种程度，受知识、理论以及写作经验等的限制，要进一步提高比较困难。因此，教师在文中做了一些如何修改提高的提示。

经过再修改及教师的润色，第四稿为定稿。定稿中，文字相当精炼了。特别是提到了习近平同志的"5·9"重要讲话，并指出讲话中提到的志存高远、自强不息、开拓进取精神的深远影响；也写出了主人公对文章作者的教育影响；把征文大赛主题中要求的"展现当代大学生的良好风貌"，通过主人公说的"国家需要有挑大梁的人才，这种人才是干出来的！我就是要干！我不是想将来要做什么官，我就是想培养一种精神、磨炼一种意志，体现出一个人的价值！"表现了出来，使文章主题更加明确，主题的深度得以拓展，很好地体现出举办这次征文比赛的目的，非常明显地适合了征文比赛的需要。

因此，通过学校、省级专家的盲评，文章获得了"贵州省第九届'多彩校园·闪亮青春'大学生校园文化活动月学习习近平'5·9'重要讲话精神征文大赛"校级、省级一等奖。贵州电视台、贵阳日报等媒体对作者进行了采访报道，获奖文章摘登发表在《金黔在线》和《贵州日报》上，全文发表在贵州财经大学校报《贵州财经大学》四版上。

📖 定稿、获奖稿、发表稿

村官表姐

韩 豫

好几年前，学英语专业的表姐在临近大学毕业时，向家里说自己报名了村官的选拔。家里人都为表姐放弃了一个既能留在城市，又条件尚佳的工作机会而惋惜。"学外语，当村官？"大家都摇头。

表姐一考就中，被分配到黔南州某村担任村支书助理。一次假期，我去看她。

见到表姐时，她正戴着草帽，同几个人在地里查看，一边听讲解，一边记录着。查看完地，表姐挨家挨户发资料，中午吃干粮，一直忙到傍晚。表姐住的地方，一张床一个书桌，连一个独立的卫生间都没有。城市长大的她居然能受这个苦！我问她："村官就是这样的吗？到底你图什么？"

表姐笑了笑，说："燕雀安知鸿鹄之志哉！"

在我的印象中，表姐从小要强。到大学后，成绩年年优，奖学金年年拿。入了党，当过校学生会主席，长得又蛮漂亮，可谓风云人物，一直是家人的骄傲，也是我心中的偶像。可是表姐选择来农村受这份苦，这对当时还在读中学的我来说，很不理解。"表姐不会是官迷吧？"我想问个明白，但没敢问。

后来表姐告诉我，她发现村里除种粮食外，大多数种西红柿。去年西红柿丰收，但没车拉到更远的地方买，又没有加工厂，最后烂在了地里。

表姐与本市农研所取得了联系。该所派人到村里考察，认为该村特别适宜种一种优质黄瓜，并表示免费帮助种植，还负责收购。可是，当表姐把这个想法说出来时，村里都不大同意，都认为一个刚毕业的城里小姑娘能懂什么？大家没种过黄瓜，还要搭什么大棚？哪来的钱？

为确定此事的可行性，表姐带队到种黄瓜成功的地方进行实地考察。后来村委会研究决定此路可行，表姐主动承担劝说村民改种的重任。

表姐首先从村里西红柿种植面积最大的农户入手。这家人不同意，将她撵出门。表姐不气馁，厚起脸皮好说歹说，软磨硬泡，又承诺贷款解决大棚资金，又保证有人指导种植和收购。这家人终于签了协议，拔掉西红柿种黄瓜。村民一看，也种上了黄瓜。

黄瓜种上后，表姐经常去查看黄瓜的长势，跟着村民一起听专业人员讲解。村主任说不用经常去，表姐说："是我让大家拔掉西红柿种黄瓜的，我要对大家负责！"

黄瓜获得了丰收，上市供不应求。村民年底比去年平均每户增收近万元。

黄瓜越种越好，许多村民还搭起了大棚，一年四季都可以种黄瓜。不仅获得了本市的大批黄瓜订单，还吸引了许多外地客户。表姐从对农业一窍不通的毕业生成了半个农业通。

年底村里投票竞选村干部，表姐全票当选为村支书兼主任。

就在表姐的村官做得如鱼得水时，因为表哥结婚，表姐回家探亲，可刚进家门，电话就打来了。原来是上级领导来检查，发现邻村已经开始秋收工作，而自己村却未见动静，村支书兼主任还不见了人影。命她立即赶回村里。

看着表姐匆忙的背影，我越想越莫名其妙，"秋收不应该是农民自己的事情吗？这也要村官管吗？"

又过了一段时间。表姐回到家中，她变黑了很多，透着一股精干劲，说话声音更响了，做事风风火火的。我赶紧问起她上次突然被叫回去的情况。

表姐说，"回去后，乡领导狠狠批评了我，还说'秋收工作做不好，你就别干了！'我心想，不干就不干，做完秋收工作，我就辞职！不受这份气了！当时觉得特别委屈。"

挨批评后，表姐赶紧布置。最棘手的是要去借收割机，她亲自出马。好不容易收割机开到村里，又没了油。她骑上摩托车，带上油桶到几里地外买。由于太急，车上又带着几个桶，不小心连车带人加桶摔在了路边，表姐终于没忍住哭了起来。

那时，表姐好想打退堂鼓。她想，自己到底是为了什么来受这样的罪？那些同班同学好多都坐办公室，"一张报纸一支烟，轻轻松松又一天"，领着固定的工资,潇洒地享受着生活。而自己,现在饥肠辘辘,摔得满身是泥不说,心里还装满委屈,说不定连工作也要丢了。

但她又想到,学校鼓励她报考村官,上任前组织部对他们充满期望,自己从小向往英雄人物,特别是全村共产党员都为她当村支书投了票,她又以高票当选兼任村主任,这一年多来村民们对她的喜欢和支持……

想啊想,表姐又赶紧爬了起来——她不敢耽误,一过了这样的好天气,雨水一旦下来,如果粮食来不及收完,村民今年的辛苦就全都白费了。她自言自语:"我不能辜负大家选我当村支书、村主任的信任!我不能因为自己的疏忽让大家蒙受损失!"她抹抹眼泪,把车扶了起来。

秋收这些天,表姐吃睡都在搭在田地边的帐篷里,不分昼夜指挥。累了,就在田地边铺上一层稻草躺下回回神;渴了饿了,就吃村民送来的干粮、水果充充饥。"我必须时刻呆在前线,这样大家看到我才会齐心。我不放弃,大家就不会放弃,我得带好这个头!"

在表姐的带领下,村民共同努力抢时间,秋收工作顺利完成。

听表姐说这些,我既高兴又心疼,"既然这么委屈,又辛苦,别人也不理解你,不干就不干,凭你的条件,回城找工作不难。"

表姐拍拍我的头说,"其实这次秋收,上级是为了锻炼我,目的就是想让我在工作顺利平坦时,给我一点提醒,磨磨我的傲气,让我避免产生年轻干部常有的心浮气躁毛病。"

"你还要继续干?"

"干!为什么不干?古人说,王侯将相宁有种乎?国家需要有挑大梁的人才,这种人才是干出来的!我就是要干!我不是想将来要做什么官,我就是想培养一种精神、磨炼一种意志,体现出一个人的价值!况且,我连这么大的困难都经历过来了,在以后的工作中,还怕什么?"

在后来的工作中,表姐利用村里有山有水的优势,打造出了一个旅游山庄,游客颇多。同时,还争取到把村作为社会主义新农村建设的示范点,使村得到了巨变:有了卫生室、家家户户盖了新房、道路硬化了;用上了自来水、沼气,农业结构进行了大调整,由种粮食改为主要种植蔬菜、水果……表姐成了小名人。

三年后,表姐的村官合同期满。可她依然在农村干,从村干到乡镇,她现在已经是副县长了。

如今我也即将大学毕业。学了习近平总书记"5·9"重要讲话,我体会到表姐在农村的坚持,真真实实地体现出了"5·9讲话"中谈到的,作为祖国未来的大学生——应当具有的志存高远、自强不息、开拓进取的精神。

我们中华民族数千年来，靠这些精神指引，得以生生不息，立于世界民族之林。靠这些精神，我们伟大的祖国，还要实现习总书记提出的中国梦——中华民族的伟大复兴。

我不一定要去考村官，可能我没有表姐那样的鸿鹄之志，但表姐体现出的精神却是我应当去培养和去实践的。即将进入大四的我，课余时间应聘到《当代贵州》杂志做兼职，经常花几个小时往返于五十多公里以外的大学城与乌当区之间，做繁杂的编辑工作。报酬很低，但我感到快乐。因为每到想抱怨时，表姐就会出现在我的脑海里，指着我的头说，"这算什么？那么娇生惯养，将来能做什么？妹啊，要自强！要坚强！天将降大任于斯人也，要做好准备。"

我于是便充满了信心和勇气。

这篇文章获得一等奖，得到媒体的肯定与赞扬，使作者有了较深的感触，为此，她专门写了篇总结式的文章，发表在校报《贵州财经大学》第四版上。

一等奖是怎么拿到的？

韩　豫

今年上半年，我以《村官表姐》一文获得了贵州省校园文化活动月征文比赛校级、省级一等奖。这是我大学三年来，在写作方面获得的最高荣誉。

回想起初入大学，刚接触汉语言文学专业时，写作课上大家互评文章，我的文章曾被同学作为"问题比较大"的代表拿到讲台上点评，当时自己很受打击。但上写作课的游来林教授鼓励我们，好文章都是经过不断地写、不断地改，千锤百炼出来的。此次参赛经历，我又一次体会到了这点。

《村官表姐》在写作课老师的指导下，四易其稿。它获奖，主要原因有三点。

一是根据征文主题，选好写作对象。

此次征文大赛主题是，重温习近平总书记"5·9"重要讲话，反映当代大学生践行习总书记提出的大学生要立志高远、艰苦奋斗、自强不息、开拓进取等的良好风貌。刚拿到主题要求时我很茫然，觉得能反映这个主题的事情很多，比如家庭困难又独自挑起生活重担、却仍然完成学业的邻居；上大学后自己兼职赚取学费生活费的同学；发奋努力，成为学霸的校友等等。但是每一个都不够"大气"，都太寻常。综合考虑后，我选择了"村官"这个刚在中国兴起，身份较特殊的群体为写作对象。

"村官"是一个新兴的群体。"高考改变命运"，千万学子通过高考进入大学进入大城市，而"村官"让大学生们从城市回到农村。选拔、培养村官，是党和国家培养接班人的一项重大战略举措，几年来，已取得显著成效。很值得写。

二是用材要点面结合。

刚开始写时我一头雾水找不到重点，经老师指点后，才想到文章的主题和写作对象选好后，剩下的就是思考如何写好写作对象，应当尽可能地挑选能反映写作对象特点，最具亮点的事件来写。

在《村官表姐》中，我选了"表姐"三年村官生涯中两个典型事情为主要描写对象：一是"村官"带领村民通过改种致富。写这件事的意义在于突出"表姐"敢想敢干敢闯的个性，为文中"表姐"后来获得村民们的支持提供基础，也为文中第二个事情"表姐"遭受考验埋下伏笔。

二是"村官"带领村民抢秋收。这个故事是"村官"由稚嫩到成熟的转折点，也使"村官"认识到了农村工作的艰难，从而更加坚定了在农村干出一番事业的决心。

这两个故事即是所谓的"点"。文章如果就只写这两件事，给人的印象就会是：村官表姐这几年就做了两件事啊。事实不是这样。指导教师要求我还要有"面"上的概括，使读者了解整体情况。于是我概括了"村官"搞社会主义新农村建设师范点、开展乡村旅游等，这样就做到了点面结合；既有两个"点"突出了"村官"的特色，又有总体工作"面"上的概括，使形象较完整、丰满。

三是要有亮点。

写作课上，老师告诉我们，写文章至少应当写出"三个一点"中的某一点。所谓"三点"是：一点独到的认识，一点动人的情感，一点有特色的能给人美感的景物。第一点是大学生写文章的弱项，因为受阅历、经历、学识等的限制，大学生往往难以有独到的认识。第三点也不易做到，因为大学生往往难以写出事物的特色。唯有第二点，较容易把握。

《村官表姐》里的两个主要的故事："村官"放下架子，不断上门耐心地劝说才获得村民首肯改种；遇到困难第一个勇敢站出来承担责任，解决困难，并和村民在田地上同吃同住，最终感动村民，最终齐心完成抢收避免损失等的细节描写，都体现着"一点动人的情感"。

《村官表姐》获省级一等奖后，在校报文艺副刊发表，被《金黔在线》、《贵州日报》摘载。指导教师的评语是：

"《村官表姐》一文通过改种黄瓜、秋收两件典型事件，以及其他事迹的概述，表现出了一个志存高远、艰苦奋斗、一心为百姓着想的大学生村官典型形象，较深刻地展现出当代大学生的良好风貌。文章立意比较高远，能点面结合，结构清晰、语言流畅、人物性格也较鲜明。"

（三）独辟蹊径，贵在创新

在小学、中学，老师都教了一些写作文的方法，久而久之，会使学生形成思维定势。所谓思维定势，是指人们按照积累的思维活动经验教训和已有的思维规律，在反复使用中所形成的比较稳定的、定型化了的思维。其积极作用是，碰到相同问题，它能使人根据经验和已掌握的方式方法迅速地解决问题；但在情境发生变化时，它则常常还是沿用那些经验和方式方法去处理问题，结果往往事与愿违，因而它常会妨碍人们采用新的方法去解决不同的问题，成为束缚创造性思维的枷锁。思维定势是每碰到同一个写作对象，多数写作者都会从同一个角度去认识事物、表达事物而使大量文章雷同的根本原因之一。

创新和创造是写作的生命，"独辟蹊径"的根本目的，在于使文章能有所创新或有所创造。写文章要做到有所创新、有所创造，在选择写作角度上，就应该想尽办法"独辟蹊径"。清代叶燮在《原诗·外篇上》中说："抹倒体裁，声调、气象、格力诸说，独辟蹊径。""独辟蹊径"就是指要在创新思维的引导下，找到新的角度，采用与众不同的、新的途径和方法来观察、思考、表现事物，使所写的文章有所创新或有所创造。美国学者威廉·W. 韦斯特认为："所有的写作都是创造性的……所有的写作都包括一种新的表达的'起源、发展、形成'的过程。""每一个人都是独一无二的个人。……因为你是独一无二的，你所具有的思想感情是别人从来没有的，如果你尊重你的独特性，你就会真诚而独创地写出只有你能写的东西。"[①]

要做到"独辟蹊径"，应当注意三点。

第一，要善于多角度地去思考、研究写作对象。

如同朱自清在《山野掇拾》中说的那样："于每事每物，必须剥开来看，拆穿来看，无论锱铢之别，缁渑之辩，总要看出而后已，正如显微镜一样。这样可以辨出许多新异的滋味，乃是他独得秘密。"[②] 为此，需用多向思维（发散思维、逆向思维等）代替单一僵化的单向思维，打破习惯或经验形成的心理定势和思维模式，对通过不同角度得出的不同看法进行比较，找到与众不同的、新的角度以及由此得到的独到的见解，避免文章平庸无奇而失败。

第二，要多下功夫，有一种"文不惊人誓不休"的精神。

①张杰. 大学写作概论［M］. 武汉：武汉大学出版社，1997：9.
②袁昌文. 写作技法大观［M］. 贵阳：贵州教育出版社，1992：32.

对此，清代廖燕在《五十一层居士说》中说："余笑谓吾辈作文，须高踞三十三天之上，下视渺渺尘寰，然后人品始高；又须游遍一十八重地狱，苦尽甘来，然后胆识始定。作文亦然。须从三十三天上发想，得题中第一义，然后下笔，压倒天下才人；又须下极一十八重地狱，惨淡经营一番，然后文成，为千秋不朽文章。"① 廖燕的话虽然有些夸张，但他提倡的这种艰辛严谨的练意态度，给人的启示很深刻，是十分可取的。元代陈绎雷在《文说》中引用戴师初的一段话，更道出了作文练意的一种"求精"精神及方法："凡作文发意，第一番来者，陈言也，扫去不用；第二番来者，正语也，停止不用；第三番来者，精语也，方可用之。"② 这段话的意思是：对写作对象，首先想到的想写的意思，是从一般角度考虑得来的，是最省力的，是大家都容易想到的，但多是"陈言"，即老一套的、一般化的，应扫去不用；换个角度，"第二番"想，得出来的东西也许不再是老生常谈，但并不精辟，新意也不够，也不用；再换个角度，直至一定发现新颖独特的精语来，"方可用之"。

第三，要"新""独"得有道理，既要能反映出事物的本质或规律，还要有充分的理由（内容）能自圆其说。

有的学生写文章，的确角度新，提出了一个与众不同的看法。但"新"得没有多少道理（内容），讲不清楚"为什么"要这样说，文章难以自圆其说。这也不能说是成功的。

下面举两篇文章为例。

2008 年，贵州财院为了庆祝建校 50 周年，举办了一系列文化活动，其中一个是"纪念建校 50 周年演讲比赛"。文化传播学院 2007 级汉语言文专业学生谭丽娟写了篇演讲稿，请教师给予指导。该稿最初写作角度非常一般：先概写历史，再写成绩，最后写祝愿的话。教师对作者说，一点亮点也没有，角度太一般、缺乏独到的认识，没有一点打动人的情感，也没有能给读者一些美感的景色画面。教师要求她多角度地思考，一定要找到一个较为独特的角度，写出一点与众不同的认识。学生听后，用了两天时间，重新写了一篇，即第二稿。

🖊 第二稿

财院，我不祝你一帆风顺

谭丽娟

我不祝你一帆风顺，在你即将举行 50 年校庆的欢腾时刻。这样看来，似乎我是一个不近人情的学子。

---

① ② 王凯符，张会恩. 中国古代写作学 [M]. 北京：中国人民大学出版社，1995：160，163.

可是，人生怎么会没有一点风浪呢？更何况，对于你，我的财院，人生战场的英雄，面对你的踌躇满志，面对你的不屈不挠与坚强，面对你50岁生命的灿烂与飞扬，我又如何能以"一帆风顺"如此平淡、软性且被无数人使用过的无关痛痒的陈词，来作为你50岁生日的祝福呢？［这段太空泛。］

尼采说："如果你低估一个水手的能力，那么，就祝他一帆风顺吧！"而我，当然不愿低估你的能力，漠视你锐不可当的蓬勃英气，忘记你50年来走过的风风雨雨，抹杀你继续奋斗的一片豪情与勇气。因此，在这重要的时刻，我实在不能也不愿，随便且随俗地，只以一句"一帆风顺"轻松打发。

是的，我的财院，我不祝你一帆风顺，是因为我对你有着更深的祝福，更大的盼望，更乐观的期许。生命需要经过严格的淬炼，才能展现它耀眼的光华与纯美的质地。平静的海面，永远只能是一幅单调的风景，只有当轰然大浪撞击在耸立不屈的巨岩上，千万洁白似雪、动人心魄的浪花，才会在晴空丽日下，激射、迸散开来。

而走过50年风风雨雨的你，我的财院，你不正是那耸立不屈的巨石吗？风风雨雨五十年，艰苦奋斗五十年，每一位老师学子都在为之努力。你从无到有，从小到大，从弱到强。宽大舒适的校园，优美的环境，教学质量逐渐提高，社会声誉也越来越好。五十年的路走过来，有艳阳高照，有春暖花开，但也不乏大雨滂沱，寒风彻骨。可你毫不妥协，不曾妥协，也不会妥协。在这五十年里，你从一个默默无言的孩子渐渐地长大，一步又一步的大声喊出了自己的名字，展现了属于自己的风采，以更快、更强劲的脚步迈进辉煌。这样不断努力，不断奋斗的你，岂是一句"一帆风顺"就能涵盖的呢？［空泛。"虚"的东西过多，太缺乏具体、典型的"实"材料。］

是的，我的财院，我不祝你一帆风顺，是因为你让我的心灵一次次的震撼！

有这么一篇学生的文章，他在其中写道，"我将老师改过的文章一一整理出来，看着那些由点点改动积累起来的变化，那些由严厉慢慢变得稍微柔和的评论，我能想像出他一次次认真为我批改作文的样子，想像着他微笑着对我说：'继续加油啊！'"。有的学生觉得老师很傻，便问他这样做值得吗，他也只是微笑着说了一句，"这是我的责任！"。只这一句，让人心存敬畏，只这一句让人心灵震撼，只这一句让人在泪光中依旧微笑，只这一句，我便不能仅仅用一句"一帆风顺"来形容你的人生路。

有这么一封感谢信，其中写道，"尊敬的贵州财院领导：受我院党委委托，向您院党委、行政表示衷心的感谢。在我院接收四川地震伤员转运工作中，得到贵校的大力支持，青年志愿者发扬了不怕苦、不怕累、连续作战的精神，在很短时间内紧张、有序的协助我院把伤员平安转入病房，得到我院党委、行政的高度赞扬和省委石宗源书记及刘晓凯副省长的充分肯定。为此，我们代表省人民医院党委、行政向贵校及志愿者们表示感谢，并为我们今后继续团结协作配合表示感谢。"你说，这样默默付出的你，这样不怕苦、不怕累的你，我怎能用"一帆风顺"来赠送给你呢？[写了两件事，虽具体，但事例过小、不典型，不足以反映出学校发展中的主要成就。]

并不是风平浪静的人生，不值得追求；并不是平坦易行的道路，不值得去走。不是的，只是那样的生命历程，太少挫折、太少挑战、太少艰辛……换言之——太少磨炼，在你经历了那样多的风雨，在你依旧充满阳刚气息的时候，在你这样努力奋斗的时刻，那完全不适合你啊，我的财院。

我的财院，在你踌躇满志，努力奋斗的这一刻，我并不祈求风暴远离，重担减轻，横逆减少。我只愿意你在迎面遇上那些不可避免的、挫人锐气的难题的时候，你依旧有足够的勇气与智慧，去面对，去克服，去化解，去包容，像一个永不屈服的英雄。那样当你从艰困的人生中流汗流血，扎扎实实地走过之后，我相信，你一定会更加的辉煌，拥有更加美好的未来！喊出你"厚德、博学、笃行、鼎新"的校训，喊出你"锻铸儒魂商才"的办学理念，喊出你"艰苦奋斗，关注贫困，为培养'富民兴黔'的人才"的办学特色，绽放属于你的光彩与魅力！

哦，我的财院，我不祝你一帆风顺！请在这欢腾的时刻，接受我心底由衷的赞美与礼敬吧！[后面三段基本上是空泛的道理。既没有理论深度，也反映不出学校的特色。]

教师看后，眼前一亮：文章作者采用逆向思维，从"不祝学院一帆风顺"的角度来写，肯定与其他参加演讲比赛的学生写的演讲稿不同（后来的比赛证实了这一点，确实没有第二个用这种角度写），可谓"独辟蹊径"。但作者毕竟还只是大二上学期的学生，文章问题还很多、很明显。教师除了在文中有简要的点评外，还提了下列意见，连同文章返回给学生，请她修改：

[角度新，立论有新意，也写了一定内容和气势。但这篇文章能否成功，关键在于要从理论上、事实上说清楚道理，做到自圆其说。具体来说，就是要写清"为什么"（不祝学院一帆风顺）。

关于"为什么"，文中说了一些。但从理论上看，不够深刻；从事实上看，不够典型和具体。从全文上看，空的东西多了些、不必要的文字过多（5分钟的演讲，一般不要超过1000字，应精简）。

建议：反复思考、写清"为什么"。比如从哲学的高度来写一层；再从学校重要阶段取得的突出成绩（要典型——比如 1999 年的评估过关；2003 年获硕士授予单位、5 个硕士点；2005 年获 17 个硕士点；2006 年获贵州高校接受教育部本科教学评估第一个优秀等级；2007 年获贵州高校中第一个国家实验教学师范中心等）都不是一帆风顺得来的（即从历史角度）写一层；最后从学院将要争取的更名、申博（申请博士学位授予点）等（从未来角度）同样不会一帆风顺，而要靠披荆斩棘来写一层。三层即可。

此外，不祝"一帆风顺"，那么祝什么呢？能否提出一个比如"披荆斩棘、勇往直前"之类的话？

写这篇演讲稿，可参考一下梁启超写的《论毅力》，可能会很有帮助。2008 年 10 月 26 日]

根据教师所提的这些意见，学生做了修改。从修改结果来看，学生能尽量按照教师的建议去做，基本写出了文章应该具有的主要内容。但仍然略显粗糙。鉴于学生水平和参赛时间的限定，教师对第三稿做了较详细的点评和一定的修改。

第三稿

财院，我不祝你一帆风顺

谭丽娟

财院，我不祝你一帆风顺，在你即将举行 50 年校庆的欢腾时刻。**这样看来，似乎我是一个不近人情的学子。[可否删掉？][想了一下，恐怕还是应加一句：我演讲的题目是"财院，我不祝你一帆风顺"。否则，突兀了些。]**

但是 **[可删掉]** 尼采曾 **[删掉"曾"]** 说过："如果你低估一个水手的能力，那么，就祝他一帆风顺吧！"而我，当然不愿低估你的能力，漠视你锐不可当的蓬勃英气，忘记你 50 年来走过的风风雨雨，抹杀你继续奋斗的一片豪情与勇气。因此，在这重要的时刻，我实在不能也不愿，随便且随俗地，只以一句"一帆风顺"轻松打发 **[你]**。

是的，我的财院，我不祝你一帆风顺。梁启超曾 **[删掉"曾"]** 说过，"人生的历程，大体逆境占了十分之六七，顺境只占了十分之三四，无论事情是大是小，必然会遇到几次乃至十几次的阻力，这种阻力虽然有的大有的小，但却是不可避免的"。而 **[删掉"而"]** 马克思主义哲学也提到 **["也提到"改为"也告诉我们"]**，前途是光明的，但是 **[删掉"但是"]** 道路却 **[删掉"却"]** 是曲折的。一帆风顺怎么能作为人生的"代言"呢？

是的，我的财院，我不祝你一帆风顺，这也是因为你所走过的这 50 年的风风雨雨，是因为你这 50 年的成就与辉煌。**[面对]** 这样不断奋斗，有着坚强毅力的你，我怎能用"一帆风顺"这样平凡的话来赠送 [**删掉"送"，"赠"就是"送"的意思**] 给你呢？

　　风风雨雨五十年，艰苦奋斗五十年，你从无到有，从小到大，从弱到强。五十年的路走过来，有艳阳高照，有春暖花开，但也不乏 [**改为"也有"顺口一些，更适合演讲稿语言口语化原则**] 大雨滂沱，寒风彻骨。可 [**删掉"可"**] 面对这些 [**改为"众多的"**] 挫折，你凭着自己 [**删掉"自己"**] 坚强的毅力，毫不妥协。你从一个默默无言的孩子渐渐地长大，一步又一步的 [**地**] 大声喊出自己响亮的名字，展现属于自己的风采：1999 年的评估，你过关了 [**改为："成为一个合格的本科院校"——这样正规一些。**]；2005 年，你 [**在03 年获得硕士学位授予单位、5 个硕士点的基础上，一举**] 获得了 17 个硕士点 [**，成为同时获得硕士学位授予单位第二次获得硕士点最多的学校**]；2006 年，教育部对贵州本科高校 [**本科**] 教学 [**水平**] 的 [**删掉"的"**] 评估，你获得了第一个优秀等级；2007 年，你 [**加个"又"字**] 获得了贵州高校中的第一个国家实验教学示范中心……而 [**删掉"而"**] 这一切的一切，又怎会是一帆风顺所取得的呢？ [**体会一下，是否改为"绝不是一帆风顺所能获得的！"会更有力些。**]

　　是的，我的财院，我不祝你一帆风顺，是因为我对你有着更深的祝福，更大的盼望，更乐观的期许 [**"期许"就是"期望"，多用于对晚辈，在这里用是否合适？从听的角度，听众可能也听不懂**]。学院的更名，学院的申博等等 [**奋斗目标**] 更辉煌的成就，我知道，这些 [**删掉**] 同样是 [**删掉"是"**] 要靠披荆斩棘 [**去**] 获得的 [**删掉"的"**]。而 [**删去"而"**] 我相信，有着坚强毅力的你，就像那耸立不屈的巨石，当轰然大浪撞击在你身上时，定会迸散开千万洁白似雪、动人心魄的浪花，定会展现你更加耀眼的光华！

　　并不是风平浪静的人生，不值得追求；并不是平坦易行的道路，不值得去走。不是的，只是那样的生命历程，太少挫折、太少挑战、太少艰辛、太少磨炼了。在你经历了那样多的风雨之后，在你依旧充满坚强毅力的时候，在你踌躇满志，努力奋斗的这一刻，我的财院，我并不祈求风暴远离，重担减轻，横逆减少。我只愿你在迎面遇上那些不可避免的、挫人锐气的难题的时候，依旧有足够的勇气与智慧，去面对，去克服，去化解，去包容，像一个永不屈服的英雄。凭着自己坚强的毅力，喊出你"厚德、博学、笃行、鼎新"的校训，喊出你"锻铸儒魂商才"的办学理念，喊出你"艰苦奋斗，关注贫困，为培养'富民兴黔'的人才"的办学特色，绽放属于你的光彩与魅力！ [**这一段300 来字，长了些，且较空洞，有喊口号之嫌。建议删简到 100 字以下。还可考虑与最后一段合并。整篇稿子一定要控制在 1000 字**]

以下。]

哦，我的财院，我不祝你一帆风顺！请在这欢腾的时刻，接受我心底由衷的赞美与礼敬吧！愿你披荆斩棘、勇往直前，愿你成为一个永不屈服的英雄，愿你在战场上拼出属于自己的那一片天空！

教师最后提出以下意见。

[比第二稿要好得多。但不少字词句仍需进一步推敲，一定要去掉可有可无的字句。要好好揣摩教师为何要这样修改。读一读，体会一下修改前和修改后效果有什么区别。2008 年 10 月 30 日]

第四稿（定稿）

财院，我不祝你一帆风顺
谭丽娟

在你即将举行 50 年校庆的欢腾时刻，我演讲的题目是"财院，我不祝你一帆风顺"。

尼采说过："如果你低估一个水手的能力，那么，就祝他一帆风顺吧！"而我，当然不愿低估你的能力，漠视你锐不可当的蓬勃英气，忘记你 50 年来走过的风风雨雨，抹杀你继续奋斗的一片豪情与勇气。因此，在这重要的时刻，我实在不能也不愿，随便地，只以一句"一帆风顺"轻松打发你。

是的，我的财院，我不祝你一帆风顺。梁启超说过，"人生的历程，大体逆境占了十分之六七，顺境只占了十分之三四，无论事情是大是小，必然会遇到几次乃至十几次的阻力，这种阻力虽然有的大有的小，但却是不可避免的"。马克思主义哲学也告诉我们，前途是光明的，道路是曲折的。一帆风顺怎么能作为人生的"代言"呢？

是的，我的财院，我不祝你一帆风顺，这也是因为你所走过的这 50 年的风风雨雨，是因为你这 50 年的成就与辉煌。面对这样不断奋斗，有着坚强毅力的你，我怎能用"一帆风顺"这样平凡的话来赠给你呢？

风风雨雨五十年，艰苦奋斗五十年。你从无到有，从小到大，从弱到强。五十年的路走过来，有艳阳高照，有春暖花开，也有大雨滂沱，寒风彻骨。面对众多的挫折，你凭着坚强的毅力，毫不妥协。你从一个默默无言的孩子渐渐地长大，一步又一步地大声喊出自己响亮的名字，展现属于自己的风采：1999 年的评估，你成为了一个合格的本科院校；2005 年，你在 03 年获得硕士学位授予单位、5 个硕士点的基础上，一举获得了 17 个硕士点，成为同时获得硕士学位授予单位第二次获得硕士点最多的学校；2006 年，教育部对贵州本科高校本科教学水平评估，你获得了第一个优秀等级；2007年，你又获得了贵州高校中第一个国家实验教学示范中心……这一切的一切，绝不是一帆风顺所能获得的！

是的，我的财院，我不祝你一帆风顺，是因为我对你有着更深的祝福，更大的盼望。学院的更名，学院的申博等等奋斗目标同样要靠披荆斩棘去获得。我相信，有着坚强毅力的你，就像那耸立不屈的巨石，当轰然大浪撞击在你身上时，定会迸散开千万动人心魄的浪花，定会展现你更加耀眼的光华！

并不是风平浪静的人生，不值得追求；并不是平坦易行的道路，不值得去行走。不是的，只是在你经历了那样多的风雨之后，在你依旧充满坚强毅力的时候，在你踌躇满志，努力奋斗的这一刻，我的财院，我并不祈求风暴远离，我只愿你在迎面遇上那些风暴的时候，依旧有足够的勇气与智慧，去面对，去克服，去化解，去包容，像一个永不屈服的英雄。

我的财院，我不祝你一帆风顺！请在这欢腾的时刻，接受我心底由衷的赞美与祝福吧！愿你披荆斩棘、勇往直前，成为一个永不屈服的英雄，在战场拼出属于自己的那一片天空！

比赛时，尽管谭丽娟从演讲经验和风度等方面，比不上其他一些选手，但演讲稿以独特的角度，既有一定理论深度，也有较为充分说服力的典型事例而构成的较充实的内容，加上文章中排比等修辞手法的运用以及整篇内容透出的热情洋溢的情感等亮点，从而获得了长久的掌声，评委也打出了最高分。演讲最后获得唯一的一等奖。专家点评时，也给予了高度的赞扬与肯定。

前面已经提到，2010年，贵州财经学院根据教育部关工委等部门和贵州省教育厅的要求，组织了"全国大学生'祖国需要我'征文大赛"（大赛过后，再把获得三等奖以上的文章推荐到省里评比）。笔者受所在部门——文化传播学院——的委托，负责分院参赛文章的选拔和指导修改。2008级汉语言文学专业学生潘婷婷的《可可西里》被笔者选拔出来重点指导修改，获得了校级、教育部一等奖，另外一篇文章是2009级汉语言文学专业杨彦荣写的《志愿者说明书》，也经教师指导、几易其稿，最后也获得了校级一等奖、在省参评也获得教育部一等奖（证书盖的是教育部等国家部门的公章）。

第一稿

志愿者说明书

杨彦荣

[产品名称]

通用名称：志愿者

汉语拼音：zhì yuàn zhě

[组成成分]

本产品主要由乐于助人的、甘于奉献的、热心社会公益事业的人组成。他们有较强的社会责任感，怀着一颗感恩的心来回馈社会。无论嫣妍俊秀，高矮胖瘦，还是智愚童叟，男女长幼，只要冠以本产品的名号，就都是美丽的！

[产品简介]

1. 志愿者一词，《现代汉语辞典》中的解释是自愿为社会公益事业活动、赛事、会议等服务的人。

2. 志愿者行动，是共青团组织在群众性精神文明创造活动中的一个创举。它是指热心社会公益事业的人，利用业余时间，志愿为他人提供服务和帮助的一种活动方式。

3. 志愿者行动自1993年开展以来，发展迅速，成为广大有志人士为祖国做出贡献的有效载体，在社会精神文明创建活动中发挥着特有的作用。

[产品功效]

1. 志愿者行动主要围绕人民群众生产生活的需要组织开展活动。

2. 志愿者行动小组以"温暖工程""阳光工程""爱心行动""热心行动""绿色行动""科技文化行动""抗旱救灾服务队""三创一办服务队"等多种形式，开展社区服务，扶贫济困，保护环境，救灾抢险，维护社会治安等社会公益活动。为社会、为他人带来了极大方便，已成为一支不可忽视的队伍。

[链接]

产品当前的使用功效

镜头一：

这是一个蜗居在山腰的交通极其闭塞的苗家小寨。火辣无情的干旱让这个昔日充满欢声笑语的活泼小寨变得异常安静——为了生存下来，大伙都去取水了。

艰难的取水路上，人畜同旱魔相挣扎。烈日炎炎，大伙饥渴难耐，四下寻着让他们兴奋的水源。这条路并不好走，要经过一个狭路悬崖。突然，年过七旬的老大妈失足了,一瞬间,她掉下了悬崖……

哭泣、叫喊、怨恨……在死亡面前,这一切都是苍白无力的。老大妈就这样离开了,只为寻一口解渴的水!

很快,这一噩耗传遍了当地。几天后,依然是那条路,那些牲畜,那些背篓,那取水的景象。不过,这队伍中已经没有老人与小孩的身影,换之而来的是充满阳光与朝气的青年人——他们叫志愿者。

问他们为什么要做志愿者,回答简短但很有力:"祖国需要我,奉献为祖国!"

镜头二:

这是一支洋溢着活力的志愿者队伍。在校团委的号召下,这个队伍在旱灾肆虐蔓延时瞬间由数人发展到百人。

身着印有爱心的 T 恤,他们今天要去外面宣传有关抗旱的知识。

在被干旱侵袭的沉闷街市上,这一群人显得那么惹眼,招来无数目光驻足听他们宣讲。怀着为人民服务的信念,怀着为祖国奉献的激情,他们高亢地宣讲着节约用水知识,并把手中的节水传单发到人群中。

如果说干旱让人们失去了战斗力,那么这群爱心志愿者则给人们增添了许多与旱魔斗争的热情:"抗旱救灾,我做先锋!"

镜头三:

这是以"抗旱救灾"为主题的义演募捐晚会现场。它的组织者和主办方都是一个名叫"抗旱救灾志愿者"的团体。怀着一颗赤诚的心,他们想用这种方式为遭受旱灾的人们送去清凉的慰藉!

无论是振奋人心的合唱,还是令人深思的独舞,亦或是引人悲叹的小品,都在表达着同一个主题"一方有难,八方支援"。

因为,他们就是这样一个团体,所以,他们有自己的使命——祖国需要我,为祖国无悔!

[产品推广]

目前,随着国人的爱国热情日益高涨,公民的思想道德品质日益提高,该产品的使用率正逐步壮大,其发展速度与规模都会对社会、对国家产生重大影响。

[不良反应及禁忌]

心胸狭窄,安于享乐,自私自利的人与本产品的适用人群相差甚远,如果误用,所干之事有损国家及人民利益,将会受到法律的制裁,后果自负。

[有效期]

终生。

［备注］

1. 志愿者是广大热心社会公益事业的人基于自觉地奉献社会，关心他人，热爱祖国而走到同一旗帜下的。

2. 广大志愿者并不幻想借助救灾抢险等突发事件来证明自己，而是将关注点放在平凡的社会生活中，真诚地帮助身边需要帮助的人。他们尊重受助者，给予受助者体面、温情的关怀。

3. 志愿者行动有较高的起点和明确的社会意识，他们改变了形式主义的做法，有较大的社会影响力。尤其在国家、社会发生重大意外灾害时，其号召力更是不可估量。

4. 志愿者行动是国民对"祖国需要我"的最佳阐释方式。

看了一下文章，当时觉得作者的确能"独辟蹊径"，做到了与众不同，那就是借用说明文（书）的形式来写散文。其好处有：

（1）能给读者产生新奇之感。

（2）用说明书方式来写散文，可直接写最能表达主题的、重点的内容，可省去记叙文（或记叙散文）中的写事件、写人物不得不写（交代）的一些过程。

但是，文章还很粗糙，问题很多。教师没有在文章中具体点评，而是从整体较宏观的角度，把上面意见以及具体问题和修改意见告知学生。

［问题与建议：

1. 主体部分的内容不够典型。似乎只有抗旱的几个镜头（这几个镜头也很一般，不足以让人感到震撼）。建议：从全国范围内选材，选最经典的、影响最大的。如北京奥运的志愿者、汶川大地震的志愿者、抗旱的志愿者、支教的志愿者（要有数字和令人震撼的具体的典型事例）。

2. 写人不能只见事、不见"人"，即不能只把人写成工具。建议：要揭示志愿者做"志愿事"的内心，即不仅要写出他们做了什么，更要揭示他们"为什么"会去做。

3. 文章过于直白，含蓄、优美不够。建议：不能受"产品说明书"形式、语言的束缚，要用散文的笔调（而不能只用说明文的写法）来写。2010 年 4 月 16 日］

第二稿

志愿者说明书

杨彦荣

［产品名称］

通用名称：志愿者

汉语拼音：zhì yuàn zhě

[组成成分]

本产品主要由乐于助人的、甘于奉献的、热心社会公益事业的人组成。他们有较强的社会责任感，怀着一颗感恩的心来回馈社会。**无论嫣妍俊秀，高矮胖瘦，还是智愚童叟，男女长幼，只要冠以本产品的名号，就都是美丽的！**[这句话似乎不是在讲"组成成分"。再仔细想想看，志愿者到底由哪些"成分"组成。比如，环境、主要人员（特点）等。）]

[产品简介]

1. 志愿者一词，《现代汉语辞典》中的解释是自愿为社会公益事业活动、赛事、会议等服务的人。

2. 志愿者行动，是共青团组织在群众性精神文明创造活动中的一个创举。它是指热心社会公益事业的人，利用业余时间，志愿为他人提供服务和帮助的一种活动方式。

3. 志愿者行动自1993年开展以来，发展迅速，成为广大有志人士为祖国做出贡献的有效载体，在社会精神文明创建活动中发挥着特有的作用。**["组成成分"也属于"产品介绍"，看两者怎样融合?]**

[产品功效]

1. **志愿者行动主要围绕人民群众生产生活的需要组织开展活动。**[这句话讲的是活动形式，不属于"功效"范围。]

2. **志愿者行动小组以"温暖工程"、"阳光工程"、"爱心行动"、"热心行动"、"绿色行动"、"科技文化行动"、"抗旱救灾服务队"、"三创一办服务队"等多种形式，开展社区服务，扶贫济困，保护环境，救灾抢险，维护社会治安等社会公益活动。为社会、为他人带来了极大方便，已成为一支不可忽视的队伍。**[这段话主要讲的是活动方式（相当于"使用方法"），与"产品功效"有差距。]

[链接]

产品当前的使用功效。

镜头一：

这是让人沉痛不已的2008年，这是让人眼泪滂沱的5月12日，这是让人终生难忘的满目疮痍与废墟残垣。

大地剧烈的震颤，撕裂了汶川的山河，也撕碎了汶川人民的心！

杨晖软磨硬泡地赖在志愿者救援队组建领导办公室不走，终于争来了一个志愿者救援队的名额。6月20日，杨晖和同事们到达了北川羌族自治区的陈家坝乡。震后的陈家坝乡满目疮痍，废墟中弥漫着刺鼻的消毒水味和难以压制的恶臭。不远处山间峡谷的平地上，整齐而紧凑地冒出一排板房，这就是学校了。它的前方是龙门山——地震的断裂带所在地，整个山已经塌方的完全看不出本来的面目；后方是堰塞湖，死寂的湖水仿佛要将地震那一刹那凝固。

8月1日，杨晖正在给孩子们上课。突然，铅球就像飞舞的风铃一样跳动起来，身体也跟着地面不停地倾斜。敏感的杨晖立刻意识到是地震了，他抬头看看起舞的板房顶，本能地叫喊着将孩子们带到屋外，确认学生都没事后，向崖上的聚居点跑去。回头看时，山的另一面正在垮塌，脚下的堰塞湖水由凝固的绿色变成了干涸的血液一样的锈红色。这一画面成了杨晖记忆里的永恒。

杨晖告诉记者，他要离开的时候，孩子们问他"晖晖老师，你来这里是因为爱心的吧？"他告诉那群可爱的孩子，其实也没有这么伟大，只是为了让自己的心安罢了。但孩子们很认真地说"晖晖老师，我们爱你"。

那一刻，杨晖哭得一塌糊涂。作为20万赴四川救灾的青年志愿者之一，他的心里在说，其实，可爱的孩子们，是你们让我懂得了爱并不是施舍，是你们的坚强和乐观拯救了我的灵魂。祖国需要我，为祖国无悔！

镜头二：

她叫张蔷微，是湖南湘西的姑娘。经过努力考上广东公务员，拥有令人羡慕的工作。富有天使般爱心的她为人们定义了爱和责任的意义。

2009年7月，善良的她突然晕倒并昏迷不醒，经过抢救才保住生命。家人为了筹钱救她，翻出她的存折，竟发现上面的存款数几乎为零。原来，张蔷微把存款都变成了爱心——每月不菲的收入，她都汇给了支教山区的孩子！

面对记者，蔷微说："山区的孩子缺老师，这是我作为青年人的责任，是我的义务。到祖国最需要的地方干祖国最需要的事，做这样一个志愿者，我的人生才是完美的，才有价值！"

有这样一群人，一群勇于承担社会责任，履行社会义务的人。不为名也不为利，只想为祖国、为社会尽一份自己的薄力。他们有一个共同的名字——志愿者。

镜头三：

这是一支洋溢着活力的志愿者队伍。在校团委的号召下，这个队伍在旱灾肆虐蔓延时瞬间由数人发展到百人。他们中的主要组织者叫向扬。

身着印有爱心的T恤，他们今天要去外面宣传有关抗旱的知识。

在被干旱侵袭的沉闷街市上，这一群人显得那么惹眼，招来无数目光驻足听他们宣讲。怀着为人民服务的信念，怀着为祖国奉献的激情，他们高亢地宣讲着节约用水知识，并把手中的节水传单发到人群中。

如果说干旱让人们失去了战斗力，那么向扬领导的这群爱心志愿者则给人们增添了许多与旱魔斗争的勇气。

作为志愿者的主力，向扬向人们高喊着："抗旱救灾，我做先锋！"

问他们为什么要做志愿者，向扬简洁有力地回答："我是社会的一分子，为了集体的利益而为之；我是祖国的一员，为了国家的利益而为之。"

[这是文章的主体部分。要注意用"点面结合"的方法。原文似乎让人觉得所谓的志愿者，只有 3 个人。此外，第三个事例不典型（仅仅在宣传抗旱），不感动人。]

[产品推广]

目前，随着国人的爱国热情日益高涨，公民的思想道德品质日益提高，该产品的使用率正逐步上升，其发展速度与规模都会对社会、对国家产生重大影响。

[不良反应及禁忌]

心胸狭窄，安于享乐，自私自利的人与本产品的适用人群相差甚远，如果误用，所干之事有损国家及人民利益，将会受到法律的制裁，后果自负。**[不好理解。]**

[有效期]

终生。

[备注] **[下面内容过空，没有吸引力。]**

1. 志愿者是广大热心社会公益事业的人基于自觉地奉献社会，关心他人，热爱祖国而走到同一旗帜下的。

2. 广大志愿者并不幻想借助救灾抢险等突发事件来证明自己，而是将关注点放在平凡的社会生活中，真诚地帮助身边需要帮助的人。他们尊重受助者，给予受助者体面、温情的关怀。

3. 志愿者行动有较高的起点和明确的社会意识，他们改变了形式主义的做法，有较大的社会影响力。尤其在国家、社会发生重大意外灾害时，其号召力更是不可估量。

4. 志愿者们用他们年轻的肩膀扛起了社会的责任，用他们充沛的热情诠释着民族的灵魂，用他们高尚的品德描绘着祖国的未来。志愿者行动是国民对"祖国需要我"的最佳阐释方式。

[借用"产品说明书"方式，要注意发挥其长处，但又不能太受其方式的束缚。因为"产品说明书"只有特定的人才会去看。不知你注意没有，报纸上不少介绍产品的广告，用的是文艺性说明方式，把广告写得新颖活泼，很吸引人的眼球。可借鉴借鉴。另外，除文中点评到的问题外，部分内容较乱，要好好调整。]

好好修改，还有较多的时间。 2010 年 4 月 18 日]

收到学生修改后的第三稿，感到在教师的指导下，确实有了进步，但问题还是很多，毕竟作者还只是大一第二学期的学生，写作水平一下子要提得较高不现实。因而教师在第三稿中，做了较为详细的点评。

第三稿

志愿者说明书

杨彦荣

[产品名称] [扫黑。下同]

通用名称：志愿者

汉语拼音：zhi yuan zhe [写出声调]

英文名称：Volunteer

[产品简介]

1. 根据《现代汉语辞典》及联合国等权威机构认证，本产品被定义为：应祖国与社会的需要，一些乐于助人的，甘于奉献的，热心社会公益事业的人（以青年为主），在不谋求任何物质、金钱及相关利益回报的前提下，合理运用社会现有的资源，志愿为他人提供力所能及的，切合实际的服务。他们虽有妍媸俊秀、高矮胖瘦之分，亦或是智愚童叟、男女长幼之别，但只要冠以本产品的名号，就都是美丽的！**[这段话让读者分不清哪些是辞典上的，哪些是作者自己的。辞典上的要加引号。]**

2. 其组成成分 [应该写出志愿者由哪些人组成] 按内容可分为：消防志愿者、奥运志愿者、抗震救灾志愿者、抗旱救灾志愿者、社区志愿者、环保志愿者、网络志愿者等。

[研发历程]

1. 1993 年底，共青团中央决定实施中国青年志愿者行动。12 月 19 日，2 万余名铁路青年率先打出了"青年志愿者"的旗帜，在京广铁路沿线开展为旅客送温暖的服务。

2. 1994 年 12 月 5 日，团中央成立中国青年志愿者协会，随后，各级青年志愿者协会也建立起来。目前，已形成了由全国协会、35 个省级协会、2/3 以上的地（市）级协会及县级协会组成的志愿者服务组织管理体系。

3. 我们欣慰地看到，[此口气不恰当，此处最好用客观冷静的词语]由 24000 多个街道社区青年志愿者服务站，10 万多支志愿者服务队组成的青年志愿服务基层组织正奋斗在志愿最前沿。

4. 志愿者行动已作为我国新时期一项重要的群众性社会主义精神文明

创建活动，一项重要的道德载体，被正式写入党的十四届六中全会决议和《公民道德建设实施纲要》）。

[使用方法] [此处改为"适用范围"更恰当些。]

志愿者行动小组以"青年志愿者扶贫接力计划"、"大学生志愿服务西部计划"、"大中专学生志愿者暑期文化科技卫生'三下乡'活动"、"'保护母亲河'青年志愿者绿色行动"等多种形式开展农村扶贫开发，城市社区建设，环境保护，抢险救灾等服务活动。此外，数百万青年志愿者在APEC会议、世博会等国际、国内大型活动中发挥了不可估量的作用。

[链接] [改为"产品功效"。]

产品当前的使用功效 [此处要概括地先写一段总的功效，再接下面"典型事例"。]

镜头一：[不符"说明书"写法，改为"经典事例"。]

这是让人沉痛不已的2008年，这是让人眼泪滂沱的5月12日，这是让人终生难忘的满目疮痍与残垣废墟。

大地剧烈的震颤，撕裂了汶川的山河，也撕碎了汶川人民的心！

杨晖 [要交代一句杨晖是什么地方的什么人] 软磨硬泡，赖在志愿者救援队组建领导办公室不走，终于争取了一个志愿者救援队的名额。6月20日，杨晖和同事们到达了北川羌族自治区的陈家坝乡。震后的陈家坝乡满目狼籍，废墟中弥漫着刺鼻的消毒水味和难以压制的恶臭。不远处的山间峡谷平地上，整齐而紧凑地冒出一排板房，这就是学校了。它的前方是龙门山——地震的断裂带所在地，整个山已经塌方的完全看不出本来的面目；后方是堰塞湖，死寂的湖水静静地躺着，仿佛要将地震的那一刹那凝固。

8月1日，杨晖在给孩子们上课。突然，文具就像起舞的风铃一样跳动起来，身体也跟随地面不停的倾斜。敏感的杨晖立刻意识到是地震了。他抬头看看起舞的板房顶，本能地叫喊着去保护身边的学生……

杨晖的善举并没有感动地震之魔，为了将一个10岁的孩子推向屋外，他的右腿被砸伤了……这一刻，将变成杨晖记忆里的永恒：龙门山的一面正在塌方，堰塞湖的水由凝固的黑绿色变成发霉的血液一样的锈红色。[可删掉]

坐在轮椅上的杨晖告诉记者，他和同事们要离开的时候，孩子们问他："晖晖老师，你们来到这里是因为爱心的吧？"他告诉那群可爱的孩子："其实，也没有这么伟大，只是让我们自己的良心安宁罢了。" [这句话不好，面对的是孩子，显得起点过低。]但孩子们很认真地说："老师，谢谢你们！"

那一刻，杨晖和同事们哭得一塌糊涂 [这个词不好，不好理解]。作为

20万赴四川救灾的青年志愿者之一，他们的心里其实在说，可爱的孩子们，是你们让我们懂得了爱并不是施舍。是你们的坚强勇敢拯救了我们的灵魂[不好]。祖国需要我，为祖国无悔！[缺含蓄。]

镜头二：

她叫张蔷微，是湖南湘西的姑娘。富有天使般爱心的她用行动为人们定义了爱和责任的意义。[建议删掉。后面的内容会告诉读者她是什么样的人，不需要一开始就给她贴标签。]

作为单位派遣的支教志愿者积极分子，她和同事们一行来到了湘西一个极其偏僻的小山村。这个被遗忘的村庄静静的[地]等候着她们的到来。村民们虽找出最好的房子给她们当宿舍，可雨滴还是会光临室内；交通不便导致她们缺乏蔬菜，营养不良，但宿舍门外经常会有不知人家的鸡蛋[要写清楚些]……这一切一切，感动着张蔷微，感动着每一个去支教的志愿者。[这段写得不精粹。可以写得更精练些。]

2009年7月，回到单位上班的蔷微突然晕倒并昏迷不醒，经过抢救才保住了生命。家人为了筹钱救她，翻出她的存折，竟发现上面的存款数几乎为零。原来，蔷微把存款都变成了爱心——每月不菲的收入，她都汇给了支教山区的孩子！

面对记者，蔷微说："山区的孩子缺老师，这是我作为青年人的责任，是我的义务。到祖国最需的地方干祖国最需要的事情，做这样一个志愿者，我的人生才有价值！"

有这样一群人，一群生活得并不耀眼甚至十分渺小的人。他们默默地干着自己力所能及的事，在"祖国需要我，奉献为祖国"的信念下，他们顽强地奋斗着。

有这样一群人，一群勇于承担社会责任，履行社会义务的人。不为名也不为利，只想为祖国，为社会尽一份自己的力量。[太空洞。]

他们有一个共同的名字——志愿者。[这个事例写得不够典型。比此典型多的事例很多，要精选。]

镜头三：

眼前的老师身材矮小，步履蹒跚，却带着憨厚的笑容给白沙黎族自治县南开乡中心学校的学生讲课。他，就是海南大学2008级硕士研究生赵红亮。

由于幼儿时打针不慎，使他的腿部神经受损。腿部残疾注定了他要受别人照顾，然而，坚强乐观、勇于奋进的他并没有把自己纳入受助者的群体。

中学时，他省吃俭用资助两个革命老区的小学生；大学时，他每星期到敬老院做义工，照顾孤寡老人；毕业后，他自愿到海南最贫困的山区支教……一路走来，身有残疾的赵红亮先后向江西高安市兴仁希望小学，海南向群小学捐款近万元，图书近千册。

在记者问他时，他笑得很灿烂："帮助别人的同时也给自己带来快乐，何乐而不为呢？"

这，就是赵红亮眼中的爱与奉献，索取与回报。因为"助人的双手比怜悯的心灵更温暖"。[**第二、第三个事例雷同。要换掉一个。建议换掉第二个。**]

[产品推广]

1. 志愿者行动的推广离不开社会大众、传媒舆论的宣传与支持。如在"感动中国人物"的评选中，志愿者就占了很大一部分比重，这一定程度上对本产品的推广起到了潜移默化的影响。

2. 广大志愿者本身以"祖国需要我"的责任感奉献社会，其一幕幕感人的经历就是对本产品的最好推广。

3. "祖国需要我"是时代的召唤，它激励着我们把本产品发扬光大。

[不良反应]

[**志愿者所到之处，反映均十分优秀。志愿者也因为艰辛的付出，得到社会和广大民众的高度认可而欣欣鼓舞。但志愿者的所作所为，超出了一些人的世俗观念，进而不理解。在此情况下，志愿者以及使用志愿者的地方，可能会遭到一些非议。但本产品毕竟为精品，可能产生的微不足道的不良反应会随着产品的不断普及和壮大，不断使用而取得的辉煌成就而彻底消失。**]本产品的适用人群都或多或少地感到疲惫，甚至痛苦，因为他们遭到了亲友的误解与不支持。也许，你曾为此而烦恼；也许，你曾为此而徘徊，但请你始终保持坚定的信念：应祖国的需要，志愿者之花定会开遍华夏大地！

[有效期]

终生。

[贮藏方式]

使用本产品的单位或组织之所以能长青不衰的发展下去而不变质，不腐朽，是因为有社会各界热心人士的大力支持与关心。为来的日子里，我们希望与你们一同走过。下一站幸福，我了吗需要您的支持。[**这段话的内容与"储藏方式"吻合吗？好好想一下，"储藏方式"到底怎么写？**]

[备注]

1. 1985 年 12 月 17 日，第十四届联合国大会通过决议，从 1986 年起，每年的 12 月 5 日为"国际促进经济和社会发展志愿人员日"，即国际志愿人员日。

2. 志愿者们用他们年轻的肩膀扛起了社会的责任，用他们充沛的热情诠释着民族的灵魂，用他们高尚的品德描绘着祖国的未来。志愿者行动是国民对"祖国需要我"的最佳阐释方式！

[**不断有进步，但仍需要精雕细刻。再好好修改**。2010 年 5 月 27 日]

将此意见发给学生后，学生又进行了 2 次修改，最后第 6 稿（定稿）如下。

发表稿

志愿者说明书

杨彦荣

[产品名称]

通用名称：志愿者

汉语拼音：zhì yuàn zhě

英文名称：Volunteer

[产品简介]

1. 根据《现代汉语辞典》及联合国等权威机构认证，本产品被定义为：应祖国与社会的需要，一些乐于助人的，甘于奉献的，热心社会公益事业的人（以青年为主），在不谋求任何物质、金钱及相关利益回报的前提下，合理运用社会现有的资源，志愿为他人提供力所能及的，切合实际的服务。他们虽有妍媸俊秀、高矮胖瘦之分，抑或有智愚童叟、男女长幼之别，但只要成为本产品，品质都优秀！

2. 主要成分：甘于奉献的爱心、吃苦耐劳的精神、忍辱负重的品德、哪里需要哪里去的风格。

3. 产品类别：消防志愿者、奥运志愿者、抗震救灾志愿者、抗旱救灾志愿者、社区志愿者、环保志愿者、网络志愿者，等等。

[研发历程]

1. 1993 年底，共青团中央决定实施中国青年志愿者行动。12 月 19 日，2 万余名铁路青年率先打出了"青年志愿者"的旗帜，在京广铁路沿线开展为旅客送温暖的服务。

2. 1994 年 12 月 5 日，团中央成立中国青年志愿者协会，随后，各级青年志愿者协会也建立起来。目前，已形成了由全国协会、35 个省级协会、2/3 以上的地（市）级协会及县级协会组成的志愿者服务组织管理体系。

3. 举目全国，由 24000 多个街道社区青年志愿者服务站，10 万多支志愿者服务队组成的青年志愿服务基层组织正奋斗在志愿工作最前沿。

4. 志愿者行动已作为我国新时期一项重要的群众性社会主义精神文明创建活动，一个重要的道德载体，被正式写入党的十四届六中全会决议和

《公民道德建设实施纲要》。

[适用范围]

志愿者行动小组以"青年志愿者扶贫接力计划""大学生志愿服务西部计划""大中专学生志愿者暑期文化科技卫生'三下乡'活动""'保护母亲河'青年志愿者绿色行动"等多种形式开展农村扶贫开发，城市社区建设，环境保护，抢险救灾等服务活动。此外，数百万青年志愿者在 APEC 会议、世博会等国际、国内大型活动中发挥了不可估量的作用。

[产品功效]

放眼寰宇，本产品已不知不觉地被高频率地使用在人们的生活中。长城内外，大江南北，所到之处，志愿者无不留下令人赞美的话语。无论对国家、对社会，还是对集体、对个人，其达到的神奇功效都是无懈可击的！

典型事例一：

2008 年 5 月 12 日，这是一个让人沉痛不已，眼泪滂沱的日子。大地剧烈的震颤让汶川的山河满目疮痍，一片残垣。

杨晖是山东济南某国有企业的中层干部，当他得知汶川地震的消息时，软磨硬泡地赖在志愿者救援队组建领导办公室不走，终于争取了一个志愿者救援队的名额。经过千辛万苦，杨晖和同事们到达了北川羌族自治州的陈家坝乡，在那里搜救还活着的生命。当一个个奄奄一息的生命被他们从死神手中拉回时，所有人都笑了，欣慰地笑了。

震后的陈家坝乡满目狼藉，废墟中弥漫着刺鼻的消毒水味和恶臭。不远处的山间峡谷平地上，整齐而紧凑地冒出一排板房，这就是学校了。它的前方是龙门山——地震的断裂带所在地，整座山已经塌方得完全看不出本来的面目；后方是堰塞湖，死寂的湖水静静地躺着，仿佛要将地震的那一刹那凝固。

杨晖和同事们完成了救人的工作，就给灾区失去老师的孩子们做临时的老师。

8 月 1 日，他在给孩子们上课。突然，文具就像起舞的风铃一样跳动起来，身体也跟随地面不停的倾斜。敏感的杨晖立刻意识到是地震了。他抬头看看起舞的板房顶，本能地叫喊着去保护身边的学生。杨晖的善举并没有感动地震之魔，为了将一个 10 岁的孩子推向屋外，他的右腿被砸伤了……

坐在轮椅上的杨晖告诉记者，他和同事们要离开的时候，孩子们很认真地说："老师，谢谢你们！"

那一刻，杨晖和同事们都哭了。作为 20 万赴四川救灾的青年志愿者之一，他们的心里其实在说，可爱的孩子们，是你们让我们懂得了爱并不是施舍，是你们的坚强乐观给了我们信心和勇气。此时此刻，祖国需要我们的付出与奉献。因为你们需要，我们才更勇敢；因为祖国需要，我们才不后悔！

典型事例二：

她叫阿幼朵。作为贵州消防志愿者形象大使，她引领着贵州省 12 万消防志愿者为贵州的消防事业奔波。

为了做好消防知识宣传工作，她推掉多场可以让自己名利双收的演出。在她宝贵的休息时间里，黄平、榕江、黎平等县的苗乡侗寨，留下了她疲惫但充满活力的身影。此行往返行程 3000 多公里，她与消防志愿服务队一起到黔东南州少数民族村寨和学校举办公益巡回消防文艺宣传。随后，阿幼朵用自己的积蓄购买了大量消防宣传品走村串户发放给乡亲们……

在消防安全知识的宣传工作中，阿幼朵留下的是疲惫与辛苦，带走的却是希望与梦想。可爱的阿幼朵们，还记得，多少个漆黑的夜晚，你们孤独的身影洒在贵州的土地上，你们专心动情地喊着："天黑了，各家各户注意关灯灭火……"；还记得，多少个节假日休息的日子，你们忙碌的身影穿梭在迷惘的人群中，耐心认真地向群众讲解着防火灭火消防知识；还记得，多少个灾难降临的日子，你们奋不顾身地冲在救灾最前线，用自己并不魁梧的身躯撑起受灾民众的求生之门……

应祖国的需要，应社会的需要。你们牺牲了自己，却成全了他人。你们的行动感动着每一个国人，激励着每一个国人。

典型事例三：

眼前的老师身材矮小，步履蹒跚，却带着憨厚的笑容给白沙黎族自治县南开乡中心学校的学生讲课。他，就是海南大学 2008 级硕士研究生赵红亮。

由于幼儿时打针不慎，使他的腿部神经受损。腿部残疾注定了他要受别人照顾，然而，坚强乐观、勇于奋进的他并没有把自己纳入受助者的群体。

中学时，他省吃俭用资助两个革命老区的小学生；大学时，他每星期到敬老院做义工，照顾孤寡老人；毕业后，他自愿到海南最贫困的山区支教……一路走来，身有残疾的赵红亮先后向江西高安市兴仁希望小学、海南向群小学捐款近万元，图书近千册。

在记者问他时，他笑得很灿烂："帮助别人的同时也给自己带来快乐，何乐而不为呢？"

这，就是赵红亮眼中的爱与奉献，索取与回报。因为"助人的双手比怜悯的心灵更温暖。"

…………

[产品推广]

1. 志愿者行动的推广离不开社会大众、传媒舆论的宣传与支持。如在"感动中国人物"的评选中，志愿者就占了很大一部分，这一定程度上对本产品的推广起到了潜移默化的影响。

2. 广大志愿者本身以"祖国需要我"的责任感奉献社会，其一幕幕感人的经历就是对本产品最好的推广。

3. "祖国需要我"是时代的召唤，它激励着每一个社会成员都把本产品发扬光大。

[不良反应]

所到之处，对志愿者的反映均十分优秀。志愿者也因为艰辛的付出，得到社会和人民群众的高度认可而欢欣鼓舞。但志愿者的所作所为，超出了一些人的世俗观念，进而有时得不到理解。在此情况下，志愿者以及使用志愿者的地方，可能会遭到一些非议。但本产品毕竟为精品，可能产生的微不足道的不良反应，会随着产品的不断普及和壮大而彻底消失。

[有效期]

终生。

[贮藏方式]

生产本产品的单位或组织之所以能不断发展、壮大，是因为有社会各界热心人士的大力支持与关心。未来的日子里，志愿者将与社会各界同胞一起走过，继续将本产品推广普及，受益全社会。

[备注]

1. 1985 年 12 月 17 日，第十四届联合国大会通过决议，从 1986 年起，每年的 12 月 5 日为"国际促进经济和社会发展志愿人员日"，即国际志愿者日。

2. 志愿者们用他们年轻的肩膀扛起了社会的责任，用他们充沛的热情诠释着民族的灵魂，用他们高尚的品德描绘着祖国的未来。志愿者行动是国民对"祖国需要我"的最佳阐释方式！

经过专家组盲评，文章获得校级、教育部级一等奖，发表在《贵州财经学院》第四版上。

五、一些必须掌握的写作技法

这里所说的"技法"中的"技",指才能、手艺、技术、技巧、技艺、技能等;"法",指办法、方法、手法等。"写作技法"是指总结、撰写、反映了写作活动规律的、可供写作参考的技巧、手法等指导性理论。写作是有规律可寻、有技法可学习借鉴的。从古至今,在漫长的写作道路上,前人经过不断地创新、积累,形成了许多的写作技法,散见在写作著作和文论中。尤其是到了当代,不仅有了专论小说、散文、新闻等文体技法的专著,也有了专论写作技法的专著。如贵州教育出版社1992年出版的袁昌文主编的《写作技法大观》,约90万字,涉及500多种写作技法,被称为我国"第一部完整的关于写作技法的书"。

本书摘引几个有代表性的关于写作技法的论述,供读者学习参考。

孟轲《孟子·离娄上》说:"离娄之明,公输子之巧,不以规矩,不能成方圆。"① 孟子的这话虽不是专指写作的,但揭示了一个重要的道理:做任何事情都要有规矩、懂规矩、守规矩。宋代吕本中在《夏均父集序》中说:"学诗当识活法。所谓活法者,规矩备具,而能处于规矩之外;变化不测,而亦不背于规矩也。是道也,盖有定法而无定法,无定法而有定法。"② 元代郝经在《答友人论文书》中说:"文有大法,无定法。"明代唐顺之在《董中峰侍郎文集序》中也说:"未尝无法,而未尝有法,法寓于无法之中"③。这些论述都说明了中国写作学上的一个重要观点:"文成法立",写作是有"法"的,写作要遵从"法"。正如刘勰《文心雕龙·总术篇》指出的:"文场笔苑,有术有门。"④ 鲁迅在《致李桦信》中也说:"来信说技巧修养是最大的问题,这是不错的。现在的许多青年艺术家,往往忽略了这一点,所以他的作品,表现不出所要表现的内容来。"⑤ 不过,从以上名家论述中我们又可以看到,写作有规律可循,有技巧可依,但写作作为人类的一种活动,是随着社会的发展变化而发展变化的,其写作规律也会发生变化,其写作技巧也会不断发展,我们应当有所创新有所前进,不能因循守旧,死抱前人

---

①王建平,喻加林. 孟子选译 [M]. 太原:希望出版社,1999:124.

②③王凯符,张会恩. 中国古代写作学 [M]. 北京:中国人民大学出版社,1995:268,268.

④刘勰. 文心雕龙全译 [M]. 龙必锟,译注. 贵阳:贵州人民出版社,1996:526.

⑤鲁迅. 致李桦信 [M]//鲁迅论文学与艺术:下册. 北京:人民文学出版社,1980:800.

的东西不放。这一点，刘勰早在《文心雕龙·时序》篇中就说了："时运交移，质文代变……文变染乎世情，兴废系乎时序"①，在《通变》篇又说："文律运周，日新其业。变则其久，通则不乏。"②这些话的意思就是告诉我们，文随时变，文变法必变。

当然，写作是一项综合性的活动，是作者综合素质的体现。写作活动中，掌握写作技法是重要的，但又不是万能的，学习写作的人不能生搬硬套，盲目乱用。应根据实际，活用、巧用前人总结出来的技法，并在写作活动中敢于创新、敢于创造，不断产生新的"技法"。

针对学生和学习写作者实际，本书只涉及几个基本的、重要的技法。

（一）详略得当

不少学生或初学写作者写文章一个普遍的问题是对写进文章的材料不会剪裁，导致材料详略不当。其主要表现是该详不详，该略的却啰啰唆唆写了一大堆。从上面学生的即使是后来发表或获奖的文章初稿、修改稿来看，就已经比较明显地反映出此问题。

详略不当的原因，大概有这么四点。

1. 不懂得文章要详略得当、要善于剪裁的意义

为了在文章中很好地表现作者写文章的目的（主题），作者应当精选最能体现主题的材料。即使是选进文章的每个材料，虽然都为主题服务，但在文章中的地位和作用也是有一定差别的。根据其差别，材料在文章中就应当作用有别、详略得当。直接体现主题的需详，只在文章中起交代、过渡等作用的就应当略。文章详略得当，才会重点突出、疏密有致。

详略得当要靠作者的剪裁功夫。

剪裁在写作中的意义，古人多有论及。晋代陆机在《文赋》中指出："若夫丰约之裁，俯仰之形，因宜适变，曲有微情。"③ 这里，"丰约之裁"，讲的就是材料的剪裁取舍，"因宜适变"是剪裁原则。梁代刘勰在《文心雕龙·熔裁》中也说："夫美锦制衣，修短有度，……权衡损益，斟酌浓淡，芟（shān，除去）繁就简，驰于负担。"④这话主要讲的是"量体裁衣"，与陆机的"因宜适变"的原则是一致的。清代叶燮在《原诗·内篇上》讲得更透彻："既有材矣，将用其材，必善用之而后可。得工师大匠指挥之，材乃不枉。为栋为梁，为榱（cuī，椽子）

---

① ② ④ 刘勰. 文心雕龙全译 [M]. 龙必锟，译注. 贵阳：贵州人民出版社，1996：528-546，367，399.
③ 郭绍虞. 中国历代文论选：第一册 [M]. 上海：上海古籍出版社，1979：174.

为楹（yíng，堂屋前部的柱子），悉当而无丝毫之憾。非然者，宜方者圆，宜圆者方，枉栋之材而为桷，枉柱之材而为楹，天下斫小之匠人少耶？世固有成诵古人之诗数万首，涉略经史集，亦不下数十万言，逮落笔则有俚俗、庸腐、窒板、拘牵、隘小、肤冗种种诸习，此非不足于材，有其材而无匠心，不能用而枉之之故也。"① 叶燮这段话的意思是：有了材料，要善于运用，要有大师指点，才能够运用恰当；否则，材料就会被乱用，不得其位；古今写文章用到古人的诗，用到经、史、集的，不计其数，但写出的文章好的不多，这不是材料不足的缘故，而是没有用材的匠心技巧而已。记得有位外国作家说过，写作，如同雕刻，只是把被雕石材不必要的部分剔掉，留下来的就是需要的而已。这里强调的，就是文章要善于剪裁，坚决去掉不需要的东西。

2. 未掌握剪裁的原则

前面说过，文章主题是"灵魂"和"统帅"，选材、用材、结构等，都是为主题服务的。剪裁是为了用好材，用好材是为了使主题表现得更好，因此，"围绕主题的需要而剪裁"，这就是剪裁的原则。

陆机的"因宜适变"、刘勰的"量体裁衣"，讲的都是要根据主题的需要来决定文章材料的取舍、详略。刘勰在《文心雕龙·熔裁》中说："草创鸿笔，先标三准：履端于始，则设情以位体举正于中，则酌事以取类；归余于终，则撮辞以举要。……若术不素定，而委心逐辞，异端从至，骈赘必多。"② 这段话的意思是：起草为文时，首先要标列三个标准：在开始时，应把思想感情安排好，把中心内容确定；其次是考虑采用什么典故和材料；最后是选择确切的语言。如果方法不先决定，抛弃了思想的提炼与确定，一味追求词句的雕琢，那么不相干的东西一定堆得不少，骈枝和赘瘤必然长得很多。这里是讲得非常清楚的：作文要先确定主题，然后才根据主题的需要选材、熔裁以及选词造句。

从上面所举的学生写的文章来看，凡是文章详略不当的，都跟主题不明确或不够明确有关。因为主题不明确或不够明确，用什么材料，用多用少等就失去了依据，失去了标准。唐彪在《读书作文谱》中引柴虎臣的话对此就讲得十分具体明白："详略者，要审题理之轻重为之。题理轻者宜略，重者宜详。"这就是说，材料的剪裁、详略，要根据材料对主题的轻重来决定：与主题关系小、轻的（只起交代、过渡等作用的）材料要简略；与主题关系大的（直接体现主题的）、重要的材料应当详细。

此外，古人还有一些材料如何剪裁，文章如何详略的经验，至今仍有价值，可作参考。如：欧阳修《与杜欣论祁公墓志书》中的："有意于传久，则须纪大

①郭绍虞. 中国历代写作学［M］. 上海：上海古籍出版社，1979：341-342.
②刘勰. 文心雕龙全译［M］. 龙必锟，译注. 贵阳：贵州人民出版社，1996：393.

而略小。"荀子的"久则论略，近则论详；略则举大，详则举小。"宋代徐积的"人弃我取，人取我与""为文能用人所不能用"；《麓泽文说》中的"作文，他人所详者我略，他人所略者我详。"① 等。

3. 综合素质不够

前已说过，写一篇文章，是作者综合素质的反映。在写作一系列的过程中，不论哪个环节出了问题，最终的原因都可以归到作者的综合素质上。如选材（包括写作对象和写入文章中的材料两大部分）上存在问题，都可以发现最终是作者理论水平、认识水平、分析能力不高，价值观念、审美观念等方面存在缺陷和问题造成的。因为有这些缺陷和问题，作者就不能在纷繁复杂的材料中确定写什么是最有价值的、最美的；哪些材料是文章主题需要的，哪些是不需要的；哪些应该重点写，哪些只能略写。特别是对一些自身有价值但与文章主题内涵不一致的材料，作者就应该根据正确的审美观，按照"材料必须要与观点有必然联系"的原则，强制性地忍痛割爱，坚决不能写进文章中去。

4. 未做好"意在笔先"

"意在笔先"除了要明确写作意图，确定主题，还应包括选材用材，以及篇章结构等。其中选材用材不仅包括写什么（选题材——明确写作对象），而且应包括围绕主题选用哪些材料，这些材料哪些是重点、应详细写；哪些只起过渡交代作用，应略写。只有将这些都考虑好了，做到"成竹在胸"、"烂熟于心"，写出的文章才会详略得当，疏密有致。

此外，要做好详略有当，还必须重视文章的修改。文章修改的一个重要内容，就是对文章中详略不当的材料进行处理，亦即对材料进行增删——当发现直接体现主题的材料不够、分量不足时，就得增加；当发现或某个材料意义不大却过分具体、或某些材料重复、或某个材料与主题关系不大等，就得删除：删减过细碎、与主题关系不大的，除去重复、与主题无关的，真正避免"详则失其繁，简则失之略"的毛病。

下面以一篇文章的写作、修改过程为例进行说明。

---

① 刘锡庆，朱金顺. 写作通论［M］. 北京：北京出版社，1984：53.

⚑ 第一稿

寻找龙王庙

罗会鑫

回想起我们去年学过的《中国文化概论》，最令我印象深刻的是讲到我国建筑时，老师讲过建筑其实也是文化的外显，一种象征。那时，不知不觉间勾起了我无限遐想，还记得小时候生活的农村，曾经有这样的一种建筑——龙王庙。

迷迷糊糊的记忆中，它们若隐若现。它们在我们村子的外围几乎是随处可见的，尤其是那开阔的池塘边、小河边。但是，它们并不高，多数是一米多高，也不占地方，小小的青砖瓦房，看上去显得有些古老。

我仔细回想着。当村子里有什么事情，那些小小的地方总显得无比地拥挤，更显得无比地热闹。[**前三段属交代、过渡材料，宜简略**]

每当村子里有人去世了，一大群乡里乡亲会敲锣大鼓的拿着死去的人的灵位朝这些庙来回地祭祀，直到转了三个轮回才能回到自己家中，等待安葬。曾经听老人们说，这样做是为了让死去的人早点安生投胎，轮回转世，不至于成为无家可归的孤魂野鬼。以前听了还很好奇，<u>就像《西游记》里写得一样，现在想起来那是多么地无知与可笑。</u>

其实，人们建这些大大小小的龙王庙还有另外的精神寄托。每当家里有人生病了，人们常到这些地方来烧纸求拜，寻求神灵保佑家人早日康复，<u>总感觉到莫名其妙，似乎有一定的作用，</u>而在大人们的眼里更是灵验了。其实，这样的事在我小时候是很盛行的，甚至更早的时候还要严重。同时，像我们那样的水乡洪水经常发生，因此，夏秋季节就成了人们祭祀的时节，少不了烧香烧纸进贡，人们通过这种途径来祈求龙王爷斥退汹涌的洪水。[**以上两段是表现主题的重点材料，写得概括了些，分量不足。**]

我有点痴迷于它，很想回到离别十年的家乡去看看它。

今年春天的一个阳光明媚的早晨，我乘坐公共汽车，花了将近两个小时，便独自一人来到久别的农村，回到自己的老家来寻找我心目中的龙王庙。

踏着泥泞的乡间小道，还是那样充满乡土的气息。我首先上山去找那座最大的龙王庙，花了半个小时，终于到了。但是，我却什么都没有找到，除了山上那些葱绿的小草和低矮的树木 [**这里可联想多年如何求雨的盛况，但后来解决问题的是政府拿了钱打井，才解决了干旱问题等内容**]。其实，还是有的，一堆常满青苔的青砖，变得模糊不清，多少个为什么便在我的大

脑中油然而生 [接下来还可写又去找另外 2 个（全文写 3 个就可以了）庙，每个庙联想的另外一件事，说明庙解决不了问题，靠国家、政府才解决。这样不就歌颂了国家和政府了吗?]

我下了山，又到池塘边和村边的田间寻找，依然是徒劳无功。我心里畅想，我们的文化就这样荡然无存了嘛！或许我是错误的。于是，我逢人便问，想弄明白那些龙王庙为什么现在都没有了，乡亲们的回答却众说不一。[乡亲们应该是知道的。这样写反而让人感到细节不真实，不如删去。]

下午，我到老邻居夏奶奶家休息，顺便也看看她老人家。夏奶奶告诉我才知道，由于政府近些年更提倡科学，反对迷信，就向乡亲们大力宣传科学知识，规定了人死了都火化，不再占用太多的土地，更不提倡人们到龙王庙祭祀，说那样都是过度的浪费。于是，人们认识到那些都是封建迷信，几年下来，那些庙都没人理会而毁坏了，甚至有些地方都挪出来作为耕地。其实，夏奶奶还告诉我，村里的年轻人很多出去打工赚钱，经历了大城市的繁华，思想也觉悟了，认识到迷信实际是一种落后，很多人回来就是建房子，发家致富来提高自己的生活条件，有了更高的精神追求，相信科学。人去世了，也不再过频繁的祭祀；家里人生病了，就去看医生，上诊所或医院；每年洪水泛滥，人们也不再去祭拜龙王爷，而是靠着全村人的共同努力抵抗洪灾…… [从写的内容来看，不大像一个老人家的认识，倒像是村干部的认识。另外，内容较空，这些认识不如写具体典型的事例更有说服力。这段怎么写，要好好思考一下。]

了解到这些，我真的还是错了。尽管一天下来我没有找到我所希望看到的龙王庙，毕竟它是一种封建迷信的文化，但我发现了另一种景象，看到了家乡的乡亲们精神充实了，生活条件改善了，我们的社会也进步了。

十年了，我的家乡变化了，人们的精神生活就有如此的变化，可想如今的农村变化有多大，我们的祖国变化又是多么的大啊！

不知道未来的农村会变成什么样子，或许它还认识我，而我却不了解它了。[后面三段过于空洞。]

这篇也是参加学校"纪念新中国成立 60 周年、改革开放 30 周年征文大赛"的文章。作者是汉语言文学专业大二的学生，写作基础和水平在班上属中上。文章总的来看较为稚嫩。但优点比较明显：一是写作对象（题材）较为独特，一般人难以想到。龙王庙在中国广大农村非常普遍，但随着时代的发展变化，龙王庙渐渐没了踪影。这是很有些意思和写作价值的对象。二是角度较好：通过龙王庙的变迁，反映了时代的进步和变化，这既符合征文主题的需要，又采用了"大题小作"的手法。三是用"寻找"（龙王庙）为线索，结构较清晰。四是文章有一定的具体内容，主要材料能较好地反映主题。

文章存在的问题主要有两点：首先是主题还不够明确。虽然作者已经想到通过龙王庙的变迁来反映社会的进步和变化，但对引起龙王庙变迁的内外因素思考不够（作者只是大二的学生，还难以达到全面地、从本质上认识到社会中某个文化变迁的根本因素在哪里），而这恰恰是本文应该写的重点、难点所在，也是文章的亮点、价值点所在。因为作者的综合素质影响，文章的主题看似明确，但从深入到事物本质的角度看，就不够明确，因而文章材料的剪裁就不够恰当，导致文章内容的详略就有问题：该详的（促使龙王庙变迁的原因）就不够详；只起过渡、交代作用的空洞的材料又多了些。其次，文章总体显得内容较单薄。

修改建议：进一步明确主题，在此基础上剪裁材料。该增的增，该减的减。总体上要有一定分量。

考虑到作者是大二学生，写作能力和水平属中上，教师除在文章中做了较细的点评外，又作了上述分析，提出修改建议，要求学生好好修改。

第二稿

寻找龙王庙

罗会鑫

回想起我们去年学过的《中国文化概论》，最令我印象深刻的是讲到我国的建筑时，老师讲过建筑其实也是文化的外显，一种象征，一种精神的寄托。那时，不知不觉间勾起了我无限遐想，还记得小时候生活的农村，曾经有这样的一种建筑——龙王庙。

迷迷糊糊的记忆中，它们若隐若现。它们在我们村子的外围几乎是随处可见的，尤其是那开阔的池塘边、小河边。但是，它们并不高，多数是一米多高，也不占地方，小小的青砖瓦房，看上去显得有些古老。

我仔细回想着。当村子里有什么事情，那些小小的地方总显得无比地拥挤，更显得无比地热闹。

我的记忆里那时是很有趣的，如今的我有点痴迷于它，很想回到离别十年的家乡去看看它。[以上材料的剪裁还是不够好，与龙王庙无关的材料要去掉，比如第一段。]

今年春天的一个阳光明媚的早晨，我乘坐公共汽车，花了将近两个小时，便独自一人来到久别的农村，回到自己的老家来寻找我心目中的龙王庙。

踏着泥泞的乡间小道，还是那样充满全新的气息。

我首先上山去找那座最大的龙王庙，花了半个小时，终于到了。但是，

<u>我却什么都没有找到</u>，除了山上那些葱绿的小草和低矮的树木。<u>其实，还是有的，</u>[下划线的词句前后有不够严谨之处。] 一堆长满青苔的青砖，变得模糊不清。这不觉让我想起一件村子里的旧事。每当村子里有人去世了，一大群乡里乡亲会敲锣打鼓地拿着死去的人的灵位朝这庙来回地祭祀，直到转了三个轮回才能回到自己家中，等待安葬。曾经听老人们说，这样做是为了让死去的人早点安生投胎，轮回转世，不至于成为无家可归的孤魂野鬼。以前听了还很好奇，就像《西游记》里写得一样，现在想起来那是多么无知与多么可笑。时代变了，政府教乡亲们要崇尚科学，不要再大规模的祭奠，提倡人们死后进行火化。让人们认识到人死了，其实什么也不知道，给他们火化简单地安葬，既节省金钱，又能节省我们活着的人的土地。确实，这或许是死去的人更希望看到的。

没有办法，我又朝山下去寻找，来到池塘边，依然是徒劳无功。还记得七八岁的时候，我有一次得了重病，家里人一时束手无策。之后，奶奶就打听到龙王庙特别灵验，她便买了一些钱纸和香火，还有一些贡品，傍晚到这里的小龙王庙来烧香求拜，向龙王爷祈求我早点康复。可是，过了三五天，我的病情依然没见好，还是姐姐学得知识多一点，说要去看医生。于是，姐姐陪着妈妈带我到镇里的诊所去看病，看过之后才知道我只是得了重感冒，拖的时间久了，所以严重。从那以后，我家里的人都不怎么相信龙王庙，甚至我的乡亲们也渐渐疏远了它们。后来，政府就在村子里建了几个诊所，[几个诊所？太夸张了吧。] 一旦谁家里有人生病了，<u>就建议人们到诊所里去看大夫</u>，不要再去祭龙王庙里的龙王爷。久而久之，龙王庙也就破败了，我确实无法找到。[这段增写了看病的材料，很好，说服力就比较强了。]

但是，我还是继续寻找，真的还想找到一个曾经记忆里的龙王庙。

我漫无目的地行走在田间小径上，不知不觉地便来到了小河边，那<u>坐历史相对久远的龙王庙也已经是荡然无存了，只剩下一座破旧的外壳</u> ["荡然无存"与"剩下一座破旧的外壳"是不是有些矛盾？]。我记得每当村落遭遇干旱或者洪水泛滥季节的时候，人们会到这里的龙王庙来祭拜，企图通过这种途径来祈求龙王爷造福乡里，下一场大雨；或是祈求斥退汹涌的洪水，给我们带来一年的丰收。毕竟天灾我们无法避免，后来村里出钱在小河上游建立个大水库，我现在隐隐约约可以看到那座壮丽的建筑。有了水库，人们也不愁了。夏秋季节洪水来了，水库就是一道天然的屏障，就像一座大坝，缓解流水的气势；干旱来临之前，人们也可以提前将河水储备在水库里。现在人们也不再相信神了，专心地保护自己的水库，这却成了他们的精神寄托。村子里遭受的灾害少了很多，几乎年年都能丰收。[增写了水库。也很好。]

苦苦地寻找，尽管没能够让我找到我所希望看到 [**不简洁**] 的龙王庙，但是，我发现了另一种景象，看到了家乡的乡亲们精神充实了，人们都认识到龙王庙是一种封建迷信，有了新的精神寄托。

十年过去了，人们的精神生活和思想观念变化了，我的家乡变化了，如今的农村也变化。这一切的一切都来自我们伟大祖国翻天覆地的变化，有了祖国的发展，才给了我们广大农村大力支持。

祖国的巨大发展，带来了农村的繁荣，未来的农村会是什么样子，我或许难以了解它了。[**结尾还是不怎么好。欠含蓄和精辟。**]

修改后的第二稿主要增加了两个能比较好地反映主题的内容（生病、建水库），删去了夏奶奶那段材料。总的来看，比原稿好多了。但仍存在一些问题。教师在文中作了点评，要求学生继续修改。

📖 获奖稿、发表稿

寻找龙王庙

罗会鑫

迷迷糊糊的记忆中，我们村子有好几处龙王庙，它们虽缺乏宏伟的高度，也没有阔大的规模，却具有某种威慑力。它们小巧，青砖瓦房，看上去显得有些古老，里面常常香烟缭绕，龙王爷正襟危坐，接受着人们的供拜。每当村子里有大事时，并不起眼的小庙就会拥挤起来，热闹起来。

离开老家有十多年了，忽然有一种冲动：回去看看那些曾经让孩童时的我们感到好奇、常去玩耍的龙王庙。

今年春天一个阳光明媚的早晨，我乘坐公共汽车，花了近两个小时，独自一人来到久别的农村老家，寻找那些龙王庙。

首先上山去找那座最大的龙王庙。踏上几乎被野草淹没的曲径，花了半个多小时到了山顶，山上那些小草和低矮的灌木依旧葱绿，昔日香火旺盛的庙宇如今却破败不堪，青砖上长满了青苔，庙里积着厚厚的灰尘……

过去，每当村子里有人去世了，一大群乡亲就敲锣打鼓地拿着逝者的灵位来庙祭祀，先拜龙王爷，然后围着庙转三圈。老人们说，这样做是为了求龙王爷帮忙，让死去的人轮回转世，早点安生投胎，不至于成为无家可归的孤魂野鬼。

现在这一套不兴了，庙也就冷落了吧。

接着下山去寻找池塘边那个庙，我记得那是第二大的。还记得八岁时，我得过一次重病，急得家人团团转。奶奶认为龙王庙特别灵验，便买了一些钱纸、香、贡品，到这座庙来求拜。可是过了三天，我的病没见好，却越来越重。后来村干部坚持叫我家人把我背到镇里的诊所去治疗，其实只是重感冒，但拖的时间久了，医生说，再晚一些恐怕就危险了。从那以后，我家里的人慢慢就不相信龙王庙了。后来，生活越来越好，村里有了诊所……

来到池塘边，却只见满塘的荷叶依旧在春风中摇曳，龙王庙呢？踪迹全无。

我继续寻找。我记得河边一处最高的土丘上的那座龙王庙，历史是最久远的。

我小时候，每当遭遇干旱或洪水泛滥，村里人们会到那里去祭拜，求雨或企盼洪水退去。但在我的印象中，好像龙王并没有显过灵。

河边的龙王庙仍在，却颓垣断壁，整个屋顶也不知去向。

但我知道，我们老家以及周围的村庄，十多年来没有再遭过大的旱灾和涝灾，那是因为政府出钱在河上游建了一个大水库。

我把记忆中的所有龙王庙都找了个遍，它们或破或无，我却反而感到高兴。我想，龙王庙的衰落，不正透出了时代的变迁，显现出了农村老家的那种令人振奋的物质和精神的变化么？

文章获得了贵州财经学院 2009 年"纪念新中国成立 60 周年、改革开放 30 周年征文大赛"优秀奖。虽然只得了优秀奖，但比较适合在报纸上发表。发表时，教师作了一些润色，主要是删掉了一些可有可无的字、词、句。文章就变得比较短小了。但有用的内容都保留了下来。文章主题也比较突出。

（二）虚实相济

初学写作者以及不少学生写文章，常常出现两种极端：一种是文章中缺乏具体、典型的材料，通篇用的是理论材料和缺乏形象性的概括材料，造成文章空泛而失败；一种是具体材料的堆积，没有深入地挖掘材料，揭示出这些材料所蕴含的能给人以启发的道理。这两种情况都是由于作者不懂得在写作中，在使用材料时，要遵循"虚实相济"的原则。

"虚实"在写作中，文体不同，所指也有所不同。本书所指的文体，多是散文和记叙文，因此，所说的"虚实"，也主要指散文和记叙文中的"虚实"。所谓"虚"，是指作者在文章中使用的理论性材料和作者对具体的写作对象经过大脑进行判断、推理等抽象过程而获得的理性的认识、结论。这些认识、结论，常常是作者写文章的目的——引导读者正确认识事物。如果一篇文章，没有作者的认识及结论，只是一些事物现象的罗列，读者看了只会莫名其妙，不知所云。所谓"实"，是指文章中的具体的、典型的材料，是文章所要揭示的作者的认识、结论的载体，没有这些"实"材料，"虚"就失去了来源、依据。

"虚实相济"的意思就是，作者在文章中，应当让读者与作者共同经历和享受认识事物从具体到抽象，从现象到本质的过程——即让读者通过具体的、典型的事例，感悟到作者在这些事例（"实"）之中必然引出的结论（"虚"）。

古人对写文章要"虚实相济"的道理早有所悟，提出了"虚实法"。清代刘熙载在《艺概》中说："文章家知尚见解、尚议论，而不以虚见解、虚议论为戒。则虽实多虚少，且以害事，况实少虚多乎？"[1] 这段话的意思是说，写文章要有见解、有议论，不能空发议论，空说见解。但是，如果"实"多——客观事实太多，"虚少"——见解不明确，那就会"害事"，即影响文章的质量和效果；如果"实少"——缺乏根据，"虚多"——空有见解，也会"害事"。唐彪在《读书作文谱》中也说："文章非实不足以阐发义理，非虚不足以摇曳精神，故虚实宜相济也。"[2] 这里说得很清楚：文章没有"实"，缺乏基础，难以阐发出"义理"（虚）；但没有"虚"，也就体现不出"实"的精神实质。因此要虚实相济，相辅相成。金圣叹讲得更精彩："须知文章到妙处，纯是虚中有实，实中有虚。"[3]

学生写的文章，虚实结合得不好，除了不了解"虚实相济"的道理外，还有两个重要原因：一个是学识水平、理论水平有限，认识、概括能力不强，因而对所写的对象难以挖掘、概括出反映事物本质的"虚"的结论，只好在文章中堆积一些具体的事例（实），导致文章质量差而失败；另一个是缺乏具体、典型的材料，于是只好凭一点材料，凑之以报纸上、网络上得来的议论，敷衍成篇。一些学生问："文章要'虚实相济'，怎样相济？虚实分量在文章中的比例各占多少？"教师回答：这要看文体的要求，如，记叙文，基本上写实，虚的（中心思想）甚至不用言语直接表达出来；再如记叙散文，可以"虚"多一点点，但也应当以"实"为主，只需一些精要的言语概括一下"虚"就可以了；议论散文就可以"虚"多一些，但"议论"必须建立在具体、典型的事例（"实"）上。学生听了，似懂非懂，仍是觉得难以把握。笔者在教学中，把清代章学诚评论《三国演义》时说的"七分实三分虚"推荐给学生作参考，强调文章要以实为主，一般不要写那些"七分虚三分实"的大而空的文章。

这里需要指出的是，写作上的"虚实"，从不同角度，有不同的含义。比如从情景来论虚实，则"情"为虚，景为实，即触景生情中写景为实，融合在景中的情为虚。从事情的真假来说，真为实，假为虚，如李渔《李笠翁曲话》中说的："实者，就事敷陈，不假造作，有根有据之谓也；虚者，空中楼阁，随意构成，无

---

①王凯符，张会恩. 中国当代写作学［M］. 北京：中国人民大学出版社，1995：285.
②③袁昌文. 写作技法大观［M］. 贵阳：贵州教育出版社，1992：649，649.

影无形之谓也。"① 从表达方式角度看，直接、正面地对所写对象进行描写，称为"实"（写）；从侧面、间接的或烘托或暗示地描写，称为"虚"（写），如此等等。

当然，上面提到的两种极端的文章，是很难进入到可修改文章的行列的。本书论及的文章，属于可进入到修改行列，但存在较明显的"虚实相济"得不好的问题，通过教师指点、学生修改，最后能较好地"虚实相济"，文章质量得到提高，得以发表或获奖。

下面以张萍的一篇文章为例。

🍴 第一稿

一树一叶总关情 [标题不好，不切题]

张 萍

"砰"，随着一声关门声，我和她的世界将从此隔绝。[?]

屋里的她，个子小却很精悍，年老却没有一丝银发，眼神犀利似能穿透人心。很小时，我就寄住在她家。她和蔼地说："从今以后，你就是我家的主人。"[?]尔后，思量一下，又慎重地提醒："在我家，你要干什么用什么都必须先告诉我声，必须我同意才行，知道吗？" [要素未交代清楚，比如，为什么要寄住外婆家？有些话令人费解。]

她，就是我的外婆。就在几乎所有人都在称赞她的美好善心时，我却觉得有苦难言：刚脱离父母的港湾，立刻漂泊到了多风多难的海面上。[?]她，人如其貌，非常严厉，非常强硬。七岁那年，要求我洗理好衣物。我吃力地提起沉重的衣物，费力地搓着衣角，直到浑身酸痛才大功告成，她瞪着啧啧说："怎么还这么脏，这点小事干不好。"冬天，她命我去煤房提煤上来，我一铲又一铲，装好煤，使尽浑身力气终于把桶提上一个台阶，继而大口大口的喘气，接着又摇晃着走上另一个台阶……有时，会悄悄羡慕其他孩子，为什么他们可以无忧无虑，而我不行；为什么他们可以自由地表达自己，而我不行。在她看来，所有不满都是借口，所有抵抗都可能是人生污点的源头 [?]。有时，她忽然提醒我："你是被父母丢在这儿的，要不是我，谁会收养你？"猛然，一根刺扎进胸膛，眼泪滴进心中。

她尤为关注我的成绩，自打进校，她就要求我（跳了一级的插班生）做全班第一。最后，我成了"第一"，倒数第一。她气得火冒三丈，眼神直直扫射过来，我慌忙低下头，等待劈头盖面的斥责。以后我开始加倍努力，

---

①王凯符，张会恩. 中国古代写作学 [M]. 北京：中国人民大学出版社，1995：286.

尽管倍感吃力，但有所提高，当我快乐抱着成绩单回去，幻想她看到这个惊喜的摸样。她看完成绩后，竟嘘吁起来："你说你怎么总是差你表姐一大截！就这分数，我看你是完蛋喽……"我心酸地抬头，既然看到满脸的鄙夷和厌恶。以后，她开始逢人便数落我的不是，并结尾加一句：我对她已经没有希望了。

风呼啦啦地吹，枯败的落叶纷纷飘落。夜，无边无际，散发的是苍凉，无尽无息，渗透的是孤独。我会记住那夜的最后一声"砰"响，尽管那是我终于回到父母港湾的日子，但是，我永远也忘不了那屋里人们庆祝表哥归来外婆家的热闹非凡，而，屋外却是空无的静寂。难道我真的就这样遭人嫌弃？就连离开也是那么渺小，那么让人感到如释重负的愉悦之感。我恨恨发誓：从此，再不踏进这间屋半步！ [这段过早地发表议论，不适合文体特点。]

她曾预言：你的未来一塌糊涂。我也预言：我的未来光景无限！
我下定决心，发愤图强……

时光飞逝，一晃四年。四年里，我推辞了所有去外婆家的请求。四年后，成功地踏进了不错的大学，高兴时，却突然得知：外婆病倒了。

或许，我应该给自己一次例外，去看看她，毕竟，她养育过我。徘徊良久，终于敲门。"谁呀？"伴着声音，门开了。霎时，空气凝固了，她怔着发呆，好半响才回过神来，连忙拉我进去。待我坐下，她敏捷转身，大步小步，东蹿西蹿，一会儿桌上摆满了水果、核桃、花生等等。"快吃，快吃！"她满面的皱纹挤出了花，用小孩般渴求的眼神看着我。霎时，儿时的记忆被擦得雪亮：冬季深夜，她惺忪双眼我打毛衣，只盼我快点有件暖衣；夏夜，她几次起身为我盖好被子；我犯错，她拿棍子把我打得东窜西跳，最后，自己却悄悄地哭泣；吃酒席回来，她把手伸进鼓囊囊的衣袋里，向我摊出五颜六色的糖果……

她说："你要有骨气，不要随便接受别人的怜悯。"

她还说："你要争气，要飞上枝头当凤凰！" [不大像农村老人说的话。]

原来，严厉是为了让我自强；批评是为了催我奋进；奚落是为了燃起我的斗志；而冷漠则是恨铁不成钢……为什么，为什么我却忽视了：年月漫漫，是谁在为我劈波斩浪，抵挡周围异样的眼光；是谁在我身后，默默关注，在我跌倒时悄悄观慰和帮助；是谁在看到我的憎恨和冷漠时，用宽广的心胸包容了我的锋利锐刺。是的，我忽视了，我甚至没发现这是外婆的计谋。当她看到底子不好，得过且过的我时，她暗暗设下这个局，逼迫我在沉默中爆发，在逆境中成才。

又是深秋的夜晚，夜空，无边无尽，散发的是安谧。我搀扶着外婆，走在林里小道中，风呼啦啦地吹，树叶欢腾地碰撞。我感慨，本以为，世界万物总是冷漠的孤独的，原来"落花流水总有意，落叶归根总有情"。这世间，每一刻，都有千万种爱在表达，就像此刻的林间，正飘升着一种叫爱的微妙芳香。[后面两段都是议论，显得文章"虚"的东西太多。]

这是2009级汉语言文学专业学生写的文章，教师看了此文，考虑到作者还只是大一的学生，虽然写作基础较好，但写作水平和能力尚需进一步提高，因此在文中做了一些点评，最后作了如下分析并提出修改建议。

[这篇文章有修改的基础，主要有两点可取之处。一是写作角度较新颖。学生写外婆的文章较多，基本上是从正面来写外婆的关心。但这篇文章采用欲扬先抑的手法，通过写外婆对外孙女的过分严厉来表现关心，确实有些与众不同；二是文章中写到的"要求做家务""要求学习好""外孙女回去看外婆，外婆当时的表现"这三个内容写得比较实在。

文章主要问题在于未注意到文体的特点和要求，"虚实结合"得不好。从文体看，好像写的是记叙文。记叙文的特点是，通过具体和较典型的事件，展现人物的特点和事件的发展情态（实），透出作者的写作意图（虚）。一般不需要直接的、过多的议论。记叙文的文章，至少应当是"九分实一分虚"——应该让读者看到的基本上是"实"，从这些"实"中，感悟到"虚"的明确存在。而本文有近一半的文字写自己的感受和看法（虚），造成文体感的缺失：既不像记叙文，又不像散文，更不像议论文。

修改建议：首先，明确文体。如果确实写的是记叙文，那就应按记叙文的特点和要求来写：基本写"实"，让"虚"（主题）从"实"的内容中透露出来。其次，用好欲扬先抑的手法，不要过早地又抑又扬。再次，文中的不少语句欠推敲，要好好修改，使之准确和简洁。2010年3月16日]

第二稿

外婆的秘密 [题目还是不够好]

张 萍

凉夜，我从屋里出来。"砰……"一阵沉闷的关门声。我想：我再不会踏进这屋子半步。

幼时，父母由于家境贫寒，借一次我在外婆家小住的机会，悄悄出外打工，谁知，这一去从此杳无音信。外婆无奈下收留了我。

她，个子小却很精悍，眼神有力更显犀利，年老却精神焕发。她非常严厉，要求也很高。七岁那年，命我洗理自己所有衣物。我吃力地提起沉重的衣服，费力地搓着衣角，直到浑身酸痛才**大功告成** [**像这样的成语，用了就失去了形象性和生动性，换个说法**]，她瞟着喷喷说："怎么还这么脏，这点小事干不好。"冬天，她命我去煤房提煤上来，我一铲又一铲，装好煤，使尽浑身力气终于把桶提上一个台阶，继而**大口大口的**喘气，接着又摇晃着走上另一个台阶。<u>会悄悄羡慕其他孩子，为什么他们可以无忧无虑，而我不行；为什么他们可以自由地表达自己，而我不行。在她看来，几乎所有不满都是借口，所有抵抗都可能是人生污点的源头</u>。[**这些下划线的语句都有问题。好好推敲**]有时，她分我一半水果，又忽然说："你是被父母丢在这儿的，要不是我，谁会收养你？"猛然，一根刺扎进胸膛，眼泪滴进心中。

在我跳级到表姐班上时，外婆就要求我："你必须好好学习，超过你表姐，她可是尖子生哦。"于是，表姐就成了我学习的唯一目标。尽管学习很吃力，在外婆的**监督下** [**最好用描写的语句**]常学到深夜，我的学习仍旧很差。就这样一直持续了四五年，忽然到六年级时，我的学习**突飞猛进，**一次，竟然超过了表姐。**欣喜若狂，正准备公布这个特大消息时，外婆先说话了**："听说你们的成绩下来了。你表姐不过是**发挥失常** [**不像农村老太太说的话**]，你一直都这么差，你怎么可能赶得上她哟！"我才发现，她早已对我绝望了。<u>她能够对所有人热心倍加，唯独除我，只有冷漠。同处一个屋檐下，我们竟然能达到一两个月不能好好搭上一句话的地步</u>。

初二那年，父母忽然回来，<u>他们为当年不负责任的行为深深道歉</u>，并要接我回去。踏出门后，我记住了"砰"的声响，不用怀疑，<u>不是幻觉</u>，我真的自由了！我再也不用回到这种冷冻的日子了！

从此，<u>我更加发奋图强</u>。我要让我的世界充满阳光，我要让她后悔她当初的判断！[**注意压住随时都想发出来的议论**。]

时光飞逝，一晃四年。四年里，我推辞了所有去外婆家的请求。四年后，成功地踏进了不错的大学，高兴之余，却突然得知：外婆病倒了。

或许，我应该给自己一次例外，去看看她，毕竟，她也养育过我。徘徊良久，终于敲门。"谁呀？"伴着声音，门开了。霎时，空气凝固了，她怔着发呆，好半晌才回过神来，连忙拉我进去。待我坐下，她敏捷转身，大步小步，**东窜西窜**，一会儿桌上摆满了水果、核桃、花生等等。"快吃，快吃！"她满面的皱纹挤出了花，用小孩般渴求的眼神看着我。霎时，儿时的记忆被擦得雪亮：冬季深夜，她惺忪双眼我打毛衣，只盼我快点有件暖衣；夏夜，她几次起身为我盖好被子；我犯错，她拿棍子把我打得东窜西跳，最后，自己却悄悄地哭泣；吃酒席回来，她把手伸进鼓囊囊的衣袋里，向我摊出五颜六色的糖果……

她曾说："你要争气，以后才有好日子过。"

她还说："你要自立，不要随便接受别人的东西。"[这句话删掉，与主题无关，文中也没有相应的内容来体现。]

原来，严厉是为了让我自强；批评是为了催我奋进；冷漠是为了燃气我的斗志。在我跌倒时，她默不作声，她知道，自己站起来的人才会在未来撑起自己的人生；在我大哭时，她默不作声，她知道，不渴求他人怜悯的人才会平静地接受人生的风浪；在我成功时，她默不作声，她知道，只有人谦虚不满足才会不断前进。有一种爱，总是伴着风来，却总没有芬芳；有一种爱，总是一丝光芒，却照不亮黑夜。但是，我以为，就这么一点，我们就有足够的力量起航。因为那是一种大爱，因为无私所以选择沉默。

我终于知道了外婆的秘密，尽管知道她还会保密下去，尽管我也会对她保密下去。[后面两段还是没有写好，过多地写了只有作者自己经历过才产生的体会。读者并未经历，因而难以引起共鸣，也难以留下较深的印象。]

第二稿基本上是按教师的建议和要求来修改的，删掉了大量的议论，集中写了三个实事，也注意了不又抑又扬，原文的一些词句也做了修改。文章总体质量有所提高。

但仍存在一些问题："虚"——议论的东西还是明显地较多存在；有些词句的准确性、生动性仍不够。

[修改建议：

1. 尽量删掉直接的议论；外婆的良苦用心可通过作者考入大学的结果和表姐的简洁话语来点明。

2. 文章是以看望外婆为结束的，建议在开头提及，做到首尾呼应，使文章紧凑完整。

3. 文章整篇的文句要反复推敲，尽量做到准确、简洁、流畅。]

📖 发表稿

外　婆

张　萍

"去看外婆吧，你已经好多年没去外婆家了！你不知道她多想你！"表姐期盼地看着我说。"哦？真的吗？"我冷冷一笑。

幼时，父母由于家境贫寒，借一次去外婆家玩的机会，悄悄出外打工，而我被丢在了外婆家。从此，父母如同断了线的风筝杳无音信。

外婆个子矮小却很精悍，眼中常迸射出一种犀利的寒光，年纪大了却不见老，额上没有皱纹。我害怕直视她，害怕她无时无刻不散发出的威严。她要求很高。七岁那年，她叫我到一大堆衣服前，不容置疑地说："从今后，衣服归你洗。"我极不情愿地僵持了好一会儿，看看外婆冷峻的眼光，只好吃力地拖起水中的衣服，学着她洗衣服的样子，使劲地搓起衣服的一角……一个小时候后，已浑身酸痛。她走来，一把夺过我手中的衣服，生气地说："怎么还这么脏，这点小事都做不好！重新洗，洗不干净不准吃饭！"

我童年的每一天，几乎都是在她满满地安排下度过的：当其他小朋友在嬉戏时，我在捡煤渣；当其他小朋友在吃好吃的零食时，我在煮饭；当其他小朋友在看电视时，我在扫地拖地……想到我这么懂事，定会得到外婆的赞扬。没想到，在碰到熟人时，她却大吐苦水："这娃儿真的又懒又笨，什么都做不好！哎，真不晓得怎样才能教好她！"

上学第一天，她帮我背上为我缝的新书包，认真地看着我，说："你一定要好好学习，争取赶上你表姐，她可是班上的尖子生哟！"可是，我由于底子薄，学习起来很吃力。但是，外婆却一根筋地压着我学习，看守着我学习到深夜。然而，我的学习成绩仍一直没有太大改观。直到六年级，我的学习才渐有所起色。一次，我的考试成绩竟然超过了表姐，我兴奋得心里扑通扑通地跳个不停。一放学，好不容易打扫完教室卫生，便向家里奔去，脑海中一遍又一遍想象着外婆看到成绩时那欣喜的笑容。这一次，我终于可以得到外婆的夸奖了！一到家，她倒先说话了："你这次的考试成绩你表姐回来说了，真的不晓得你高兴什么。你姐不过是没发挥好罢了！"猛地，一阵强烈的失落袭了过来。她继续数落："不过才考好一回，就以为了不起？要全面超过她，才算有本事！"她转身走进厨房，没有夸奖我一句。

艰难的日子一天天过去。初二那年，爸妈出现在外婆家，他们先向外婆深深致谢，然后带我回家。出门的那一刻，我想：我再也不会踏入这间屋子半步，再也不会见外婆了。

…………

"外婆病了，前久还做了个手术。"表姐说。一句话打断了我幽幽的往思。

不管怎样，应该去看看，毕竟是外婆。

"谁呀？"伴着脚步声，门开了。一刹那，空气凝固了。眼前的老人，脸上布满了皱纹，满头白发，皮肤枯黄，瘦骨很不协调地凸现出来。我惊呆了，这就是那个精悍的外婆？

她一时也怔住了，好一阵才说："是萍吧，啊呀，长大了，听说都读大学了。"说着热情地拉我进屋。

看我坐下后，她端出满满一盘水果，又提出一袋爆米花。她满脸都是笑："快吃，快吃，哎呀，好多年都不来看看外婆了，我想你嘿。"继而东走西走，不一会儿桌子上堆满了零食。她一直笑眯眯地望着我，脸上满是慈祥的笑容。突然猛一拍腿，"萍，我有东西给你，都放了好几年了。"说着便向里屋走去。

"你看外婆对你多好哇！有好的都留给你！"表姐羡慕地看着我。"是吗？你知道我在外婆家是怎样度过那几年的吗？"我内心深处仍有怨气地回答。表姐生气地说："你怎么能说这种话！你还在恨外婆？你难道到现在仍未了解外婆对你的良苦用心？你刚来外婆家的时候，学习一塌糊涂，又懒，脾气又倔又野，谁管得住你呀？要不是外婆那几年把你管得那么严，你会考上大学吗，你会有今天吗？"

我一下子惊呆了，震撼地说不出一句话来。

这时，外婆拿出一件毛衣，放进我的怀里。看着毛衣，一幅画面闪进脑海：深夜，卧床的她惺忪着双眼，在那里一针一针地织……

看着外婆，我的热泪潸然而下。

经过作者的多次修改和教师的润色，文章发表在校报《贵州财经学院》四版上。对于大一的学生，能发表这样的文章，已经是相当不错了。后来，作者还写了一篇关于写作这篇文章的体会。

写作的苦恼

张 萍

大学里，在第一次执笔写作前，我开始信心十足，因为在高中时写作是我的强项。然而，令我万万没有想到的是，为了写好这篇文章，我竟耗用了三个月的时间，修改它多达7次。

这篇文章讲述了因为外婆在抚养我时对我太过严厉、冷漠，待我长大离开外婆后，充满怨恨的我不曾去看望过她，直至得知她染上重病才去看望，最后才明白原来我能成才都是源于当年她的"良苦用心"。看了文章后，教我们写作课的游老师在文中做了一些点评，指出文章有两大优点和文体感不强、虚实结合得不好等问题以及修改建议。于是，根据老师的建议，我从头到尾对文章进行了大刀阔斧的修改。但，当我把文章拿给指导老师时，老师虽肯定了修改后文章质量有所提高，可问题依然不少，最后老师又提出具体的修改意见。我于是又修改。就这样，我反复修改，两个月后，我的思维逐渐僵化，修改也变得越来越艰难。无奈，痛苦的我找到许多朋友，请求他们给出建议。最后，在搜集了各方的建议后，我重新振作，整理思路，全面修改文章，最终在老师更具体的修改指导建议下才定稿，得以公开发表。老师在课堂上（当时老师上我们大一学生第二学期的"实用口才学"课）还专门讲了这篇文章的写作、修改、发表过程，对我的反复修改精神进行了表扬。根据老师制定的加分成绩规定，期末考试总成绩中我得到了加3分的鼓励。

这步入专业的第一次写作，尽管有点漫长而曲折，却让我开始感受到什么是真正的写作。相比中学时代的写作，专业写作要求有更深刻的哲思、更透彻的情感表达等等。那么，要怎样写好作文呢？我的一点粗浅体会是：

写好一篇文章，首先，要寻找到好题材。题材是指写作对象和写进文章的材料，其中写进文章的材料能直接影响文章质量的好坏。一般而言，好文章的题材（这里单指写进文章中的材料）应具备深刻、新颖和符合社会需要这三点中的任一点。我的这篇文章第一稿，在文体使用、材料使用、语言表达等等许多方面都存在过不少问题，但仍被教师选出来不厌其烦地指导我修改。推其原因，最主要的是因为在这个题材中，外婆计谋式的爱比较独特，先抑后扬手法的采用，写作角度比较新颖。

其次，要先明确文体。这篇文章，开始写时我认为是写散文，所以文章中有大段大段的议论，因为散文中有一种类型叫议论散文。但老师指出，就题材本身和大一学生的水平及能力情况看，写记叙文更合适。并且，老师从记叙文的角度，提出了具体的修改意见，重点是要我"虚实相济"——九分写"实"，表现出一分的"虚"。我按照老师的修改建议，按记叙文主要写"实"的特点和要求反复修改，把原稿中的大段大段的议论先后砍掉，到定稿时，才像记叙文。文章已经基本没有直接议论的"虚"的东西，写的基本上全是记叙文要求的"实"的东西。最后文章得以成功发表。这说明了具体写一篇文章时，要像教师讲课时讲过的，要"先辨体""定体"，然后再按选定的文体的特点和要求写。

第三，要围绕主题合理安排文章内容的详略。一般来说，突出主题的重要内容宜详，次要内容宜略；事例部分宜详，说理部分宜略。在修改作文时，我的重点主要放在了文章的材料详略安排上。在一次修改中，我把小时候外婆对我的严厉要求的各种事例都列举上去，而成文后，整篇文章因材料太过杂多而无法突出外婆的"可恶"，另外，还给人一种平铺直叙的平庸之感。之后，我选择了与外婆之间的矛盾较激烈的一则事件，着重笔墨描述，于是，外婆的严厉就显得比较生动。此外，根据老师提出的"不要又抑又扬"，我注意了文章前部分，对外婆的描述，全是用的"抑"的办法。到结尾部分才通过侧面把外婆的形象"扬"了起来。

第四，文章文句的推敲、修改与完善也很重要。写作中，经常存在太多的文句不准确、不简洁、不生动的问题，要经过反复地推敲、思考和修改才能解决。由于有了这次反复修改的经历，我以后写文章都比较注意这点了。

末了，我最想说的一句话是：

写作，并不需要更多的天赋，但需要在有懂写作的人的指导下不断地写和修改。

（三）点面结合

写文章的目的之一是引导读者正确、全面、本质地认识客观事物。要做到这一点，作者必须先要正确、全面、本质地认识自己所写的文章中的客观事物。人们认识事物，往往要经历一个从个别到一般，从局部到整体，从现象到本质的过程。这个过程，也往往是一个从感性到理性的过程。所以，作者写的文章，一般离不了具体的、局部的感性材料（称为"点"上材料），通过它，可让读者感知事物；另一方面，文章也离不开概括的、整体的理性材料（称为"面"上材料），通过它，可让读者了解事物的整体、全貌。在这"点面材料"的相互配合下，读者最后能全面、本质地认识客观事物。写作上把这两种材料的有机使用称为"点面结合"。

写作上所谓的"点"，指的是最能具体地显示客观事物形象状态特征、又能反映事物本质的某个事物的局部或一类事物的个别的详细描写；所谓"面"，指的是对某个客观事物全貌、整体或对某类客观事物的总体的概括性描写。"点面结合"就是"点"的详细描写和"面"的概括性描写有机结合。"点"，可以突出重点，体现深度，让读者留下深的印象；"面"，可以顾及全局，体现广度，避免"只见树木，不见森林"的片面。点面结合，可以既有深度又有广度、既有个别又有一般、既有具体的感知又有抽象的认识，能使读者因有具体、形象的感知材料而愿意阅读，因有概括、抽象的理性材料而得到总体认识。

但这个"点"，不是某个事物任意的某个局部，或不是某类事物的任意个别。而是具有代表性的、典型性的、能揭示某个事物或某类事物本质的局部或个别。因此，写作过程中重要的一个环节之一，就是选"点"，即选取"精当的、典型的"材料。

《史记·滑稽列传》采取的就是这种"点面结合"的办法。

"淳于髡者，齐之赘婿也。长不满七尺，滑稽多辩，数使诸侯，未尝屈辱。"——先概括地写淳于髡"滑稽多辩，数使诸侯，未尝屈辱"，让读者对其有个总的印象，然后写他几件有代表性的、具体的事件。其中一件是：

"威王八年，楚大发兵加齐。齐王使淳于髡之赵请救兵，赍金百金，车马十驷。淳于髡仰天大笑，冠缨索绝。王曰：'先生少之乎？'髡曰：'何敢！'王曰：'小岂有说乎？'髡曰：'今者臣从东方来，见道旁有攘田者，操一豚蹄，酒一盂，而祝曰：瓯篓满篝，污邪满车，五谷蕃熟，穰穰满家。臣见其所持者狭而所欲者奢，故笑之。'于是齐威王乃益赍黄金千溢，白璧十双，车马百驷。髡辞而行，至赵。赵王与之精兵十万，革车千乘。楚闻之，夜引兵而去。"①

楚国进攻齐国，齐王派淳于髡带上礼金去向赵国求救。看到齐王给的礼金太少，淳于髡并不直说，而是先仰天大笑，笑得帽子上的管带都断绝了。待齐王问他为何大笑，他才编了个有人想用小礼金而祈求得到大好处的事，使齐王醒悟，叫淳于髡带上重金赴赵，最后得到赵国的十万精兵支援，迫使楚国连夜退兵。这个具体的、典型的"点"，深刻地表现出淳于髡的"滑稽多辩"，给人留下深刻的印象。

不少学生和初学写作者写文章时，在"点面结合"上，常常出现两方面的问题：不会选"点"；不会"点、面"有机地结合，或只有"点"的堆积，或只有"面"的空洞地概括。这需要指导，让其克服。

下面举一例。

🖊 第一稿

家门前的路 [**题目太平淡**]

王　曦

鲁迅先生曾经说过："这世上本没有路，走的人多了，自然也就成了路。"不错的，在我家门前有一条科学发展的路，一条人们通往幸福的路，一条无数代人一脚一脚踏出来的路。[**删去。不要一上来就发议论。**]

我家坐落在美丽的黔北大娄山下，红军长征时在这里留下了一个个鲜红的脚印，第一次为这里的人民踏出一条通往幸福的路，黔北第一关于是乎变通途了。纵使泥泞坑洼、曲折蜿蜒，也无法阻挡那坚定直行的脚步。此后的娄山人就沿着这条红色征途一代一代向前闯。

听爷爷说，他小时候，我家门前的路，是我们那个村子通往县城曾经就是黄泥巴的路，其实根本不能叫路，晴天还好，一到雨天，泥足深陷是常事儿，深一脚浅一脚都还不能走出去。所以家里人要到县城去购买生活品就一次性买足，不然遇到雨季，根本就是困在村子里出不去。二叔公家以编竹筐为全部的生活来源，春夏之交时，后山的方竹长势最好，翠绿细嫩，砍来编竹筐最好，每每二叔公都要连忙几个通宵赶制出来，不然碰到下雨的节气，

---

①梁绍辉. 司马迁·史记 [M]. 兰州：甘肃民族出版社，1997：831.

就无法背到县城去卖了。可是有一次，接连下了十天的雨，黄泥路烂的连牛都走不动，二叔公编好的竹筐没能及时到县城卖掉。有的被湿气弄得发霉烂掉，有的送给了隔壁邻居，有的则堆在柴房烧掉了。错过了最佳的销售时期，剩下的都卖不出去了。为此，二叔公三天没有睡过觉，总是坐在门槛前猛抽叶子烟，接连叹气。<u>村里的其他人也会因为路途的不便而承担着严重的损失。当时，全村人的愿望就是能够有一条像样的、平整的道路，生活会好过一点。</u>［**这些就比较空了。**］

过了十多年，听爸爸说，爸爸由于年龄满十六岁，爷爷为了他有个好前程，送爸爸去部队当了兵，一去就是四五年。等爸爸退伍回到家乡，家门前的路已经变成了石头路，一块块精心凿磨得平整光滑。爷爷满带欣慰和想念出门迎接回家的爸爸，没有对爸爸生活工作情况进行询问，只是不停地说："镇上派部队来咱们村修路，修了两个月，部队的战士没日没夜地修，我们村本想要求负责战士们的干粮和水，可是领导却下令不能增加村民的负担，这些事单位会解决的。真是让我们感动不已，什么事儿都先为百姓着想。现在村里的人都买了自行车，来来去去很方便的……我们不知道多高兴啊！<u>几辈人的终于愿望达成了</u>。"由于道路的畅通，村里人的生活发生很大变化，平房俨然而立，各类农副业兴起，村里的好些人都在镇上找到了工作，每天按时上下班。家里的日子渐渐富足起来，爸爸常说："要致富，先修路，还真是这个理儿。"

<u>多好年后听我来说</u>，我有福气生在这个新时代，儿时的石头路早已不复存在，换成更加平整的水泥路，出行更加便利了，天气的恶劣状况早已不能阻挡这村里的人迈向幸福的步伐。由于爸爸在镇上工作，我也能够在县城较好的学校完成学业，爸爸买了汽车，每当周末就把爷爷接到镇上来玩，感受一下别样的生活环境。爷爷总是给我说过去家门前的路是如何艰难，现在的我太幸福了，从前的孩子想都不敢想能到县城念书之类的话，我时刻铭记着爷爷和爸爸受过的苦，还有那条祖祖辈辈一脚一脚踏出的路，成为我心中不可磨灭的记忆，那种为生活为梦想不懈追求的执着，是我人生路上一盏明灯，指引前进的方向。

如今的我已是一名大学二年级的学生，作为新时代的青年，明晓科学发展观的知识，核心是以人为本，在我见晓的家乡道路变化里，体现无余。村里修了路，农村的孩子能迈出大山，接受更好的教育；农产品能第一时间售到镇上去，人们的收入增加；乡村旅游业的兴起更为村里人带来不小收益。村里上了年纪的老人的医疗养老福利逐年增加，每次回去都会看到他们在村子文娱室下棋品茶，别提多开心。我想只有人民富裕了，国家的强大才能更好体现，以人为本为核心的依据就在这里。［**以上两段多为概括性的叙述，**

较空洞。]

去年寒假回爷爷时，发现家门前的路已经铺成了柏油大马路，又宽又长，贯穿整个村庄，不，不叫村庄，应该是黔北民居模范区。我回去时，路还是新铺的，浓浓的沥青味儿，鲜黄的道路条纹，两旁挺立的梧桐，让我突然有一种幸福感，为家人、为邻友也为自己。曾经受过的苦恐怕早已从人们心头淡去，接之而来的是幸福，是欢乐。道路建成仪式那天，小区里的全体人员都出动了，热闹非凡，掌声雷动，家家张灯结彩，伴着道路建成和过年的喜悦，设集体宴，每家每户把年货搬出来一起分享。礼花在天空中恣意地飘洒，把满满的福气洒在每个人的身上和心里。一条鲜红夺目巨型横幅挂在村门口："社会主义领复兴，科学发展造新路，以人为本建新家"。

也许在很多很多年以前的人没有料想过能有今天这样的生活，从红军经过家门的路的那天起，家乡的人民就在这条烙上红印的路上一代代奋斗。路还是原来的路，因为路本是距离的体现；路又不是原来的路，是从泥泞、坎坷走向了宽广、平坦的记号，是人们心中对美好生活执着期盼的真实写照。一条路，促进了一个村的发展，促进了一个地区的改革，更加促进了一代人的成长。科学发展观，以人为本，时时为百姓着想，让社会向和谐发展之路前行。

家门前的路，也会至我辈始：走，更宽广；行，更遥远。[后面两段都太空洞。]

这是参加2012年学校"科学发展·成就辉煌"征文比赛的文章，作者是2010级汉语言文学专业学生。该文被教师从学院众多的参赛文章中选出来修改，其优点有：

1. 题材较好，写作的角度也有些新意。文章通过家乡"路"的变化，来反映国家的变化，采用的是"大题小作"之法。

2. 写"路"以前的状况比较实在，有典型性。

但文章也存在明显的问题，教师看后，在文中做了一些点评，又在其文后写了如下的评析意见，反馈给学生修改。

[存在的主要问题与修改建议：

1. 材料剪裁不够准确，与主题关系不大的内容较多地写进了文章；建议紧紧围绕主题来选材，注意根据主题的需要来安排材料的详略。

2. 只写了"家乡的路"这个点，没有写到"面"上的路，如家乡所在省的路乃至国家的路应该要写到。"点面结合"，读者才能从"路"这个角度，看出国家在科学发展观指引下取得的辉煌成就。否则，只看到一个"点"，似乎是"个案"、是"孤证"，难以令人信服。建议：增写"面"上的材料，注意以事实、数据来说话。

3. 就征文主题来说，本文对"辉煌成就"写得内容太少，过于空洞；对"科学发展（观）"方面也没有相应的一些内容将其比较明确地点出来。

建议：紧紧扣住征文要求的大主题来写，增加主题需要的材料，删掉那些大而空的材料。2012 年 4 月 12 日]

第二稿

路

王　曦

我家坐落在美丽的黔北大娄山下，<u>红军长征时在这里留下了一个个鲜红的脚印，第一次为这里的人民踏出一条通往幸福的路，黔北第一关于是乎变通途了。纵使泥泞坑洼、曲折蜿蜒，也无法阻挡那坚定直行的脚步。此后的娄山人就沿着这条红色征途一代一代向前闯。</u>[**这些话大而空，与主题关系不大，又没有内容来支撑。删去。**]

听爷爷说，他小时候，我家门前的路，是我们那个村子通往县城曾经就是黄泥巴的路，其实根本不能叫路，晴天还好，一到雨天，泥足深陷是常事儿，深一脚浅一脚都还不能走出去。所以家里人要到县城去购买生活品就一次性买足，不然遇到雨季，根本就是困在村子里出不去。二叔公家以编竹筐为全部的生活来源，春夏之交时，后山的方竹长势最好，翠绿细嫩，砍来编竹筐最好，每每二叔公都要连忙几个通宵赶制出来，不然碰到下雨的节气，就无法背到县城去卖了。

可是有一次，接连下了十天的雨，黄泥路烂的连牛都走不动，二叔公编好的竹筐没能及时到县城卖掉。有的被湿气弄得发霉烂掉，有的送给了隔壁邻居，有的则堆在柴房烧掉了。错过了最佳的销售时期，剩下的都卖不出去了。为此，二叔公三天没有睡过觉，总是坐在门槛前猛抽叶子烟，接连叹气。而村里的其他人也同样因为路途的不便而承担着更严重的后果。

我们村当时的医疗条件不是很好，没有像样的诊所。一次村里组织上山干活，<u>以为年轻人不慎衰落深沟</u>[**要注意检查修改错别字**]，动弹不得，村里人几经周折将年轻人抬下山，可是村里连必备的清创药物都没有，只有送到镇上的医院去治疗，可是黄泥路坑洼不平，车子无法开到村里来接伤者，所以村里派了十多名身强力壮的人，轮换着抬担架，一脚一步走出村子。送到医院时，由于耽误了最佳的治疗时间，伤口感染，留下了严重后遗症，他的一条腿不能正常行走。

<u>说道</u>这里，爷爷眼里渗出泪水，一部分是心疼，另一部分则是遗憾村里

没有一条像样的路。当时全村人共同的愿望就是能够有一条像样的、平整的道路，生活会好过一点，很多让人痛惜、遗憾的事就不会发生。

过了十多年，听爸爸说，爸爸由于年龄满十六岁，爷爷为了他有个好前程，送爸爸去部队当了兵，一去就是四五年。等爸爸退伍转业回到家乡，家门前的路已经变成了石头路，一块块精心凿磨得平整光滑。爷爷满带欣慰和想念出门迎接回家的爸爸，没有对爸爸生活工作情况进行询问，只是不停地说："镇上派部队来咱们村修路，修了两个月，部队的战士没日没夜地修，我们村本想要求负责战士们的干粮和水，可是领导却下令不能增加村民的负担，这些事单位会解决的。真是让我们感动不已，什么事儿都先为百姓着想。现在村里的人都买了自行车，来来去去很方便的……我们不知道多高兴啊！几辈人的终于愿望达成了。"［**文章的主题是通过"路"的变化，反映国家的变化、进步。根据主题，送儿子当兵，写部队修路，都与主题关系不大，应删掉。**］

由于道路的畅通，村里人的生活发生很大变化，一座座两层平房俨然而立，各类农副业兴起，村里种植的方竹不再是编成筐销售了，而是兴起方竹笋的深加工，不仅走出村子，还销到全国，甚至国外，桐梓被誉为"中国方竹笋之乡"。道路的畅通，村子与外界交流了加强，机遇也就随之增加，村里好些人都在镇上找到了工作，过上每天按时上下班的日子，家里渐渐富足起来。爸爸常说："要致富，先修路，还真是这个理儿。"

现在听我来说，我有福气生在这个新时代，儿时的石头路早已不复存在，换成更加平整的水泥路、宽阔的柏油大道，还有高速公路，如今出村子已经不足为道，更多的人则是出省、出国去求学和工作，这在从前是根本不敢想象的。不仅一个村镇修了道路，整个县城、整个省，甚至全国都修了很多路。一条路通，条条路通，全国各地都可以到达。有了路，就可以迈出一个小圈子，通向更大、更宽的世界。［**虽然提到了省里修路、全国各地的路，但没有数据，空泛，没有什么意义。要重写这部分。**］

如今的我已是一名大学二年级的学生，作为新时代的青年，明晓科学发展观的知识，这一切一切的成果都是有了科学发展观的正确指导，每时每刻身边都在发展和变化，日新月异的道路交通洋溢着这个时代的发展气息，而我们正靠着这些路迈向更辉煌的人生。［**这段也是空话。**］

去年村庄已变成黔北民居模范区。我放暑假回去时，村里的路全是重新翻修的，浓浓的沥青味儿，鲜黄的道路条纹，两旁挺立的梧桐，一直延伸到后山深处，如一条金龙盘旋直上万里晴空。村里开发了乡村旅游，以方竹作为特色标志，参观竹林，购买竹笋的人络绎不绝。看着小区居民忙碌不停，让我突然有一种幸福感，为家人、为邻友，也为自己。这路所带来的岂止是财富，更是知识科学和教育，让村子向更高层次发展。曾经受过的苦恐怕早已从人们心头淡去，接之而来的是幸福，是欢乐。旅游节开启仪式那天，小区全体人员都出动了，热闹非凡，掌声雷动，家家张灯结彩，一点也不亚于过年时的气氛，小区设集体宴，每家每户把酒菜搬出来一起分享。礼花在天空中恣意地飘洒，把满满的福气洒在每个人的身上和心里。一条鲜红夺目巨型横幅挂在村门口："社会主义造新路，科学发展建新家"。

很幸福能从一代代人的眼中看到了家乡的路、全省的路、全国的路的发展，[这要用一部分把它展开来，与上面提到的相同内容合在一起写。要有数据，有典型的事例。否则，文章深度还是上不去。]看到了人们生活发生的巨大变化。现在的幸福生活都是无数人奋斗出来的结果，其中更有科学发展这盏明灯的指引，无数个像我家乡这样的村庄发展起来，汇聚了现在的新农村、新气象。我们新一代会沿着这一条条新大道走下去，走向未来。

路，也会至我辈始：走，更宽广；行，更遥远。[像这样的话就很空，也属套话。]

根据教师的修改建议和文中点评中指出的具体问题，学生对文章做了较多的修改。修改稿比原文好了很多。但是，可能是由于理解能力欠缺和掌握相关资料不够等原因，"面"上的内容虽然提到了，却是非常简单的、空洞的，没有达到教师的要求；有些地方教师没有在文中具体地指出问题，学生就看不出，未做修改（如爷爷送儿子当兵、部队修路等）。因此，教师在文中又做了一些具体的点评。要求学生再改。

📖 获奖、发表稿

路

王　曦

我家坐落在美丽的黔北大娄山下。听爷爷说，家门前有条通往县城的黄泥巴路，晴天黄尘滚滚；一到雨天，情况更惨，泥足深陷是常事儿，深一脚浅一脚难以前行。所以家里人要到县城去购买生活品常一次性买足，不然遇到雨季，困在村子里十天半月出不去是常事。

二叔公家以编竹筐为生。春夏之交时，后山的方竹长势最好，翠绿细嫩，砍来编竹筐最好。通常二叔公都要熬几个通宵把竹筐赶制出来，不然碰到下雨的节气，就无法背到县城去卖。有一次，接连下了十天的雨，黄泥路烂得连牛都走不动。二叔公编好的竹筐无法运出，有的被湿气弄得发霉腐烂；有的严重变形，只能当柴火烧。为此，二叔公三天没睡过好觉，总是坐在门槛前猛抽叶子烟，唉声叹气。

村当时没有像样的诊所。一次上山干活，一位年轻人不慎摔落深沟，动弹不得。村里人好不容易把年轻人抬下山，必须送到镇医院去治疗。可是车子无法开到村里来接伤者。村里派了十多名身强力壮的人，轮流抬担架，高一脚矮一脚地送到医院时，由于错过最佳治疗时间，瘸了一条腿……

多年后，家门前的路终于变成了沥青路，成了省道。

路给村里人的生活带来了很大变化：一座座两层的房子俨然而立，各类农副业兴起。村后满山的方竹不再只是编成筐销售了，而是建立了方竹笋深加工厂。精制的竹桌椅板凳、筷子、砧板等各种生活用品，竹砚台笔筒、观音弥勒等各种工艺品令客人爱不释手……还有竹建材、造纸等，产品远销国内20多个省和美国、加拿大、俄罗斯、日本、韩国、澳大利亚等17个国家。

道路的畅通，使村子与外界的交流加强了，机遇也就随之增加，村里好些人都在镇上找到了工作，过上每天按时上下班的日子。爷爷常说："要致富，先修路，还真是这个理儿！"

去年咱村成为黔北民居模范区。我放暑假回去时，村里的路全翻修过，浓浓的沥青味儿，鲜黄的道路条纹，两旁挺立的梧桐，一直延伸到后山深处。村里开发了乡村旅游，以方竹作为特色标志，参观竹林、购买竹笋的人络绎不绝。看着小区居民忙碌不停，让我很有幸福感，为家人、为邻友，也为自己。

镇政府成功地打造出了旅游节。旅游节开启仪式那天，热闹非凡，家家张灯结彩，一点也不亚于过年时的气氛。主要景点开设了集体宴，每家每户把酒菜搬出来，邀请嘉宾和游人一起分享。爆竹震响，歌舞升平，把满满的福气洒在每个人的身上和心里。一条鲜红夺目的巨型横幅挂在村门口："社会主义造新路，科学发展建新家"。是呀，这几年，在党中央科学发展观的指引下，单说我们农村，那发展也是翻天覆地啊。

不错，即使是我们欠发达的贵州，很多地方泥巴路也早已不复存在，换成了平整的水泥路、柏油大道、宽阔的高速公路。不仅一个村镇修了道路，整个县城、整个省，甚至全国都修了很多路。一条路通，条条路通，全国各地都可以到达。就贵州来说，到2012年底，通高速公路的县将增至60个，县县通高速公路项目将全面开工，省高速公路通车里程有望达到2623公里。从高速公路通车里程突破800公里到完成2623公里，贵州只用了4年左右的时间！

最为有名的是2005年全线建成通车的崇遵高速公路，她穿越巍巍大娄山，像祥云一般萦绕在我的家乡桐梓县周围，给桐梓经济的发展带来重大机遇；2009年通车，经过我省榕江、都匀、贵阳和毕节的夏蓉高速，走最直的线，逢山打洞、遇水搭桥。如贵阳到都匀，贵新高速有 140 多公里，夏蓉高速只有 78 公里……

再从全国看，1984 年才起步建设的中国高速公路，截至 2010 年底，通车总里程达 7.4 万公里，继续居世界第二位。截至 2011 年底，中国高速公路的通车总里程已达 8.5 万公里……

路，随时间的推移，变得日渐平坦、宽广。它对就业、招商引资、产业结构优化、改善人们的生活等方面带来重大积极影响。我们坚信，在科学发展观的指导下，中国的路，将越走越宽，越走越远！

文章最后获得了校级征文大赛二等奖，推荐到省里参评，获三等奖，发表在已经更名为《贵州财经大学》的校报第四版上。原稿、修改稿与获奖稿、发表稿相比，差距一看就知。

（四）标题醒目

标题是文章的名称，但它与一般事物的名称不同。一般事物的名称多数就是一种代号，名称与事物之间不一定存在必然联系，不一定反映出事物的特征。而文章的标题是文章的组成部分，它不仅是一个代号，而且在文章中具有特定的作用。

首先，标题直接或间接地表达作者的写作意图，与文章的主题有着直接或间接的关系。比如，有的标题就直接地表明了主题的观点或主要内容。如《爱不是无缘无故的》；有的标题标明文章写作的范围、或对象、或提出问题，点明主题产生的基础——即文章的主题不能离开标题指出的或范围、或对象或问题。如《我的一位初中老师》（范围和对象）、《流行的就是好的吗》（问题）；有的标题用象征、比喻等修辞手法，暗示出文章的主题。如《春雨》《路》等；有的标题似乎与文章的主题和内容没有关系，但仔细揣摩，仍能从标题上感受到作者写作时的心境。如《无题》《随笔》等。

其次，标题往往能体现文体特征，提供某些信息，让不同的读者借助于一个个不同的标题来确定想阅读哪类文章，需要哪类信息。

第三，好的标题还起到吸引读者，使读者产生想看文章的欲望的作用。如果标题无特色，读者就提不起兴趣，文章就没有人看。

正因为标题具有这些特殊作用，因而写作的人对文章的标题都格外重视。有人曾把文章的标题喻为人的眉目，认为标题好，就好比一个人"眉清目秀"，叫人过目不忘。为了文章标题"眉清目秀"，很多人在标题上狠下工夫。严复说过："一名之立，旬日踌躇。"邓拓也说："谁要能给我找个好标题，我给他磕三个响头。"胡乔木说得更具体："有时候，想一个好标题，等于写一篇文章所用的精力的三分之一。"这些名人都说得十分在理，另外还有"题好文一半"之说，已被大家广泛地认可。

但不少学生和初学写作者不了解标题的重要作用，随便给文章写个标题，导致标题或题文不一致、或题目一般化、无特色等问题的产生。经过教师的点拨，逐步修改，标题就会越写越好。如：

前面提到的最终获省级征文比赛一等奖第一名的那篇文章，第一稿的题目到最后定稿的题目是这样的：《那片田野》──《四十八寨》──《走进四十八寨》。《那片田野》过于空泛，太一般化；《四十八寨》点出了对象，比较具体了；《走进四十八寨》中的"走进"，是文章组织材料的线索，把能体现主题的、不同的材料，通过"走进"看的形式，比较巧妙地组织在了一起；同时，"走进"能让读者阅看文章时，似乎也有自己"走进"了四十八寨边走边看的动态感觉。

又如：获教育部关工委等部门组织的"纪念新中国成立60周年征文比赛"一等奖的那篇文章，第一稿到最后获奖稿的题目分别是：《取名》──《富贵　朝阳　腾飞》──《狗娃　朝阳　腾飞》。《取名》比较一般化；《富贵　朝阳　腾飞》中的"富贵"不好，有歧义。因为作者是想用三个名字作标题，分别透出三个时代的主要特征。用"富贵"，则不能反映国家改革开放之前的主要特征，因为那段时期不"富贵"；最后的《狗娃　朝阳　腾飞》就较为准确地概括出三个时期的特征了。

再如：大一学期就得到发表的张萍的那篇文章，其题目修改了多次，分别是：《一树一叶总关情》──《真爱无言》──《外婆的秘密》──《外婆》。《一树一叶总关情》看起来很有艺术味，但文章写的是外婆的严厉、苛刻、"讨厌"的形象，题目与文章写的内容结合不起来；《真爱无言》意思可能是想说：外婆是真心爱外孙女的，但不说出来。但文章写了外婆的不少难听的"言"，所以这个"言"会引起歧义；《外婆的秘密》中的"秘密"，实际上过早地把"秘密"透露出来了，也不好；最后用朴实的《外婆》作标题，有无秘密、外婆是怎样的人，让读者自己去看、去判断，效果反而好些。

一般来说，文体不同，对标题的要求也不同。文学作品的标题，通常要求具有文学味；实用文体文章的标题，则更注重准确和规范。本书论及的记叙文、散文，作者在写时，应大体遵循三条原则：

第一要准确，题文一致。这指的是直接标题，即标题体现出的文章的主题（观点）要和文章的内容相吻合。如上面谈到的《富贵　朝阳　腾飞》标题中的"富贵"，就与文章中写到的国家改革开放前的阶段的实际（国家不强，百姓不富）不吻合。

第二要简洁精炼。标题一定要反复推敲、凝练，不可有冗字冗词。

第三要有特色，生动传神。如果说准确、简洁是标题的基本要求，那么这第三点则是标题的较高要求。所谓有特色，就是要尽量避免一般化（普通、平常），要有一定的新颖之处，能与众不同。如前面提到的一篇文章，第一稿的题目是《绿色之情》，很一般化，后改为《绝密押运》，就新颖独特，很吸引读者眼球。

要做到第三点，需要在标题的拟定上下功夫，掌握一些锤炼标题的技巧。拟定标题的技巧应该很多，关键是要适合自己写的那篇文章。现仅举几例：

善用动词，使标题有动感。比如上面提到的王文虎的《走进四十八寨》，使用动词"走进"，就比原标题《四十八寨》有了动感。

注意含蓄，引起联想，能较好地吸引读者。如上面提到的张芳慧的《寄望天使》，题目令人费解，改为《在山的那边》，"在山的那边"发生了什么事？"山的那边"怎么回事？很含蓄，容易引起联想，读者就想看个究竟。

巧用修辞手法，使标题富有文学味。如前面提到的冯平的《榕树下》，题目提供了一个事件发生的位置，如果文章写的是"榕树下"发生的某事，也还是比较可以的。但文章写"榕树"与要表达的"高校扩招、国家资助贫困生求学"的内容和主题没有关联，就不好。改为《花香梧桐》，用了象征的手法，用梧桐的庇荫象征国家对贫困生的助学，就比较贴切，化抽象为形象，就富有了诗意。又如黄世伟写的《回家》，用了"双关"（在一定的语言环境中，利用词的多义或同音的条件，有意使语句具有双重意义，言在此而意在彼）的手法，既写作者寒假结束，坐从上海到贵阳的火车，返回学校这个"家"；又主要写火车上碰到的民工返乡回家。寓意较深，给人印象较深刻。

需要提及的是，文章标题虽然重要，但它毕竟是为文章主题的表达服务的。决定文章最终是否成功和价值的大小，起决定作用的主要是文章的"灵魂"——即主题是否正确、新颖、深刻、独到，以及主题与内容、结构、语言与表达方式等的完美结合。历史上，无数的名篇，标题都平常，但并不影响它们为千古传诵之作。如，荀子的《劝学》、李斯的《谏逐客书》、晁错的《论贵粟疏》、诸葛亮的《前出师表》、柳宗元的《种树郭橐驼传》、欧阳修的《醉翁亭记》、张溥的《五人墓碑记》等，标题并没有特别之处，但都是名篇。因此，写文章，主要应在提高自身综合素质、在主题提炼、选材用材、篇章结构、语言表达等上全面下功夫。如果一篇文章，主题平庸、内容空泛，即使作者绞尽脑汁，拟出一个惊人的标题，那也还是不能使文章获得成功的。

（五）凤头豹尾

文章标题重要，文章的开头和结尾也很重要。对文章开头与结尾的重要，古人早就非常重视。元代乔梦符谈到写"乐府"的章法时提出"凤头、猪肚、豹尾"①之喻，说明文章开头要像凤头一样美丽动人；结尾要像豹尾一样有力。明代的谢榛在《四溟诗话》中，对文章开头和结尾的比喻则是"凡起句当如爆竹，骤响易彻；结句当如撞钟，清音有余。"②意思是文章开头要像燃放爆竹一样，清脆响亮，贯通全篇；而结尾，又要像敲钟似的，使人觉得余音绕梁。乔梦符和谢榛的比喻都很不错，但谢榛的比喻似更确切些、更具体些、更让人容易理解掌握些。

1. 开 头

（1）开头很重要

文章开头很重要是由开头的作用决定的。开头的作用主要有两方面。

一方面是对作者来说的。开头涉及文章的整体布局。高尔基在《我怎样写作》中说："最难的是开头，也就是第一句。就像在音乐中一样，第一句可以给整篇作品定一个调子，通常要费很长时间去寻找它。"③定了调子，全曲才会有和谐的旋律；开头还犹如建屋之基线，有了基线，整个工程才好施工。因此，晋代陆机在《文赋》中说："立片言以居要，乃一篇之警策。"④清代唐彪在《读书作文》中说："一篇机局扼要，全在'文之发源也'。此处若得势，则后'皆有力'。通篇之纲领在首段，首段得势，则通篇皆佳。"⑤李渔在《闲情偶寄》中说得更具体明确："开手笔机飞舞，墨势淋漓，有自由自得之妙，则把握在手，破竹之势已成，不忧此后不成完璧。如此时此际文情艰涩，勉强支吾，则朝气昏昏，到晚终无情色，不如不作之为愈也。"⑥方东树在《昭昧詹言》中也说得很清楚："诗文的起笔为最难，妙处全在此，精神全在此。"近代陶明濬在《诗说杂记》中也说过："若起不得法，杂杂乱浮泛。一篇之中既不得机势，虽善于承接亦难生也。"⑦这些说法，从正反两个方面说明了开头在文章中的定调、引领作用，如果开头开得好，文章就可能成功一半。

另一方面是对读者来说的。开头是文章给读者的第一印象，第一印象好坏，往往就能决定读者是否再往下看。如果开头新颖别致，有吸引力，读者就会被立刻抓住，愿意往下读。像李渔在《闲情偶寄》中说的"开卷之初，当以奇句夺目，使人一见而惊，不敢弃之。"⑧相反，开头空话、套话、平庸无奇，读者就会弃之不读。特别是参加征文比赛的文章，在初评时，特殊的读者——每个评委常

①②袁昌文. 写作技法大观［M］. 贵阳：贵州教育出版社，1992：224，208.
③高尔基. 我怎样写作［M］//论文学. 北京：人民文学出版社，1978：63.
④郭绍虞. 中国历代文论选：第一册［M］. 上海：上海古籍出版社，1979：172.
⑤董小玉，梁多亮，蒲永川. 现代基础写作［M］. 成都：西南师范大学出版社，2011：213.
⑥⑦刘锡庆，朱金顺. 写作通论［M］. 北京：北京出版社，1984：112，112.
⑧郭绍虞. 中国历代文论选：第三册［M］. 上海：上海古籍出版社，1979：280.

常会得到几十份、甚至几百份文章，他们很难有时间和耐心来细细地阅看每篇文章，常常是先看标题，标题若平庸，便扫一下开头，开头再平庸，就扫一下全篇，然后就放到被淘汰的一边了。因此，标题要比较好，读者才可能看到开头。开头有些意思，读者就会比较仔细地看完全文，决定文章的取舍。

（2）开头比较难

开头很重要，但开好头不容易。"万事开头难"，写文章也如此。由于文章开头既要让作者定准全文的基调，便于文章整体的完成，又要像诱饵一样吸引读者，使读者欲罢不能，急于往下看。因此，一个好的开头并非易事，让无数作文的人煞费苦心。高尔基认为开头最难，因为它像在音乐中定调子。调子是很难定的。定高了，底气不足，唱不上去，文章容易虎头蛇尾；定低了，又放不开，发挥不出应有的水平。朱光潜先生在《选择与安排》中也说："文章起头最难，因为起头是选定出发点，以后层出不穷的意思都是由这出发点顺次生发出来，如幼芽生发出根干枝叶。文章有生发才能成为完整的有机体。"①

正因为难，即使是大手笔，也常常为文章的开头而苦恼。据载，欧阳修作《昼锦堂记》，初稿起语甚多，最后仅写"仕宦为将相，富贵归故乡"。文完成后交给来取文的差人，如释重负。复诵刚完成的新作，又觉得不尽完美。再复诵，终于发现瑕疵所在：起句过于平直，缺少回缓之笔。于是差人快马追回文章，在开头语中增写两个"而"字，为"仕宦而至将相，富贵而归故乡"。写《醉翁亭记》，最先的开头写了"数十字"，反复修改，最后定为"环滁皆山也"②。难怪宋人何还在《春渚记闻》卷七中发出感叹："虽大手笔，不以一时笔快为定，而惮于屡改也。"③据说列夫·托尔斯泰写《复活》时，很长时间为写不出来而苦恼，他在日记里写道："仍然写不好。"再过了一天，他写道："根本写不出来。"后来他发现了问题，他在日记里写道："刚才去散步，终于明白了：为什么我的《复活》不合适，开端写错了。"④

（3）开头的原则与方法

文章的开头很重要，又比较难，因而应掌握开头的原则和方法。文章如何开头，大致有两个原则：

其一，开头受主题支配，为主题服务。

开头固然重要，但毕竟是形式，是为文章的主题服务的。因此，文章如何开头，方法很多，选用哪种方法，主要看哪种方法能最好地表现文章的主题。

评价一篇文章开头的好坏，也主要看其能否很好地为表达主题服务（当然也要看其是否对读者有吸引力）。

---

①刘锡庆，朱金顺. 写作论谭［M］. 北京：中央广播电视大学出版社，1983：122.

②③四川师院昆明师院贵阳师院，等. 写作参考资料［C］. 1978：123，119.

④写作趣谈编写组. 写作趣谈［M］. 北京：地震出版社，1981：5.

前面谈到开头难的一个重要原因，是因为开头起定调作用，而调不是很容易定准的。其实，开头难的另一个重要原因，往往是文章的主题还不是很明确清晰。主题不很明确清晰，作者往往会感到头绪万千，不知从何说起。如果文章主题很明确、很清晰了，就比较容易在众多的开头方法中选用一个最有利于主题表达的开头。这一点，写作的人都深有体会。

相传苏轼写《潮州韩文公庙碑》时，为找不到一个恰切的开头而大伤脑筋，他写了改，改了写，一直改做了几十遍都不满意。他于是静下来思考原因，最后发现之所以开头写不好，原因在于文章的主题不是很明确，即对韩愈一生的功绩以及其功绩对后世的影响的评价不是非常清楚。于是，他把琢磨开头的时间及精力转到思考文章主题的明确清晰上。经过反复思考，他认识到韩愈的功德与文章，孟子之后无二人，"直可光耀千古"。最后，他把韩愈的功德及对后世的影响高度概括为"匹夫而为百世师，一言而为天下法"，并以此作为文章的开头，为全文定下了一个很好赞誉韩愈的基调，因而这篇文章由此"发源"，滔滔汩汩，奔流而下，势不可挡[①]。

列夫·托尔斯泰写《复活》，为什么很长时间写不出来，为什么"开端写错了"，主要原因就是原故事的主题不合适——它只说明一个青年贵族的悔罪表现，而没有反映出这个故事的社会本质。托尔斯泰在日记里写道："我将这部作品好好地想了一下——科尼的故事应该从开庭审讯写起……应该把法庭的全部荒谬表现出来。"[②] 主题明确了，紧随而来的开头也就很快找到了。

其二，开头要适合文体特点，要注意方法。

文体是文章体裁，或文章样式的简称。"它是一篇文章体现出来的内容和形式的整体规范和状貌。"[③] 文体作为一种独特的文化现象，是在社会长期的发展中，某种内容和形式长期积淀形成的产物。文体一旦形成，对文章的主题、内容、结构、表达方式、语言乃至写作技法等都有制约。文章开头作为文章结构的内容，当然应当受到文体的制约。因此，文章如何开头，要考虑文体的特点。

实用文体的文章开头，常常采用"落笔入题"、"开门见山"的方法，不枝不蔓、简洁醒目。文学作品的开头，则比较讲究艺术性，或提出悬念、埋下伏笔；或环境描写、或气氛烘托等等。这里要提及的是，文章"开门见山"的方法，也常在文学作品中使用。托尔斯泰创作《安娜·卡列尼娜》时，就曾努力学习普希金的《宾客齐集在别墅中》这个未完成的文艺片段所使用的"开门见山"的手法。托尔斯泰说："要写作就应该这样写，普希金总是直截了当地接触问题。换了

---

①王凯符，张会恩．中国古代写作学［M］．北京：中国人民大学出版社，1995：208．

②写作趣谈编写组．写作趣谈［M］．北京：地震出版社，1981：5．

③袁昌文，刘胜俊．千种文体写作［M］．北京：学苑出版社，1993：1．

一个人，一定会开始先描写客人，描写房间，而他却是一下子就进入了情节。"①
《安娜·卡列尼娜》的开头除了那几句警句，就是"奥布浪斯基家里一切都混乱
了"，完全跟普希金的《宾客齐集在别墅中》一样，开门见山地一下子就让读者
进入到了矛盾的关键处，文章也一下子就形成一个情节的纽结，文章围绕这个纽
结逐步展开。

梁启超在《中学以上作文教学方法》中，特别推崇"开门见山、落笔入题"
的方法。他说："文章最要令人一望而知其宗旨所在，才易于动人。如向人借钱，
晤面之后，不说来意，先寒暄半天，等人家听得倦，然后再讲到借钱，不如一会
面就说借钱，比较爽快一点。'博士买驴，书券三张，不见驴字'，人即不知所云，
怎能动听？作文时最好将要点一起首便提出，此则早点提出。"②

不少学生和初学写作的人写文章时，开头常常不考虑文体的特点。尤其是写
记叙文、散文的时候，开头常犯的毛病是"离题（主题）太远"，或作不必要的
解题；或先来一番空泛的议论；或说一些空话、套话、废话……等等。这从上面
分析的那些文章就可以看出。可以这样说，上面提到的获奖的或发表的文章，几
乎没有一篇的开头不是经过多次修改才定下来的，而且基本上犯的都是这些毛病。

这里举一例。上面提到的获得教育部关工委等部门组织的"纪念建国60周年
大学生征文比赛"一等奖的《狗娃　朝阳　腾飞》一文，修改过三个开头：

文章第一稿标题是《取名》，开头为：

> "俗话说：'雁过留声，人过留名'，更有一种说法曰：'赐子千金，不
> 如教子一艺，教子一艺，不如赐子佳名'，可见名字对人的重要性，自古以
> 来人们就非常重视起名。"

这个开头就是属于"不必要的解题"，先来一番较空泛的议论，导致开头离题
过远。

第二稿标题仍是《取名》，开头修改为：

> "我小军哥哥刚生了个儿子，家里便召开'取名会议'，开始各抒己见。
> '我看叫斌吧，文武双全啊！''不行，不行，太普通了，叫海吧，有气魄。'
> '还是叫宇吧，无极限啊！'……这样的情景，让我不禁想起了爷爷说过的
> 取名经历，眼前顿时浮现那一幕幕的画面，心底油然而漫涌起一股苦苦的甜
> 甜的感觉。"

这个开头有场景感，比较热闹。但还是离题仍过远、意义不大。

第三稿标题改为《富贵　朝阳　腾飞》，开头为：

> "'爷爷，我爸爸怎么叫富贵这么俗气的名字啊？'在一旁整理户口簿的
> 我好奇地问道。爷爷捋了捋胡子，笑着说：'俗气？傻丫头，当时为了这名

---

①写作趣谈编写组. 写作趣谈［M］. 北京：地震出版社，1981：50.

②王凯符，张会恩. 中国古代写作学［M］. 北京：中国人民大学出版社，1995：209.

爷爷不知道走了多少趟呢？而且当时跟你爸一辈的不知有多少个类似的名呢？'为什么呀？''呵呵，希望富贵呗。'"

这个开头没有多少实际内容，白白浪费了许多笔墨。

最后定稿的题目是《狗娃 朝阳 腾飞》，开头为：

"狗娃是我爸的小名。"

这个开头"开门见山、落笔入题"，简洁明快。

当然，文章如何开头并没有固定的规矩和方法。清代林纾在《春觉楼论文·用起笔》中说："文之用笔，所能引人入胜者，正以不自相犯，譬甲篇是如此起法，乙篇即易其蹊径，丙篇是如此起法，丁篇又别有其心。……盖匠心运处，自有不同。总言之，领脉不宜过迟，远则入题时慜费用章；着手不宜太突，突则旋转处殊无余地。用考据起，虽头绪纷烦，须一眼到本位，方有着落；用驾空起，虽宽泛无着，须旋转趋到结穴，方能警醒。"① 这段话的主要意思有两层：一是强调文章开头要匠心独运，不断创新，不要自相撞车，导致雷同（不该相同而相同）；二是文章开头在使用某种方法时，要注意其利弊，使其恰到好处。比如，开头不能离题过远，过远会很难转入正题；也不能太突然，太突然会使文章难以展开。等等。

2. 结 尾

"编筐编篓，重在收口"，写文章也如此。文章结尾的重要意义及结尾的要求，古人早就非常重视。梁代刘勰在《文心雕龙·附会》中提出"克终底绩，寄深写远"② 的观点，其意是说，文章要能够有力地收束，才能寄托深意，留有余韵。宋代姜夔在《白石道人诗说》中说："一篇全在尾句，如截奔马。诗意俱尽，如临水送将归是已"③。明代谢榛在《四溟诗话》中说："结句当如撞钟，清音有余"。清代李渔在《闲情偶寄·大收煞》中说："终篇之际，当以媚语摄魂，使之执卷留连，若难遽别。"④ 林纾在《春觉论文·用收笔》中说："为人看晚节，行文看结穴。文气文势，趋到结穴，往往敝懈，其敝也非有意，其懈也非无力，以为一路经营，费几多大力，区区收束，不过令人知其终局而已。……乃不知古人用心，正能于人不留意处偏自留意。故大家之文，于文之去路，不惟能发异光，且长留余味。"⑤

这些论述充分说明了文章好的结尾的重要意义和要求至少有两点：

其一，它能有力地收束文章，与全文构成一个有机的整体。并且，它或"卒章显志"，让文章的用意完整地显现给读者；或加深主题，使文章更加完善；或展

①⑤王凯符，张会恩. 中国古代写作学 [M]. 北京：中国人民大学出版社，1995：266，211.

②刘勰. 文心雕龙·附会 [M]. 龙必锟，译注. 贵阳：贵州人民出版社，1996：514.

③④郭绍虞. 中国历代文论选：第二册 [M]. 上海：上海古籍出版社，1919：404，280.

示未来，鼓舞人心；或包含哲理，发人深省等等。

其二，它要留下余味，如林纾在《春觉斋论文》中说的："大家之文，于文之去路，不惟能发异光，而且长留余味。"[①] 如李渔在《窥词管见》中，以美人为喻，主张结尾好比佳人"临去秋波那一转，未有不令人销魂欲绝者。"[②] 叶圣陶在《开头与结尾》中说的："使读者好像嚼橄榄，已经咽下去而嘴里还有余味，又好像听音乐，已经到了末拍而耳朵里还有余音。"[③] 总之，文章好的结尾要能像战国《列子·汤问》描述的那样："昔韩娥东之齐，匮粮，过雍门，鬻歌假食，既去而余音绕梁，三日不绝，左右以其人弗去。"[④] 但是不少学生或初写作的人，对文章的结尾不重视、不愿下功夫，辛辛苦苦地写了一篇文章，末了随随便便来个结尾，不过表示文章结束罢了，并不考虑如何写一个精彩的结尾，使文章增色，这是很遗憾的事。当然，也有不少写作者也重视文章的结尾，但由于能力、水平、方法等原因，文章的结尾还是难以写好。比如上面举到的学生的文章，其结尾也往往需要修改几次才比较好。这也让我们知道：文章的结尾也是需要反复推敲、反复修改才能达到较高的要求的。

这里仅举一例，看看文章如何结尾效果会更好。

获得 2010 年教育部关工委等部门委托全国各省教育厅组织的"祖国需要我大学生征文比赛"一等奖的《可可西里》，其结尾及其修改的过程如下：

第一稿的标题是《那些美丽，我来守护》，第二稿的标题是《那些美丽》，它们的结尾都是：

"不经意地理了理衣服，端坐起来，火车上的小小车窗中，承载着急速掠过的风景，那里便是我的另一个故乡。"

这个结尾虽然简短，但含义不是很清楚。

第三稿的结尾是：

"不经意地理了理衣服，端坐起来，火车上的小小车窗中，承载着急速掠过的风景，那里便是我的另一个故乡——那片神奇的土地需要我，那些传奇的人物在吸引我、呼唤着我！"

这个结尾点出了文章重点写的内容，并写出了所写对象对作者自己的影响，这对文章主题的显现起了强调作用，显然比第一、第二稿的结尾好。

第四稿的标题是《月亮升起的地方》、第五稿（定稿、获奖稿、发表稿）的标题是《可可西里》，它们的结尾都是：

"不经意地理了理衣服，端坐起来，火车上的小小车窗中，承载着急速

---

① 周振甫. 文章例话 [M]. 北京：中国青年出版社，1983：283.
② 王凯符，张会恩. 中国古代写作学 [M]. 北京：中国人民大学出版社，1995：213.
③ 董小玉，梁多亮，蒲永川. 现代基础写作 [M]. 成都：西南师范大学出版社，2011：215.
④ 袁昌文，刘胜俊. 写作技法大观 [M]. 贵阳：贵州教育出版社，1992：320.

掠过的风景。可可西里，那里将是我的另一个故乡——那片神奇的土地需要我，那些传奇的人物在吸引我、呼唤着我！"

这个结尾比第三稿的结尾更加确切、更有余味。

（六）准确简练

文章是语言的艺术。文章作者欲表达的意图、为表达意图而准备的材料以及对这些材料条理地安排、尔后采用恰当的表达方式，这些都需要通过语言文字将它们展现出来。正如斯大林在《论语言学的几个问题》中说的："不论人的头脑中会产生什么样的思想，以及这些思想什么时候产生，它们只有在语言材料的基础上、在语言的词和句的基础上才能产生和存在。没有语言材料，没有语言的'自然物质'的赤裸裸的思想，是不存在的。"[①] 近代国学大师黄侃在《文心雕龙札记·熔裁》中也说："意立而词从之以生，词具而意缘之以显。二者相依，不可或离。"[②]

在写作的过程中，提炼主题，搜集、选择、安排材料，掌握恰当的表达方法等的能力和水平的提高都非易事，而运用语言的能力与水平的提高更难。毛泽东在《反对党八股》中就指出："语言这东西，不是随便可以学好的，非下苦功不可。"[③] 相当多的学生和初学写作的人，写文章使用语言时问题很多，不符合要求，比如不符文体的语言特点、不准确不简练、不生动。这一点，毛泽东就曾分析过，他在《反对党八股》中说："如果一篇文章，一个演说，颠来倒去，总是那几个名词，一套'学生腔'，没有一点生动活泼的语言，这岂不是语言无味，面目可憎，像个瘪三吗？一个人七岁入小学，十几岁入中学，二十多岁在大学毕业，没有和人民群众接触过，语言不丰富，单纯得很，那是难怪的。"[④]

本部分并不全面论述文章语言的诸多内容，只重点谈谈写文章使用语言时如何做到准确简练。

1. 准 确

写文章要做到语言准确，首先要清楚"准确"的概念；其次，要知道写文章时，出现语言不准确问题的原因所在；第三是针对原因，采取有效的办法解决用语不准确问题。

"准确"的概念。这里的准确，指选用最恰当的词语，准确地反映客观事物和

---

①刘锡庆，朱金顺. 写作通论 ［M］. 北京：北京出版社，1984：120.
②欧阳周. 大学实用写作 ［M］. 北京：高等教育出版社，1996：53.
③④毛泽东. 毛泽东选集：第三卷 ［M］. 北京：人民出版社，1991：837，837.

表达思想感情。

但不少学生及初学写作的人写文章时，使用语言时，常常犯用语不准确的毛病。上面所谈到的学生写的文章，为什么要经过多次修改，其中一个主要原因就是用语不准确。比如《支教》那篇文章中有这么一段：

"放学了，当我们走到学校门口时，听到'老师，等等'的喊声，我们回过头看见一群孩子跑了出来。我那个班的学生跑过来抱着我的腿说 [这话的意思是一个班的学生抱着你的腿，这是不可能的。其实只是有二三个学生抱腿。要写准确，不要产生歧义。]：'老师还要来上课吗？'"

再如《可可西里》未定稿中的一段：

"杰桑·索南达杰于1992年组织成立治多县'西部工作委员会'，先后12次进入可可西里无人区，进行野生动植物资源的调查和从事以藏羚羊命运为主题的野生动物保护工作，成为可可西里野生动物保护第一人。"

这段前面说成立了"西部工作委员会"，"先后12次进入可可西里无人区"，这说明是"西部工作委员会"12次进入可可西里，但后面说的却是杰桑·索南达杰"成为可可西里野生动物保护第一人"，这就让人搞不清楚是"委员会"还是只他一个人进入可可西里？因为写得不准确，未交代清楚。

写文章用语不准确的主要原因主要有三点：

一是对表达对象认识不清楚或未想好怎么表达，都会导致用语不准确。语言在文章中的作用是状物写意。两千多年前孔子在《论语·卫灵公》中说到使用词语的标准是"辞达而已矣"[1]，这被后世尊为"千古文章之大法"。"辞达"，就是"达"物、意之妙，就是准确地反映客观事物和表达文章作者的思想感情。宋代司马光在《答孔文仲司户书》中说："孔子曰：'辞达而已矣'，明其足以通意斯止矣，无事于华藻弘辩也"[2]。这段话中，将"辞达"释为"通意"即可，无须藻饰——这也就包含了文辞要"简"、要准确之意。

文章用语要做到"准确"，前提是文章作者对要表达的对象的性质、特征、外貌以及该对象所处的环境、与其他事物的联系等情况有明晰的、正确的认识。苏轼早在《答谢师民书》中就说过："求物之妙，如系风捕影，能使事物了然于心者，盖千万人而不一遇也。而况能使了然于口与手者乎？是之谓辞达。辞至于能达，则文不可胜用矣。"[3] 这段话强调对所要表达的事物不能捕风捉影、道听途说。否则，认识不清楚，不能了然于心，就不可能清楚地将其写出来，就谈不上"辞达"。

有时候，虽然对客观事物认识清楚了，但对怎么表达它还"未想清楚"（比

①徐志刚. 论语通译 [M]. 北京：人民文学出版社，2008：207.
②王凯符，张会恩. 中国古代写作学 [M]. 北京：中国人民大学出版社，1995：222.
③郭绍虞. 中国历代文论选：第二册 [M]. 上海：上海古籍出版社，1979：307.

如表达的条理性、逻辑性等未想好），也会造成用语不准确。

二是对丰富、复杂的语言中的每个词语的确切含义未掌握，造成词语用错或用语不准确。虽然大学生从小学到大学，学习了不少词语，但在非常丰富的汉语词汇面前，学生们都感到"词到用时方恨少"。特别是大量的学生对常用的词语（概念）大体知道会用，但对其确切的含义却难以说清楚。笔者曾经多次做过这样的测验：请某个即使成绩不错的学生来说说10个常用的词语的确切含义，学生基本上不能说出来。比如："基础、痛苦、耐心、志气、理想、挫折、毅力、坚持、能力、特长"这10个词，学生基本会在说话中、写作中使用，但不能说出确切的含义，这就有可能使用得不准确。

法国作家福楼拜说："我不论摹写什么事物，要表现它，唯有一个名词，要赋予它运动，要得到它的性质，唯有一个动词，要得到它的性质，唯有一个形容词。我们需继续不断地苦心思索，非发现这唯一的名词、动词和形容词不可，仅仅发现与这些名词、动词、形容词类似的词句是不行的，也不能因思索困难，用类似的词句敷衍了事。"① 我们写文章，学习福楼拜的这种精神是十分必要的。此外，在写作时，要特别注意同义或近义词在词义上的区别，注意区分词的褒贬色彩，注意词的搭配关系；还要注意学风扎实，每当阅读时看到不认识或不知道其确切含义的词语，应当勤查字典，及时予以掌握以备写作时选用。具体写作时，对没有把握的词语，一定要确切弄清其含义后再用，不可望文生义地使用，闹出笑话。

三是对逻辑、语法方面的知识未学好。逻辑研究如何使用概念、判断，如何进行推理和论证。它可以告诉人们怎样准确地进行思维和准确地表达思想，帮助我们尽可能地准确使用词语，还能帮助我们使文章具有逻辑性。而文章的逻辑性，是一篇文章不可缺少的。是否具有严密的逻辑性，是衡量一篇文章质量高低的标准之一。

语法是用词造句的规律。句子是语言的骨干，在某种意义上说，写文章就是遣词造句。刘勰在《文心雕龙·章句》中说："夫人之言，因字而生句，集句而成章，集章而成篇。篇之彪炳，章无疵也；章也明靡，句无玷也；句之清英，字不妄也。振本而末从，知一而万毕矣。"② 这段话的意思是：人们从事写作，用词连作句，按句组成章，按章组成篇。通篇灿烂，是由于各章没有瑕疵；全章完美，是由于各句没有毛病；整句光洁，是由于每个词用得准确。这正如草木的根茎扶正了，它的末梢跟着就会端正。这里，刘勰就指出了字、词、句在文章中的重要作用。用词造句只有按照语法规则，才会具有条理性、具有特定的含义。如果用词造句不讲究语法，或成分残缺、或搭配不当、或词序不对、或修饰不当等，句子的意思就表达不清楚。一篇文章连句子都表达不清楚，整篇文章的意思怎么可

①欧阳周. 大学实用写作［M］. 北京：高等教育出版社，1993：54.
②刘勰. 文心雕龙·附会［M］. 龙必锟，译注. 贵阳：贵州人民出版社，1996：410.

能清楚呢?

2. 简 练

简练指写文章用语时,用尽可能少的文字表达尽可能多的内容,如古人说的"文约而事丰"、"辞约事详",即"言简意赅"。我国的写作学理论,从古至今,历来对文章用语的简练非常重视。《论语·卫灵公》中提出了"辞达而已矣"的观点。汉代王充在《论衡·自纪》中提到:"文贵约而指通,言尚省而趋明。辩士之言要而达(简要而达意),文人之辞寡而章(寡,指文章精要不烦琐;章,文采鲜明)"①。刘勰在《文心雕龙·议对》中说:"文以辩洁为能,不以繁缛为巧。"② 唐代刘知几在《史通·叙事》中也说:"叙事之工者,以简要为主。简之时义大矣哉!"又说:"文约而事丰,此述作之尤美者也。"③ 清代刘大櫆甚至把简练看作文章写作达到最高境界的一种标志,他在《论文偶记》中说:"文贵简。凡文笔老则简,意真则简,辞切则简,味淡则简,气蕴则简,品贵则简,神远而含藏不尽则简,故简为文章尽境。"④刘大櫆从多方面论及到"简",虽不只是指作品篇幅的简省,文辞的精炼,还指立意鲜明、说理透彻、感情真挚、气势贯串、含蓄深沉等,但他强调文章如果能达到言简意赅、单纯而不干瘪、精粹而不单薄、含蓄而不晦涩等的要求,那确实是达到文章的"尽境"了。

文章要简练为什么一直被看重?这是由"简练"在文章中的主要作用决定的。其作用主要有三点:

首先,简练之文,没有废话、空话、套话,读之既节省了读者的宝贵时间,又使读者阅时或读时感到舒适愉快。

其次,简练之文,言简意明,读者容易理解文中的字、词、句乃至篇章,直至把握文章的意旨。

最后,简练之文,"言简意丰",能使读者所得更多。如宋代杨万里曾在他的《诚斋诗话》中分析过苏轼《煎茶》诗的简练:"东坡《煎茶》诗云:'活水还将活火烹,自临钓石汲深清。'第二句七字而具五意:水清,一也;深处清,二也;石下之水,非有泥土,三也;石乃钓石,非寻常之石,四也;东坡自汲,非遣卒奴,五也。"⑤ 可见像这样七字而含有五层意思的诗句,的确"言简意丰",读者读之确实能够多得。

文章用语简练很重要,但却是不容易做到的。不少学生以及初学写作的人写文章最普遍的一个问题就是文章写得很不简练,而是简练的反面——啰啰唆唆、废话多。上面提到的学生即使是后来获奖或发表的文章,都经过了多次修改,修

---

①④⑤王凯符,张会恩. 中国古代写作学 [M]. 北京:中国人民大学出版社,1995:229, 226, 226.

②刘勰. 文心雕龙·附会 [M]. 龙必锟,译注. 贵阳:贵州人民出版社,1996:205.

③郭绍虞. 中国历代文论选:第二册 [M]. 上海:上海古籍出版社,1979:37.

改的主要内容之一就是删掉那些可有可无或者根本就是废话的字、词、句乃至段落，使文章简练起来。如获教育部关工委等部门组织的"祖国需要我"大学生征文大赛一等奖的《可可西里》，七易其稿，每次在文字上都做了许多细致的推敲修改，作者在谈该篇文章写作体会时举了其中一段：

"高原的气候正如当地人所说的 [**去掉**] 瞬息万变，瞬间里会有着四季的交替变化。[**去掉**] 刚才还是殷红的夕阳 [**此时却**] 已经 [**去掉**] 被翻滚的黑云淹没，这时的 [**去掉**] 狂风就 [**去掉"就"**] 夹杂着冰雹开始到处肆虐 [**改为"猛烈袭来"**]，我们只好先 [**去掉**] 躲进了 [**去掉"了"**] 工作站的简易平房 [**里**]。

短短的两句话，却改了10处，去掉了那些可有可无、或者不准确的文字。文句一下子就简练了起来，意思更加准确了，读起来顺畅多了、舒服多了。老师在上课时讲到的文章要简练的意义，此时我才体会到了不少。"

写作中语句啰唆、废话不少，这在国外也很普遍。（苏）加里宁曾批评他们的干部"演讲内容中，往往四分之三是水，只有四分之一有用。可惜，我们还不会真正把水挤干。"俄国有个老编辑家奥里明斯基，特别注重文章的简练，对来稿把关极严，这让一些作者很有意见，攻击他说："凡文章经过他修改之后，光剩下标点了。"奥里明斯基听了并不气恼，在答复攻击的文章里，他举了个例子：

有篇文章，我记得好像是描写梯威尔城的示威游行的。末了说："在游行的地方来了当地警察，拘捕了八个游行示威的人。"这样类似的句子是很普遍的。把它整个儿排印起来是否需要呢？比如"当地"二字，难道在梯威尔城来的警察不是当地的，而是卡桑的吗？其次，"在游行的地方来了"云云，难道警察不来可以拘捕吗？至于"警察"云云，除了警察以外，谁还可以捕人呢？最后"游行示威的人"云云，自然不是母牛，也不是行路的人吧。所以留下排印的仅"八人被捕"，也就是需要的字，其余的统统删掉了。虽然留下的不仅是标点，还有四个字，但这四个字已经说明一切。

奥里明斯基举的例子，原句23字，修改后只剩4字，删掉的19字就是多余的字①。

写的文章不简练，文章出现或有冗句、或啰啰唆唆、或写一大堆表面华丽，却没有实际内容的辞藻，造成堆砌等问题，原因较多，主要有：不懂得文章要简练的重要性；不知道如何让文章简练的方法；不愿意多修改文章等。

文章要简练的重要性前面已简要论述，这里简要介绍如何使文章简练的方法。文章要简练，除了要知道其重要性外，首先要熟悉、清楚所要写的对象。如果对写作对象不熟悉、不了解，不掌握其特点，不知道其本质所在，势必啰啰唆唆地

---

①写作趣谈编写组. 写作趣谈 [M]. 北京：地震出版社，1981：263.

写了半天也难以写到关键之处，无法做到简练。比如，据说欧阳修写好《醉翁亭记》后，抄了六份，叫手下的衙役分头贴到各个城门口，让过往行人帮助他修改。他派出六班锣鼓手，分别在各城门口鸣锣击鼓，招徕行人。看到欧阳修真心实意，不像是蓄意作秀，终于有个老樵夫站了出来，对欧阳修说："大人，你那篇文章，我听衙役读了，写得不错啊，句句是实情。就是开头太啰唆了。"为了让老头说得更具体些，欧阳修把开头背了出来："滁州四面皆山也，东有乌龙山，西有大丰山，南有花山，北有白米山，其西南诸峰……"刚背到这里，老头说："毛病就出在这里。太守，你上过琅琊山的南天门吗？站在南天门上，什么乌龙山、大丰山、花山、白米山，一转身就全都看到了。四周都是山！"欧阳修听了，大声说；"言之有理，言之有理！"当即拿出文章底稿改写为："环滁皆山也。其西南诸峰……"① 作为大手笔，欧阳修为什么也会写出啰唆的文字？根本原因就是他对写作对象还未深刻透彻的了解，因而写时抓不到关键处，经老樵夫点拨，才抓住了要害。

其次，动笔之前要"意在笔先"，多想、想透。"文字的暧昧是由于思想的朦胧"。老舍先生在《写文章要简练》一文中说："所谓简练，是能够一个字当两个字用，一句话当两句话用的。这很不容易。为做到言简意赅，必须心中有数，知道自己要说什么。先思索，决定了要说什么，还要再思索：先说什么，后说什么。思想明确，思路顺当，就能够说的少，而包含的意思多。反之，想还没想清楚，层次混乱，就只能越说越多，也越糊涂。这样的糊涂文章，虽然字数很多，仍是苟简的，因为光凭手写，而没动脑筋。不动脑筋，即不严肃，必然闲言碎语满篇，没有真话。"在《关于文学语言的问题》中也说："如果你真正明白了所要写的东西，你就可以不用那些无聊的修辞与形容，而能直截了当、开门见山地写出来。"② 清代李渔在《闲情偶记》中也说：写东西，"不宜卒急拈毫。袖手于前，始能急书于后。"③ 这里，李渔的见解很深刻，他把"想"和"写"的关系讲得很透彻：做好了"袖手于前"的准备——把要写的东西想清楚、想透了，才能"急书于后"，写得又快又好，不至于出现"信笔由之"、"离题万里"，满纸废话闲言的问题。

最后，要做到反复推敲、锤炼语言。文章写好后要反复修改，这是避免文字冗赘、用语简练的重要环节。很多好的、简练的文章，都是经过作者反复修改、千锤百炼而成的。但不愿意反复修改、锤炼语言，却是不少人的毛病。其理由是：我是按照美的原则来写的，我觉得这样写就是美的，还要修改什么？我不知道哪里还要修改！关于这一点，白居易在《与元九书》中说过："凡人为文，私于自

① 写作趣谈编写组. 写作趣谈 [M]. 北京：地震出版社，1981：140.
② 刘锡庆，朱金顺，等. 写作论谭 [M]. 北京：中央广播电视大学出版社，1983：155.
③ 郭绍虞. 中国历代文论选：第三册 [M]. 上海：上海古籍出版社，1979：270.

是，不忍于割截，或失之繁多，其间妍媸，抑又自惑，必待交友有公鉴无姑息者讨论而削夺之，然后繁简当否得其中矣。"① 这段话说明了文章"失之繁多"的原因之一是"私于自是，不忍于割截"，这种情况下，须请别人来讨论并"削夺之"，去掉冗赘部分，文章才能"繁简得当"。

"家有敝帚，享之千金"，既偏爱自己写的，又不愿意让别人帮助修改，如同吕叔湘先生指出的那样："因为写成一篇文章，无异于生下一个儿子，要动他一根头发也有点舍不得。"② 不愿意多修改自己写的文章，是许多人文章的质量和水平、自己的写作能力和水平难以提高的重要原因之一。

以上是关于文章简练的简要论述，需要提及的是，不能以长短来衡量文章是否简练。清代魏际瑞在《伯子论文》中说："文章繁简，非因字句多寡篇幅短长。若庸絮懈蔓，一句亦谓之繁；切到精详，连篇也谓之简。"③ 李渔在《闲情偶记》中也说："多而不觉其多者，多则是洁；少而尚病其多者，少亦近芜。"④ 这些话都告诉我们一个道理：简繁是以是否适合文章的需要来决定的。文章需要，该长则长，否则要表达的意思说不透。比如马克思的《资本论》就很长，却是精炼的巨著。虽是短话，有冗语也不行。唐代刘知几在《史通·叙事》中举到《汉书·张苍传》中写的"'年老口中无齿。'盖于此一句之内，去'年'及'口中'可矣。夫此六文成句，而三字妄加，此为烦字也。"⑤ 虽一句话，六个字，却有"年"、"口中"三字为冗字，可谓不简。

①⑤郭绍虞. 中国历代文论选：第二册［M］. 上海：上海古籍出版社，1979：101，38.

②叶圣陶，吕叔湘，等. 文章评改［M］. 上海：上海教育出版社，1980：85.

③④王凯符，张会恩. 中国古代写作学［M］. 北京：中国人民大学出版社，1995：229.

附：经本书作者辅导的学生获奖简况（部分）

一、贵州财经学院2008年"党的十七大学习征文活动获奖名单"

一等奖　2007级汉语言文学　谭丽娟《地菜谣》

　　　　2006级汉语言文学　杨蒙《迎奥运　稳在人心》（全院共评3名）

二等奖　2005级汉语言文学　谢丹《父亲》

　　　　2005级汉语言文学　罗元坡《又是一个丰收年》

　　　　2006级汉语言文学　陈丽梅《收割四部曲》

　　　　2005级汉语言文学　蒲燕萍《古叔》

　　　　2005级汉语言文学　付尚东《饱生》

　　　　2007级汉语言文学　杨绍秋《最珍贵的捐助》（共评6名）

三等奖　2005级汉语言文学　谭为健《北京以外的天空》（共评9名）

优胜奖　2006级汉语言文学　胡姝《奥运　健身的新动力》（共评12名）

二、贵州省教育厅2008年第三届"多彩校园·闪亮青春"全省大学生校园文化活动月表彰名单（下面内容来自贵州省教育厅的公示）

"四、党的十七大精神学习征文活动

（一）一等奖（10名）

贵州财经学院　罗元坡　杨绍秋

（罗元坡　2005级汉语言文学　获奖作品《又是一个丰收年》

　杨绍秋　2007级汉语言文学　获奖作品《最珍贵的捐助》）

（三）三等奖（21名）

贵州财经学院　杨蒙（2006级汉语言文学　获奖作品《迎奥运　稳在人心》）"

三、2007年全国"知荣明耻·树新风"主题教育活动征文比赛贵州财经学院获奖名单（由教育部关工委　中国青少年主题教育活动组委会组办）

（一）一等奖　李彩凤（2005级汉语言文学）

（二）二等奖　于晓敏（2005级汉语言文学）　袁顺庭

（三）三等奖　杨严清（2005级汉语言文学）　杨蒙（2006级汉语言文学）

（四）优胜奖　郭云　蒲燕萍　刘晶梅（均为2005级汉语言文学）　尹琼

（五）教师优秀辅导一等奖　游来林（同年被学院授予"在全国、全省青少年主题教育宣讲辅导活动中被评为优秀教育工作者"证书。）

四、2008 年全国青少年主题教育"激情奥运·阳光校园"读书征文活动贵州财经学院获奖名单（由教育部关工委、全国青少年主题教育活动组委会组办）：

贵州财经学院

（一）二等奖　邹洁（2007 级汉语言文学　获奖作品《戒指连心》）

（二）三等奖　李彩凤（2005 级汉语言文学　获奖作品《凭什么谱写和谐乐章》）

（三）优秀奖　杨蒙（2006 级汉语言文学　获奖作品《啊　那一片桃花林》）

　　　　　　　谭丽娟（2007 级汉语言文学　获奖作品《地菜谣》）

　　　　　　　薛晨（2006 级汉语言文学　获奖作品《奥运情缘》）

（四）教师优秀辅导二等奖　游来林

五、2009 年全国性"我爱祖国"征文大赛（教育部关工委等组办）

贵州财经学院：

（一）一等奖　谭丽娟（2007 级汉语言文学《狗娃　朝阳　腾飞》）

（二）二等奖　黄世伟（2006 级汉语言文学《回家》）；

　　　　　　　冯 平（2007 汉语言文学《花香梧桐》）

（三）三等奖　李彩凤（2005 级汉语言文学《我和爷爷的世界观》）

（四）优胜奖　伍永清（2007 级教育技术学《爷爷的眼泪》）

（五）教师优秀辅导一等奖　游来林

六、2009 年省知识产权局、贵州省写作学会联合举办贵州省大学生知识产权征文大赛，游来林老师动员所上课的学生全部写文章参赛，并重点辅导 20 多位学生修改参赛文章，取得了突出成绩

（一）一等奖 2 名（是此次参赛大学唯一获得 2 个一等奖的学校，全省共评一等奖 5 名）

黄世伟《我看贵州之三多》（2006 级汉语言文学）

邹洁《当年，她没有揭穿我》（2007 级汉语言文学）

（二）二等奖 3 名

王超群《微硬盘的自述》（2007 级汉语言文学）

王金龙《遏制抄袭　刻不容缓》（2007 级汉语言文学）

张芳慧《紫藤碑的风波》（2008 级汉语言文学）

（三）三等奖 3 名

陈慧《马关花灯》（2008 级汉语言文学）

梁家凤《他乡遇故人》（2008 级汉语言文学）

张宏亮《保护知识产权：贵州在行动》（2007 级汉语言文学）

（四）优胜奖 12 名（名单略）

（五）贵州财经学院获优秀组织奖

七、2010 年学院根据教育部关公委等部门要求组织的"祖国需要我"征文比赛，经本书作者负责指导修改获奖的文章，限额共推荐 6 篇文章到省教育厅参加评奖，全部获奖

（一）一等奖 2 名（全省共评 2 名）

潘婷婷《可可西里》（2008 级汉语言文学）

杨彦荣《志愿者说明书》（2009 级汉语言文学）

（二）二等奖 3 名（共评 4 名）

张芳慧《在山的那边》（2008 级汉语言文学）

陈慧《村官小宝》（2008 汉级语言文学）

王进阁《爱的延续》（2009 级汉语言文学）

（三）三等奖

张萍《我死则国生》（2009 汉语言文学）

八、2010 年组织学生参加贵州省知识产权征文大赛，共获奖 21 名，其中一等奖 1 名、二等奖 2 名、三等奖 4 名、优秀奖 14 名，学校获组织奖。

（一）一等奖 1 名（奖金 2000 元）

杨绍秋《揭开真相　现在取证》（2009 级汉语言文学）

（二）二等奖 2 名（奖金各 1000 元）

曹卫《宣传＋保护＋创新——贵州的维权之举》（2009 级汉语言文学）

杨蒙《抄袭为何屡禁不绝》（2006 级汉语言文学）

（三）三等奖 4 名（奖金各 500 元）

钟关勇《威宁洋芋有标志啦》（2008 级汉语言文学

李凤英《黄家清酒与义满天》（2009 级汉语言文学）

邹洁《贝壳风铃》（2007 级汉语言文学）

张洪亮　刘永洪《逆境中的崛起》（2008 级汉语言文学）

（四）优秀奖 14 名（名单略）

九、组织 2011 级汉语言文学专业参加学校"我爱财院"征文大赛，全班学生全写，限额推荐参赛文章 12 名，获奖 8 名，其中一等奖 1 名、二等奖 2 名、三等奖 3 名、优秀奖 2 名。

（一）一等奖 1 名

韩豫《大爱与大厦的修复》（2011 级汉语言文学）

（二）二等奖 2 名

杨兰菊《贵财速度》（2011 级汉语言文学）

陈娅梅《因为你　我不再恐惧》（2011 级汉语言文学）

（三）三等奖 3 名

耿桥《榜样》（2011 级汉语言文学）

徐彩云《财院——才苑》（2011 级汉语言文学）

任婧婧《爱意浓浓》（2011 级汉语言文学）

（四）优秀奖 2 名（名单略）

十二、2012 年组织 2010 级、2011 汉语言文学专业学生参加受贵州省教育厅委托的学校"科学发展·成就辉煌""我的价值观"征文比赛，限额推荐 10 篇文章参评，全部获奖，其中囊括校级比赛一、二等奖。后推荐 5 篇参加省级比赛，获一等奖 1 名（王文虎《走进四十八寨》）、三等奖 1 名（陈云《二十四道拐》）、优秀奖 1 名（王曦《路》）。

（一）一等奖 2 名

王文虎《走进四十八寨》（2010 级汉语言文学）

王声凤《自立自强》（2010 级汉语言文学）

（二）二等奖 4 名

王曦《路》（2010 级汉语言文学）

陆祥云《爆竹》（2010 级汉语言文学）

陈云《二十四道拐》（2010 级汉语言文学）

魏静文《桥》（2010 级汉语言文学）

主要参考书目

[1]　王凯符,张会恩.中国古代写作学[M].北京:中国人民大学出版社,1995.

[2]　郭绍虞.中国历代文论选:第一至三册[M].上海:上海古籍出版社,1979.

[3]　欧阳周.大学实用写作[M].北京:高等教育出版社,1996.

[4]　刘勰.文心雕龙全译[M].龙必锟,译注.贵阳:贵州人民出版社,1996.

[5]　刘锡庆,朱金顺.写作通论[M].北京:北京出版社,1984.

[6]　刘锡庆,朱金顺,李维国,等.写作论谭[M].北京:中央广播电视大学出版社,
　　　1983.

[7]　周振甫.文章例话[M].北京:中国青年出版社,1983.

[8]　《写作趣谈》编写组.写作趣谈[M].北京:地震出版社,1981.

[9]　董小玉,梁多亮,蒲永川.现代基础写作[M].重庆:西南师范大学出版社,
　　　2011.

[10]　内蒙古大学中文系.鲁迅论写作[M].呼和浩特:内蒙古自治区人民出版社,
　　　1972.

[11]　袁昌文.写作技法大观[M].贵阳:贵州教育出版社,1992.

[12]　袁昌文,刘胜俊.千种文体写作[M].北京:学苑出版社,1993.

[13]　张杰.大学写作概论[M].武汉:武汉大学出版社,1997.

[14]　叶圣陶,吕叔湘,朱德熙,等.文章评改[M].上海:上海教育出版社,1979.

后　记

　　2007 年，本书作者所开的"应用写作"课被学校遴选为校级精品课程。该精品课程的建设任务之一，是写一本能较好地帮助学生进行写作训练，旨在提高学生写作能力和水平的书，这就是写这本书的缘起。由于诸种原因，经过了近八年，本书才得以完成。诸多感慨之际，有几句感谢之话，不能不说。

　　首先，我要感谢我的工作单位——贵州财经大学。在这所以经济、管理学科为主体的综合性大学里，能将写作课作为精品课程建设，并拨给一定的经费资助，这足以体现出学校对学生须具有一定的写作能力和水平的高度重视。令人欣慰的是，写作课定为校级精品课及建设以来，写作课教师通过课程教学、课外辅导等方式，几乎每年都组织、辅导学生参加校级、省级、国家级各类征文比赛，取得了较突出的成绩。学生获得各类奖数十项，学校获得省级颁发的优秀组织奖多次（如两次省知识产权大赛组织奖、两次教育部关工委等部门组织的全国大学生征文比赛组织奖等）；学生公开发表文章上百篇。这些成绩，在让学生的综合素质、写作能力和水平得到锻炼、提高的同时，也提高了学校的知名度，为学校争得了荣誉。

　　其次，我要感谢听过我的写作课（除了汉语言文学专业的专业基础课、专业主干课外，我还开过"应用写作"选修课。该选修课很受非中文专业学生的欢迎，每次课报名选修的学生都是满满的）的学生们，是他们学习的热情及成果，让又苦又累教写作的教师有一种成就感，从而能一直坚守在写作教学这块阵地上。特别是那些不辞辛苦、不厌其烦地不断地写、不断地改，最终文章获奖、或公开发表的学生们，没有你们的写作与修改及成效，就不会有这本书。是你们，体现出了写作的价值——你们以毕业时因自身的写作水平和能力较高而获得的良好的毕业去向，鼓舞着每级学弟学妹们热情努力地学习写作；是你们获奖或发表的文章，给本书提供了大量的材料，再现了作为本书重点之一的写、评、改的真实过程；还给学校增了光添了彩；也给学校的校报增添了较为优秀的内容，成为校报四版（文艺副刊版）的主要稿源……

再次，我要感谢刘羲涛先生，由于他的热心引荐、认真负责的工作态度与作风，使本书得到了出版机会。东北大学出版社诸多工作人员的辛勤付出，最终成就了本书的出版。

最后，我要感谢我所阅看、参考、引用过的所有书籍的作者们，是你们辛勤的劳动及其成果，给了我很多很多的启迪、给了我莫大的帮助。在本书中，虽然作者尽可能地对参考、引用的书籍作了较详细的注释，但难以一一标明。为此，作者表示最真诚的歉意和深深的感谢！

本书存在诸多不足不妥之处，诚望读者批评指正。

作　者

2015 年 5 月